旅 游 管 理

（第三版）

［澳］ 尼尔·利珀　著
（Neil Leiper）

谢　昌
翁　瑾　译
陈林生

上海财经大学出版社

图书在版编目(CIP)数据

旅游管理(第三版)/(澳)利珀(Leiper, N.)著;谢昌,翁瑾,陈林生译.
—上海:上海财经大学出版社,2007.12
书名原文:Tourism Management
ISBN 978-7-5642-0040-4/F・0040

Ⅰ.旅… Ⅱ.①利…②谢…③翁…④陈… Ⅲ.旅游经济-经济管理
Ⅳ.F590

中国版本图书馆 CIP 数据核字(2007)第 175622 号

□ 策划编辑　张惠俊
□ 特约编辑　肖　晞
□ 责任编辑　袁　敏
　　　　　　张惠俊
□ 封面设计　傅惟本

LÜYOU GUANLI
旅游管理
(第三版)

[澳]　尼尔・利珀　著
　　　（Neil Leiper）

谢　昌
翁　瑾　译
陈林生

上海财经大学出版社出版发行
(上海市武东路 321 号乙　邮编 200434)
网　　址:http://www.sufep.com
电子邮箱:webmaster @ sufep.com
全国新华书店经销
上海竞成印务有限公司印刷装订
2007 年 12 月第 1 版　2007 年 12 月第 1 次印刷

787mm×1092mm　1/16　24.25 印张　488 千字
印数:0 001—4 000　定价:43.00 元

Simplified Chinese edition copyright © 2007 by PEARSON EDUCATION
ASIA LIMITED and SHANGHAI UNIVERSITY OF
FINANCE AND ECONOMICS PRESS

Tourism Management, 3rd edition, ISBN: 1862505330
by Neil Leiper, Copyright © 2004
All Rights Reserved
Published by arrangement with the original publisher,
Pearson Education, Inc. publishing as
Pearson Education Australia.

The edition is authorized for sale only in the
People's Republic of China (excluding the Special
Administrative Region of Hong Kong, Macau and Taiwan).

本书封面贴有 Pearson Education(培生教育出版集团)激光防伪标签，
无标签者不得销售。

上海市版权局著作权合同登记号：图字 09-2005-543 号。

译者序

"江山如此多娇"。

拥有960万平方公里的中国，具备了丰富的旅游资源，从平原到高山，从冰峰到沙滩，从古典到现在，从人文到自然，无不向世人展示着我国梦幻的旅游魅力。

作为一种产业，我国的旅游业兴起于20世纪60年代，虽然起步较晚，但发展迅速，1966年，我国接待的境外旅游人员只有4 000多人，而到1978年，则达到188万人次，此后每年呈跳跃式的增长。据世界旅游组织（WTO）预测，今后我国的旅游业将以7％左右的年增长率迅速发展，到2020年我国有望成为世界第一大旅游国。

未来20年是我国旅游资源开发和旅游经济发展的黄金时期，这既是一次机遇又是一次挑战，在这种背景下，我们翻译了由著名旅游学界大师——尼尔·利珀（Neil Leiper）——所著的《旅游管理》（第三版）（*Tourism Management*）一书，旨在为我国各界与旅游相关或对旅游事业感兴趣的朋友带来世界先进的旅游及其管理知识。

这本《旅游管理》适合大学旅游学专业的学生以及其他对旅游业及其管理感兴趣的各类读者。此书早在1995年便有了第一版，在其后的十多年中进行了完全的修正和编排，以适应不断发展的新形势，并适合学生对旅游学的入门以及更深层次的学习。

译者翻译的这本书是《旅游管理》的第三版，其英文原版已于2004年出版，全书分为两大部分：

第一部分，共九章，是关于旅游的入门介绍知识，包括：旅游的历史，旅游者和旅游的定义，学习旅游的整体系统方法，旅游社会学，旅游心理学，旅游地理学，旅游业的经济与政治学，旅游业中的管理角色，以及旅游业中的商业组织。

第二部分，共七章，主要是对旅游业管理的更深层次的探讨，其主要内容包括：环境与旅游系统的相互作用，从商业角度来考察旅游，以及一些较专业性的研究，如旅游业的边缘地带研究和旅游吸引物的科学分析，全书最后引入了一些关于旅游业管理成功与失败的案例，成功的案例是巴厘岛的内卡（Neka）艺术博物馆，而失败的案例举了三个，分别是关于一家大型胜地宾馆、一家航空公司与一个主题公园；最后一章则介绍了旅游管理中的一些其他问题，并对可持续的旅游业做了一系列的探讨。

我们要努力学习好先进的旅游管理知识，使我国旅游业健康、稳健、快速的发展，不仅让国人为我国壮美的山河而感到自豪，还要让国外朋友了解中国的秀美景色和风土人情，使我国成为国际上"开放、民主、和平"的象征！

译　者
2007 年 11 月

序　言

　　《旅游管理》(第三版)是自1995年第一版问世以来,并在第二版(2003年出版)的基础上经过稍做修改形成的。这三种版本的主要研究方法和大致框架未发生变化。第三版的主要变化是在每一个章节后添加了讨论性问题和推荐读物的书单,以及一些额外的图表。

　　本书适合的读者是学生以及对旅游和旅游管理工作感兴趣的广大朋友。因此,在本书内容中,有的单元与学位课程相关,是关于旅游管理和工商管理的方面。在这些课程当中,此书能在旅游知识方面作为一本教材,并且也能在商业管理方面作为一本补充材料来学习。

　　大多数旅游系毕业的学生逐渐向从事管理的职位发展,或者向一些与管理事务相关的专业性职业发展。此书包括了大量的关于管理理论的介绍和练习,列举了旅游中的许多事例。但是,大学课程应该给学生们带来更多东西,而不仅仅是训练并提高其技能。

　　第一,这些课程应该具有教育意义,它们应该致力于增长学生的知识和提高学生的理解能力,而这些知识和理解力是一系列职业所必需的;同时,它们还应致力于培养学生的求知、自信和自立的态度,以便更好地理解自身的工作如何与外部世界联系起来。我在合适的地方以建议的形式针对每个话题,提出了一些关于旅游及其管理的传统观点,这一点很重要。其中一个原因在于旅游是一个相对较新的领域,而且在旅游研究和旅游教育里面有许多带有争论性的问题。举个例子来说,如果我们过多地关注旅游目的地,将不能正确理解旅游的内涵。为了弥补这一点,我在第三章的旅游的整体系统中,提出了另外一种观点。

　　第二,从"旅游是产业"这一过于简单的观点中,不可能产生清晰的概念和良好的政策,旅游首先是旅游者的一种行为,因此,最好把它理解为一种部分产业化了的行为。关于这一主题,我们在第七章最后进行介绍,并在第十一章进行深入探讨。

　　旅游的教育会被一些表述所妨碍,而这些表述大多出现在普通的著作当中,而且,它们易被人们望文生义地理解成一些核心概念,例如"旅游吸引物"。这种隐喻常常导致人们的曲解。我把它们称做野性的隐喻(feral metaphors)。这一表述来自斯皮格曼(Jim Spigelman,2002),他首先在其一篇文章中采用这一表述来揭露引起新南威尔士法院官员迷惑的思想的根源,当时,他在新南威尔士法院任大法官。他还指出了来自同一根源但在不同专业领域中的一个类似的迷惑。

在一些相关的事宜上，许多关于旅游的文章都来源于两个方面：要么就是宣扬旅游，要么就是批评旅游给社会和自然环境造成损害。我希望这两方面都不会在本书中所看到。此书旨在帮助读者理解旅游，以及相关的环境，而不是宣扬或批评它。

此书由两部分构成。第一部分是旅游及其管理的介绍，共九章。正确理解旅游的现状要求知道其历史，知道过去的事件怎样影响现代的模式，因此，本书以介绍其历史作为第一章。将"旅游者是谁与旅游是什么"作为本书核心的两个问题在第二章中讨论。接着，第三章在整个旅游系统概念的基础上提出了学习旅游的一个系统性的观点。第四章～第七章，分别介绍了旅游的社会、心理、地理、经济和政治的思维方式。

第八章介绍管理。此章提出了两个管理模型[由卡罗尔（Carroll）和奎因（Quinn）设计]，并以例子的形式列举出，这些事例来自于若干国家的管理者在旅游业中的角色。第九章提出了四个历史上的案例，从旅游机构入境旅游管理者、胜地宾馆以及待租的假日公寓的角度阐明了其间的管理工作以及商业活动的本质。

第二部分是，对旅游业管理的进一步探讨，从第十章开始，其内容是关于环境，尤其是旅游、旅游业和对环境关于经济、社会和心理的宽泛的定义之间的相互关系。

第十一章讨论的是以旅游服务和商品的供应者为主旋律的商业战略问题。这会引出一个认识旅游业的方法，那就是通过这些为旅游者提供商品或服务的组织来看旅游业。第十二章讨论了在旅游业边缘地带的四个组织案例，在这里旅游不仅仅是管理者所关注的。

旅游吸引物（attractions），这一个重要的但又经常被旅游研究和教育忽视的一个课题，将在第十三章得以关注。在第十四章中，以前章节的一些主题将被整合成一个关于一家机构的案例。这家机构依赖于旅游，并且在商业活动上，以及作为博物馆的遗产和旅游吸引物上都取得了成功。

第十五章包含了对于一些失败案例的讨论。来自旅游业的三个相关案例将被提出并讨论。我们挖掘商业组织为什么或如何因不同的方式而失败的目的是为了更好地理解一些类似的组织机构为什么或者如何能避免失败且幸存下来并取得成功的。换言之，目的就是学习一些"病理学"的知识。这对于投资者、企业家和管理者来说都是很有用的。在其他专业领域，例如医学和工程学，病理学知识的研究使得这些学科受益匪浅，然而无论是在广义上的商业领域中，还是在狭义的旅游中，病理学的研究还没有得到重视。

第十六章讨论了贯穿于旅游管理当中的6个问题。其他作者已经讨论了它们中的3个方面（季节性、能承受的发展和反馈），但是其他一些问题，例如激增的变化、部分产业化和谁实际上管理旅游的问题还没有得到关注。

致　谢

　　许多在旅游研究和教育方面的个人的活动应得到表彰和赏识，并且也感谢这些年来通过各种方式帮助过我和为本书做出贡献的人。其中大多数人都已在此书第一、第二版当中提及过，在这里就不再列出。我在南克鲁斯大学(Southern Cross University)商业研究部的同事，特别是在旅游和医院管理学院的同事应该得到提名表扬。

　　还要提到在我班上及研究项目上的学生，我从他们那里学到了许多，这不仅仅是想像上的学习，而是特别在通过阅读他们的论文和指导其研究的课题中的收获。有12个以前的学生通过在此书的参考文献中以作者的方式列出。通过以前对此科目的学习，现在他们都在此学科上有所建树。

　　同样地，我也要感激、答谢在全世界的许多大学里从事旅游学科并写作研究文章的同事们，以及帮助编辑这些文章的人们。

　　我还要感谢曾提供给我信息和观点的一系列组织机构中的管理人员和其他雇员。特别地，我要提到此版中帮助过我并提供新的材料的人们，他们是：ID南太平洋旅游服务公司(ID South Pacific)的执行主席比尔·怀特(Bill Wright)，从他那里我通过与其在过去二十年的讨论中学到了许多；内卡艺术博物馆的创办人苏特加·内卡(Suteja Neka)，在我对内卡艺术博物馆的研究期间，他给予我慷慨的帮助和招待；澳大利亚酒店有限公司(Australian Wine Lodge Ltd)的主席、前澳大利亚胜地公司(Australian Resorts Ltd)的首席执行官吉哦夫·必姆斯(Geoff Beames)，他运用其丰富的经验对我的关于与旅游相关的许多问题给以独特性的回答。

　　我也要感谢大卫·卡宁汉姆(David Cunningham)和他在澳大利亚皮尔森教育公司(Pearson Education Australia)的同事们。大卫在我准备此书的过程中的支持和指导对我起着至关重要的鼓舞作用。

　　感谢John Wiley Ltd对于我们采用摘自《成为一名熟练的经理》(*Becoming a Master Manager*)一书的图表的同意。同时感谢奎因等人和贾发雷(Jafri)博士允许我们采用其图表——"A framework for tourism education"，这一图表首次出现在《旅游研究记事》(*Annals of Tourism Research*)上的一篇文章当中。

尼尔·利珀(Neil·Leiper)

目 录

译者序 ·· （1）

序言 ·· （1）

致谢 ·· （1）

图表目录 ·· （1）

第一部分　旅游及其管理导论

第一章　旅游的历史 ·· （3）
第二章　旅游者是谁与旅游是什么？ ·································· （26）
第三章　学习旅游：整体系统的方法 ·································· （45）
第四章　旅游社会学 ··· （59）
第五章　旅游心理学 ··· （82）
第六章　旅游地理学：旅行日志里的地点 ·························· （104）
第七章　旅游业：经济学与政治学 ···································· （131）
第八章　管理及其在旅游业中的角色 ································ （150）
第九章　旅游业中的商业组织 ··· （175）

第二部分　对旅游业管理的进一步探讨

第十章　旅游系统中环境的相互作用 ································ （207）
第十一章　旅游业：一个商业管理的视角 ·························· （235）
第十二章　边缘居民：在旅游业的边缘地带 ······················· （260）
第十三章　旅游吸引物：一种科学的分析 ·························· （275）
第十四章　管理一个成功的旅游吸引物：内卡艺术博物馆 ····· （298）

第十五章　旅游业中失败的企业 …………………………………（313）

第十六章　旅游管理中的问题 ……………………………………（343）

后记 ………………………………………………………………（374）

图表目录

图

3.1 涵盖三个目的地的整体旅游系统布局图 …………………………（50）
3.2 一个简单的整体旅游系统及其环境 ………………………………（51）
3.3 一个旅游学习的系统模型 …………………………………………（51）
3.4 一个关于旅游研究的多种学科模型 ………………………………（55）
8.1 有管理的组织系统 …………………………………………………（153）
8.2 管理工作:八种角色和四种竞争值 ………………………………（166）
8.3 管理系统:八种角色 ………………………………………………（170）
8.4 管理角色的线性模型 ………………………………………………（171）
9.1 奥帕尔·叩伍的组织图 ……………………………………………（194）
10.1 整体旅游系统的简单生态图 ………………………………………（231）
11.1 部分产业化:根据商业策略和产业合作而直接为旅游者提供商品
　　 和服务的组织的四种位置 …………………………………………（239）
11.2 旅游与经济资源、市场、商务活动和产业 ………………………（255）
11.3 工业化的比较:日本和澳大利亚的旅游者 ………………………（258）
12.1 部分产业化:根据商业策略和产业合作,某些直接为旅游者提供
　　 商品和服务的组织 …………………………………………………（263）
13.1 旅游吸引物的系统 …………………………………………………（289）
14.1 参观内卡艺术博物馆月客流量变化趋势 …………………………（308）
15.1 丽拉宫泛太平洋度假胜地的景点图 ………………………………（319）

表

2.1 旅游者含义的三种类型 ……………………………………………（29）
3.1 整体旅游系统的五要素 ……………………………………………（48）
5.1 旅游者旅行前的心理进程(1～4项)和其他因素 ………………（86）
5.2 需求及其潜在的旅游动机 …………………………………………（95）
7.1 造成旅游业这一概念出现的三个因素 ……………………………（133）
7.2 关于旅游业的两种概念 ……………………………………………（147）
9.1 诺沃特·奥帕尔·叩伍宾馆每日交易报告摘要 …………………（197）

10.1 旅游业的九种经济效应 …………………………………………（209）
10.2 旅游支撑的四种就业类型 ………………………………………（213）
14.1 内卡艺术博物馆 1997～2001 年的年客流量 …………………（307）
14.2 1997～2001 年参观内卡艺术博物馆的旅游者国籍分布 ……（307）
15.1 14 年来澳大利亚国内航班的历史记录 ………………………（327）
15.2 大香蕉主题公园的市场细分预测 ………………………………（336）
15.3 大香蕉主题公园：可行性分析 …………………………………（341）

第一部分

旅游及其管理导论

第一章 旅游的历史

导 言

认识了解历史是看清现状的前提，因为事物的现状是由历史决定的。这个原则也适用于对前景的展望，因为现在的行为将在某些方面影响未来。所有经营决策都反映了这一原则。哲学家桑塔亚纳（Santayana，1962～1906）道出了另一个使得我们关注历史的实质性的理由：忽略历史的人容易再犯同样错误。因此，要学习到现代世界中的旅游管理，必然要求了解其历史背景。

所有人都在自觉不自觉中遵循着这一原则。我们常说"向经验学习"。而实际上尽量避免犯同样的错误，这就是一种向历史经验学习的范例。当然，实际生活中，我们学习历史的程度是非常有限的，因为要试图知道每一个历史事件根本就是浪费时间和精力。俄国有句古老的谚语："沉溺于历史的人相当于瞎了一只眼，而漠视历史的人无异于瞎了两只眼。"这告诉了我们对待历史最明智的态度。要理解旅游，其中一门必修课就是旅游的历史。

实业家亨利·福特（Henry Ford）说过"历史就是胡言乱语"，这句话或许能够给那些想完全忽视历史的人带来些安慰。实际上福特的原话是"历史或多或少有些胡言乱语"（Ford，1916），而且"或多或少"这个词很关键。历史不可能是过去的完全影像，历史学家们所记住、解释或者写下来的都只是一种近似。我们在理解历史时要记住这一点。当然，除了以上我们提及的好处，还有我们天生具有的了解历史的本能愿望也是我们关注历史的一个理由。

本章涵盖内容广泛，在介绍旅游历史时，对以前的事件和情形，提出了自己独到的见解。本章的最后一个部分是有关旅游学习的，其也是按照历史顺序揭示旅游学习在近百年内的发展情况。

旅游的历史

很久以前，大多数人是作为游牧者、朝圣者和移居者而旅游的，少数是作为商人、学者及胜地旅游者来旅游的，而以多目的地旅游者的身份来旅游只占了很小一部分。这些以前或早期的旅游形式通过不同的途径对现代旅游模式的形成起到了促进作用，这将在下文详加讨论。

游牧生活

几十万年以来，人们都过着游牧生活，人们没有固定的居住地，所以生活处于旅行当中。一些作家,例如查特温(Chatwin,1987,1989,1996)认为人类发展史中存在如此之长的游牧生活,其深深地影响了人类的行为,比如现在良好的条件下,旅游使人们本能地感到愉快。尽管一些学者认为这点得不到证实而否定它,但它不能轻易被忽略。

当人们离开常规生活而启程去旅游的时候,其获得的外表上本能的快乐感觉,是由于我们游牧人员的祖先的旅游经历的快乐在我们潜意识中的复苏吗?这是一种远祖遗传的形式,其一些特点的表现便是源自祖先。请参见查特温的《歌之版图》(*Songlines*),并思考这些观点,这本书是由在澳大利亚中部的旅游故事所构成,揭示了土著文化和游牧生活。

贸易和商业上的旅游

商业上旅游的起源要追溯到史前游牧人员的易货贸易。在欧洲,考古发现,在几万年以前,人们作为商人需要走很长的路(Delouche,2001)。在澳大利亚的历史背景中,布莱恩(Blainey,1982)和查特温(Chatwin,1987:56—7)描述了游牧土著人的贸易行为。

几千年前,"丝绸之路"使亚洲和中东的商人得以穿越亚洲。七百年前,第一批访问中国的欧洲人来自意大利。马可·波罗(Marco Polo)是最著名的一个,他的记载旅行的书至今还在出版(Polo,1958)。此后,从15~20世纪,来自葡萄牙、西班牙、荷兰、英国、德国和法国的殖民者开创了与亚洲、非洲、美洲、澳洲和大洋洲的贸易路线。值得关注的是米尔顿(Milton)关于到香料之岛(Spice Island)的早期航行历史与布劳德尔(Braudel)关于贸易角色在文明历史中的讨论。

商业旅行建立了许多后来寻找快乐的旅游者所依照的旅行指南,这一过程可以由"旅游跟随商业"这一表述来概括。19世纪,新加坡和中国香港都是很重要的贸易中心,而在20世纪的后半期,它们都变成了受欢迎的度假集合地。有两个因素可以帮助解释这一结果。第一,商人们回到家中把他们访问的地方告诉了周围的人们,从而诱发其中一些人到这些地方来的动机。第二,开始为商人们提供的交通和住宿等资源可能没有充分利用,这一条件促使航班和酒店的经理们来寻找新的使用者、新的市场,以及一个明显的客户群——来度假的旅游者。

朝 圣

几千年来,参观圣地在不同的历史年代、不同的地方都是旅游的一个原因。朝圣源自杰恩斯(Jaynes,1982)所著的《意识的起源》(*Origins of Consciousness*)中的一章"神,坟墓和图腾",并在萨姆欣(Sumption,1975)的《朝圣》(*Pilgrimage*)中得以分析。这一习俗是在人类形成埋葬死者在一些特定地点上的习惯之后开始形成的。早期的朝圣旅行便是去某些埋葬着受到极高尊崇的先者的地点，试图相信他们仍然活着且有权势并与之进行互通与交流。

在西方文明中，朝圣繁荣于公元1000～1500年间。豪沃斯（Howarth,1982：257)记载，11世纪基督教朝圣的五大圣地是：孔波斯特拉的圣詹姆斯（St James of Compostela)、加格努山的圣米切尔（St Michael of Monte Gargano)、罗马、耶路撒冷、君士坦丁堡。有其他四座城市十倍之大的君士坦丁堡成为朝圣者的最爱，因为那里有两个联系着耶稣·克莱斯特（Jesus Christ)的著名的遗址：一个是耶稣裹尸布（The Holy Shroud)[现在杜林大教堂内（Cathedral of Turin)]，但被认为是假的；另一个是名满天下的荆冕堂（Crown of Thorns)，不过现在已经遗灭。

古代的朝圣形成了一种态度，这种态度在今天大多数旅游者身上都能看出，这便是对于区分正宗和非正宗物品的关注态度。一个正宗的遗物，例如，一块被认为是逝去的圣人身上的一根骨头，对于相信它有不可思议力量的朝圣者们来说是有价值的，因为这根骨头能帮助他们的祈祷者与神相通，并达成他们的愿望。这种真实性的标准影响了现代旅游者对于怀古和文化圣地的态度，他们认为正宗的胜地比假的或捏造出来的地方更有价值和受欢迎。一些旅游研究者们揭示了这种真实性，例如沃勒和利（Waller and Lea,1999)。

打包式随团旅游是在800年前第一次由欧洲的朝圣者设计出来，当这一打包服务被提供时，只要单一的价格，在出发前就能享有交通、住宿和导游服务的权利。这些打包式随团旅游受到欢迎，其利润由旅游管理者和教堂官员创造，同时这些教堂官员在旅行当中来找寻一些欺骗性的遗迹或遗物并宣传其正宗性，以使朝圣者们参拜他们的教堂并捐赠钱物。萨姆欣（1975：22—54)围绕这些撰写了关于圣人、遗迹、朝圣者和商业活动等方面的文章。

今天，在许多宗教地区，朝圣仍然是旅游的主要形式。每年大约有100万穆斯林伊斯兰教徒去麦加朝觐。皮特斯（Peters,1994)写了关于朝觐的历史。印度的贡巴梅那庆典（Kumbh Mela)，每十二年举行一次朝圣活动。据相关报纸和网站的报道，在2001年，有2 000多万人来参加贡巴梅那庆典。相比之下，去朝拜基督教圣地的朝圣者们数目却相差甚远，而且圣地分散在欧洲各地，比如西班牙的圣地亚哥和法国的卢尔德。

学者与科学家们的旅行

自从人们步入文明社会，学者和科学家们便离开其家乡而遨游世界、认识世界并拜访其他的学者和科学家们。其中一些学者和科学家对于旅游的发展贡献甚大。他们回到家乡并向公众宣传他们旅行中的所学，鼓励许多人去重走他们的旅行路线。荷兰学者伊拉兹马斯（Erasmus,1466～1536)和英国的学者查尔斯·达尔文（Charles Darwin,1809～1882)便是主要的例子。

达尔文被认为是第一个生态旅行家。他在加拉帕哥斯群岛(The Galapagos Islands)发现了支持其进化论的至关重要的证据。现在,加拉帕哥斯群岛成了一个深受生态旅游者欢迎的去处。但是,实际上达尔文去过的许多地方都激励着一代代旅行者来跟随这一路径。推荐阅读《达尔文与小猎犬号》[穆尔黑德(Moorehead,1982)]或者是达尔文的《小猎犬号之旅》(The Voyage of the Beagle)(任何版本及网页)。

在现代世界,在对获得知识的独特兴趣而旅游的基础上,发展形成了一种特殊的方式,这便是专业性的会议或研讨会。大学的学术成员,例如一些法学、工程学和医学等特殊专业的成员到各地参加会议成为了惯例。为促进和管理这些活动,一个特殊的行业孕育而生,我们称之为会展业(MICE),其负责处理一些会见及引发的旅游、会议和相关事宜。在麦凯布(McCabe et al.,2000)的著作与奥帕曼和钟(Oppermann and Chon,1997)在某杂志内的文章中都可以看到关于会议管理的讨论。

胜地旅游

胜地旅游开始于数千年前,是在人类停止游牧生活并开始定居生活之后出现的。这一旅游形式便是人们到离家不远的地方参观,其目的是为了休息、放松和娱乐。对于那些生活单调、有一定经济能力且乐于旅行的人们来说,这一旅游形式深受欢迎。胜地旅游一直由于其相对昂贵而致使只有一小部分人能够承担,这一现象一直持续到20世纪中叶。

在2 500年前的古希腊,雅典和其他城市的有钱人定期地去参观胜地。奥林巴斯(Mt Olympus)附近的小镇伊利斯(Elis)是一个很受欢迎的地点,人们每四年在那里聚集一次来开展体育竞技。从1896年开始的现代奥林匹克运动会就是以这一传统为基础的。Koe岛是健康遗址的发源地,古时候,希腊人依据此岛的领袖希波克拉底(Hippocrates,460~377BC)的方法去除疾病。希波克拉底以其希波克拉底誓言(Hippocratic oath)而闻名,这一誓言是所有内科医生的道德准则。

在中世纪的中国,一个统治阶级及其仆人的习俗是到避暑胜地去度长假。在800年前的忽必烈时代,每年三个月旅居的避暑胜地是在离北京主要宫殿西北方向250公里的上都(世外桃源)。这一旅行通常要花费10天[亚历山大(Alexander,1994:10)]。

古代的胜地旅游与现代形式相同,有时也伴随着疯狂热闹的娱乐活动。有人这样记载2 500年前尼罗河上的航行娱欢活动[希罗多德(Herodotus,1987:157)]:

男人和女人们在一起,每艘船上都有很多人,他们扬帆行驶。一些女人吹着号角,其他人吹着风笛,其余的男人和女人们在一起拍手唱歌。当他们前往布巴斯提斯时……他们停船靠岸,一些女人……用污秽的语言尖叫着,嘲笑着城里的女人,一些人扭动着身躯,还有些人扯去衣服展示身体……狂饮美酒。

到20世纪,胜地旅游便推广到其他许多国家而流行起来。外出休闲度假成为了一种习惯。一个历史学家这样描述这个习惯的推广——"中产阶级模仿贵族,季节性地从宫殿和城市退避到乡村别墅"[贝拉(Bella et al.,1985:328)]。在20世纪的后半期,一些工薪阶层中的较高收入者也养成了每年去度假的习惯。

有关胜地旅游的历史有一系列书籍,包括卡梅伦(Cameron,1975)和布卢姆(Blume,1992)关于法国里维埃拉海岸的书、罗克尔(Rockel,1986)关于新西兰的书和仿奈尔(Funnell,1975)关于美国的书。相关的还有由关注古代世界的卡森(Casson,1974)所著的书中的一些章节,戴维森·斯皮利特(Davidson Spearritt,2000)关于澳大利亚的书以及英格利斯(Inglis,2000)关于假日旅游书中的章节。

迁移旅行

数十万年来人们一直移居着,在近几个世纪,迁移的规模扩大到了数亿人之多。大多数人从老家(如中国、欧洲、中东、南亚和中非等地)移居到新的大陆(如美洲、东南亚、澳洲和南非)。

从流行角度来看,迁移似乎强化了这种长途旅行的观念。在澳洲的调查表明,移民比澳洲原住民更喜欢周游世界(Peat, Marwick, Mitchell and co.,1977)。这可以归因于移民们周游世界的特殊目的,即为了寻根问祖,或是从移居经历中感受到旅行的可行性和趣味性。

避难旅行

当人类迫切感到要逃离战争、迫害、自然灾害和严重的经济危机时,他们便是以难民的身份而旅行。近些年来,难民行为愈演愈烈。2002年,美国最高难民委员会估计,全世界有2 100万人属于难民,其中有1 200万人被正式定义为难民,其他100万人被定义为避难所寻求者;其中大部分人来自亚洲、非洲和欧洲(UNHCR,2002)。难民和旅游之间的联系还是个未研究的课题,但是有一点是客观存在的:旅游者代表了旅行者中富裕和有权势的一类,而难民则完全相反。

通勤者旅行

通勤包括人们从家到工作地或学校间两点一线的旅行。从人类步入文明伊始(当人类放弃游牧生活并定居在一地点)到19世纪末,并无通勤出现,这是由于人们彼此都住得很近,可以每天步行去要去的地方。

通勤在20世纪得以大规模发展,这是由于郊外的生活水平提高,以及连接工作地点与郊外住宅的交通的发展(Mumford,1961;Fitzgerald,1987,1992)。这对旅游起了主要影响。

通勤对于许多通勤者来说是乏味的,易产生厌倦感,这便促使他们逃离城市和郊区、逃离日常乏味的生活去享受一个美好的假日。通勤也会带来压力,这也促使人们逃离它以得到放松。多数通勤者有自己的私家车,尽管它们都是用来通勤的,但也成为度假或其他一些旅游的有效方便的交通工具。

多目的地旅游

另外一种旅游的形式来源于个人兴趣,一些旅行者为了休闲、放松而在一次旅行中去一连串地点,这被称做多目的地旅游。在1 740年前,这种旅游很少见。较早采用这种旅游方式的著名旅游者是伊本·白图泰(Ibn Battuta),1304年年仅20岁的他离开了其家乡摩洛哥,花了许多年的时间一口气走访了40多个国家。他的有关那次旅行的著作现在仍然在重印,我个人推荐由邓恩(Dunn,1989)编辑的版本。

"Travel"是磨难,"Tourism"是享受

尽管"travel"和"tourism"这对近义词语可以互相替换使用,许多人都认为它们大体上意思相同,但是在早期,它们的意思还是有一些有趣的不同之处。在1 000年前的欧洲半文明时期,"travail"是磨难、困苦的意思;罪犯要送到监狱去受磨难,而不是到某地去旅游(travelling)。随着时间的推移,人们开始用"travail"来描述他们在旅游线路中的感受。例如,朝圣者们经常感到受折磨(travailed),他们在暴露的天气下艰难地行走或在坑坑洼洼的地上驾驶着马车,这使得其感到在受磨难。随后,"travail"演变为"travel",意思为从一地到另一地。

旅行常被认为是愉快的,因为它象征着逃离、变化、刺激或是去另一个地方,但是在许多情况下,其对于精神来说是不愉快和不舒服的。长距离的旅行是相当累的,我们通过观察长途飞行抵达国际机场的乘客们就可以看出。人们通过磨难是为了到达目的地,而在那里他们便能作为旅游者而享受休闲和快乐。

多目的地旅行的古怪先驱者

字典里说,单词"tour"在希腊文的原意是做一次循环,这也是这么多世纪以来"tour"一直意味着一次回到起点的旅行的原因。"tour"也有为取乐而循环旅行

之意,这一意思至少延续了500年,这可能来源于法语中的单词"tour",意思是塔楼。一千年前,英国和许多西欧国家的统治阶级都使用法语,"tour"实际意思是到城堡的塔楼里去转转,登高望远,放松享受。后来,这一表述自然地扩展为以同样方式、同样放松和休闲心态、同样动机和行动进行的更远距离的旅行。

当然,这一含义首先于18世纪20年代在英国确立,并于1724年首次在丹尼尔·迪福(Daniel Defoe)的书中出现,此书题目是《游遍大英全岛》(*A Tour Through the Whole Island of Great Britain*)。此书仍然在重印(Defoe,1971)。迪福是一个不寻常的人,或者可以说是古怪的人,因为绝大多数人都认为有必要去某地或有一客观的目的才会去旅行,比如朝圣者、商人或学者,但是迪福却不是。读了这本书就会发现,迪福对游玩地点的许多方面都很感兴趣,所以他和300年前的伊本·白图泰一起被认为是兴趣广泛的旅行先驱者。

法因斯(Celia Fiennes)是一个上流社会的女人,她在1685~1712年由一仆人陪伴,骑马在英国进行了一次旅游。她的日记(Morris,1995)中记录了许多乡村、花园、房屋、教堂、当地市场及人,所以也表现出与当今许多旅行者类似的动机。法因斯被认为是早期的"VFR"旅行者,这是由于她旅游动机通常是访问朋友和亲戚(Visits to Friends and Relatives)。而在拜访他们期间,她寻宿于路边的小旅馆和陌生人的家里。

在另一个半球的巴肖(Matsuo Basho,1644~1694),被认为是另一位旅行先驱者。《奥州小路》(*The Narrow Road to the Deep North*)(Basho,1966)描述了他徒步游日本的情景。正如迪福一样,他也是一个文学天才。当迪福由其作品《鲁滨孙漂流记》(*Robinson Crusoe*)和《摩尔·弗兰德斯》(*Moll Flanders*)而被认为是著名的原创小说家的时候,巴肖则被称为日本诗歌的传统形式——俳句的大师。轻松的旅游、俭朴的生活以及背着他所谓"破烂的小背包"的简练的行李,巴肖便是背包客的旅行先驱者。

社会是如何发现旅游之乐的

白图泰、巴肖、法因斯和迪福正由于其没有任何隐秘目的的旅行,在当时社会显得极端个人主义和非比寻常而被贴上行为怪异的标签。正因为他们是现在普遍的个人旅游取乐的先行者,所以他们又是先驱者。他们是不寻常的,但不是独一无二的,因为有史记载在他们同一时代甚至更早已有其他人这样做过。这种以前很少有的活动是如何成为当今流行且受追捧的社会习俗的呢?

这一过程首先出现在英国的少数上流社会中,这些人有能力买书且有充足空闲时间来读书。他们中的许多人都读过迪福关于其旅行的书。这本书在1724~1779年间印刷了9版,成为最畅销的书之一,它提供给读者关于英国许多地方的信息并为读者做出了一个受过教育的人去过这些地方的榜样。

在这本书首次出现的 20 年后,另外一本书在英国成为了最畅销的书。这便是理查森(Richardson)所著的小说《帕梅拉》(*Pamela*),"其展示了长途旅游的艺术",正如书中女主角所发现的,"生活不仅仅是靠体力活动,白日梦中的想像也能带你去航游世界"。"这与在 17 世纪 40 年代发现拍打你的手臂就能飞起来同样令人惊吓"(Wilson,1975:7—36)。在英国,《帕梅拉》告诉广大读者长途旅行不是受罪,而是有趣和快乐的。读者还可以从迪福的《旅游》(*Tour*)中了解到许多他们能去的有特色的地方。

在 18 世纪前,关于旅行的书籍在教育圈里被广泛阅读。例如,芒斯特(Munster)的《宇宙志》(*Universal Cosmography*)于 1544 年印刷,到 1600 年被翻译成 6 种语言并印刷了 36 个版次(Barzun 2001:103)。但是这些早期关于旅行的书并没有使得多少读者去旅行。直到理查森的《帕梅拉》和迪福的《旅游》的影响产生后,此类书籍才起作用。

欧洲的大旅行

在 18 世纪 40 年代《帕梅拉》印出且被广泛阅读之时,欧洲大旅行开始流行起来。旅游历史记载了许多有关这一主题的内容。汤纳(Towner,1985,1996)的一本相关方面的书十分值得在此推荐。威廉·贝克福德(William Beckford)的传记(Mavor,1986)生动地展示了 200 年前欧洲最富有也最奇怪的大旅行家。戈瑟(Goethe,1970)的著名自传《意大利之旅》(*Italian Journey*)描述了其在 18 世纪 80 年代的旅行经历。

大旅行以其典型的欧洲风格席卷了来自上流阶层的旅行者。其中多数是年轻人,他们通常花一年及更多的时间围绕欧洲大陆做一次长期且休闲的巡游。他们是独自旅行的,由仆人或者在大多情况下,由其父母任命的导师陪同,为的是使他们在旅行期间受教育。这种旅行主要还不是为了从导师课程中学到东西,而是从参观经典地方的经历及在欧洲大城市,如巴黎、那不勒斯、罗马和维也纳,与上流阶层社交中直接学到东西。

旅行中的多数时间是在城市当中。在一个城市里呆了几个星期或几个月后,他们往往又再次乘着马车漂流到另外一个城市。最古典形式的大旅游其实是一种文化旅游。比如说,在那时,家长和监督者们赞助并监督旅行活动,他们不允许旅游中含有任何娱乐性活动。

斯莫利特(Smollett,1979)有一本十分著名的自传记载了 18 世纪 60 年代的一次大旅游。当然斯莫利特那时已经步入中年,因此其旅行并非由其父母赞助,也无需监督人。他的书第一次出版时,名字是《穿越法国和意大利的旅行——借助对城镇、地貌和气候的描述以独特的视角观察人物、风俗、宗教、政府、警察、商业、艺术和古董文物》。这一点都不夸张,因为斯莫利特确实对很多学科都有浓厚兴趣。

斯莫利特及其著作反映了 20 世纪以前很长的一段时间内，人们一直都抱有的想法：去外国旅游是一生仅可能有一次的事情。因此，旅游者们往往会在他们所到达的任何地方，尽量地将这个地方的每一个特征都记录下来，而且试图游览更多的地方。这一趋势直到 20 世纪末期，才有所变化，那时人们开始经常出国旅行。

文化景点和自然风光

17 世纪到 19 世纪的大旅游者们除了关注古典艺术、古代纪念碑、重要建筑物，更加重要的是与受过良好教育且有社会背景的人面谈。从大部分的欧洲旅游史来看，极少数的旅游者出行是为了体味自然风光。意大利诗人彼特拉克（Petrarch，1304～1374）就是其中之一。他在年轻时攀登了冯杜山［Ventoux，靠近法国的亚维农（Avignon）］，并发现郊外风光是如此的令人愉悦，这成为他的一次梦幻之旅。因为这些，他被克里斯托勒（Christaller，1964）赞誉为"第一个欣赏风景的人"，成为现代旅游的奠基人。

事实上，许多受过教育的亚洲人早在彼特拉克几个世纪以前就开始欣赏自然风光。我们可以从古代记录中找到证明。2 500年以前中国的圣人孔子写道："智者乐水，仁者乐山"(1997：147)。其他作家，如公元前 800 年中国的白居易和公元前 1200 年日本的鸭长明（Kamo no Chomei），都详细记载了欣赏自然风光带来的快乐，但这些都不是旅游时候写的，因为他们大部分时间都不出行，只有统治阶级才可能季节性地出去游玩，在不同的地点留下他们的足迹。

然而在欧洲以外的国家，其后过了更长一段时间，旅游才变成大多数人快乐而又体面的活动。比如，日本直到 20 世纪 60 年代，中国直到 20 世纪 90 年代才开始有这种趋势，文化景点和自然风光被认为是值得关注的，推广到国际上也是从那时开始的。

特别偏好的旅游

像斯莫利特这样兴趣广泛的人，今天非常普遍，但是现代的旅行者们渐渐开始每次游览少一点地方，他们往往旅游时有特别偏好。我们可以通过比较旅行书籍对 20 世纪的这类旅游有所认识，比如亚历山大（Alexander）的《通往世外桃源之路》(*The Way to Xanadu*)（当中描写了他为了溯寻一首很有名的诗歌的来源而去了中国、佛罗里达、喀什米尔、埃塞俄比亚）和兰开斯特（Lanchester）的一本著名小说《寻欢作乐的代价》(*The Debt to Pleasure*)（主人公是一个痴迷于美食和美酒的人，在法国不断旅行）。还有历险旅游，这是另外一种带有特定目的的旅游,记录这类旅游的比较有名的书籍有:塞西杰(Thesiger,1987)的《我选择的生活》和克拉考尔(Krakauer,1996,1997)的《走进荒芜的梦境》(*Into the Wild and Eiger Dreams*)。

学术方面对于这类特定目的旅游的探讨,可以参阅韦勒和霍尔(Weiler and Hall,1992)以及道格拉斯(Douglas et al.,2001)。另外,斯蒂尔(Stear,1995)写的一本关于这类旅游的简易说明也值得阅读。

1850 年以前的旅游经济

虽然在 19 世纪以前并不存在像今天这么活跃的大范围的旅游经济,但是也有许多商业性活动,其为旅游者们提供具有特色的服务。帆船和马车为旅游者带来便利交通,客栈给人们提供住处。1789 年发生的法国大革命,引起了巨大的社会和政治变革,开始出现了为人提供食物和高档的进餐场所的宾馆。

接着,旅行支票这个很有趣的发明出现了。旅行支票并非所谓的由托马斯·库克(Thomas Cook)在 19 世纪 70 年代发明,而是在 18 世纪 70 年代出自苏格兰银行家之手。这是个很重要的发明,因为旅行费用是旅行时的一个重要因素。在 20 世纪 90 年代出现了自动取款机和全球性银行网络以前,旅行支票一直发挥着重要作用。

在 20 世纪以前,旅游者数量非常少。大部分的旅游者生活富裕,出行时往往携带许多家佣,在所到之地也认识相当多的人,因此他们并不像今天的旅游者一样需要一系列的商家提供的服务。这种旅游者为数不多且需求较少,因此,在当时无法形成像今天这样的大范围的旅游经济。

自然与观光

1800 年以来,人们对自然世界的兴趣逐增。200 年前,大多数人并不觉得自然界是有趣美丽的。这一点表现在历史的许多方面,包括绘画历史。欧洲很少有风景画,更主要是人物、宗教物品和建筑物之类的绘画。1800 年以后,才有越来越多的艺术家和其他人开始对自然感兴趣,这就是浪漫主义的萌芽。

20 世纪后期,自然界广泛引起了人们的兴趣,出现了生态旅游,还有一些环境保护者大力提倡并采取行动保护遭受损害的自然环境和物种,他们认为旅游给自然环境带来了一定的威胁。

从欧洲的建筑史也反映出人们由开始对于自然界毫无兴趣到之后发生的变化。在 19 世纪以前,很少的房屋建筑利用了自然景观。许多人的房屋,也许能看到花园或停车场,但是很少能看到自然风景。一个典型的例子就是英国作家爱德华(Edward Gobbon)18 世纪 70 年代在日内瓦居住过的房子。透过这所房子前面的窗户可以看到外面的街道,房子的墙壁上因为没有窗户,而不能欣赏到勒曼湖(Leman)和阿尔卑斯山脉的美丽风光。另一个例子便是14世纪末期诗人彼特拉克晚年时居住的一个意大利村庄里的房子。房子的建筑地点本来可以使他饱览山村风光,但因为设计得不合理,这一优势并没有发挥出来。虽然彼特拉克在年轻时攀登过冯杜山,但到晚年时,这种对自然的兴趣也并不浓厚了。

今天,如果房屋周围有自然景观,与自然结合总能在房屋设计上得到体现。宾馆里的美景房间费用总会高些。如今,游览观光已经成为旅游者的一项普遍活动,他们亲身去游览自然风光,并从中获得愉悦,这似乎已经上升成为一种人性。事实上,正如阿德勒(Adler)的历史研究表明的一样,将游览观光作为一种休闲是人类最近的一个发明。欧洲早在几百年以前并没有关于自然风貌的旅游观光。那时,人们会欣赏艺术、参观建筑物和纪念碑,但是与人交谈是其主要活动。

1800年以后,人们的意识形态发生了巨大的变化,人们认识到了自然世界的美景且对观光热衷,也形成了人类天生热爱美景这种错误的观点。历史研究表明,人类可能天生喜欢寻找快乐,但这种经历会随着时间的推移而引发社会文化的转变。

19世纪和20世纪的旅游

欧洲在1790～1815年间连年战乱,国内局势不稳,使得旅游人数锐减。1815年以后的西欧以及后来的世界其他国家不断发生一系列的革命,才使旅游人数回升,旅游形式发生变化,以及新的旅游线路出现。其中几个大趋势值得我们注意。

第一次工业大革命使英国经济模式发生变化。蒸汽机在火车和工厂的运用,使英国渐渐从农业型经济向工业型经济转变。蒸汽式轨道车首次被用于在工厂内传输原料,19世纪30年代人们开始想设计出一种用于工厂外运送货物和人的轨道车。

在现代旅游业的发展中,托马斯·库克作为主要的企业家和改革者,首先预见到了可以用火车载人旅行。1842年,他从导游起家,在莱斯特进行一种一天式旅行服务。有几百个受雇于当地工厂的工人,携同他们的家人加入到他的旅行中。库克的主要目的不是赚钱,而是在于给人们带来一种愉快而自由的体验,以免他们在做工之余花费金钱和时间去酗酒。到19世纪60年代,库克已经拥有了一个实力雄厚而且日益扩大的企业,其客户来自社会各阶层。

到1880年,托马斯·库克和森公司(Thomas Cook and Son)已经成为一家跨国性公司,在全世界各地都有业务。随着其业务的迅速拓展,初始时的目的——避免人们酗酒——已经被遗忘。到了20世纪,人们常常看到旅游者在加入库克打包式旅行或使用旅行支票时也会喝上几杯。有些历史书里也有关于这个公司以及该公司对推动社会作用的记载,比如帕德尼(Pudney,1953)和斯温格尔赫斯特(Swinglehurst,1974)。

近200年以来,工人阶级的社会生活的最主要的一个变化就是有了更多的业余时间。此前4 000多年的历史中,几乎每一个人都要做工,尤其是忙于农事,并且没有带薪假期。他们只能在庆祝当地的节日时稍微放松几天。而大革命的出现促使大量农村劳动力流向城市,他们有的在工厂做工,有的在城镇或城市里的办公室上班,这样使得他们的休息时间更少了。到了19世纪,在英国、北美和澳大利亚的大部分工人一周工作六天,每年也只有为数极少的法定假日。随着经济形势的好转,加上工人组织的压力,国家法定假日的天数才渐渐增加。

由于没有年休,20世纪30年代以前的工人很难想像能够出远门旅行,顶多也就是进行一天内就能来回的短途旅行。1936年,在一次国际劳动组织的会议上,发达国家的代表国和一些大公司同意工会提出的一项建议:允许每一个全职员工每年至少有一个星期的带薪假期。《假期的快乐历史》(*The Delicious History of the Holiday*)(Inglis,2000:106—7)一书中,记述了工会在为达到这一目标所作的巨大努力。

到1960年,这一带薪假期从一周延长到两周。到2000年,西欧许多国家平均带薪假期是五到六个星期。因此,很多欧洲人每年可以到国外旅游一两次。世界上其他国家的带薪假期时间要短一点,这反映在他们出外旅行的可能性比较少。

在过去的150年内,人们可以选择的旅游线路更多了。从马车发展到帆船,再发展到蒸气式火车,交通方式的发展降低了旅行成本,提高了旅游速度,扩展了旅游空间。这一发展趋势在20世纪更为明显,随着柴油动力机车和轮船的出现,特别是20世纪50年代后飞机的使用,以及私家车数量的增加,给许多人旅行带来了方便。

自从20世纪60年代以来,飞机逐渐取代轮船,成为人们去国外旅游的最主要的方式。1970年1月,波音747首次被用于装载旅游者,从纽约出发飞往伦敦,标志着大型喷气式飞机和集体旅游时代的开始。

随着交通技术的发展,旅行的实际成本大幅下降,更多的人可以支付起旅行费用。举两个例子来说,50年以前,一名工薪阶层的澳大利亚人50年的工资只够买得起一张去欧洲旅行的轮船或飞机回程票。那个时候,很少人出国旅游。到20世纪80年代,实际成本下降了,只相当于4个星期的工资,到2000年,则更少,相当于三个星期的工资。另外一方面,私家车的实际成本也大幅下降。20世纪50年代一个澳大利亚工薪阶层要花费一年的工资才能买一辆汽车,因此很少有人买得起汽车。而现在,他们只需要花五个月工资就能买上一辆新汽车,如果要买一辆二手汽车,只需要五个星期的收入。

过去150年内,世界各个国家工资水平和生活水平都上升了,特别是在发达国家变化更为明显,发达国家的大多数居民都有足够的收入来承担非必需品的支出,其在使用个人收入上有足够的自主权,可以决定是否或如何花钱。假日旅行便是一种非必需品的支出。从某种角度上讲,会议旅行也是一种非必需品的支出。

为了了解外面的世界,人们决定出门旅行。对原始社会的人来说,外部世界是一个可怕而陌生的地方。而现代社会里,广播和电视以及学校教育无一不在给人带来有关外部世界的知识,让外部世界显得离我们并不遥远。

以上所说的几个因素并非近200年内旅游发展变化的全部因素。另外还有文化因素在这一期间也起到了重要作用并且至今仍然有影响,这点将在第四章中讨论。

当今旅游的规模

世界旅游组织(World Tourism Organisation)对全世界各国旅游人次的估计数据被广泛用于测量国际旅游的规模之上。1950年,有2 500万人次;1970年这一数值提高到1.66亿;到1990年增长到了4.58亿;而到2000年达到6.97亿(WTO,2002)。在过去50年里,旅游的增长速度强于社会和经济的发展势头。例如,在最近几十年里,人口或一些产品,如汽车或家用电器的增长速度都远不如旅游的增长之势。

到2001年,这一数值回跌至6.89亿,比2000年少800万(1%)。这是此数据自从1974年以来的首次下跌,这主要是由于2001年美国和日本的经济萧条以及之后美国"9·11"恐怖袭击事件而引起的人们对远途飞行的恐惧。

国内旅行是一种比国际旅行普遍的旅行行为。但是没有可靠的数据表明这一活动的规模。当然,国内旅游者流量最大的国家是印度。

在2001年9月11日以后,当国际旅游数量在一些地方有所下降之时,许多国家的国内旅游却蓬勃发展。例如,在澳大利亚,选择从环太平洋岸的南昆士兰(Queensland)到悉尼南部旅游的人数分别在2001至2002年夏天和2002至2003年夏天创下了新高,许多想去国外旅游的人还是决定在本国度假、旅游。

当今的旅游业

旅游业在范围和规模上都有变化。一个旅游业可能包括许多不同的组织机构。在典型的情况下,其组成部分一般包括旅行社、国内旅游机构、区域和本地旅游协会、航班、船班、公共巴士线、铁路、宾馆、旅店、背包客旅舍、宿营公园、主题公园、博物馆和画廊、行李和纪念品制造商、零售商店、赌场、银行的旅行支票部、现金兑换局、观光者信息中心和餐馆。

多样化是以上的特点。随着时间的推移,为满足特别形式的旅游、不同的旅客及多样的消费需求,各种组织机构涌入旅游业中,许多旅游变得很复杂了。

变化是旅游业的另一个特征。当今旅游业中,只有一些商业机构是30年前开业的。每年,都有新的旅游运营商建立,同时也有许多老公司消亡。在新商业模式的较高发生率下,旅游业中公司的倒闭率也较高(McGibbon&Leiper,2001)。这两点趋势使得旅游业对专业的管理人员及高知识的创新企业家十分偏好。

本书前面提到的国际旅游业在20世纪后半段的迅猛发展使得许多国家政府和商业机构为此来制定政策和战略,其多数是为了寻求经济收益。旅游业的发展也带来一系列的环境问题,尤其是对许多旅游者游玩过的景点的自然、社会和文化环境的破坏,这使得各方都制定和实施相关政策来维持旅游业可持续发展。

旅游业中有四大利益团体。旅游者在每次旅游中主要关注自己个人的利益,而商人和政府对经济收益强烈关注,环境学家对环境破坏结果的关注也日益提高。另外,生态旅游运动代表了旅游者对环境问题关注的发展。

特定国家和地区的历史

在全球旅游趋势发展的同时,一些国家和地区的旅游历史也发生着变化。自英国视角而写作的关于旅游历史的材料比其他所有国家合起来的还要多。英国,作为世界最重要的旅游者的先驱及旅游的商业创始者,使得所有想了解旅游发展的人都必须读一些英国关于这方面的著作。推荐的书籍和文章有英格利斯(Ingis,2000)、沃尔顿(Walton,2000、肖和威廉姆斯(Shaw and Willions,1997)、斯温格尔赫斯特(Swinglehurst,1974)、利特尔伍德(Littlewood,2000)和汤纳(Towner,1985,1996)的相关材料。

美国和英国对于旅游历史的研究方式可参照汤纳和沃尔(Towner and Wall,1991)的相关材料。澳大利亚的旅游历史可参照理查森(Richardson,1999)和戴维森和斯皮利特(Davidson&Spearritt,2000)的书籍。道格拉斯(Douglas,1996)写了三个美拉尼西亚国家——新巴布几内亚、所罗门斯和瓦努阿图的历史。而沃舍(Watkin,1989)和罗克(Rockel,1989)则分别涉及了新西兰和巴厘岛的旅游历史。汉奎因等人(Hanquin,Wong and Sik,2001)写的主题是关于中国香港。莱温斯登(Levenstein,1998)写的是关于在法国的美国旅行者们,而霍恩(Horne,1984)和巴罗(Barr,1990)则分别写作了关于博物馆和生灵降临节的旅游历史。

希沃布什(Schivelbusch,1986)撰写的关于欧洲和美国的铁路旅行的历史尤其值得一提,它富有新意地描绘了铁路与文化转变的联系。此书展示了19世纪中叶的蒸气式火车改变人们旅游方式的速度以及分析了铁路旅游是如何改变城市中商店的设计的。

近代历史的关联

历史不只是一个长时期的变化。近期中的一些事件、对情况的认识和出现的知识对于理解当前管理事宜至关重要。我们来考察一下 1988~2002 年澳大利亚的国内航空业,其每一年都有很大的变化,其中,四条主要航空公司成立而以前的五家则取消了。安捷(Ansett),这一自 20 世纪 50 年代以来的两家主要航空公司之一的公司,于 2001 年也完成了自己的使命,从而解散。在一些月份里,机票大幅度打折。在这 14 年中,乘客总体数量是上升的,其中在某些年里下降,某些年里又大增,变动幅度不一。

没有人能预测所有这些变化,但是对过去了解的管理者们可能会更好地处理当前的状况。在第十五章,将以澳大利亚的国内航空业为主要对象进行讨论。

21 世纪的旅游

在未来的 10 年、20 年、40 年里,旅游将会怎样?我们不可能确切知道未来,但一些提议还是值得考虑的。近来旅游态势的连续性将会使得其增长速度超过整个社会和经济活动。很有可能就像从 1974 年旅游的严重衰退(由一些国家的恐怖分子活动造成,使油价提高了 400%)到 1975~1976 年被恢复一样,2001~2002 年间的国际旅游的萎缩态势也会在 2003~2004 年中复苏。

国际旅游者的国籍身份可能也会继续发生变化。在 20 世纪 90 年代,美国人、欧洲人、日本人和澳大利亚人的整体旅行次数的增长速度有轻微的跌落,而中国和印度人的则有很大的增长。

许多人对于他们闲暇时间的安排有更广泛的选择,而且普遍的富裕也使得其可以进行更多的旅游。一些科技工具,例如私家车、E-mail、移动电话及因特网,用保罗(Paul Weeks)的话来说是"使人们有更广泛的选择和更大的弹性,而这正改变着旅游的面貌"。

现在许多人在度假的时候用移动电话和手提电脑来联系其工作。这使得以前工作和休闲的明显区别变得模糊起来。一些人认为这种趋势是有害的,从而维持区别;另一些人则可能是没考虑这一问题而跟随这一趋势。这一趋势的不利在于工作角色将会在非工作时间中侵入得太深,从而弱化休闲的效果。

2000 年以来如因特网和移动电话之类的通信技术的发展,开始对旅游产生巨大的影响。关于这方面的许多书籍和文章被印刷和出版。谢尔登(Sheldon,1997)在其著作中提供了科技快速发展的总览,不过现已过时。朗(Lang,2000)和霍特克兰兹(Hultkrantz,2002)的文章却比较有趣;后者涉及第三代移动通信网络方面,旨在建立一个无线的旅游市场机制。

许多研究者预测了旅游的总体趋势。从过去的二三十年的例子来看,他们的预测是准确的,但是在多数情况下,他们的错误都在于对旅游的发展太乐观。常见的错误表现在:预言空闲时间将继续增长、交通运输技术将继续发展、收入将继续提高,所有这些都将促使旅游的持续高速发展。现在我们可以看到,促进20世纪70~90年代旅游蓬勃发展的社会及科技的潜在变化有所减弱。例如,空闲时间不再增多。

在澳大利亚,每年的带薪假期由1936年的1周提高到1974年的4周,但在此后的28年里就再也没有变化。在美国,许多人每年只有2周的带薪假期。在20世纪中叶曾为雇员们争取更多工资和更长带薪假期的工会,现其力量在几乎所有的国家里都削弱了。

许多人由于其特别贫穷而不能成为旅游者。这种现象在贫穷国家里很普遍,但也存在于一些平均收入很高的国家中。

这一简短的旅游历史表明,无论是否存在旅游是群众性的活动这一事实,其都带有排除性。当今,世界上有几亿旅游者,但他们还是少数。对当前多数人能成为或不久将成为旅行者的想法还只是一种幻想。

旅游的研究和教育

出现在90年前并从那时发展的对旅游研究的项目,给当今世界涌现出来(尤其自20世纪80年代)的大学相关学科提供了许多材料。早在1910年前后,两个经济学家——皮卡德(Picard)和舒尔兰德(Schullard)认识到主要自德国和英国的旅行者们到奥地利和瑞士的游玩及其花费,对于本国经济产生有趣的效应,他们对此课题进行了简单的研究(Wahab,1971,1974)。这一先驱的研究开创了未来经济学家们为之无尽研究的核心课题。

在20世纪30年代,瑞士有一批学者对研究旅游感兴趣,而且他们关注的范围十分广泛,因为他们认识到了从各个不同方面来研究旅游的实际好处。社会学家看到了旅游对社会的影响,人类学家又观察到了旅游对于文化的影响,而经济学家也从经济学的角度研究旅游。当然没有一个人是从全部的角度来看待旅游的,但是他们的工作整合起来却给我们提供了一个完整的理念。这种多学科式的理解旅游的方法在原则上正是我们采取的理解旅游的方法。

除此之外,在大学里面把旅游确定为一门学科的这种愿望促使伯尔尼大学的两位教授在1940年提出了旅游定义。无论什么学科或话题在被人们正式地加以研究时,就有必要对它下定义,而在此我们所需要的就是一个旅游的定义,这个定义不应该是对旅游的某一角度,比如从经济学或社会学方面的阐述,相反这个定义范围应该足够广,能够使与旅游相关的所有学科都被涵盖。关于旅游的定义我们将在第二章中给出并加以讨论。

20世纪60年代以后美国和英国的旅游发展

1962年,由科罗拉多州的博尔顿大学出版的《旅行研究杂志》(*Journal of Travel Research*)一书提供的许多数据和资料,是我们考察此两国的旅游发展过程的主要参考书。同期,一个关于旅游教育和研究的科目在密西根大学展开,罗伯特·麦金托什(Robert McIntosh)于1972年撰写了第一本此方面的美国课本。这一里程碑似的教科书经历了9个版本和不同的合著者(Goeldner & Ritchie, 2003)。1973年,威斯康星大学的贾发雷(Jafari)创作了《旅游研究纪事》(*Annals of Tourism Research*)一书。贾发雷认识到,全面地理解旅游需要用不同学科独特性和潜在有用的深刻见解结合起来。《旅游研究纪事》则成为达到那一目的的刊物。

20世纪70年代早期,英国萨里大学推出了对旅游学研究具有开创意义的项目,它还包含其他两个重要的创新:一本颇具影响力的教科书的公开发行(Burkart & Medlik, 1974)和《旅游管理》(*Tourism Management*)这一研究刊物的成立。

《旅行研究杂志》、《旅游研究纪事》和《旅游管理》这三本刊物被世界认为是旅游研究的权威性刊物。其他的相关刊物有:《旅游研究杂志》(*Journal of Tourism Studies*)、《假日营销杂志》(*Journal of Vocation Marketing*)、《旅游动态》(*Current Issues in Tourism*)、《旅游分析》(*Tourism Analysis*)、《旅游文化》(*Tourism Culture*)、《情报》(*Communication*)。关于1999年一系列的以英语语种为基础的旅游刊物文章可查阅威沃和奥帕曼(Weaver and Opperman, 2000: 422)的相关著作。

为什么研究旅游是重要的

在多数学科的研究中,研究性期刊是首先被出版的,这些期刊由学者、专家和学生来做顾问,以跟上这几百种学科的发展脚步。没有人读过期刊上所有的文章;取而代之的是,人们各取所需地来使用这些刊物。他们浏览所选刊物的内容,审视文章的总结(摘要)(可以通过计算机数据来查找),然后阅读其感兴趣的文章。有的人则看被一些文章所引用的文章,然后再去查找。

出版意味着一组评论家和刊物的编辑都认为一篇文章会对某一学科的研究者、专家和学生有帮助。然后,它将成为研究文献的一部分,且将可能被赞赏或批评,而这是提高知识水平和理解的关键过程。尽管作者将为此文章要准备10或400小时甚至更多时间,但他们没有稿费。进行研究、撰写文章和与推荐小组打交道是大学老师普遍的学术角色。高级学者可能每周也会抽出一部分时间来做期刊编辑,但同样没有任何酬劳。

在20世纪八九十年代的发展

近20年来,在世界上许多大学,旅游的研究已经成为研究和教育的一个主旨。许多旅游课程设计是带有培训目的的,学生学完这些课程可以到旅游公司求职。结果,成千上万的人通过此途径获得了旅游业从业资格证书,并且从事旅游业的管理工作。但是大学里面的旅游课程主要是偏重研究和教育的,因为如果没有研究和教育做支撑,就没有旅游课的培训课程,而旅游业的事业也不能得到发展。

关于旅游的研究也成为众多会议的主题。澳大利亚每年都要举行一次名叫CAUTHE的会议讨论旅游研究。澳大利亚大学旅游和酒店管理专业的教育委员会的成员在每次会议上都发表一系列的专题论文,并编辑成刊物。最近几年出版的年刊是由以下人编辑:肖(Shaw, 1995),普罗瑟(Prosser, 1996),普什耳(Bushel, 1997),福克纳(Faulkner et al., 1998),莫利和戴维斯(Molley & Davies, 1999),墨菲(Murphy, 2001),卡尔森(Calson, 2002)和布雷斯韦特(Braithwaite, 2003)。

学习旅游的四种途径

有四种途径可以学习旅游,它们分别是:外行经验,工作经验,职业培训和学术教研。这四种途径的特点分别如下:

外行经验

外行是指没有经过正规的专业学习,凭借经验掌握某种知识的人。每个人只要过了十岁,几乎对旅游都有一些认识。他们对旅游的认识可能来自学校教育、阅读书籍、亲身旅游的经验、与朋友熟人的交谈、与旅游密切相关的职业,还有就是大众传媒(现在几乎每个人都能从电视、报纸和广播得到关于旅游的知识)。

外行的知识一般有以下几个特点:第一,这种知识是在做其他事情时候无形中获得的,人们一般不会为了获得旅游知识而专门出门旅游;第二,这种知识的获得因人而异,不像大学里大家一起学习;第三,大部分的知识是通过大众传媒而获得的。

由于外行知识的多来源性,真理、谬论以及曲解和错误的成分可能在这种知识里都有,所以不完整,含有太多主观色彩,零乱无序,缺乏系统性和确定性。大众媒体作为外行经验的主要来源其给人知识的功能也是有限的。商业性媒体所关心的并不是教给人们多少正确的知识,其主要目的是煽情以吸引读者,并最后能拉到更多的广告。当然有的广播公司诸如 ABC(澳大利亚广播公司)和 SBS(特别广播服务公司)可能略有不同,因为这些广播公司主要是为大众服务的。

工作经验

在很多行业工作的人都与旅游有直接的接触,所以他们从工作实践中便能学到一点关于旅游的知识。但是这种接触和学习只是旅游的很少一部分,人们不可能通过这种途径就获得大量有深度的旅游知识。

在旅游业工作也不一定就能学到很多旅游知识。快达(Qantas)公司的主营业务一直是为旅游者提供交通服务,然而当旅游调查人员问及旅游情况时,公司高管人员坦言他们从来没有考虑过这类问题(Qantas,1978)。此后,快达公司的管理人员开始更多地关注旅游。他们为一系列的旅游研究课题提供赞助。其中一个项目是和南威尔士新政府和悉尼市议会厅联合投资的,目的是研究悉尼的旅游发展空间(Peat,Marwick,Mitchell and Co.,1981)。另外快达公司还承担一项目研究,该课题是研究在澳大利亚的日本旅游者及其给澳大利亚旅游目的地带来的影响,其工程之大在国内首屈一指。

职业培训

职业培训的课程设计是为了教授知识,培养技能和工作态度,以便能适应某一特定工作。职业培训对于很多行业都很有用,但必须特别关注某一特定领域,因此旅游知识职业培训虽然有用,也还是不能给我们带来关于旅游的十分系统而有深度的知识。

学术教研

任何学科的学术研究旨在改善其他一些学习方法的固有缺陷。这一暗含的目标从来就没有完全地达到过,于是一些大学课程通过一些途径来试图达到这一目标。由大学课程上学到的知识一般是客观的,并且是通过一些乏味的方式给出的,这就是说,实际上老师和学生们都没有褒赞旅游,也没有批评旅游,而只是学习它。为了学习,课程的主要内容便以研究为主。这一方式会给知识带来一定程度的确定性和信心,所以,它比通过其他方式得来的知识存在更少的错误和片面的真理。

为了达到以上目的,大学的教育和研究应该有怀疑的态度。这意味着在某一信息被定论为知识以前,要有一个好的证明和激烈的争论。怀疑主义包括以下信念:知识是难免有错误的,不是绝对正确的,任何知识理论都能被新的证据和争论所质疑。如果某一知识被认为是错误的,它将被新的或更好的理论所代替。

从大学课程中某一特定学科学习到的知识,对于所有完成了其课程的学生们来说都是类似的。这帮助了特殊同行的形成,当毕业生存在对其学科类似的理解、使用特殊的术语和拥有类似的教育经历时,将使得他们毕业后能很好地形成一个网络并进行交流。

从学术上学习所获得的知识的另一个特点是系统性。关于旅游的这一方面将在第三章讨论。

这些通过学术学习获得的知识的特性是理想化的,这一理想化状态虽不可能达到,但是很值得作为一个目标来研究。没有人能读完旅游方面所有的书籍和材料,也没有完全客观的作者,他们或多或少地在其著作中会掺入个人的偏好。另外一个受限制的因素是旅游学术教研的创新领域。目前,这一领域还没有得到很好的发展。

旅游教研的目标

根据贾发雷的观点(Jafari,2002),旅游研究和教育的目标经历了四个阶段的发展。他把早期阶段称为旅游提倡阶段。这个阶段,人们提倡发展旅游,此阶段旅游教研关注的是旅游带来的经济收益,因而教育和培训的目的就是培养出旅游专业毕业生从事旅游工作,从而大力发展旅游。

20世纪70年代,越来越多的研究者、教育者和评论家们逐渐意识到过多地发掘旅游也有弊端。旅游可能给某些地方和某些人带来损害,这一点慢慢地被教研者们所关注。贾发雷在同书中第13页中阐述:

> 旅游产生许多社会文化甚至经济的成本,所以其并非完全是有收益的。来自社会学领域如人类学的研究者们揭示了这一现象,尤其在20世纪70年代出版的刊物中他们主要关注了这一行业的"阴暗面",并警告东道主要避免那些可测量和记录的成本以及出现不好的结果。

20世纪80年代,在一些研究者和学者之中,以上的观点演进成了共识的平台。研究不同种类的旅游促成了这一演进的产生,其还形成了一些更受喜爱的旅游方式,如"相关文章中偏好以下旅游方式:农业旅游、文化旅游、生态旅游、农村旅游、小规模旅游和可持续旅游"(Jafari,2002:15)。

贾发雷此书的第四阶段是关于理论知识的聚焦。它把理论放在头等地位,认为大学的本质角色是发现和学习,而不是阐述世界应该是怎样的这种实际的看法。当然这不表示学者和学生们不应该从事于现实世界的事务、公众辩论和实践主义。它的意思是不要使得这些活动扭曲了学习的过程。

旅游研究是相对新兴的研究,这一事实标志了其理论体系的不成熟。即使现在存在大量代表不同研究主题的旅游知识,但这还没发展到有大量具体和高度组织体系的知识水平阶段。换言之,对旅游的研究还没有得到充分的发展。

关于旅游研究的本质基础问题是复杂和富有争议性的(Leiper 1981a,2000;

Tribe 1997,2000；Echtner&Jamal,1997)，但是中心问题是十分直观的。把旅游作为一个领域或多样的学术原则而从多角度来研究，如从经济学、地理学、管理学等角度来研究是最好的吗？或者混合不同的学科教理到旅游研究中更好？此书对这两种方法都加以采用，以此来做许多教育性的课题。

问题讨论

1. 学习历史的3个原因是什么？这些原因如何与学习旅游相联系？
2. 决定古代游牧生活显著地影响了现代旅游的基础是什么？
3. 写出旅游的5个前提，并分别描述其各自对现代旅游的影响。
4. 决定白图泰、法因斯、巴肖和迪福"古怪"的基础是什么？
5. 直到最近人类才普遍对自然风光不感兴趣的证据是什么？
6. 有四种学习旅游的方法，一种是学术教研，其他三种是什么？学术教研通过什么方式克服自身的缺点？

推荐读物

Davidson, J. & Sprarritt, P. 2000, *Holiday Business in Australia Since 1970*, Melbourne：Melbourne University Press.

Inglis, F. 2000, *The Delicious History of the Holiday*, London：Routledge.

Jafari, J. (ed.) 2000, *The Encyclopedia of Tourism*, London：Routledge.

Leiper, N. 2000, Education, multidisciplinary, pp179—82 in *The Encyclopedia of Tourism*, J. Jafari(ed.), op. cit.

Richardson, J. R. 1999, *A History of Australian Travel & Tourism*, Melbourne：Hospitality Press.

Ritchie, J. R. Brent 2000, Education, pp166—9 in *The Encyclopedia of Tourism*, J. Jafari(ed.), op. cit.

Towner, J. & Wall, G. 1991, History and tourism, *Annals of Tourism Research*, 18：71—84.

Towner, J. 1985, The Grand Tour, a Key phase in the history of tourism, *Annals of Tourism Research*, 12：297—333.

Towner, J. 1996, *An Historical Geography of Recreation and Tourism in the Western World 1540—1940*, Chichester：Wiley.

Towner, J. 2000, History, pp278—80 in *The Encyclopedia of Tourism*, J. Jafari (ed.), op. cit.

Tribe, J. 1997, The indiscipline of tourism, *Annals of Tourism Research*, 24：638—57.

Tribe, J. 2000, Indiscipline and unsubstantiated, *Annals of Tourism Research*, 27：809—13.

Walton, J. 2000, The hospitality trades: a social history, pp56—76 *In Search of Hospitality: Theoretical Perspectives and Debates*, C. Lashley & A. Morrison(eds), Oxford: Butterworth-Heinemann.

第二章 旅游者是谁与旅游是什么?

导　言

在所有的旅游者和参观者当中，谁是旅游者？旅游的确切含义是什么？它是一种游玩、一个市场、一种行业、一种旅行、一个连接这所有的复杂体，或者是其他什么？对这些问题的揭示和回答是本章的主要内容。几乎所有的人都能用其非正式的洞察力来回答这些问题，但是这些回答肯定不如专注于专业性和管理性工作的理论回答得令人满意。

在众多有关旅游的出版物中都有对旅游的定义，但它们未进行商讨，故看起来都不合适，这使得许多评论员认为对旅游下定义是学术研究惟一感兴趣的地方。此章的目标即是对"旅游者"和"旅游"下一个合理且准确的定义，并展示他们给管理者、研究者、其他学者和学生所带来的好处。所有这些方面将会"专业的"被包括在以下讨论中。

此章包括3个主要的标题，其首先讨论被广泛认识的定义的不足，接着讨论"旅游者"的定义，最后是关于"旅游"定义的讨论。

缺少被广泛认同的定义

对于一些词语的模糊和不准确运用不会给日常交谈带来任何问题。我的一个邻居认为"旅游者"就是"你看到的在拜伦湾（Byron Bay）的外国人"，当我"飞到悉尼去享受购物时"，我便"不是一个旅游者"，而另一个邻居反驳说"你仍然是个旅游者"，此时惟一的方法就是换个话题，以保持邻里交谈的和睦。而在专业讨论当中，关于旅游学共同感兴趣的某一类似问题的不一致性将会产生很多疑问。

"旅游者"和"旅游"的确切定义是存在的，但其中没有一种被旅游学界的专家们广泛认同并运用在所有课本之中。而一些组织，如世界旅游组织（WTO）或邦伊地区促进协会（Bunyip District Progress）和旅游者协会（Tourist Association）对他们的官方定义的使用，也被专家们抱以怀疑态度。

这并不是说可以忽略官方的定义，而仅仅表示我们不要盲目地参照它们。虽然当我们阐述旅游界的某些数据时，世界旅游组织关于"旅游者"的技术性定义常常混淆和误导我们，但是我们并不一定要在每一场旅游报告或研究项目中引用这些定义。

字典又怎样呢？虽然无数学生们的论文坚持使用字典，但是普通的字典对词语下的定义并不适合学术研究或专业实践。普通字典[如《麦夸里辞典》（Macquarie)、《牛津英文词典》(Oxford English)]只是阐述意思而不是定义一些常用的词语。所以，当我们要学习经济学，或想从经济学中借鉴来学习旅游，那我们在《麦夸里辞典》上是找不到与经济学相关的合适定义的。"需求和供给"就是一例，它在经济学和日常生活中的定义是不同的。为了发现某一学科核心术语的定义，专家们应该从图书馆、杂志、书籍、报告、专业性字典和百科全书中查找相关的专业文献。旅游专业的学生们也能通过以上方式来获得知识。其中，《旅游百科全书》(The Encyclopedia of Tourism) (Jafari, 2000)和《旅行与旅游术语字典》(The Dictionary of Travel and Tourism Terms) (Harris & Howard, 1996)便是例子，它们能对本章的讨论提供参考材料。

缺少被广泛认可和运用的定义不只发生在旅游学当中，对于多数的学术研究和专业实践科目来说都存在此现象。如果能被理解的话，这一现象不是个问题。拿数学来说，其至少有6种不同的关于"计算"的定义。在一个以上数学领域研究的数学家能够大致地在不同的领域中适应这一变化。数学本身不需要且数学家也没必要去寻找一种通用的"计算"定义。

一个"旅游者"和"旅游"的相关主题将在此章提出。在相关运用方面，我不只单单对"旅游者"和"旅游"下单一的定义。我会辨析这些术语在不同的书中的使用，并给每本书的术语建议一个大致的定义。

旅游专业的一些老师认为给旅游下定义是"愚蠢的"，他们认为这会抑制思想和自由的研究。这些意见是令人钦佩的，因为如果学生们迂腐地去追随、学习这些定义，那么一些授课者和书籍作者的陈腐态度将会影响他们。如果学生们思考他们学科的中心内容以及思考他们怎样被定义的过程，那么教育将会繁荣。这种重要的思想将是发展理解的核心。

下定义还有助于交流。如果你和我在一起讨论研究旅游，但是对于"谁是旅游者"这个概念有不同的理解，那么我们之间的讨论不太可能产生什么结果。如果你写一篇关于旅游的报道，但是却不明确给出旅游者的概念及定义，那么读者很可能带着自己的观点去阅读你的报道，往往会产生误解。乔治·奥韦尔(George Orwell)说过一句很有名的话：语言上的马虎容易使得我们产生愚昧的想法。有的专家意识到不下定义带来的后果，为了避免这种后果，他们试图给旅游这门科目中有些术语下严谨的定义。

旅游者

对如"旅游者"(tourist)和"旅游"(tourism)之类富有文化意蕴的词语，可以从考察其意思在历史中的演进来理解。这是第一章所讨论的话题，在这里不再赘述。

先关注"旅游者"可以更清晰地理解旅游。如果某人被归类为旅游者,那也许是其外表和行为的特点与这一表述相关。当一个人是某种旅游者或参观者,那其便代表一种角色。其根本问题是,哪一种角色?

要尝试回答这些问题,就要直接考虑一些变量,如旅游的目的或旅游安排的种类。例如,一些以度假为目的的人可以被包括在"旅游者"的子集中,而以商业为目的的人则不能包括在其中。不幸的是,解答这些问题的方法总是令人产生误解,因为诸如旅行目的之类的变量都不是主要的问题。如何把旅行者或观光客划分为旅游者或非旅游者之列的主要问题,其实是个背景问题,要在背景下进行分类。

"旅游者"含义的三种背景

"旅游者"用以描述或分类旅行者或观光者时,我们可以识别其含义的三种背景。这三种背景有其各自的"旅游者"的含义。第一种背景环境是流行的看法,第二种是技术性定义,第三种是启发式的定义。一旦认识到这些不同的背景,那关于定义的许多困惑将被解决。表2.1提供了一个总结。

表 2.1　　　　　　　　　　旅游者含义的三种类型

种　类	使　用	准确和独特的程度
通俗概念	每天的交谈和大量的媒体中	不准确,意思变动大,不要求定义
技术性定义	到一国和地区的旅游者数量的统计资料	很精确,一个对于"国际旅游者"的标准定义而被广泛使用,但对于不同国家的"国内旅游者"有不同的定义
启发性的概念和定义	关于旅游者活动的研究和他们行为的其他方面	在每个事例中很精确但不会被广泛使用的定义,每一个研究者要构建适合每一科目的定义

旅游者的通俗概念

在每天的交流中,人们用"旅游者"来识别和描述一系列角色的人。普通字典阐述了被广泛认识的意思,但是就像其他词语一样,其不能全面地解释,因为关于"旅游者"有许多意义和内涵。

不同的人用不同的方法来表述。某人可能认为观光者是旅游者,另一些人可能认为一些从国外来以放松为目的而观光的人是旅游者,还有人可能认为只有是一些从事娱乐活动组织的成员才是旅游者,更有人可能认为呆在胜地宾馆的人不是"旅游者"。综合这些可能的表述,得到一个事实,即一些人认为"旅游者"是一种贬斥的表述,其暗指一些低劣的旅行者和一些不受欢迎的观光者。

由于这一系列的意义和内涵,表明旅游者和其他旅行者或观光者的界限是不可能以迎合每一个人的方式来定义的。

旅游者的技术性定义之起源

任何的专业领域和学术原则都有其自身的技术性定义来作为其专业术语的一部分,这些用于特殊环境的有关词语或短语的定义都有其特定的目的。在20世纪20年代,尤其在统计的背景下,一些欧洲国家研究所开始为学术的目的而尝试构建"国际旅游者"的定义。如果在没有一个国际研究所的情况下,这些尝试要取得进步是不可能的。

欧洲的文化、产业、政治和公共服务方面的改革领袖成为许多国际研究所的榜样。这首先要提到1865年成立于巴黎的国际电报同盟(International Telegraph Union)[现是国际电信同盟(International Telecom Union)],它开创和管理了一项使得电报消息可以有效和自由地穿越不同国界的协议。接着是1874年成立的万国邮政联盟(Universal Postal Union),它允许其成员方可以在其他成员方中免费寄信。这些同盟内在的合作、信任成为了日后许多国际研究机构的哲学基础。

在旅游方面,一个旅游国际性会议的召开,使得旅游在1963年取得了长足的进步。此会议由联合国和一个叫国际官方旅游组织联盟(International Union of Official Travel Organisations,简称IUOTO)的机构共同发起,代表们在罗马会晤并商谈了一系列事宜。他们最终的目的是通过促使更多的人旅游和鼓励观光者去更多的国家来促进全球的旅游。他们的直接目标是寻找使国家间在旅游上更好合作的途径。有一份报告包括了这些介绍(IUOTO,1963)。

一个有关全球旅游管理的议题引起了讨论,这便是旅游者流量的测量。知道在不同国家的旅游者人次数量对于管理国际旅游是有帮助的。了解一个国家每月和每年记录的国际旅游者人次数量对于国家监控其趋势是有用的,但是知道其他国家的相关数据则更有用,因为它能够做一个比较。例如,如果国家X用2 000万美元宣传其景点的特色,并投入3 000万美元作为政府关于旅游资源发展的补贴,而一年后,到邻国Y的旅游者流量增长了15%,而到国家X的则下跌了1%,那X国政府和那些5 000万美元的提供者们便需要去调查其潜在的严重问题。

为了对不同国家的旅游者流量趋势做一个有根据的比较,则不同国家的旅游者流量的统计数据必须具备可比性。而达到这一可比性的一个先决条件是:当国家计算旅游者流量时,要使用相同的"国际旅游者"的技术性定义。而这却不是一直存在的情况。

在20世纪70年代,从东亚的一些国家的报告中显示:旅游者人次的数量要比邻国所观测到的大得多,而这被认为是真实的。但通过调查发现美国或西欧的旅游者在计算此数据时被算了两次,而旅游部长则声称从这些国家来的旅游者倾向更多的消费,旅游者到达人次的统计应该调整到能反映这些超额收益。故其试图通过这一手段来证明数据统计的正确性[有兴趣的读者可以查阅20世纪70年代的相关材料《亚洲旅行贸易》(*Asia Travel Trade*)]。通过操控统计数据来创造良好印象的例子在许多国家都有发生。

另外一种歪曲事实的情况也发生在一些国家当中。这种情况并不是简单地欺骗公众造成的,而是由于忽视使用标准定义会给各国带来好处所造成的。不同国家的官方对于旅游者都反映了其各自的想法,当要计算旅游者人次时,便从各自的想法出发来设计定义。当这些不同的定义出现时,不同国家的统计数据自然没有可比性。

1963年的罗马会议讨论了这些问题。此会议上,达成了关于"国际观光者"、"国际短途旅行者"、"国际旅游者"的标准技术性定义的协定。此会议的另一个成果是:决定成立国际旅游组织(WTO)来帮助保证此协定能得到贯彻、实施。WTO最终成立于1974年。

WTO取代了IUOTO。它的优势来源于其成员都是国家政府,这便能直接联系世界各地的政策制定和法律制定的机构。而IUOTO则主要包括致力于促进旅游但缺乏与政府直接联系的私人组织或机构。

总部在马德里的WTO成为了世界旅游的重要机构,但也没有像其所宣传的那么重要。它的主要工作是在第三世界国家中。在关于旅游的书中,WTO经常被描述为联合国的一部分。但这不是事实。WTO是联合国承认的负责旅游相关事宜和收集信息的组织机构。顺便说一句,不要把另外一个有同样缩写形式,即在媒体中都表示为WTO的组织机构与世界旅游组织相混淆,那就是世界贸易组织。世贸组织是一个对世界经济和许多国家的国民经济都十分有权力和有影响的机构。

国际旅游者的技术性定义

世界上的各国政府把其关于国际旅游者的统计资料送到马德里的WTO,在那里,数据得到了确认、编辑并张贴在WTO的网址上,其更详细的文本报告亦在网上出售。关于国际流量在统计使用上的标准技术性定义是[WTO,《旅游统计》(*Tourism Statistics*)上的介绍,无日期,p.3]:

为了统计的目的,"国际观光者"一词描述的是去一国旅行而不是呆在其通常居住地的人,但在通常情况下,其外出时间不能超过12个月,且其旅游的主要目的不是到被观光国去得到体力锻炼。国际观光者包括:

1. 国际旅游者(international tourists):至少在某一国家的公共或私人住所呆一晚上的观光者。

2. 一日游观光者(same-day visitors),即不在某一国家的公共或私人住所呆一晚的观光者。这一定义包括坐船巡游的乘客(cruise ship passengers)。

我们需要先给它下一个准确的定义,然后我们才能按照这个定义,以一种国际通用的方法来统计关于国际旅游者的数据和资料,否则我们做的统计工作将失去意义。定义必须清晰无异议,而负责收集、处理和使用这些数据的人理解要包括或不包括什么。当政府发行旅游者签证的时候,除统计资料外,另一种技术性定义是通过法律。尽管关于短语——"在他们通常的环境之外"有些模棱两可,但 WTO 的定义还是比较准确的(Smith,1999)。

国内旅游者的技术性定义

国内旅游者的技术性定义不包括到他们国家所在地之外的地方去旅游的人,这一定义在一些国家关于此方面的统计记录中经常变化。在澳大利亚,一个国内旅游者是出于官方统计目的而被定义的(在政府旅游机关使用的研究中),即指一个为了实际目的而过夜旅行的人(Bureau of Tourism Research,2001:61):

在澳大利亚的过夜旅行是指在离家至少 40 公里的地方至少呆一晚的旅游。此种旅行是有一些原因的。

此定义被旅游研究署(Bureau of Tourism Research,简称 BTR)作为收集统计资料的基础而使用。此统计资料以"国家游客研究"为题,每季度、每年度公布。这些报道是这样描述的"主要的信息来源是关于……国内旅游者"(BTR,2001:x),并经过旅游委员及部长的准予而发表在国家、州和区级别的刊物上。

一些在澳洲所做的周期性的研究列数了除短期被观光地雇用的人以外的人的旅游目的。在此定义下,旅游者包括为度假旅游的人、为与工作有关的商务旅游的人、为家庭事件如葬礼或婚礼而旅游的人、为拜访亲戚朋友的人、为运动的人、为寻医的人、为学习的人、为参加会议的人和抱有其他目的而旅游的人。从广义上说,它与 WTO 报道的"国际旅游者"的技术性定义相似。

相比之下,在英国,其对国内旅游者进行官方统计时,只计算主要为度假目的而至少在外呆四晚的人。所以,从官方统计的角度来看,澳大利亚和英国对于国内旅游者的数据没有可比性。

旅游者的启发性的概念和定义

启发性的概念是为了辅助寻找或发现的过程,所以其与研究和学习相关,在这些研究和学习里,研究者和学生们使用这一概念作为发掘一个问题本质的基础。

相关地,在关于旅游者的研究项目和教育课程上,谈到其本质和行为的话题时,便需要启发性的概念。由启发式目的而构造的定义有三种功效。它帮助专家们集中思想,去除读者对于报告或文章的模糊之处;它致力于交流。没有这种定义,不同的研究人员或读者们可能会涉及到不同的意思或涵义,因为关于旅游者的概念实在是太多了。

启发式定义不一定要遵循技术性定义。因为旅游者的标准技术性定义十分广泛,包括带有客观目的的旅游者和观光者,所以它们不被用于对旅游者行为的具体研究上。单个研究者们应该为其不同的研究项目和目的设计不同的启发性定义。例如,为旅游批发组织的经理们而制定的一个关于旅游者的定义如下:

在这个报告中,旅游者是指考虑或真正进行国际旅游并采用包价式旅行安排的组织或个人。

在一国家公园里调查旅游者的行为时,那旅游者的启发性的定义可能为:

为这一调查,旅游者是指除了公园的工作人员之外的带有一定目的而参观国家公园景点的任何人。

另外一种例子如下。在启发式的文本下,其作为一般性的定义而被更广泛地运用。至少在确定的教育环境下,一个被广泛运用的定义一定是有用的,因为它不必在一系列的课程和研究中每次都要重塑定义。

旅游者的一般性定义

史蒂芬·史密斯(Stephen Smith)令人感叹地指出旅游者的单一定义不会并可能永远不会在这一领域里被大多数研究者所接受(Smith,1988,1989)。他指出经济学家们会觉得某一方面是最好的,而心理学家则会觉得其他东西是最明确的。

史密斯的观点无可厚非,在此书中,我将会试图揭示旅游学界不同专家观点的共同思路。经济学家、心理学家或者地理学家都不能对旅游者定义达成一致这一事实,说明以上找出思路的信念是可能的。这并不排除识别共同思路的可能性,相反,这会提高可能性。

在旅游者的行为中可以识别出三种普遍属性。这些可以构成一个用处广泛的启发式定义。

第一,旅游者是离开他们通常住所而在其国内或国外其他地区游玩的人。

第二,旅游者的旅行将至少在其通常住所外呆一晚。这不包括通勤者和其他当天来回的旅客。有合逻辑的理由来排除他们。如果我们包括了这些人,则对旅游的一般研究将不得不严重地倾向于当天来回的旅客的独特情况和特征,在世界上或在许多城市和乡村中,当天来回的旅客远比过夜的旅游者要多得多并且其行为有不同的特征。

在旅游者的一般性定义中不需要具体规定时间的最长跨度。旅游者可以描述为至少离开他们家一晚,这可以是一晚、一周、半年、一年或更长。同时,也没有距离的规定。表明至少离开家一晚就足够了。许多城市居民进行短距离的一晚式假日旅游,其许多活动特征可以被认为是观光性的。郊区居民到城市中心游玩并在宾馆里住一晚来休闲活动,如去剧院或参加社会活动就是一个例子。城市居民到同样的大城市的海滨来一晚式的度假也是例子。

第三,旅游者的行为是一种休闲、放松式的行为。它是离开家的放松。旅游者能被描述为有自由时间(所谓的自由使用、自由支配、非义务性的时间)的旅游者或观光者。旅游者与休闲的联系被不同背景的作者们所确认,并且能在许多(可能是大多数)的研究旅游者行为的文章中找到。

休闲是什么?简单地说就是包括了娱乐和/或创造性的经历。前者是再造或重建一个人——休息、放松和娱乐。后者涉及了出现在非强制性的环境下(如文化和艺术活动)的创造性行为。休闲是一种寻找的经历并且有益于内在的快乐和兴趣。以休闲为基础的经历被人们认为是无强制性的、快乐的和有趣的,享受着个人的自由。关于"休闲"的更详细的讨论在《旅游百科全书》中有所阐述(Smith,2000:354—6)。

多数人的大多数休闲活动都发生在他们家中或家附近,待的时间超过一晚。由于旅游者有义务来减少其娱乐和文化经历的时间,所以他们不会把其所有的时间花在休闲上,尽管如此,旅行也是一种特别形式的休闲,这一点将在第五章分析。

在许多例子中,人们在不为度假而做的旅行中(例如商务活动、拜访亲戚或参加会议)往往花一部分时间在休闲、放松上。从这一方面来说,主要目的是商务旅行的旅客可以被认为是旅游者。

在分析完这三个组成部分以后,我们可以给出旅游者的一般的启发性定义,但这不应该看作就只有这个定义,它只是其中的一个定义:

> 旅游者是离开其通常住所地带而度过至少一个晚上的旅游的人。其旅行达到这一程度:其旅游行为包括从其观光之地的特点、特色的相互影响中寻找休闲的经历。

旅游者选择观光景点,他们的游玩没有强制之意。一位商务旅游者可能因参加商务会议而访问一个城市,但他用其自由的下午时光来作为一位旅游者而参观艺术画廊是不受义务约束的。

如果人们察觉到旅行将可能不愉快或对游玩之地没兴趣,那么没有人会去旅游,或在旅游期间去参观某地。而同样的情况可能不会影响到商务旅行或亲戚拜访。然而,正因为察觉到有快乐经历的可能性,一些旅游者便特意选择游玩一些使其经济和身体上都不舒服的地方(花费高或缺乏生活福利设施的地方)。而对于其他旅行者或观光者来说,其有些时间的行为被常识性地认为是旅游者的行为,那将怎么解释呢?以上给出的一般性定义通过"达到这一程度"这一短语而包括了他们。

这是一个合适的一般性定义,因为它符合了许多人关于旅游者的观念。当一个忙碌的高管完成了她到镇上的主要任务后,决定在这天剩下的时间里去"看风景、购物,成为一名旅游者",没人会说她在镇上谈生意,她的自由时间也不会被真正地看作是商务时间。然而,按照WTO的概念却认为她是作为一名旅游者的身份而访问城镇,这便违反了常识。

作为一个旅游者有三种属性,即旅行、观光和享有休闲经历。合起来,这些独特的旅游者来自其他旅行者、观光者和有娱乐或文化经历的人。在城市里，旅游者可能会与其他享受类似体验的人相混合，例如在博物馆看展览的城市居民，但是三种属性合起来便可辨别旅游者。

以上给出的一般性定义只适用于一般情况。它不是以哪个国家作为目的地、以哪个组织作为旅游者的供应商或从接待旅游者的环境的角度来构建这一概念的，相应地，它是以旅游者独特的行为特点为中心的。

处理好三种背景

旅游者的三种意思服务于不同的目的且适合特别的背景环境。从而，由矛盾所产生的问题或意思间的不同能在很大程度上被通过考察其背后的语义学所化解。

第一个背景是在流行观念盛行的日常语言中。如果某人想要发现人们对于"旅游者"或其衍生物，如"适宜游览的地方"的理解，这便要涉及研究的领域。这时，研究者们应该避免表达他们自己对于这一问题的观点。

第二个背景是为了进行计算旅游者或观光者中的旅游者的研究。在这里，一个准确的技术性定义是恰当的，并且当设计调研或陈述统计时应该仔细地遵照它。在执行机构中的法律方面便需要类似准确的背景，例如当政府给旅游者发行特种护照时。

第三个背景是研究旅游者的行为。一个合理、清晰、准确的定义是受欢迎的，它能够清晰地表明当研究者在其研究项目中涉及到旅游者时的意思。

在许多评论和著作中，不对这三个背景区分对待是一种错误。许多学生、学者和受雇的研究者偶见WTO的技术性定义，就据为己有，把它放在他们报告的第一部分，暗意它是官方的表态、是惟一的定义。但是，在许多情况下，报告的实质包括了一个比技术性定义更狭隘界定下的旅游者的行为方面的讨论。这些行为上的内容常常是关于度假或娱乐的旅游者，与WTO定义所表达的不同，所以，这一事实将导致研究结构和概念上的缺陷。

为何技术性定义范围广阔？

"旅游者"的技术性定义经常包括观光者和旅行者，而对于这一说法，许多人（可能是大多数人）都不会这么认为。例如，许多人认为观光者并不包含于旅游者之内。根据WTO的技术性定义，以下五种假设的观光者都被认为是"旅游者"：

1. 与工作事宜相联系的商务旅行者，且其除去睡觉的时间连续5天都在一国访问。
2. 去一国上大学且历时11个月的学生。
3. 去一国寻医住院的病人。

4. 去一国拜访神圣遗址的朝圣者，身无分文的苦行者。

5. 到一国住在女儿家的祖母，她只呆在女儿家而不外出一步。

如果这些情况都被官方统计所忽略，那么旅游及其行业所表现出来的规模和价值将减少很多。例如，近年来在澳大利亚，以商务为主要目的而旅行的人占"旅游者"的12%左右，而以拜访亲戚为主要目的的占了20%左右。

被官方算作是"旅游者"的在澳大利亚的留学生，并不在总数中占多大比重，但他们一般在那里要呆10~11个月，并且在学费、学杂费和生活费上要花费很多。结果，他们对由旅游研究署所报道的旅游的经济影响做出了巨大的贡献（O'Dea,1997a,1997b），而这一报告的头条新闻又作为旅游价值的官方指示物而广泛使用。

"旅游者"的技术性定义之界限为何如此广阔？我们从中能得到什么启示？从在罗马举行的IUOTO(1963)会议上关于技术性定义决定的文字记录，并且从参加此会议及其后一系列相同论题会议的官员的讨论中来看，可以得到以下解释。

首先是官方的解释。WTO关于"旅游者"的技术性定义是由一些组织所创造，这些组织的主要兴趣点是旅游者所带来的经济效益，包括流向企业的商业利益和流向政府和东道主的其他一些经济利益。组织们所关注的是观光者们的花费数量、花费目标和消费倾向。其不管他们其他行为的不同之处，在一地至少呆一晚的所有类型的观光者都有类似的消费模式，所以构建技术性定义的委员会决定安排一个非常广泛的界限，在界定"旅游者"时包括许多种类的观光者。

这一决定的缺陷是导致出一个每年误导许多人的定义。有一则新闻报道说去年有4 302 500人次到曾达旅行，但这一数据却不应该按照读者所知道的背景下的概念来理解——"旅游者"与流行概念上的"旅游者"很不同，即事实上代表了一个很大的范围。因此，这种定义的主要效果是为旅游的规模和表面价值传递了极为夸张和吹嘘的印象。

这一观点直接涉及到次要的，即范围广阔的非官方解释。构建这些定义的委员会包括了有"旅游者"或"旅游"头衔的组织或机构的代表人。通过构建广泛的定义，更多的观光者被算作旅游者，所以极大地夸大了官方对旅游经济价值的估计。

谁受益？带有"旅游者"或"旅游"头衔的组织受益了。通过人为地夸大旅游的经济价值，这些组织能使易骗的政府财务部官员和跟随他们建议的政客相信他们，从而公共基金中将有更多资金会用来赞助旅游的活动。这些额外的资金使得旅游官僚机构扩张，雇用更多的员工，提高经理的薪水并分配更多的资金来用于媒体公司和市场咨询上。

在澳大利亚，在这方面大为受益的还包括一些机构，如澳大利亚旅游者委员会（Australian Tourist Commission,简称ATC）和数百家地方团体，如邦伊地区促进协会（Bunyip District Progress）和旅游者协会（Tourist Association）。在把澳大利亚发展为理想的旅游目的地上，ATC曾是一个有效的推动者，但是自从20

世纪80年代初以来（当它接受的政府补贴开始极大增加时），其功效便开始减弱。从绝对上来说，ATC有比世界上其他所有国家旅游组织都大的预算（WTO，2000b），但奇怪的是，澳大利亚目前在全球旅游人次的比例上比其他许多国家的都要低。

澳大利亚和其他国家的许多旅游协会都试图通过一些手段来扩大旅游者的技术性定义，如在其协会对旅游者的官方定义里包括当天来回的旅客。在有许多当天来回的旅游者而相对较少用过夜旅游者的地方，其给旅游机构带来的收益可能是巨大的，但是只有在一些歪曲常识而没有被注意的地方，这种把戏才会成功。

其中一个这样的地方便是堪培拉（Canberra）。在20世纪80年代，坐落在堪培拉的澳大利亚首都特区政府的旅游部门采取了包括当天来回的旅游者在内的旅游者定义。随之而来的，此部门对于旅游者花费的调查也包括了住在市镇或农场附近而到堪培拉来购物、健身和拜访朋友的当日来回游玩的人。这使得官方的报道呈现出此城市从旅游者身上所得的比先前假设的多得多的情形。ATC政府部门准许了其旅游部门关于大幅度提高其资金的请求，此部门得以搬到新的办公楼内办公，并雇用更多的员工，同时花费也更多。

从公共政策的角度来看，如果媒体报道旅游者的数量和消费情况时，会附有一张清楚说明"旅游者"包括哪种旅游者或观光者的便条，那么这样将会提高旅游的经营管理。但由于这需要改变旅游政策，所以这一建议可能不会在近期被采纳。这依赖于旅游及其相关问题的知识的发展和普及，这也是一个趋势，此书致力于为这一趋势做出小小的贡献，但同时这一趋势也是缓慢的。

旅　游

当"tourism"一词首次出现在200年前，其第一个意思是作为一名具有颓废生活方式的旅游者的理论和实践活动。一个自20世纪60年代来被广泛接受的近期意思是：旅游是一种产业。其他意思也存在。他们都有意义吗？哪个最有用？词语意思历史演进的相关性值得注意：

  无论某词现在流行的意思是什么，同样的词将会无形地反映其其他或早期的意思。你可以认为你不知道它们是什么。你可能信服于你只听到过其第一层的当代含义，但是其他层次含义对于有意或无意的人来说是存在的。

作为颓废式旅行之意的旅游

首次使用"旅游者"和"旅游"的表述似乎来自18世纪70年代亚当·史密斯（Adam Smith）的文章（Wykes，1973）。史密斯是一位苏格兰学者，他作为导师而在欧洲旅行了很多地方,形成了大旅行是一种颓废、奢靡的习俗这一观念。这使他想到"旅游者"(tourist)一词,并构建此词用于描述颓废式的旅行者。与之联系的抽象名词"旅游"也开始使用(史密斯观点背后的原因将在第四章讨论。)

"旅游"表示一种颓废式旅行之意在当前许多人中仍流传着,他们视"旅游"为生活方式。由于这种意思仅仅反映了主观观念,所以用它来理解和定义旅游是不合适的。

作为旅游者的理论和实践之意的旅游

在19世纪10年代,也就是史密斯写出的旅游者之后30年,"旅游"成为了被普遍接受的表述,并且其贬斥之意极大地削减了;《牛津英语词典》后来表述了其初期意思为"旅游的理论和实践,为取乐而旅行"。今天许多人都使用此意思的表述,并且许多学术作家都采用这一定义。

作为旅行的低层次之意的旅游

在19世纪40年代以后,当旅行社,如托马斯·库克(Thomas Cook)开始推动旅游深入到英国社会的中产和较低阶级家庭后,"旅游"开始含有次于旅行之游的意思。这一意思也幸存于今。它是真实的,但不适合作为旅游一般学习的定义。因为这一学科是超越阶级势利的。

作为廉价和低于标准之意的旅游

人们看到"旅社"便会想到它是比一等宾馆低档的住宿之处。与此意思相联系,"旅游"也表示廉价之意。如上文的阶级观点一样,此含义也不能作为旅游的定义或旅游的一般学习的基础。

旅游和旅游者包括一系列类型

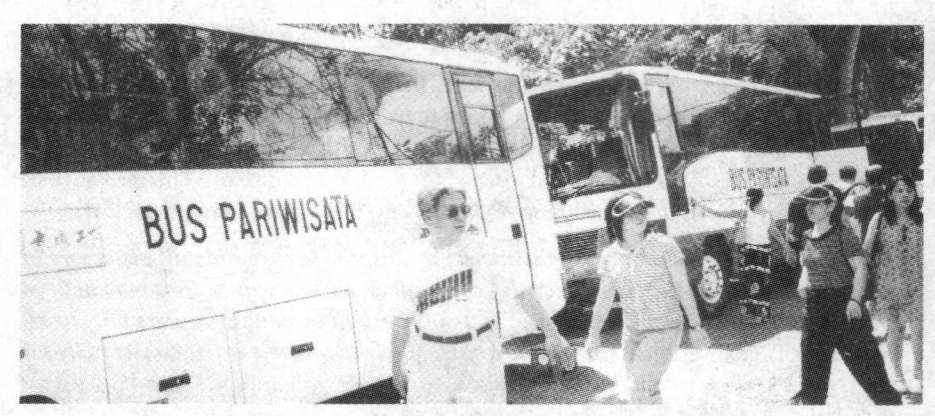

随旅行团乘大巴到印度尼西亚旅游的中国台湾旅游者

来自不同国家的到中国香港开会的代表们

探险旅行：长途跋涉于尼泊尔的喜马拉雅山

作为地区和国家经济一部分之意的旅游

从 20 世纪 10 年代，经济学家们便开始研究旅游者的消费意义。由于一些经济学家对旅游经济进行研究并影响了许多人，从而旅游成为了地区和国家经济的一部分。如果一个人说"旅游对于利斯莫尔（Lismore）很重要"，实际上，他的意思是"旅游者的消费对于利斯莫尔的经济很重要"。

这是事实，因为旅游者的活动将逐渐带来经济效益，但是这只是对旅游的一个粗略定义。用其结果来定义旅游将忽略此词的要点。

作为环境作用的复杂体之意的旅游

正如第一章所讨论的，在 20 世纪 30 年代，瑞士学者组成了世上首个研究旅游的多学科团体。其中两位专家为旅游下了一个正式定义，即环境作用的复杂体（Hunziker & Krapf，引自 Burkart & Medlik，1974：40）：

旅游是由旅行和非居住的停留所引起的现象和关系的总和,其中非居住的停留指只要旅游者不永久居住和不与任何谋利活动相联系。

这一定义被广泛认同。它被欧洲的一个学术团体——国际旅游专家协会(International Association of Scientific Experts on Tourism)所认可,并被许多作者所引用。它有优点。然而,它还是不适合作为定义。首先来关注其优点。

由于亨齐克(Hunziker)和克拉夫(Krapf)的这一定义认识到了旅游者活动的广泛影响,并且从很大程度上能使人学到关于"旅游"的许多问题,从而使得很多学术作者偏好这一定义。它为在此科目上进行多学科研究和教育创立了合理性。在不提及或建议原则的情况下,它使得任何学科的学者们感到他们能成为研究这一科目的庞大系统的一部分,同时也抵制了某些假装旅游是其专属学科领域的学者。相应地,这一定义帮助了旅游学习的广泛接受并使其发展为大学的一门学科或领域。

尽管有这些优点,但亨齐克和克拉夫的定义想要作为研究和学习的指导还是毫无希望的。它太广泛了。在逻辑上,它包括了许多被常识所不认同的旅游范围之下的人类活动。根据亨齐克和克拉夫的定义,对于在监狱的囚犯、避难所的被收容者、医院的病人、暂时离开家乡住在大学中的学生、在路上或营地的难民、战争中的士兵等所有的旅行者或曾经的旅行者,其永久居住地不是其现在的住所且不表现出以谋利为目的,都被认为是旅游者。

旅游包括"现象和关系"并与囚犯、被收容者、学生、在路上的难民和战争中的士兵相联系之意能被广大明事理的人所接受吗?可能不会。这一定义太过悖于常理,所以不能保证许多学术作者会认同并推崇这一定义。

作为产业之意的旅游

早期的关于旅游者的研究着眼于其行为所带来的效益。在经济学家们的脑海中,研究发现是关于产业结果的联想:研究者们认识到旅游者到国外景点的花费代表了目的国的外汇收入,这与产业中的出口到国外的产品所带来的收入无异。随着时间的推移,"旅游像一种产业"这一明确的说法演进为"旅游是一种产业"的隐喻。根据一本影响甚广的书:"旅游能定义为一种科学、艺术和吸引、运送观光者的商业活动,它为观光者们安排住宿并积极地迎合其需求"(McIntosh & Goeldner,1977:ix)。

暗喻很少成为通向真理的指示物,因为"暗喻由属于其他东西的名字所组成"(Aristotle,1920:71)。除了麦金托什和戈尔德纳以外,许多其他评论员曾命名旅游属于其他东西的名字。在定义中使旅游与产业相联系就是这习惯的一例。

当然,旅游通常含有产业的效应,也有与旅游直接相连的产业,并且他们能被定义为旅游。然而,这些都不能证明旅游应该被定义为一种产业。定义旅游为一种产业只能使人领会一些旅游者的活动并会带来不理性的思想和政策。一本教

材对于以上问题解释如下(King & Hyde, 1989:3):

> 所有旅游的共同组成要素不是"产业"。毕竟,一个旅游者在游玩期间,可以离家在其朋友或亲戚那住一晚,使用私人汽车并且不进行商业交易。旅游真正的共同组成要素是旅游者。

面对许多旅游者在其游玩期间都使用私人汽车来访问朋友和亲戚这一事实,那些认为所有这些都包含在产业中而坚持定义旅游是一种产业的人,显得非常不理性,因为这些行为不像其他产业的组成部分那样起作用。定义旅游为产业的错误在于使用和相信野性的隐喻这种错误。

作为市场之意的旅游

从航空公司市场部离职的考尔(Kual)成为了一位研究旅游的学者。他的背景使得他在观察旅游时所得的定义是"旅游是市场而不是任何产业"(Kual, 1985:22)。两个英国经销商也提出类似的观点(Jefferson & Lickorish, 1988)。这一观点的优点有两部分:它强调旅游作为"产业"之意的缺陷,并且它从根本上强调旅游与旅游者自身相关。

然而,考尔、杰斐逊和里克里什在其定义旅游为市场上走得太远了。诚然,多数旅游者都受助于市场,但是他们都这样吗?这是他们所做的独特事情吗?不是。营销的理论家们(Pandya, 1987; Gronhaug & Dholakia, 1987)强调市场不包含人类所从事的所有交易。一些交易是"非市场的"。这对于旅游来说值得注意。

像多数澳大利亚国内旅游者一样,最近我的旅行既包含了非市场的活动,也包含了市场的活动。在只有400公里的旅程上,我使用自己的汽车,没有加油;而且我住在亲戚们的家里。因此,旅行中的交通和住宿都没有市场的烙印。而我光临餐馆,同时也购物,所以旅游中的这些活动便涉及市场交易。这些事例表明一个普通的情况:旅游涉及许多活动,其中只有一些与市场有关。

作为一个系统之意的旅游

奎尔沃(Cuervo, 1967)的书、利珀(Leiper, 1979)的文章与米尔和莫里森(Mill, Morrison, 1985)的书都提出定义旅游为一个系统,因为它是旅游者、旅游和目的地相互联系的实体。此后,米尔和利珀又表明这样定义旅游是有缺陷的。但这种混淆一系列元素(系统)与旅游者活动的方法对于学习旅游还是有用的。

旅游能成为以上所述之物的集合体吗?

旅游能成为以上所述之物的集合体吗?显然不能。能以不同的方式定义旅游是不合逻辑的,因为要其认同每种不同的意思,这是不可能的。例如,市场不是产业。

当然，所有这些都意味着与旅游相关，但是一个定义应该着眼于其特别之处，而不是其相关的部分。尽管运动场和单杠与大学相联系，但我们不会严肃地把大学定义为"运动场和单杠"。我们需要了解与某物相关的部分来理解这某物的整体，但我们不能仅仅使各部分相加来理解、认识整体。这一原理被不同领域的分析家所强调，如心理学的奥恩斯坦(Ornstein, 1975)和研究一般系统理论的埃默里(Emery, 1981)，并在萨克斯(John Saxe)的诗和一则民间故事"盲人与象"中列示。大体内容如下：

> 六个盲人各自抓住大象的一部分来说出这整体是什么东西。一个抓住大象鼻子的人说这是一条蛇，抓住象牙的人说这一定是一柄长矛，而抓住象腿的人说这是一棵树，如此等等。实际上，这些东西都不是大象，并且其总和也不是大象。

旅游可以被定义为地区和国家经济的一部分，但这只能表现其一方面。它也能定义为一种产业或一个市场，但是这些都只能展示其某一面。旅游还可以被定义为一个环境的复合体，但这太含糊了。最后什么剩下来了呢？一个早期的意思"挺身而出"，因为它涉及到了旅游的独特之处。

"旅游"的一个实用定义

旅游是旅游者的理论和实践："旅游首先是一种人类的行为"(Przeclawski, 1986:11)。一个旅游的实用定义能在此基础上给出，如下：

> 旅游是旅游者的理论和实践。这涉及到为休闲、放松的目的而旅行或观光某地。旅游包括人们的一些想法和观点，即决定是否去旅游、去哪些地方旅游（或不去哪些地方旅游）、做什么或不做什么，如何与其他旅游者及当地服务人员打交道。并且它是所有此想法、观念的行为表现。

"主义"(Ism)一词表示人把其理论和想法用于实践当中去。正如理想主义、社会主义分别是理想主义者和社会主义者的理论和特有的实践一样，旅游也能表述为旅游者的理论和特有的实践。

不会只有一种论调来形容旅游者，也不单只有一种实践来定义旅游。世界上有许多种旅游者，所以遵照一种理论来谈论旅游者的做法是错误的(Cohen, 1979)。在当代，旅游包含一系列旅游者的理论，这些理论的不同依赖于实践角色的不同。

旅游的其他定义

将旅游定义为旅游者的理论和实践并不适合研究该领域的所有专家和学者。旅游的其他一些含义也可以根据以上定义来给出或采用。旅游能被定义为一种旅行的颓废态势、次于旅行之意、一个环境的复合体、经济的一部分、一种产业、一个市场等等。只要它们都能符合逻辑，所有这些定义旅游的方式都很有用也很有意义,即使它们仍然能够引发问题。

作为定义,它们大多数的一个问题是:会把对旅游的学习引上许多与旅游者直接联系的某一方面,从而限制了学习的空间。例如,市场或产业,它们是整个旅游画面的某一面。而亨齐克和克拉夫的定义问题正好相反:它太含糊了。

结　论

虽然没有被广泛接受的"旅游者"和"旅游"之定义,但是研究旅游的学者和专家应该仔细考虑这些概念。"旅游者"三种含义被区分,且在每一种背景环境下得到阐述。在研究旅游者中,一个一般性的定义也被提出来了。它比标准技术性定义要狭隘,且由世界旅游组织和其他与旅游相关的组织所提倡。

区分和回顾了"旅游"的几种含义。旅游不仅是社会阶级的问题,不仅只发生在市场、产业或集团产业中。一个广泛使用的定义被认为其含义太广。

旅游最好被定义为旅游者的理论和实践,这里旅游者指为休闲、放松而离开家乡到其他地区或国家旅行的人。

我们对于世界及事物的观点受到自身直接或熟悉的环境所产生的传统、陈旧观念的影响。这些传统、陈旧的观念不可避免并经常歪曲事实,但多注意的话,则可以减轻其对我们思想的负面影响。

评论这些过程有助于我们复习这一章。一般我们都首先假设观察真实世界,然后对我们要仔细研究的东西的某一特点下一个定义。实际上,情况正好相反,正如李普曼(Lippman,1992:55)阐述到:

我们不是首先观察,然后下定义,而是先下定义然后再观察。在外部世界的巨大的混淆中,我们会根据文化中的既定概念或定义,观察周围世界。

因此,任何没有正式学习旅游的人都能对旅游下一些定义,且这些定义都由其对旅游的认识所创建。这便是公众观念的形成。对于为学习或研究的目的,则此定义的构成有很多不同的方式。

问题讨论

1. "旅游者"含有不同意思的三个背景是什么?
2. 这些背景的哪两个背景清晰准确地把"旅游者"的定义传达成有用和受欢迎的?
3. 为什么WTO对"国际旅游者"的技术性定义对于旅游者行为的研究没有什么明显的帮助?
4. 列举在过去200年中连续出现的"旅游"的九种含义。

5. 这九种含义中的哪一种对于理解旅游是最有用的,为什么?
6. 为什么试图把旅游定义为一个行业会误导想理解旅游的人?

推荐读物

Gilbert, D. C. 1991, Conceptual issues in the meaning of tourism, pp 4—27 in *Progress in Tourism, Recreation and Hospitality Management*, C. P. Cooper(ed.), Vol. 2.

Hall, Colin Michael 2003, *Introduction to Tourism: Dimensions and Issues*, Sydney: Hospitality Press.

Harris, Robert & Howard, Joy 1996, *Dictionary of Travel, Tourism and Hospitality Terms*, Melbourne: Hospitality Press.

Orwell, George 1970, Politics and the English Language, pp 156—69 in *The Collected Essays, Journalism and Letters of George Orwell, Vol. Four: In Front of Your Nose*, S. Orwell & I. Angus(eds), London: Penguin.

Smith, Stephen L. J. 1988, Defining tourism: a supply-side view, *Annals of Tourism Research*, 15:179—90.

第三章　学习旅游:整体系统的方法

导　言

　　第二章提到学习旅游真正需要的是一种系统的方法,本章对此作出解释。我们时常听到人们说想要"系统地"做某事。这一意愿进一步发展,并形成了当今存在于从解剖学到动物学等一系列学科中的系统理论,且发挥着相当大的作用。相应地,它也可能在旅游学当中很有用。

　　系统思考方式大概有几千年的历史,至少起源于古希腊时期。亚里士多德(Aristotle)便是2 500年前的一位系统思想家。当今,无数的人能在不同程度上进行系统思考。这并不是说任何使用"系统的"术语的人都真正地系统的思考。这一术语变得时尚起来,时常用于表述某人只是对某物有个大致概念的时候。

　　如果你要到商店买一系列东西,你会对自己说"我要系统地做这件事",然后把这一系列物件归类,以便从不同的商店去买。这便是系统的方法。它要求从整体上来考察,区分其子任务或构成元素,并决定如何使其最好地组合在一起。

系统理论

　　作为尝试构建和发展系统思考的系统理论起源于20世纪30年代。系统理论的独特之处在于它的意识目的,即阐明看起来复杂的东西。为了达到这一点,首先要辨明其系统,然后辨明其组成部分,并发现它们之间的排列及相互关系。我们常常可以使一系列按等级排列的重叠系统孤立开来,从而使每个系统都有其子系统和母系统。

　　发展系统理论的先驱者是波塔兰菲(Bertalanffy),他在20世纪30年代便认识到必须超越生物学,整合其他学科的精华来理解生物有机体。为了达到这一愿望,他创建了一般性理论,发现"一种曾被忽略或绕圈子的观察事物的方法"(Bertalanffy,1972a:38)。

　　他也介绍了封闭和开放系统的概念。前者指断开与环境的联系,后者则与环境相互作用。旅游是一种开放系统,环境形成旅游,而旅游又反过来影响环境。在后面我们将讨论这一点。

　　系统是什么？乔丹(Jordan,1981:24)说它大致是人们日常所说的系统:"当我们想表达被观察的某物是一个多元素的集合体且各部分至少被一种规则所连接时,我们称之为一个系统。"更简洁地表述为:"系统是一系列元素内部以及内部与外部环境间的相互作用。"(Bertalanffy,1972a:31)。

整体旅游系统

解释整体旅游系统的最简单之道便是描述一个实际例子。从旅游者所描述的旅行中,我们跟随乔丹和波塔兰菲的定义,能从一些组成元素(见表3.1)中来认明系统。

> 斯切密特(Herr Schemidt),德国柏林人,到法国、西班牙、意大利度假。在出发前,他到意大利旅游组织在柏林的分公司处获得了些信息。他驾驶"宝马"到达法国,在他兄弟家呆了3个晚上,然后他开车前往西班牙的巴塞罗那,和他的朋友聚了两天;接着他前往意大利,其利用在柏林获得的信息在威尼斯的一家宾馆里住了下来。一星期后,他开车向北,穿越瑞士到德国并回到家里。

这一假设的例子是大致真实的,因为德国人是世界国际旅游者人数最多的,法国、西班牙和意大利则是最受欢迎的旅游地。这里如何认明整个旅游系统的组成部分?我们必须发现什么是最基础的?从这一例子里,斯切密特的活动没有暗示任何可确定的元素,所以组成部分不会是巴黎式的餐馆,不会是西班牙海岸的太阳和海水,也不会是威尼斯的小划船和小运河。

至少有一个旅游者

至少有一个旅游者是基本条件。没有旅游者便没有旅游。如果斯切密特不去旅行,那此例的旅游便不存在。仅仅是有柏林的意大利旅游办事处和威尼斯的宾馆不能使旅游得以发生。这些都是旅游的设施,等待旅游者去使用它们。旅游者是旅游系统中人的因素。

每条旅行路线至少包括三个地点

能认明三种必需的和基本的地点。首先,柏林(或德国)是旅行的发起地点,从那里开始旅行。每一个旅游的例子都需要这样一个地方,所以每一个整体旅游系统都至少要一个客源地区或国家。这些地方产生旅游者。

在到达目的地和返回家乡的期间,斯切密特不得不经过许多沿途地点,即并不在那里停留或参观的地方。这些地方一直沿着高速公路从柏林往西,此后从巴黎往南,接着沿东南方向的高速公路到意大利,这被称为旅游线路。如果连一条旅游线路都没有,则一个整体旅游系统是不可想象的。因此,旅游线路是旅游系统的另一个组成元素。

他选择去某城市参观、游玩,即选择旅游目的地。每个旅游系统中一般都至少有一个或多个旅游目的地。在理论上,如果旅游者仅仅想漫无目的地闲逛,旅游系统可以没有旅游目的地,但这种情况不会经常出现。

至少存在一个产业

第五个组成元素是旅游业(tourism industry)。在理论上,旅游可以不涉及到任何特别的单位、组织,但这不是一般情况。几乎在所有的旅行计划中,都会有许多组织以一定方式来支持或影响这些活动。在以上例子里,从信息的提供中,就涉及到了两个组织。一个是在客源地,即斯切密特索取信息的意大利旅游组织在柏林的办公室。另一个是在其第三个目的地——威尼斯,即其所入住的宾馆。所以,包括这两个组织的旅游业即是另一个组成元素。

其他都不是必要的

在这一例子中,还有其他的元素可以得知吗?我们可以说需要钱和空闲时间。这些都可以被认为是人这一元素(斯切密特)下的子元素,也可被认为是在旅行中消费的空闲时间和金钱。

我们也可以说好天气和和平的环境是需要的。这些可以被认为包含在旅游线路和旅游目的地这两个地理方面的因素内。那个威尼斯的宾馆可以被认为具有目的地的属性,也是旅游业的一个组成部分。

旅游系统的环境

在构成整个系统的五种因素中,其周围都是各式各样的环境(社会、文化、经济、物质等等),尽管它们之间可能相互作用和影响,但以上例子并没告诉我们这些。例如,柏林的经济形成了要求旅行的源泉——金钱和空闲时间,因此导致了旅行而形成的资金外流。

当斯切密特消费的时候,法国、西班牙和意大利得到了这些钱。可能他在旅行期间留下了许多垃圾,也许他是那年到巴黎、巴塞罗那和威尼斯旅游并给当地人民带来社会和文化影响的几百万人中的一员,也有可能斯切密特在度假后轻松地回到家里,感到精神再次充沛,而这也对他自己和其家乡带来了另一种的环境效果。

表 3.1　　　　　　　　　　　整体旅游系统的五要素

要　素	描　述
旅游者	人方面的要素:在旅游中的人
客源地区域	地理方面的要素:旅游者开始旅游和结束旅游的地点
旅游线路	地理方面的要素:旅游者主要旅行活动的地点
旅游目的地	地理方面的要素:旅游者主要游玩、参观的地方
旅游业	组织方面的要素:在旅游商业中的组织集合体,其在一定程度上协同营销旅游,为其提供服务、商品和设施

模型的性质

当使用词语或图表来描述整体旅游系统时,其便成为很有效用的模型。模型是以不同方式来代表现实,且是现实的简化和按比例缩小之物,对使用者来说很有用。

小孩们玩的娃娃和玩具汽车便是代表真人和真汽车的一种模型。当设计房屋时,建筑家们都要按比例缩小而做一个小型的模型。当研究地区或国家的经济时,经济学家们使用决定收入或就业等的因子来构建模型,并写下公式来进行数据试验。

因此我们也要使用模型来帮助我们理解这种变化很快、巨大且十分复杂以至于不能直接处理并思考的现实。在不同的学术科目中有数不清的模型被使用。旅游的研究文献中也包含了各种案例和话题的模型。此章后面的模型便是介绍旅游的整体概况。

封闭和开放的系统

整体旅游系统是一个开放的系统,模型都应该认识到这一事实及其含义。封闭的系统是不与环境相互作用的系统。在化学实验室中一系列相互连接的管子和器具便是一个封闭的系统,所以器具中的化学反应将不被实验室的空气和其他环境所影响。

环境与整体旅游系统的元素相互作用。社会、文化、政治、经济、法律、技术和物质环境都是相互影响的。这一点一直没有被足够地认识;关于旅游和其环境的大多数讨论都只局限在环境上,即局限在被游玩的景点上。

整体旅游系统的模型使用

盖茨(Getz,1986)第一个使用"整体旅游系统"(whole tourism system)这一表述,他认为这在计划中很有用,还有大量其他的用处。整体旅游系统的模型提供了一种观察旅游整体情况的方法。它们提醒我们旅游不仅仅是旅游者使用旅游所提供的服务,其他一些因素和活动也是至关重要的。

旅游者、产生地、旅游线路、目的地、旅游业这五种因素合在一起,便能够使旅游成为现实,因此要求懂得这些因素的知识,也要求了解这些因素间相互影响及其与外界环境相互作用的知识,以此来理解旅游的原动力。模型的图表中所描述的环境提醒我们整体旅游系统的因素被其环境和旅游过程所影响,当这些因素合并起来,便会影响许多环境。

整体旅游系统的模型能代表按其地理特征所命名的特殊的系统。因此,斯密切特的例子可以称为柏林—巴黎—巴塞罗那—威尼斯—柏林的旅游系统,或者,用国名是德国—法国—西班牙—意大利—德国的旅游系统。如要更精确,可包括在旅游线路上的中间地点,如回家途中的瑞士。这一模型的特点在于它的地理象征性,所以此图可以被想像成在地图上延伸,并代表了旅行计划的框架(见图3.1)。

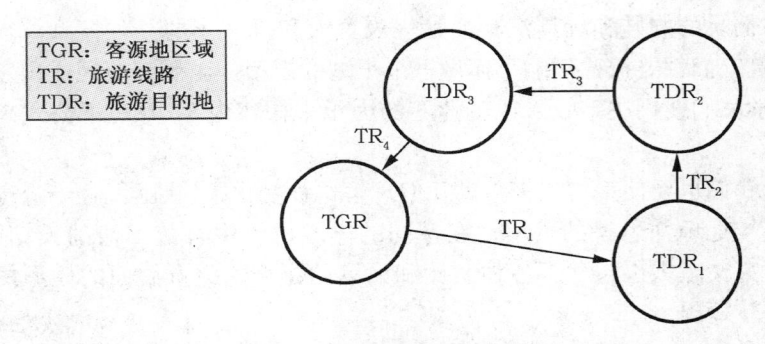

TGR:客源地区域
TR:旅游线路
TDR:旅游目的地

图 3.1　涵盖三个目的地的整体旅游系统布局图

这本书中的整体旅游系统模型也可运用到自不同地理视角的研究问题和事例中。最普通的运用是从旅游目的地视角出发的。在亨歇尔和罗伯特(Henshall & Robert,1985)研究中的一例便可看出,他们把新西兰作为旅游目的地。一个类似的例子是利珀(Leiper,1998)的关于柬埔寨的旅游研究。

利珀(1985)在研究日本—澳大利亚旅游系统时从一个不同的角度来使用同一个模型。它把日本作为旅行者产生国,作为到澳大利亚一系列地方参观的旅游者的源泉。欣和迪莫克(Hing & Dimmock,2000)使用这同一模型来研究斐济的政治危机对其整体旅游系统所有因素的影响。博尼费斯和库珀(Boniface & Cooper,1994)在旅游地理学的课本中也使用了这一模型。

在此图表中,该模型可用不同的方式呈现以描述不同的想法或观点。图 3.1 和图 3.2 是从表意上来表示整体旅游系统的,因为其图画类似真实世界之形。

在学习该科目中,整体旅游系统模型可以作为理论观点而使用。有一个简单的版本比较适用,即单一目的地的事例。这表现在图 3.2,它比图 3.1 更完善。它表示所有的五个因素和它们的环境。图 3.3 以抽象的形式呈出此模型。这显示了从整体和系统上学习旅游的方法。

由于这一模型不是偏向于任何学科而构建的,所以它不会因为从某一单独的视角来考察旅游而产生偏见或思路狭隘的运用。与贾发雷和里奇(Jafari & Ritchie,1981)的模型所建议的一样,此模型并不表示包括多学科的教育方法。取而代之的是,它通过展示因素和环境话题的相互作用来促进各学科间的研究和学

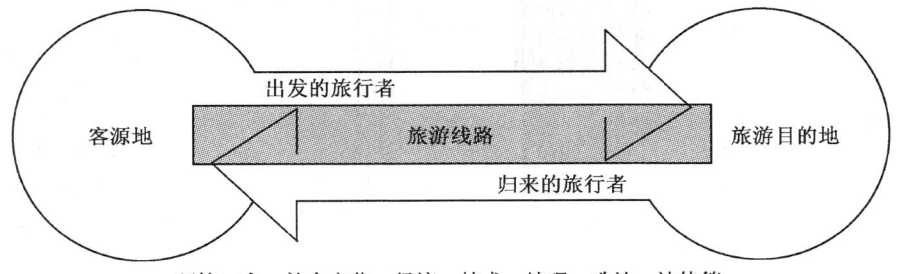

环境：人、社会文化、经济、技术、地理、政治、法律等。

注：阴影区域表示旅游中的旅游者和组织的地点。

图 3.2　一个简单的整体旅游系统及其环境

习。换言之，整体旅游系统模型帮助我们组织了关于旅游的知识。我们越是多往这方面做，知识就越不会分散成点片信息。我们越是多往这方面做，知识就越有凝聚性。发展凝聚性知识，发现点片之间的联系，是正确理解的途径。

图 3.3 表明五个因素中的任何一个都可作为一个中心的论题。在学习旅游者时，涉及到了考虑其与其他四种因素的联系——客源地、旅游线路、目的地、旅游业。在学习、研究旅游目的地时也涉及到考虑其与其他因素的联系，如此等等。此方法便是认识良好科学理论的方法（Quine,1981:90）：

> 一个良好科学理论背负着来自两个相反方向的压力：一个来自证明、证据，另一个来自系统性……如果它们中的任何一个没有得到证明的话，这个理论最多只能是对现象的描述或毫无事实根据的无稽之谈。

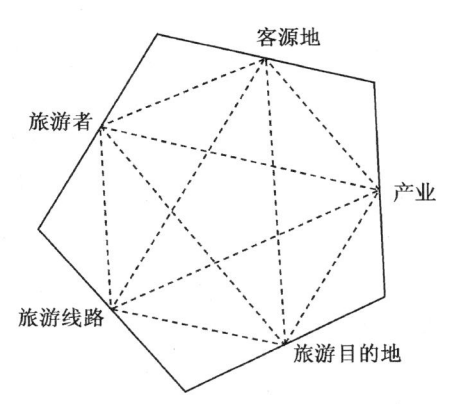

学科：系统理论、社会学、心理学、地理学、经济学、管理学、生态学等。

图 3.3　一个旅游学习的系统模型

对旅游的证明来自观察其因素（旅游者、地点、组织）和因素相互间或与外界环境的相互作用，并来自用一系列学科的任何恰当方法的考察。这被清晰地表现在模型中，在后面章节的讨论里，这一原理将会变得更清晰。

存在多少整体旅游系统？

整体旅游系统的实际数量是巨大的，因为任何旅游日志路线都由至少一位或更多旅游者所追随，或出现其他情况。有些路线每年都会有数百万的旅游者旅行（德国—意大利，或者英国—西班牙）。而另有一些只有一撮旅游者是每年都行走的（澳大利亚—毛里塔尼亚）。

子系统的数量是无限的，因为在原则上，系统的每一方面都可以分解成因子，而因子又依次可以再分，如此等等。在每一个整体旅游系统中都会发现一种子系统，它便是旅游吸引物，此内容将在第十三章讨论。另一个在所有整体旅游系统中出现的子系统是旅游业，这将在许多章节中讨论。

大国的三种系统类型

一个大国可能与几千种整体旅游系统有关系，但在多数国家中，他们可以被分成三种类型，这一分类得到了一种分析国家模型的简单而又全面的方法。拿澳大利亚来做例子，它分成：

1. 国内旅游系统，指澳大利亚籍的旅游者完全在国内的旅游。
2. 出境旅游系统，即居民到国外去，指在国际旅游中，把澳大利亚作为客源地。
3. 入境旅游系统，指客源地在国外且澳大利亚是作为一个国际目的地或交通点。

旅游中的组织经常分析国内、出境或入境旅游。根据金和海德（King & Hyde,1989:3）对澳大利亚旅游的这三种类型分析得出"围绕发展这三种系统的企业变得有其各自的特点且共同之处不多了"。一些组织涉及到这三种系统的两个，少数则涉及所有三个系统。快达公司便是一例。它为出入境的国际旅游提供航线交通服务，并且还有许多国内航线被国内旅游者和前两类的国际旅游者使用。

在非常小的国家中，实际上没有国内旅游，因为国内居民只要移动很短的距离就能出国界，从而成为国际旅游者。新加坡和文莱就是例子。

一个还是许多旅游业？

许多评论员谈到了旅游业，其意指只存在一个相关行业来支持、服务各地的旅游者。实际上存在许多旅游业，每一行业都是一系列组织的集合，它们以特别的方式、在特别的地方来对有特别旅游计划的旅游者提供服务。

许多组织都服务于大量不同的旅行路线，所以旅游业可以认为是松散地连接着许多旅行路线活动的一个组织网络。这是一种巨大的、多部门的公司,例如快达公司,它的运营范围除了国际和国内航班以外,还有一个规模很大的旅行社及其销售部门下的一系列旅行零售机构。

相反,一个例如只有10间客房的小旅馆,它的服务对象只有是来到旅馆的旅客们,而没有其他领域的业务和网络,如旅游零售机构或旅行社。

整体旅游系统是如何构建的?

所有热情的口头推荐而形成的充满想像的广告都不能使得一个国家或地区成为旅游目的地。确实不能。美丽的风景和良好的天气不能做到这一点。商业公司或者企业以及政府都不能做到这一点。要理解这一矛盾就要抓住所有系统的一个原理。在一篇题为《系统的逻辑》(*A logic of systems*)的文章中,安格耶尔(Angyal)在区分联系与系统时,便提出了一个关于此问题的解决方法(1969:20—2)。

> 形成系统的因素不能凭借其内在性质来成为系统的成分,但可以凭借其在系统内部的分配和安排来达到这一点。从全面的角度来看,仅仅是因素之间的相互联系并不重要,但涉及到了整体就变得重要起来。

大多数人都在一定程度上提倡系统思想,但我们更常用的是关联思想,因为它更简单,对于处理简单问题更有用。

关联思想认为世界是处于线性联系的——逐步联系的。X国有十分美丽的风景和非常友好的当地居民,这两点便是广告的特色之处,能吸引可预期的旅游者来游玩,一些人来到此国,迷恋于该风景并与当地人民交往。因此关联思想则认为X国天生便是旅游目的地,因为有其内在的性质——美丽的风景和友好的人民。

系统思想发现旅游动因是旅游者,他们在其脑内构造并经常以书面形式规划、准备旅行,其是整体旅游系统的胚胎。当他们实际旅行时,系统便成为事实。是旅行者构建了每个整体旅游系统,而不是目的地或旅游业。当他们旅行或游玩某地时,一个整体系统的内在组成部分——一个旅游者、至少三个地点和代表旅游的一系列组织便开始相互作用。

当旅行者出现时,这些组织变得富有成效起来。旅游的产品不像通常想像的那样,如飞机、宾馆和服务能力。这些都是源泉。当旅游产品为旅游者服务时,它们变得很有效益。这些产品将会使旅游者的旅游发生变化。

除了保守的关联思想,历史也会掩盖旅游是只由旅游者而不是由壮观的目的地景点和有效的商业活动创造的这一真理。这是因为许多地方在旅游的角色中都有一段很长的构建历史,所以使得它们不再被认为是角色而被认为是内在的性质。实际上,旅游者的流动态势一直在重复形成着,每天、每年都有旅游者遵照着同样的旅游路线而旅游。

学习旅游的两种方法

目前为止,本章有关学习旅游的一种方法已被阐述,这便是整体系统方法。它的基础是一个简单的模型。这种方法在许多教育学科的核心单元或课程中都有使用,这些课程或单元都以"旅游研究"或"旅游导论"而命名。这便是跨学科方法。

跨学科方法

这一方法涉及使一系列学科混合成一个单元或一种课程,每一学科都贡献自身的某些东西来理解这一主题或专业。通过模型而系统地混合它们,有可能对旅游的多重性质有一个集中性的理解。这便展现出旅游的一个整体系统和跨学科的概念。

这一方法的背景是在20世纪70年代的旅游教育和研究之下。巴克(Buck, 1978)谈论到思想的两个流派:一个是关注促进发展、商业企业和经济利益,另一个则注意监督所有的溢出效应、值得注意的环境破坏。他指出需要一种为以上两种思想流派搭桥的理论。这两种分立的思想流派的弱点是其两者的知识对于从整体上理解旅游是片面的。然而,当建立这种"搭桥"理论时,一个复杂的问题是:多数学术研究者和教育者都极度依靠于某一形成他们工作方法的特定学科。人类学不能解释旅游的每种东西,地理学、管理学或其他研究和教育领域的学科都不能做到这一点。

多学科方法

这一方法通常出现在旅游教育当中,其科目或单位被命名为"旅游研究",并伴随着诸如"旅游人类学"和"旅游经济学"等名字。结合起来,正如贾发雷和里奇(Jafari & Ritchie, 1981)所描述的,这一方法即多学科方法。多学科方法的优点在于,它可以在不同的主题或问题上发表深入、详尽的见解。这基于不同学科的分立单位这一性质。相反,整体系统方法的优点在于其能给学生、教师和研究者们在整合不同的主题或问题时,提供一种简单的方法。

在一篇影响广泛的文章中,贾发雷和里奇(Jafari & Ritchie, 1981)为这一问题提供了一种解决方法。他们在旅游方面的研究和教育中认明了16种有用的学科。这16种学科是作为例子而给出,并不是作为定义目录而给出的。这是一个多学科的科目或领域,其中存在一些代表不同学科的教师,但是在"搭桥"环节或课程中却没有"搭桥"理论。所以,旅游学课程便包括如"旅游经济学"、"旅游人类学"和"旅游营销"等名称的科目。在以下的讨论中,贾发雷和里奇模型(简称 JR 模型)将会得以描述和评价。

JR 模型广泛使用在世界上许多大学和学院的旅游课程当中。作者将此模型构建成类似一个轮子形状的图表(见图 3.4)。其中位于轮子边缘上的 16 个方框中的学科是 16 种传统的学术科目。围绕此 16 个方框外的一圈是大学的 16 个部门,代表了这 16 种传统学科的归属领域,与此 16 种学科相匹配。在中间,此轮子的中心标着"旅游研究的中心"。

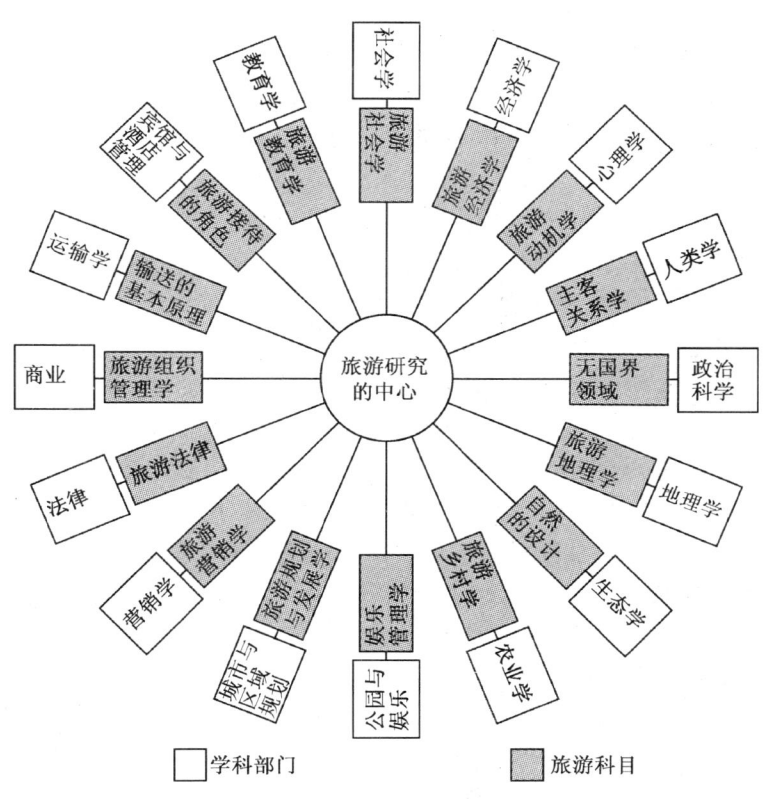

图 3.4　一个关于旅游研究的多种学科模型

在轮子中间标着"旅游研究的中心",象征着这 16 个学科的专家们都能为中心做出贡献这一思想。JR 模型特别适用于在大学中设计一个教育方案,来自不同学术领域的人都能作为课程设计者或老师来为此做出贡献。可在通信学、管理学、人类学、经济学、法律、市场营销等学科的专家身上安排一定的主题。每一个专家都代表教育环节,这些环节结合起来便形成学位或文凭。JR 模型也代表了大学的一项管理方法。

JR 模型对于大学水平阶段的教育来说是十分有用和有效的。几千名学生都完成了这一学科的学习,并在旅游业内从事成功的职业。

如果是要给学生们提供一种整体教育,拓宽其思维,培养其观察和理解世界的一种从多学科与不同角度出发的方法,那么多种学科方法教育便很有效。从就业角度来看,这种教育也对无特定职业目标的大学毕业生很有用,同时也对想继续深造研究生课程的毕业生很有帮助,在研究生期间,他们为指定的职业或工作领域而受到专业性的教育和训练。

每种方法的特点

对于许多学生来说,旅游的课程不是一门整体教育的课程,而是一门有特别主题——旅游的课程。当考虑到这一点时,则许多大学在旅游科目所使用的多学科模型的弱点便显现出来,这也是该模型经常结合着使用整体系统跨学科模型的原因。

多种学科之课程包含了许多关于经济学、社会学、营销学、管理学等方面的小课程。关于旅游的多学科课程的弱点在于,其学生和老师都不知道相互结合这些各种分散的学科(如地理学、心理学、管理学、经济学)的方法。潜在的假设是教育活动的内容被整合成一种旅游的知识和理解。然而,没有任何一点表明或暗示这些是如何达到的。没有"搭桥"的单位和课程使得它们能够被整合。可能这一"搭桥"的方法是交给了每位学生,交给了每位来大学的学生都能胜任整合不同学科知识的机会和希望。或者它的重担也可能交给了每一位授课者或导师,要求他们来"搭起桥梁",但是关于这一问题,此模型在教学上是真空的。

因此,图表中构建JR模型的主要部分——轮子便像个炸面圈。其边缘部分可能富含营养物质,但中间却是一个空洞。没有方法能使其中心功能呈现一种启发性的形式,而这种启发性的形式正是学习、研究旅游的核心。

与JR模型不同,整体系统的跨学科模型是以假定最好直接面对旅游这门学科来研究和学习为前提的,而不仅仅是通过传统学科来间接学习旅游。间接方式仍然在教育领域发挥着重要作用,但只作为一个辅助的角色(例如旅游经济学、旅游心理学)。这种方法的优点在于其综合性、系统性和集中性。中心科目对照着整体旅游,用一种促进集中性理解的清晰的系统方法来整合话题、问题和论题等。

学生们不必亲自去找出整合这些构建旅游观点的不同学科内容的途径。因此,JR模型中间空着的"旅游研究的中心"要被课程的中心环节所取代。"旅游研究"能在方法论上起作用,表明这些是如何形成的。表3.1和图3.1~图3.3都暗示了这一方法。

尽管整体系统方法有其优点,但其一个缺点是至少有一部分重要的地方不可能深入或细致地学习。另一个缺点是其多个方面会变得模糊不清。第三个缺点是这种整合多种学科领域的方法不是特别稳健。结果当"旅游研究"被认为是一种知识的组织体时,它充其量是一门新兴的学科。瑞布(Tribe,1997,2000)反驳认为旅游研究是"非学科性的"。

由于这两种方法都有其优势和劣势,所以显而易见的解决办法是把两者都使用在教育领域内来获得旅游学的文凭和学位。这一情况可以在许多大学的课程中看到,在一些以"旅游经济学"和"旅游社会学"课程中会有两个或两个以上的以"旅游研究1和2"等命名的单元。

总　结

在学习旅游方面,许多学科是很有用的。在过去的100年里,它们中的大多数用以学习旅游的学科,都是其研究者或教师用其所在领域的专业知识和技能运用于旅游领域的结果。

尽管这种多学科方法是很有用的,但它对于想把旅游作为一种特别科目来学习并希望靠其背景知识在旅游业谋求一个专门职业的学生来说不是完全有效的。同时对于从事研究旅游多重主题项目的研究者来说,也不是很有效。这种不足之处在于各种学科的有用之处不会自动地结合起来,以使得学生和老师能够对旅游构建一个系统的理解。

为了使得教育课程或课本有内聚性、集中性,则需要暂时把传统学科放在一边。一门旅游专业性质的课程应该以对旅游的提问开始,特别要提些基础的问题(如旅游者是谁？旅游是什么？),而不是从一些特殊学科中来提问(如怎样来搞旅游的市场营销？旅游对于东道主文化有何种效果？)。这些是复杂的问题,学习复杂知识的最佳途径就是使用系统方法。

以整体旅游系统模型为基础的方法给了我们一种从整体上来考察事物的方法。特别地,它表明了五种因素——旅游者、客源地、旅游线路、旅游目的地、旅游业。当旅游者旅行时,这些因素便相互作用;当系统是开放时,它们也与外界环境相互作用。这一模型还表示了这些多学科对旅游的贡献之处是如何整合的。

在此书中,模型的组成部分和它们的环境背景构成了这些章节。第四、五章的中心话题是旅游者。在这两章中,添加了社会学和心理学到旅游研究当中,从而获得了一些管理方面的知识。第六章介绍了地理学,主要转而关注到地点问题上,并阐述了三种地理因素。第七章从经济的角度来复习旅游,并表明了其政治重要性。第十章是关于环境问题。本书的其他章节都以不同方式使用了此模型。

许多关于学习、研究旅游的其他模型也有提出。值得注意的例子有冈恩(Gunn,1972)、米尔和莫里森(Mill & Morrison,1985)和贾发雷(Jafari,1987)设计的模型。斯蒂尔(Stear,2003)发明了一个特别有趣的模型。关于一个很具体化的整体旅游系统模型将在以后章节讨论。它强调"吸引物"(attraction)这一中心角色,展示了当旅游者集中和广泛地使用由旅游高产业化下的行业单位所提供的服务和商品时所发生的一些流量现象。主要的流量是关于产业信息、非产业信息、资金、服务和商品、旅游者、影响和环境的相互作用。

作为一门研究和专门职业的学科,旅游的完整知识包含了一系列熟悉的模型,其涉及到广泛的主题和此科目的独特方面。从而,本书的以下章节将着手模型的选择问题。

问题讨论

1. 每个整体旅游系统的五种元素是什么?
2. "旅游出现在开放系统中"意味着什么?
3. 旅游与整体旅游系统有什么区别?
4. 列举对整体旅游系统模型的三种实际运用情形。
5. 至少给出所有整体旅游系统的三个子系统例子。
6. 为什么说旅游者创造了整体旅游系统?
7. 整体旅游系统的哪三种类型直接影响到了大多数国家?
8. 至少写出用于理解旅游方面的五种学术原理的名字。

推荐读物

Echtner, C. & Jamal, T. 1997, The disciplinary dilemma of tourism studies, *Annals of Tourism Research* 24:868—83.

Emery, F. (ed.) 1981, Systems Thinking, 2nd edn, London: Penguin.

Getz, Don 1986, Models in tourism planning, *Tourism Management*, 7:21—32.

Gunn, C. 1972, *Vacationscape: Designing Tourist Regions*, Austin: University of Texas.

Hing, Nerilee & Dimmock, Kay 2000, From Bula to bust: events, reactions and recovery strategies for tourism surrounding Fiji's 2000 coup d'etat, *International Journal of Contemporary Hospitality Management*, E Journal, 1(1):136—48.

Jafari, J. 1987, Tourism models: socio-cultural aspects, *Tourism Management*, 8:151—9.

Leiper, Neil 1998, Tourism in Cambodia: potential, problems, and illusions, *Pacific Tourism Review*, 1:285—97.

Mill, R. C. & Morrison, A. 1985, *The Tourism System*, Englewood Cliffs, NJ: Prentice Hall.

Stear, Lloyd 2003, A Model of Tourist Attraction and of Highly Industrialised (International Travel) Tourism Systems (journal article, publication pending).

Tribe, John 1997, The indiscipline of tourism, *Annals of Tourism Research*, 18:71—84.

第四章 旅游社会学

导 言

旅游与其说是个体性的行为,还不如说是集体性和社会性的行为,因为旅游者个体行为几乎全部是由其他旅游者将要、正在或已经做过的旅行所形成的。一些流行的旅行路线被上百万人追随了上万年。他们通常集体旅行,组成两组或更多组。少数人单独旅行,他们不与其他旅游者和景点居民接触。即使这些单独到偏远地区想要"做他们自己的事情"的人也会在同一地点碰上与其进行相同或类似活动的人。所以,这不是共享经历还是独享经历的问题,而是社交程度的问题。

社会学是一门关于社会、社会团体的学科,是研究当人们处于不同的集体时,如家庭、街坊、团队、团体、人群、观众、组织、社区、国家等的角色、文化和行为的学科。社会或社会团体通过不同的途径涉足到整体旅游系统,所以,从社会学中可以潜在地引出许多相关知识。这些知识可以来自专家(社会学家),也可以来自运用社会学原理来研究旅游方面的非专家。

旅游社会学有许多论题,其中有两点是最主要的。第一个便是研究被游玩之景点的社会情况,研究其如何影响旅游或被旅游所影响的。本章不讨论这一主题(将在第十章讨论)。而另一个是关于作为社会人的旅游者,这将是本章的讨论焦点。

我们将会考查一些问题。社会文化是如何形成旅游的?为什么"旅游者"常常被认为是一种比旅行者或观光者低等的消极表达?划分旅游者的种类是合理并有用的吗?全世界有多少旅游者?他们做什么呢?

巴曾的文化趋向

社会的文化趋向形成了旅游者流量向。关于这些趋向第一章进行了一些讨论,更多的趋向将在以下部分所谈到。这些思想是由文化历史学家雅克·巴曾(Jacques Barzun,2001)提出的,他区分了从16世纪到现在影响了西方文明的许多方面并进而影响世界的9种趋向。

在巴曾的书里没有提到旅游,其只是与其他问题相联系,但是这所有9种趋向都形成了旅游,并促进其成长,形成并呈现出其流行性。9种趋向中的5种将在以下讨论,它们是——解放、现世主义、个体主义、自我意识和原始主义。

为了此节的目的,遵照第二章提到的一般性定义,这里旅游者指以休闲、娱乐和放松为目的的旅游者。

解放

　　解放,即抛开束缚,其在世界的许多方面都明显地表现出不同的程度。解放这一目的当然处于许多旅游者旅行动机之中,从其一些行为中就能看出。

　　六百年前,人们还没有解放这种意识,只有一种宗教信仰,即死后他们的灵魂将抛开肉身的束缚而继续存在,并到炼狱磨炼,然后通向天堂或地狱。其后,当人们存在他们可以推翻国王或其他独裁统治者的强加在其身上的束缚这种观念时,解放的意识便扩展到政治领域。在本书中,解放是民主出现的文化基础。伴随着民主的发展,国王、王后和其他独裁统治者的力量缩小,而给予了人们更多的力量,解放转变了人们的宗教信仰,使人们相信人的个人和精神生活不应该被神父、教皇或其他宗教独裁者所主导。

　　在19世纪,解放的文化趋向传播到工作态度上来了。以前,人们认为生活是困难的,认命于艰难的工作而无时间娱乐的现状。解放观念传播到工作上来后,越来越多的人感到他们能避免沉重的工作、日常乏味的生活惯例以及与工作相关的麻烦之事。由于经济需求和工作的自然结构,使得人们要完全的解放是不可能的,而这种解放的观念使得人们要求更长的时间来休息、放松和娱乐。

　　旅游代表了许多人的一种从郁闷的工作和相关的现代社会某些特征中解放出来的理想形式。旅游不仅意味着脱离工作,还意味着甩开其工作地、工作责任、施压者、管理者、指导者和同事们。对许多旅游者而言,谈论工作是个禁忌的话题。旅游者穿的衣服也不同于工作服。去名胜游玩或度假时穿的衣服便是解放的象征。

现世主义

　　现世主义是一种信仰,即物质世界是真实和有价值的,要为现在的幸福而生活而不是把幸福生活推迟到将来再享受。近几个世纪以来,伴随着传统宗教信仰的削减,现世主义逐渐兴起。

　　在传统的基督教、伊斯兰教、佛教、印度教和犹太教中,其信念都引导着人们关注精神方面的问题,并使人们认为物质世界和现在的感觉是短暂和不重要的。天国有不同的名字,但都是由神父和其他宗教统治者所描绘的未来天堂。这些信仰于17世纪开始瓦解。现在即使保留很强宗教信仰的人,其态度和行为都会变得更世俗、现世了。

　　随之而来的一个结果便是一种叫"生活方式"的思想在现代社会中变得重要起来,现在不同的生活方式和不断变化的潮流都是人们认为其不应该忍受不快乐的状况和生活的不满意这种思想的反映。在商业组织的庞大媒体的宣传力度下,人们被引导至认为通往幸福的途径就是不断地消费。旅游则成为大众生活方式的一个重要主题和消费模式。它是现世主义文化趋向的主要反映，现世主义带来的生活方式便是为休闲而去频繁地旅行。

个体主义

个体主义是"一种超越自身的才能认知并要求拥有空间来提高自身的想法……个体主义是解放的继续"（Barzun，2001：60）。在原始社会，人们没有很强的脱离团体的个体意识，这反映了一个基本的原理，即只有通过与其他人的关系，你才能发展自身，并能证明你是谁以及你代表了什么。个体主义则超越了这点。它反映的是，一个人的自身福利是优先的，其地位比别人高或至少平等。

个体主义的一个中心主题是个人权利的感觉，这正像其他文化趋向一样，始于宗教思想。它起源于欧洲新教的思想，即个体有权利来读圣经，而不要听一些权威者如神父来读或口述圣经，而这种听圣经的现象在16世纪前的欧洲很普遍。

当个体主义传播到政治领域，便成为了民主思想的基础，它倡导人们在政府工作中有说话的权利，此后又成为一种一般的文化思想。这种一般思想引导大众认为只要是在法律范围内，人体可以做其想做的任何事情。在上文现世主义中提到的消费主义，其在个体主义发展的过程中受益匪浅。

旅游并不是只因个体主义而发展的，而是由于旅游者进行的一系列活动（或者不做任何活动的消极打发时间的情况）而呈现出的不同的现象。

自我意识

自我意识"与个体主义相关，但不相同，它不涉及社会和政治环境，而是一种精神状态"（Barzun，2001：49）。当小孩长大后，他们开始与其他小孩比较条件、习惯和方式等。这对于发展和社交都是一个必需和有用的过程。然而，这也经常会导致自尊缺失，所以需要自我的提升。

旅游便是弥补这一情况的一个手段，因为它可以使人在其中进行夸耀性消费。成为旅游者去旅行是获得自尊的一种手段，因为它是能使人们符合生活标准的一种活动。同时，相矛盾的是，由于它也是一种特权活动而使人获得自尊，因为人群中只有一部分人能任意旅行。去某一特定目的地游玩和使用著名的品牌都是获得威望的方式。

在极端情况下，自我意识造成了人的焦虑状态，无权力和无意义的感觉会导致人们去其他地方寻找归属感。丹（Dann，1977，2000）讨论了作为旅游动机的焦虑状态和自我意识的提升。

除了自我意识能促进旅游之外，旅游也能促进自我意识的发展，其表现在外国文化的新知识开创了一种意识,即人们自身的习俗和其他文化特征并不一定比旅游线路中所看到的外国文化优秀。

原始主义

原始主义追求生活的简单。作为西方文明的一种文化趋向,它以不同的形式而存在了几个世纪。"高贵的荒蛮人"这种思想通常与18世纪的哲学家鲁森(Rousseau)相关,但早期命名这种思想的人是诗人德赖登(Dryden),它的意思是高生存状态在自然世界里是可能的,但在文明、奢侈和体面的社会中却是不可能的。

旅游给予文明社会的成员许多机会来暂时颠倒一下状态,使人们深入自然与原始生活状况接触。野营度假,即睡在帐篷中的那种旅行,是反映此方面的一个典型例子。尽管许多野营者是由于此种方式廉价而选择它的,但同时也有许多人选择它是因为这种方式能让他们暂时远离现代住宿的便利,且与自然世界亲密接触。在山野和荒漠中冒险,到土著地区去看原始人,都是源自原始主义文化的其他旅游方式。

文化总趋向

巴曾所列举出来的几项是文化中的穿引、编织之线,它们合在一起影响着社会的趋势,从而影响到许多领域的社会活动,包括旅游。例如,近年来夫妻关系和家庭形式的趋势:包括了不断增长的未婚同居的比例、大龄结婚、更高的离婚率、每个家庭小孩数量减少、高龄产妇等。

这些都表明了以上的文化趋向——解放、现世主义、个体主义和自我意识的更深层次的结合。它们都影响到旅游的模式。高层次的社会团体成员包括素有丁克(DINK)之称(双收入,没有小孩)的夫妻,他们中旅游人数的平均比例比一般人群的要高很多。

作为消极表述之意的"旅游者"

在这一部分,没有对"旅游者"定义的要求,主题仅是围绕流行概念,围绕一般交谈和流行思想的意思和暗示来讨论。

许多人有时会以一种歧视的方式把"旅游者"当作一种消极或贬低的表达之物,指出它是旅行者的低层次部分或是不受欢迎的观光者。这一习惯不是通用的,不是每个人都这么认为:对许多人来说,"旅游者"是一种自由价值的表述。

然而,这一习惯是广泛运用并含有趣暗示的,对其的研究将会对旅游的社会和文化背景有更深入的理解,并会得出以下不少例子。

若干例子,列举不同的方面

丹(1999)的文章"描写旅游者"(Writing out the tourist)表明了所谓的"旅行记事"是如何伪称旅游者是旅行者低层次的部分。他引证了许多例子。这里的一例是哈斯勒(Gwen Hasler)在澳大利亚一本杂志上写道(*Let's Travel*, March 1984):

在八月份,巴黎通常是很热的,所以巴黎人离开家乡,把家乡留给并不比他们懂得多的旅游者们。

哈斯勒的潜台词是,旅游者是无知的。其原因可能是,大多数在八月份游玩巴黎的旅游者都知道那里的气候,但还是要去那里。八月份是欧洲的重要度假月,气候并不是每个人的关键因素,因为在巴黎,抛开八月份的炎热不谈,还有很多活动可以在室内进行,例如在餐厅、商店和艺术画廊进行游玩。

在几年前的新德里,一些不同国籍的外国人由于下榻同一宾馆而认识,并讨论可行的活动,我当时也在其中。一些人建议乘大巴去亚格拉(Agra),即一个附近的城市,去看看印度泰姬马哈陵(The Taj Mahal)。其中有两个成员说不去,因为"只有旅游者才会去那里"。在当时,这是可以理解的。在一本关于旅行者的书中,内维尔(Neville,1970:95)描述到这类人是如何通过有意避免多数旅游者的旅游路线而试图维护其自身经历为一种有价值的感觉的。用他们的话来说,旅游者是最一般的旅行者,即普通人、大众。

除了低层次的旅行者,"旅游者"一说还可以意味着不受欢迎的观光者。在20世纪60年代,当年轻的我在悉尼的海滩上冲浪时,我第一次意识到"旅游者"有那种含义。有时人们叫着"旅游者回家去吧!"更多反映在一些由当地人搞的涂鸦上,表示让外来的观光者离开这里。当地人对观光者怀恨有不同的原因,特别是当海浪上来的时候,许多人一拥而上,都来冲浪,使得环境变得很拥挤、不快乐和危险。这种消极的意识把旅游者认为是入侵者。

在旅游研究文献中引用最频繁的书中,麦格卡尼尔(MacCannell,1976)给出了一些把"旅游者"作为消极意义来看的例子。以下是更多的例子,其来自英格兰和澳大利亚的出版物上。

奇尔沃特(Kilvert,1870)(引自 Lambert,1950:134):

在所有有害的动物中,最有害的是旅游者;在所有旅游者中,最粗俗的、最无礼的、最冒犯的和最讨厌的是英国的旅游者。

奇尔沃特也像其他一些上流阶层人士一样,不仅仅严厉批评旅游者——他还试着解释其态度。

保龙（Maloon）——艺术展览会"悉尼早晨"（Sydney Morning 的传令官——说道（1984 年 3 月 17 日）：

  深刻的见解、机智的头脑都与我们澳大利亚绘画者所描述的旅游者的陈腐观念无关。

保龙是说旅游者从来都不是见解深或机智的,也就是说是愚蠢和无趣的。
科恩和泰勒（Cohen & Taylor,1978:116）：

  因为他们满足于明显假冒的吉卜赛舞蹈的表演或是掺水的绿色食物,从而"旅游者"一词变成一种嘲弄人的称号。

这两个英国社会学家认为"旅游者"是容易被假冒旅游项目欺骗的天真人群。在许多情况下,这是对的。

在澳大利亚广播（ABC Radio）（1985 年 8 月 26 日）的采访中,扬·加文（Gavin Young）说到：

  传统的萨摩西人（Samoan）的生活方式正在被传教士或旅游者破坏。

杨似乎在暗示旅游者们破坏了传统文化。大体上说,这是正确的。
琼斯（Jones）在《悉尼晨报》（*Sydney Morning Herald*）（17 June 1983）中说到：

  天空充满着包价式旅游的旅游者,他们像蝗虫一样聚集到正在被破坏的伟大城市中。与杨不同的是,琼斯没有批评所有的旅游者,其指控只限定破坏某地的特殊旅游者,即包价式旅游的旅游者。

在《澳大利亚人周末报》（*The Weekend Australian*）（1985 年 7 月 13 日）中的一篇书评中,说到：

  讨厌看到那些美国旅游者（去英国的）,他们人多、嘈杂、毫无旅游礼节……

由于许多原因,美国的旅游者比其他国家的旅游者更受到贬低,这其中原因包括除了以上所说的外,还有即是——极明显的唯我论和有问题的着衣品位。其他国家的旅游者也被贬低,其中包括英国的"大量不良旅游者",他们在西班牙和澳大利亚等类似国家度假旅游时,行为普遍不好。更普遍地表现在对旅游者的一般性贬低,这不是针对其恶劣行为而是针对其肤浅行为。

马丁（Martin）（引自 Lambert,1950:212）：

  旅游……其出发点是人们认为通过旅游可以学习有价值的东西,或在这一过程中获得良好的道德观念。它是作为教育这一积极方式反面的消极方式。它是一种妄想。

马丁认为,旅游者是那种用无效方法来受教育的人。其中暗含的意思是旅游者是愚蠢和被误导的。

《徒步欧洲的手册》（*Trek Europa*）（1986）谈到：

  当每个团体里只有 14 人时,你便不是一个旅游者,此时坐上当地最大的马车低调地行走,这样当地居民不会把你看成旅游者而瞧不起你,而商人也不会对你开出高价!

在一个设计华美的宣传团队旅游的小册子里,讲述了旅游者的身份不被看好的三个原因,而同时又在宣传提供典型旅游者特征的服务,这部分宣传内容作为手册后部分,极具讽刺意味。

"旅游者"作为消极表述之意的历史

以上例子包含了一系列的隐含之义,不过所有的都大致相同,即一种对旅游者的消极、负面的看法。试图了解围绕这问题的敏感性是怎样形成的,可以使这种消极观念作为一种背景而从历史上来考察它。

在苏格兰,亚当·史密斯(Adam Smith)大约在 18 世纪 70 年代发明了"旅游者"一词,因为在此前没有任何相关记录。当时,许多年轻人进行大旅行都不是为了受教育或训练。他们把大多数时间和金钱都花在了娱乐上面。这些被史密斯冠以"旅游者"之称的年轻人,在当时被认为是过分享有特权和自我放纵的。第一次用旅游者来标明的旅行者是那些进行肤浅的、走马观花的旅行之人。其旅行的这方面是一种强制性的仪式,故其不得不做,但又不花费许多时间。

史密斯提到,他们通常以自夸的和堕落形象回到家乡,他们是这种仪式的信徒,但并没获得任何有用的东西。这种仪式是为获得在特定目的地或文明社会的文化经历而构建的一种旅行计划。史密斯认为这些年轻人作为"旅游者",进行大旅行的仪式,但没有获得任何价值。这一"旅游者"的起源意义一直流传至今。在这一影响深远的意思中,"旅游者"包含了一种道德低下、堕落和虚伪的风格。

在 19 世纪 50 年代,在一些不同类型的旅游者当中,即在托马斯·库克(Thomas Cook)旅行中的中产阶级之中,一种不同的贬低之意慢慢形成。在英国和欧洲其他国家的名胜城市中,中产阶级的观光者在数量上开始超过上流社会的旅游者。上流社会的成员开始怨恨这些中产阶级的到来,其主要原因在于,原先具有排他性的名胜之地,现在被中产阶级侵入,这便侵蚀了上流阶层的优越感。一旦普通人来到这种具有排他性的场所,其这种排他性的感觉将被破坏。

当几乎所有的旅游者都来自上层阶级时,旅游者中的势利偏见还不是很明显。在 19 世纪 50 年代以后,上流社会发现其地位正被日益壮大的中产阶级的旅游者所侵蚀。上流阶层需要处理这种敏感和有挑战性的问题。一种简单的方法便是贬低、诋毁这些侵入到贵族和上流人士生活的低等阶层。最简单的贬低方法就是给他们冠以一个坏名字,而存在的"旅游者"一词便是正适合不过了。曾经作为一种低级风格之意的词便有了第二种含义,即来自低等阶层的旅行者或观光者。

从那时起,势利之意便在旅游中深深地扎了根。格拉伯恩(Graburn,1978:

30) 提到"旅游"是一种充满势利之意的生活,在其每个基础方面都形成了贵族阶级和特权集团。势利者是指在社交上感到不安全的人,且讨好上流阶层并贬低、诋毁低层的人,其目的是希望通过这样做来提高其自身的社会地位。

旅游者到特定地方去或是住在特定宾馆是因为他们认为这些都是时髦的地方,可以显示有势利的样子。在旅游中有许多种摆阔的样子。拿巴厘岛来说,从20世纪30年代起,便有信息提到旅游几乎要毁了这地方,但同时人们却恳求访问巴厘岛,他们把这一地区将要成为遗迹作为旅行的理由。

在19世纪50年代,中产阶级的旅游者开始以包价团体的形式旅行,而到19世纪后期,工人阶级也开始团体旅行。托马斯·库克、亨利·盖斯(Henry Gaze)和其他企业家连同他们的效仿者做了一系列安排,其提供的不是定制或个性化的服务而是一大堆品质低下的商品。同时,他们还扩展中低层阶级的市场,建筑和宣传"旅游者级"的宾馆,火车上也开始有了"旅游者级"的车厢,所以这对"旅游者"附加了另一种低级性的含义。它到现在都还意味着低标准。

这一现象在今天的一些宾馆中仍然存在,但在火车和其他运载工具上却不复存在。在航空交通上也曾短暂地出现过这种现象。在1954年,世界航空公司推出了一种二等服务,它就叫"旅游者等级"。几个月后,这一名字便修改为"经济等级",因为很多航班乘客都觉得此名有轻蔑之意。在许多20世纪50年代乘过飞机的人中,特别是那些想比头等付少些费用的人,他们都认为其自身当然不是以上例子所说的旅游者。100年前,"旅游者等级"的宾馆是相对便宜的,所以"旅游者"一词便演变为便宜之意思。所以,第四个因素出现了,即与低档相关的:现在"旅游者"作为名词意味的是比一般价格稍便宜之意。

100多年以来,旅游者都被认为或有时被认为是破坏景点环境的原因。大量的旅游将带来垃圾、糟蹋、过分拥挤、俗丽的商店。一些陪伴着大量旅游者的东西(商业设施,如宾馆、私人服务、兜售地摊和其他服务)都使得"旅游者"成为具有污染者和侵略者之意的不受欢迎的观光者。

一个普遍的事实是:我们在旅游时会比平时较少注意礼仪。它是一种放松的自然过程。离开平时的环境而踏上旅游线路时,人们一般都会在放松其思想和身体时放松他们的礼仪标准。然而,尽管许多人可以放松而不引起其他人的注意,但是大量的旅游者在一起的放松将会变得过分。旅游者穿得如此随意,以致当地居民即便不认为他们不道德,也认为他们是粗鲁的;他们看上去在不断地享乐,派对开到深夜,比往常花费更多,过度饮酒并毫无羞耻地展示其姿态。在这些环境中,"旅游者"一词含有道德低下之意。

许多旅游者在新环境和陌生环境下,当其做、说或承担一些错误事情时,都表现得天真、幼稚。他们很容易就会被狡猾的销售员盯上,并以高价购买商品或买到劣质商品。这便使得"旅游者"又有一种新的象征——易受骗的人。这里,这一标识含有智力低下之意。

克里彭多夫(Krippendorf,1987:41~42)在一本有趣且很有研究价值的关于假日行为的书中又对"旅游者"的低级含义加了几点补充。他谈到这些"十分有害的旅游者"可以被认为是"荒唐、可笑的"(有趣的着装),"有组织的"(跟随别人,像羊群),"讨厌的、令人不快的"(表现得像世界欠了他们美好时光一样,做出一些在其家乡不能被接受的行为),"富有的"(炫耀式地展示,显眼地消费),"剥削的"(利用其他人的财富)。

麦吉本(McGibbon)在奥地利的阿尔卑斯山的一个滑雪名胜地——圣安顿(St Anton)做了关于旅游的人类学研究,其包括了当地收惠于观光者的证据,也包括了当地居民诅咒他们的证据(McGibbon,2000:133):

虽然"旅游者"(tourist)与"客人"(guest)一词可以相互替换使用,但它们含有不同的意思。当人们咒骂旅游者时,使用"旅游者"一词,如(去死吧,旅游者)或用于更强的谩骂语气当中。

总结一下,历史分析揭示出了"旅游者"一词在风格、社会地位、知识、兴趣、智力、标准、价格、态度、道德等方面低劣、低下、消极之意背后的解释。这种分析比学术研究还重要。这一问题反映了旅游的一种战略。经理们聪明地设计了一些策略来应对这些人的敏感性,在以下我们将一一列出。

管理这种消极的表述

在旅游中,应谨慎且避免在旅游者面前使用"旅游者"一词。在1954年,航空公司把"旅游者级别"的称呼改为"经济级别"便是这种避免的例子。多数组织在服务旅游者时都使用了尊敬的词语,如旅行社使用"顾客",旅游机构和航空公司使用"乘客",宾馆使用"旅客";其他组织一般使用顾客来称呼旅游者。

旅游者的类型

许多年来,提及旅游者们一般使用一种普通的表述,即"the tourist"。科恩(Cohen,1979)呼吁停止这种使用现象,并建议对旅游抱有专业态度的人避免一般性地使用"the tourist"一词,而应该从多层面去考察旅游者。

科恩提出的问题是:人们一般在做调查时都普遍地使用"the tourist"一词,并得出旅游者们在动机、期望、偏好、态度、消费模式、活动和其他方面都完全相同这种错误的理论。旅游者游玩中是对特别景点感兴趣的,其也想要某种住宿模式,并期望得到某种服务。

把旅游者归类是避免那种陈旧用法的有效途径。对旅游业经理来说,他们都或多或少地涉及营销领域,所以避免令人误解的后果是有益的。在过去20年的研究中,我已把旅游者分了类。以下便要讨论几种分类的方法。这些方法涉及人口统计数据、心理学和行为学。

人口统计学上的类型

"demo-"(人)"graphic"(描绘)这类例子包括了年龄组、性别、社会阶层、收入水平、教育水平、职业、生命周期的阶段、婚姻状况、民族、居住地国家和地区。

人口统计分析是一种细分市场的传统方法,所有行业的经理都使用这一分析来为消费者提供商品和服务。它在旅游业中使用已久。100多年以前,托马斯·库克就对社会上流阶层使用一种服务方式,而对中产或更低级的阶层则提供另一种服务方式。

到了20世纪70年代,当正式的市场研究运用到旅游以来,人口统计数据受到了更多的关注,因为新计算机辅助技术可以在一个大市场中进行人口统计。对几千人之多的样本进行仔细面访,自然可以准确计算每一人口统计组。

例如,他们可能会揭示在某个年龄组中的人会对某种旅游比其他年龄组的人有更高的嗜好,或者其孩子在10岁以下的家庭对某种形式的假日旅游会比孩子在10岁以上的家庭更偏好。这种人口统计分析的主要价值不仅仅在于指出了这些事实(哪一组能被确定地猜中),而在于计算一国或一个地区市场的每一细分组的数值并综合制成表格。综合制表涉及两种或两种以上的因素。它也许会揭示出年龄在26～39岁,且年收入在40 000～60 000美元之间,有大约65万人会对去外国探险野营旅游有浓厚的兴趣。

近年来,无数对旅游者的研究在世界范围内展开,《旅行研究杂志》中经常包括人口统计分析。我们可以在一些研究性期刊上找到有关例证,如《假日营销杂志》、《旅游统计杂志》。现在关于中国作为一个客源地这一主题的研究越来越受到来自学术界和旅游业中研究人员的关注。

瑞安和莫(Ryan & Mo,2001)关于中国观光者到新西兰旅游的研究便包括了人口统计数据。他们发现其中有69%是男性,有34%年龄在35～45岁之间(最大的年龄组),有63%的人有大专或本科学历,而8%的人有硕士文凭。作者总结出,因为中国观光者的收入和教育水平都在平均水平之上,所以他们都是"具有高期望"的贵客,"所以,如果新西兰要争取到这些贵客,那确保达到他们的期望是很重要的"(2001:17)。潘和劳斯(Pan & Laws,2001)对中国内地、日本、韩国和中国台湾地区到澳大利亚的旅游者进行了比较性的研究。其中日本的旅游者大多数是女性,而中国的则是男性。

一个使用人口统计分析的普通视角在于旅游者的居住地,在于对客源地的分析。对于旨在促使某国或某地区成为旅游目的地的组织来说,知道那些可能会很好地了解来游玩的旅游者的家乡地,这对于设计鼓动他们来旅游之宣传信息是必要的。每一客源地的相对潜力对于分配宣传的预算资金十分有用。

例如，当澳大利亚旅游者委员会（Australian Tourist Commission）的经理们决定在哪一个国家投资广告来促进旅游的时候，他们会考虑在每个国家的总体投资预算，并会考虑在这些国家内各个地区的预算分配。对营销者来说，对国家总体模式和趋势的了解不如对国家内地区的模式和趋势的了解更为有用。在日本，对于国外旅游地的促进宣传活动主要集中在两个地区，即关东（Kanto）和近畿（Kinki）地区，这两地是日本80%的国际旅行的产生地。

在许多学术和行业研究中，日本旅游者服从于传统的分类。他们也服从于一项特别的人口统计类型，这种类型只在日本出现。这些类型的表述广泛运用于日本、美国、澳大利亚和其他日本人主要游玩的国家的旅游业中。这些类型是"银色一族"（大于55岁的人，一般都有灰白或银白色的头发）、"OLs"（办公女性）、"度蜜月者"（这点不用解释）和"其他男性"以及"其他女性"（没有包括在先前类型中的）。

人口统计分析总是有意义的吗？是否应该在每次对旅游者调查中包含人口统计的问题呢？这取决于每次调查的主题。在许多关于旅游的应用研究中，人口统计分析是无效的，因为其没有统计显著性。一般来说，调查不应该仅仅为了搜集人口统计数据而去搜集这方面的数据，即不仅仅是为了搜集而搜集。

心理学上的类型

心理学描述了行为的不同。这一表述是于20世纪80年代由市场研究者所提出，他们认识到对于营销者和经理们所面对的各种情况而言，人口统计方法在细分市场方面是不够的。这一缺点主要体现在旅游者市场上。

人口统计的不足是因为：反映到社会态度的变化，更多的各年龄段的人群和男女性都进行一些以前只适合某个年龄段或一种性别的娱乐活动。祖母们加入了丛林徒步旅行，而年轻人则加入了烧饭一族。一些曾经只有富人能承担得起的娱乐活动，现在适合于更大范围的收入阶层了。在这种情况下，心理学被认为在划分不同角色的消费者（包括旅游者角色）时更有用。它不只在描述技术上更有效，而且在市场管理的指导方面被认为很有实践作用。

当他们创造了"心理学"这一术语后，市场研究者们会把一种仅仅划分旅游者的方法引入已被人类学家使用的行为类型当中。瓦勒尼·史密斯（Valene Smith,1978）便是其中一例。她确定了旅游者的不同类型：上层人士、不落俗套的、异常的、早期群众、群众、特许的。人类学家的兴趣在于这样一些问题，即旅游者们如何适应其旅游地的社会文化环境，以及由于旅游者流入会带来什么变化（如果有的话）。

另外一种心理学分析由亚那奇斯和吉本（Yiannakis & Gibson,1992）提出，他们列出了 14 种类型。其重点在于"旨在休闲的旅游者"的类型。这些类型涉及到从被描述为"大部分对有组织的度假感兴趣、并热衷于照相和买纪念品"的"有组织的大规模旅游者"到"喜欢太阳、对放松和日光浴感兴趣"和"以嬉皮方式生存而从一地到另一地的流浪者"。其他类型有"活动探求者"、"逃避现实者"和"兴奋寻找者"。

班克斯小组（Banks Group）这一市场研究和咨询团队在研究澳大利亚和新西兰的有关内容时，提出了旅游者的 6 种分类。班克斯使用了心理学的性质，并在现代市场研究者的流行模式中，为每种类型提出了生动的标识（King & Hyde，1989:251—6）——新纵容者、大花费家、新狂热者、有献身精神的澳大利亚人或新西兰人和反旅游者之人。

漫游型旅游者和向日型旅游者

漫游型旅游者（wanderlust）和向日型旅游者（sunlust）是描述旅游者不同类型的术语。格雷（Gray，1970）似乎是在旅游中第一个使用这些术语的人。在任何旅行中，大多数旅游者都能被这两个术语中的一个所描述。虽然可能这两个术语中的一个在某人身上有主要的体现，但是在一般旅行中，人们往往会混淆它们。某人可能在一次旅游中是漫游型旅游者，但在下次旅行中又会是个向日型旅游者。

从广义上来说，漫游型旅游是文化旅游。漫游型旅游者到一系列地方去旅行，寻找在特别地方才有的特殊景色、物品和事件。例如，某人从其家乡——英格兰出发，去泰国游玩并参观皇宫，然后去柬埔寨参观吴哥窟（Angkor Wat），接着去巴厘岛的海滩冲浪，最后去澳大利亚参观大堡礁（Great Barrier Reef）并到悉尼的海滩冲浪。

漫游型旅游者的旅行往往是其游记（在第一章提到过，如巴肖、迪福和法因斯写的书）的基础。杰出的相关资料是《帝国荒野：进入美国未来旅行》（*Empire Wilderness, Travels into America's Future*）（Kaplan，1998）。其由卡普兰（Kaplan）花数月在其家乡——美国的 15 个州驱车旅行时所写的。另一例便是由拜伦（Byron，1937）所写的《通往奥希那之路》（*The Road to Oxiana*），其著于跨越叙利亚、波斯和阿富汗等国的陆路之游。

漫游型旅游者的旅游起源于一个澳大利亚人撰写其去出生地——匈牙利之时，他若有所思地写到（Riemer，1993:48）：

　　……德国社会的一项伟大的习俗——徒步旅行。德国人男女老少都精力充沛的、快乐的加入徒步旅行的行列，缅怀着穿越原始大森林的祖先，在吸纳不同人进入他们宗族的同时体验着集体旅行的感觉。这正体现了德国人的灵魂——超越个人主义、同情和怜悯，反映集体主义和大众精神。

漫游型旅游者的旅游路线往往是关于多个目的地的。这类旅游者想去特别的地方看看、感受并学习些独特的东西，而且他们每次旅行都会去一系列的目的地。这些人的行为主要是被文化所触动，而不是娱乐需要。18世纪的大旅行便是漫游型旅游者式的旅游。对于这类旅行来说，任何娱乐获益（休息、放松、娱乐）都是其次的或偶尔的。

在此背景下，向日型旅游者不一定意味着只想呆在阳光之下的旅游者，尽管前者是向日型旅游者旅游的普通形式。这一表述是从那普通形式中衍生出来的一种暗喻。其想要的是一种取决于每个人动机和"口味"的特别娱乐资源。这些资源可以是太阳、雪、和平与安静、喧闹的交际、温暖的天气、凉爽的天气、美景、高尔夫球场、网球场、豪华的饭店、"与我们同类同阶层的人"、蹦极跳、宾果或纸牌游戏、"重金属音乐和整夜狂欢"。向日型旅游者式旅游是当人们主要目的是娱乐时才出现的。他们想休息、放松或娱乐或其混合形式的娱乐。另外一个使向日型旅游有别于漫游型旅游之处是：向日型旅游者想要的东西对于任何目的地都不是独特的。这就使得向日型旅游对于目的地无特殊要求。向日型旅游者不在乎去哪里，并不在乎目的地是否适合他们的娱乐需求和其他一些方面，如住宿或足够的安全保障。

向日型旅游者更像是单一目的地旅游者，他们每次旅行只去一地。旅游时间一般比漫游型旅游要长。

向日型旅游经常会重复游玩某地，因为当向日型旅游者们发现某地能满足他们的需要和口味后，他们就不会想到再去找其他地方度假。海滨、大山和其他一些胜地都几乎完全围绕着向日型旅游。向日型旅游也时常发生在大都市中，尽管这些地方被认为是旅游者观光之处或适合漫游型旅游者。

漫游型旅游者和向日型旅游者的不同对管理旅游有暗示效用。在第六章的讨论中，列出了控制旅游目的地状况的因素，表明了其中的一些实用性。例如，漫游型旅游者不会在以后的旅游中再次来到同一个目的地，而向日型旅游的一个成功标志是旅游者们下次还想再来。

对于向日型旅游者占很高比例的景点来说，由旅游车或其他交通工具所支撑的有组织的观光设施可能会比占同一比例的漫游型旅游者所在的景点相对不受欢迎。其原因一部分是由于向日型旅游者可能来过此地，所以对观光没什么兴趣了，也可能是由于向日型旅游者偏好于比观光更具有娱乐效用的活动。

利珀（Leiper, 1989a, 1990a）在对旅游与赌场的研究中讨论到，赌博是划分漫游型旅游者与向日型旅游者的另一种战略暗示。他在分析了赌博者和其中的旅游者的心理之后，得出了一个理论，即向日型旅游者比漫游型旅游者具有更强的赌博动机。支持这一理论的证据来自世界各地的赌场。

漫游型旅游者或向日型旅游者的分析对促进旅游者目的地的策略也有启示作用。因为由漫游型旅游者占高比例的景点往往会有更少的"回头客"，所以它们不能像向日型旅游者所喜欢的景点的方式来进行促销、宣传。前者所需重要的策略是要大量地吸引首次来访的旅游者,而一个足够发展的向日型旅游者旅游吸引物便要有满足、赢得或留下旅游者的策略,而不要采用每年追逐新旅游者的这种花费更大的策略。

旅游者类型:旅行目的和参观目的

另一种把旅游者划分为心理学类型的方法是通过其旅行和参观的目的而得到的。这不是一种为分类而实行的心理学的方法,但其符合旅游者行为的一些方面。在一些从调查中得出的公共报告中,我们可以找到许多关于旅行和参观目的方面的数据。一般而言,这些调查都是按照世界旅游组织对"旅游者"的定义进行的并包含了许多目的。

当利用这些数据来区分旅行目的与参观目的的时候,要小心谨慎。人们可能为了商务目的而旅行,但在去其主要目的地的途中,他们会怀有不同的目的而去参观另一个国家或城镇,例如想去观光或拜访朋友。实际上处理这一问题是很复杂的,正如许多公共报告一样,它们也没能正确区分旅行和参观的目的。

在调查中,一个被广泛认识的复杂性是在一次旅行中有不只一个目的。许多旅行者都怀着多重目的而旅行。通常,其中某个目的比其他目的更重要,调查如要认明主次,一般会要求应答者自己来确定其旅游或参观的"主要目的"。

在全部的澳大利亚国际旅行次数中,度假是这几十年来的主要目的。它在20世纪80年代便占了60%,而到20世纪90年代跌至55%。拜访亲戚是第二种最普通的方式,这几十年来占了大约20%的比例。以商务为目的的旅行排行第三,占15%。

在到澳大利亚来的国际旅游人次中,度假在这20年里是游玩的首要目的,其这几年的增长之势大于其他类型,在1980年为40%,到20世纪90年代上升到55%。拜访亲戚在所有目的中排行第二,占了20%。主要以商务为目的的旅行排行第三,占10%。余下的30%分散于一些其他目的当中,如短期雇用、参加会议、学习和沿途经过。

关于流入与流出澳大利亚的旅游者之目的的细节,可以在堪培拉的澳大利亚旅游局(Bureau of Tourism Australia)的公共消息(包括网址)、国内各州的旅游委员会和由澳大利亚统计局发布的惯例公报——*Overseas Arrivals and Departures* 上找到。

澳大利亚国内旅游者表现出了不同的情况。度假虽然还是第一位的旅游目的,但在总体中的比重偏小,近些年中只有40%;第二位是为了拜访亲戚和朋友,占了25%。

在一些国家中,描述某些目的会使用特别的术语。在日本,翻译成英语的报告表示日本人的国际旅行的主要目的是"观光"(sight seeing)。这反映了日本人的主要行为对澳大利亚人、新西兰人和巴西人来说是所谓的"holidays"（度假）而对美国人来说是所谓的"vacations"。在美国"holiday"指大众的节日，如圣诞节或7月4日的国庆节。

旅游者的行为

旅游者能根据其旅行的差别和其他旅行者行为方面而被描述和归类。这里有一些有用的标准：国内和国际、旅行的距离、期间、目的地的数量、是否使用特殊设施。

在世界范围内，根据来自一些国家的数据，显示出有简化旅行和简化观光的趋势。例如，在澳大利亚一半的国际旅游者的旅游时间都不会超过两周，只有很小一部分的人会呆很多个月。30年前，只有一小部分人的停留时间会小于两周。这种简化旅游与观光的趋势被旅游与观光的更频繁之次数所抵消。例如，近几年，几万澳大利亚人每年至少旅游度假两次，而这在以前是很少出现的。这一情况对于不同的国家是不同的：到澳大利亚的美国旅游者的平均期间是22个夜晚，英国人则是49个夜晚，而日本人为13个夜晚。

旅游者的活动

贾发雷(1987)设计了一种关于研究旅游者行为一般模型的框架。这一模型揭示了旅游者各阶段的行为过程。贾发雷把这一模型比喻成一个使用跳板的跳水运动员。正如站在跳板上静止的跳水运动员一样，人们在其日常生活中开始了旅游过程。这第一个过程称做"松动"，这一阶段形成离开的动机和需要。第二个过程叫做"释放"，即离开跳板，指人们离开其日常的环境去旅游。第三个过程是"兴奋"，即离开跳板到达空气中，一种作为旅游者的暂时的生活。第四个过程叫"归国"，即回家。第五个过程是"合并"，即重新适应日常环境。贾发雷的第六个过程不是描述旅游者的经历，但是其是一种伴随这些经历的过程。即当人们外出游玩时，将"忽略"其家乡的日常事宜。

这一模型着重于观察旅游的社会文化。它能被运用于一些组织为旅游者提供商品和服务的商业过程。

莫斯卡多(Moscardo,1996)通过研究北昆士兰的旅游者来调查其活动模式。同时也研究了其他一些因素，如年龄、性别和使用的交通工具等。其研究的最有趣的发现是在基于主要年龄团体、发源地和旅行团体大小的每种旅游者类型的活动和表现上，来划分旅游者的五种类型。她把这些类型称做："低活动系数的海滩活动和观光"、"高活动系数的旅游"、"观光和成熟的活动"、"户外活动"和"夜生活娱乐"。这里引用的莫斯卡多的研究代表了研究杂志上关于旅游者活动的许多类似研究。

活动和观点的数据来源

在由旅游研究局(Bureau of Tourism Research)所进行的对到澳大利亚的国际旅游者一年一度的调查中包含了在活动方面的问题,但是其没必要对旅游者分类。源自这些调查(Lound & Battye,1999)而得到的最新版报告发现,在旅游者之中,受到最广泛欢迎的活动是购物娱乐,有80%的被调查者选择了它。但有多少旅游者能被描述成这种独特的类型,即"购物旅游者",还不得而知。

洞察诸如"旅游者会做什么?"和"他们有什么观点、意见?"这些问题可以从若干种研究中发掘。观察旅游者是最早的一种用于发现其活动行为的方法,但其有局限性。有许多旅游并不是发生在有名的旅游地点的,并且旅游者不都是如此容易观察到的。另外,不正式的观察往往会导致有偏见的观点,这是因为其看法的错误。所以,从观察中提取一般性观点是很冒险的,因为这种方法不能代表广大样本的观点。以调查问卷的方式来考察旅游者是获取其活动信息和意见的第二种方法,此方法已成为研究者最常用的方法。数以百计的杂志文章报道了这种方法。有质量的深入采访,探讨每一个体的行为,能对旅游者活动进行细致的考察。此方法比调查问卷更值得信赖,但是更花费时间,一般对个体进行的采访时间将花费半小时或更多。

观光、游泳、品茶和购物

理解旅游者行为的重要一点是,许多娱乐活动本身并不是令人愉快的,而是由文化所决定的。正如巴曾(2001)和其他人所证明的,由于文化变化,特别的娱乐活动将随之兴起和衰亡。在表面上,这些变化可以描述成风气、时尚的改变。结合本章前面所提到的要点,更深入地分析社会文化的演变能揭示出时尚、风气变化背后的更深层次的变化。

观光是旅游者行为的一种流行形式,并得到了广泛关注。阿德勒(Adler,1989)撰写了一篇关于观光历史起源的重要学术文章,其中表明了观光行为为何不能一直成为流行的活动。流行的活动随着时间的推移而变化,且此变化反映了社会的文化趋势。

一个类似的变化是人们对于游泳作为一种娱乐活动的态度。300年前几乎没有人会游泳,大多数人都认为海洋、河流和湖泊都是危险地带,它们是旅游时不得不穿越但绝不是娱乐活动的地方。在18世纪60年代的法国里维埃拉海岸地区的数月中,斯莫利特(Smollett,1979)注意到只有一种人在海里:囚犯,他们定期地到海中冲掉身上的虱子。在同一时期的英格兰,内科医生推荐受某些疾病困扰的病人应该到海中游泳来获得治疗,这种习惯便流传开来。在 100 年间,即到 19 世纪后期,这种用于治疗疾病的活动成为了一种令人愉快的娱乐方式。

品茶是另一种以同样方式变化的习俗:"茶开始于一种药并发展成为一种饮品"(Kakuzo,1956:3)。在一流的胜地宾馆中,喝下午茶是一种流行的娱乐方式。

购物娱乐可能是当今世界上在旅游者中最流行的活动了,尽管目前没有全球的研究报告来证明这一点。在许多国家,购物理所当然地是最流行或其中之一的一项活动(Lound&Battye,1999:53)。莫克和兰(Mok & Lam,1997)和河森(Hobson,2002)是研究者中专注于旅游者购物方面的专家。从这方面的研究中可得出的一点便是购物的形式和习惯都改变了。

还有更多的关于娱乐活动的例子可以用来描述观光、游泳、品茶和购物。研究特殊活动能揭示出他们的形式是如何随着时间的推移而改变的。例如,道格拉斯(Douglas,1911)指出,旅游者不再像 50 年前那样对山洞和洞穴感兴趣了。另一个例子是关于海边娱乐活动的演进,从游泳到徒手冲浪,再到使用冲浪板冲浪。

调查研究方法论

对于对旅游者进行大规模调查的人来说,应该注意这种研究方式的局限性。为搜集旅游者活动或意见的信息而设计调查显得很有挑战性。到哪里去分发调查问卷是一个关键的问题。在不同的地方分发,包括在多个 TDR(旅游者目的地区域)的宾馆和胜地景点、街道和商场或在海滩上及文化地带中等等,都是常见的方式,但这些做法是有缺陷的。

由在宾馆或其他地方偶然找到的被调查者所构成的样本不可能会成为一目的地区域的旅游者的代表性样本。这是因为其方法与在某地区总体人数中随机抽取样本相差甚远。偶然的挑选不等于随机挑选,因为"随机"包含了调查研究中的特别含义。它要求所有可能的被调查者都拥有平等的参与机会。

旅游者有不同的"循环速度":一些人在黎明前就起来了,而且一整天都在外活动,而另一些则在中午时候起床,而且并不离开其住宿地。因此,在住宿地分发调查问卷的将可能不成比例地包括大量的在那里呆很长时间的旅游者和小部分只把那里用作睡觉地方的旅游者。

通过给旅游者分发调查问卷来搜集信息会得到更多有空闲时间的旅游者的回复,而且会得到较少的一天到晚在外活动的旅游者的回复。这样就会造成样本的偏误,从而得到的结果也有误导作用。截取在商店或海滩上的旅游者的相关信息也会导致偏差,其样本并非随机,只是偏向于经常去那些地点的旅游者罢了。要得到完美的随机样本是不可能的,但研究的目标是要在项目的约束条件下最优化随机性。而成本往往是最大的约束条件。

在一些不同的景点地区偶然地调查旅游者所带来的另一种缺陷是，旅游者的回答可能会染上其当时环境的色彩。在一个胜地中，旅游者对于一个 TDR 的观点可能会被此胜地所影响，而这可能会动摇他们对那个 TDR 的看法。

在 TDR 中进行调查的一个更深入的方法问题是：一些旅游者可能正好是调查当天到达那 TDR 的，一些可能前几天便来了，而另一些可能来了好几个星期。这种游玩的不同阶段不可避免地会对 TDR 形成不同的观点，从而扭曲了所报道的活动范围。

除了这些方法上的缺陷外，旅游者在景区中被采访也会引起一种道德上的问题。填写问卷是一种工作任务，其与休闲相冲突。当研究者打扰旅游者，并要其填写调查问卷时，实际上这是占有了他人的休闲时光，将干扰或可能破坏他们的娱乐和文化经历的质量。旅游者们会认为"我在度假，我不想做任何调查"，因而可能会憎恨这些调查。

在以上理由下，如果要搜集关于旅游者在 TDR 的活动或其对 TDR 的观点的信息，最好是在他们旅游完以后再对其进行调查。当旅游者们都回到家时再访问他们是一个较好的选择。然而，这又引发了新问题。到一国居民区中寻找最近到过一特定的 TDR 的合适人群样本是一项花费巨大的任务。旅行社和航空公司有过去的旅游者的名单，但是职业道德不允许泄漏这些信息。

一种方法就是去调查一国巨大并具有代表性的样本人群，去寻找最近去过所要关注的 TDR 和国家的人。这会得到一个可信赖的样本，但其成本很高。在随机的家户样本中，为了找到 100 或 200 位对调查有用的人，可能要接触几千人。

另一个方法是在某些 TDR 中，对要离开的旅游者进行调查——当他们从机场或沿高速公路离开时。所有这类乘客都形成了对其离开之地的直接看法并完成了此地的经历，所以在重要的方面都形成了相似的观点。在机场，几乎所有在候机室等待的人都有空闲时间，或者在飞机上也一样，这样问卷可以在无干扰下完成。

摄影也可用来给研究者提供关于旅游者活动和观点的有用信息。在《旅行研究》的一些研究报告中曾涉及给旅游者胶卷（有时也是照相机），并要求他们拍摄其游玩一个 TDR 时值得注意的活动、时间和风景。然后把未冲洗的胶卷邮寄给研究者，他们便把胶卷副本发给用这些数据、资料来做研究的人们。

有多少旅游者？

有多少旅游者呢？在世界范围内，简要的回答是，有大量的旅游者，但并没有像经常所提到的那么多。本节的讨论将会解释为什么旅游者的数量会经常被夸大，并解释这些夸大是如何发生的。

什么造成了夸大现象？

旅游者的资料经常被夸大，造成此现象的原因很多。在许多情况下，提出者都想让这个数字看上去尽可能的大。盖茨（Getz,1986）、霍尔（Hall,1991）和其他公正无私的研究者们都提及了旅游的"鼓动者"、有某种专长并在任何机会下都要鼓吹旅游的价值和潜力的评论者。鼓动者会在最后夸大数据。在有些情况下，他们是有意这样做的，而在其他情况下，却是被统计数据搞混而这样做的。同样地，担心旅游地被破坏并反对其过快发展的环境学家也易于夸大这些数据，因为这能帮助他们论证旅游的规模过大和增长过快。他们也与鼓动者一样可能有意无意这样做。

由于两个团体都夸大事实，媒体又相信由这两个团体所发表的数字。于是虽然来自公正的学术方面所做的公开评论，偶尔会指出这些数据的缺陷，但没有什么效用。

这些夸大是如何发生的

若干因素可以解释夸大现象是如何产生的。人们会对"旅游者"的定义存在主观的看法，并会忽视用于官方统计的专门性定义。因此，报纸和其他媒体经常造成对旅游者人数的夸大。例如，在"旅游者人数增长"的标题下，他们会报道："在过去的12个月中，到澳大利亚游玩的外国旅游者总共有5 101 500人，这比上一年增长了5.6%。"这种报道常常给出了国家分析和与前一年的百分比变化。

人们如何来解释这种现象？研究者在对学校新生（代表一般大众）几年的反复研究中发现，大多数新生都在保有其对旅游者的主观看法时处理数据。他们假定这些数据涉及度假的观光者，或是呆在宾馆的参与包价旅行的旅行者。在第二章谈到，实际上这些数据反映了包括所有观光者的技术性定义。所以在公开的数据中，存在比实际的旅游者多许多倍的所谓"他们"的"旅游者"。

除了这些语义方面的问题，统计上的问题也会影响这些结果。特别地，现在有种广泛的趋势混淆了旅游者活动的数量和单独个人的数量。假设一例，我们可能读到去年有80万新西兰和1 500万日本旅游者进行海外旅行。从表面上理解这些数据可能会导致错误的印象，因为这些数据可能是指一年中从这两国离开的居民数量，但其可能表现为单独个人的数量。许多人可能一年出国几次，且这种情况在增加。多次旅游的旅游者在整个旅游者数量的比重逐年上升。类似地，进行国外旅行的旅游者的数量比离开家乡的人的数量要少。一些国家在这方面的差异是很巨大的。

航空公司关注经常乘坐其飞机的乘客的活动便是这一事实的反映。这种活动主要有两个目标。第一，鼓励这些乘客多旅行，就像是用"免费"旅行一样来激励他们；第二，他们鼓励这些乘客保持对航空公司的忠心。这两个目标合在一块便是为了使得航空公司能为更多的乘客服务。当然，天下没有免费的午餐。他们会通过不同的方式间接地收费。

在整体旅游系统的另一端出现了更多的数字统计错误。一则报道称述"官方统计数据显示，去年共有1 500万旅游者游玩了亚特兰岛"，这很容易使人认为是有1 500万人去了那里，其实这其中可能有些人一年去了两三次或更多次。1 500万人次中可能只有500万人。如果该国是一个主要的商业旅游目的地，这种情况很可能发生，一些人每年可能到同一个城市多次。

许多旅游者的旅程包含了多个目的地。若干年前，对澳大利亚人、新西兰人和日本人做了关于这方面的计算(Leiper，1989b)。澳大利亚居民每次旅行平均到过的国家是2.28个，新西兰居民是2.16个，而日本的是1.58个。而这对于漫游型旅游者来说，数据是不可靠的，因为它是关于所有澳大利亚出境旅游的平均数，其中还包括了"向日型旅游者"。

意识到旅游者数量为什么时常会被夸大和这些夸大现象是如何发生的，这对于与旅游者数据打交道的管理者来说是十分有用的。当理解一些相关的数据报告时，他们可以采取明智的预警措施来使数据更真实，从而更有利于决策的制定。

把流量混淆为存量

另一个导致误传旅游者数据的一般错误是：把流量数据称述为存量数据的趋势。如前所述，这是由鼓动者和反对旅游发展的人所宣传的，因为事实的夸大有利于其争论优势。

例如，反对西班牙旅游过快增长的环境学者指出，每年有5 000万国际旅游者到西班牙，其人数可与当地居民相抗衡，这暗指当地居民要被旅游者所湮没了。而鼓动者用同样的数据并指出西班牙人没什么可抱怨的，国民经济从旅游者方面获得了巨大的收益。

正如前所解释的，此例中的"事实"被扭曲了。并且，这种比较是错误的，因为把每年5 000万的流量人次与5 000万的居民存数相比是不合理的。要进行合理的比较，这种流量应该按平均旅游时间来转化成存数。如果平均旅游时间是5个夜晚，则旅游者的平均存数为685 000，而这一数字与5 000万比起来实在是微不足道。

总 结

本章的主题是关于社会人的旅游者。本章讨论是从由巴曾认为的5种观点所开始的，这5种观点对社会主要、长远的社会文化趋势都产生了影响。这5种思想的每一个（解放、现世主义、个体主义、自我意识、原始主义）都继续对旅游者产生着重要的影响。

本章第二个主题是我们经常提到，但很少分析的问题，即为什么"旅游者"一词经常是作为一个消极的社会概念。关于此，列出了许多例子来表示这种习惯思维的不同方面，最后总体上可归为两类：把旅游者看作是旅行者的较低级之类，把旅游者认为是观光者中不受欢迎之类。

当讨论进行时，也揭示出了以上这些问题是出在主观的偏见上，主要是势利的偏见。然而，分析远非只限于揭示这些，其给搞营销的管理者带来了实际的意义，其所揭露的环境问题也给旅游的政策制定者和管理者们提供了帮助。

本章也讨论了划分旅游者的若干方法。人口统计方面和心理学方面的形式是主要的两种分类方法。在心理学式的分类下，一种有趣且广泛有用的次分类方法把旅游者一分为二，即漫游型旅游者和向日型旅游者。从此分析中引出了许多关联问题。旅行和观光目的以及旅游者的活动也被谈到。

有多少旅游者呢？肯定有很多，但没有统计报告中所提到的那么多。在这一统计领域里，夸大事实是很普遍的现象。要得到一份关于旅游者规模的可靠数据，管理者们应该对统计资料小心谨慎地吸收。许多圈套被揭穿了。意识到这些能对管理者们有所帮助。

可以通过不同的方法来研究旅游者的活动、行为。管理者们通过这些方法得到信息，其为的是更好地服务旅游者和面对市场机会和挑战。贾发雷的跳板暗喻对于总揽旅游者从出发再到回归的过程有不错的帮助。同时他还描述和简要评价了关于旅游者活动的一些资料来源。

使用问卷调查方式是最广泛使用的。我们也谈到了此研究方法的一些局限性和其所发现的信息。

在本章最后提到了有数百万旅游者参与的观光、游泳、品茶和购物活动。这里谈到了两点。第一，提示到变化在活动其中是惟一不变的。今天旅游者所进行的活动与以前的可是不同了。第二，旅游者本质上是社会人，我们可以在不同层面上探求到他们做什么和他们到哪里去这些问题的答案。在调查中问题是一个层面，但是答案往往是肤浅的。有深度的访谈能揭示出背后的问题。沿着巴曾的历史，分析社会的文化转变是更深的层面。认识到这多重层面是旅游管理者的一个特有策略。

此章为以后的章节打下了基础。第五章的主题是旅游心理学，其所关注的问题从作为社会人的旅游者转移到作为个体的旅游者，其要回答的中心问题是：为什么单独个人要成为旅游者？他们是如何形成动机的？以及是什么促使了旅游的产生？在第十章中，社会学又成为一个主题，其中一个话题是关于旅游者与其旅游地之居民的相互作用和关系。

问题讨论

1. 请描述巴曾所认为的在近来几个世纪中深入影响到社会的三种文化趋势，并表明这些影响是如何在旅游趋势中体现的。

2. "旅游者"作为一种描述某种旅行者或观光者的负面的表述的历史表明它在过去 200 年来与旅游者的一些方面相联系，例如风格、社会阶层、标准、价格、行为、道德、智力。请描述以上这些方面中的任何三个，特别是当它们首次发生时的情况。

3. "demographic"的字面意思是什么？用 demographic 分析旅游者有什么目的？

4. 从考虑诸如游泳、品茶和观光等历史活动中能获得关于旅游的什么原理？

5. 列举并简要描述在关于旅游者的心理学分析中的四种可能的类型。

6. 什么因素会导致许多人和机构会在很大程度上夸大旅游者的数目？

推荐读物

Adler, Judith 1989, Origins of sightseeing, *Annals of Tourism Research*, 16:7—29.

Barzun, J. 2001, *From Dawn to Decadence: 1500 to the Present*, 500 *Years of Western Cultural Life*, New York: Harper Collins.

Dann, G. 1999, Writing out the tourist in space and time, *Annals of Tourism Research*, 26:159—87.

Dann, G. & Cohen, E. 1991, Sociology and tourism, *Annals of Tourism Research*, 18:154—69.

Jafari, J. 1987, Tourism models: socio-cultural aspects, *Tourism Management*, 8:151—9.

MacCannell, Dean 1976, *The Tourist: A New Theory of the Leisure Class*, New York: Schoken.

Moscardo, Gianna 1996, An activity based segmentation of visitors to Far North Queensland, pp 467—79 in *Tourism and Hospitality Research: Australian & International Perspectives* (proceedings of annual CAUTHE Conference, Coffs Harbour), G. Prosser(ed.), Canberra: Bureau of Tourism Research.

Ryan, Chris 1991, *Recreational Tourism: A Social Science Perspective*, London: Routledge.

第五章 旅游心理学

导　言

　　心理学研究的是人的思维和行为，并且对研究的思维和行为做出解释。"旅游反映出人们一种最基本的想去远方度过愉快时光的动机"，这种过于简单的理论是某些人对旅游者的思维和行为的解释。当然学过旅游心理学的人都会知道，对于旅游心理的这种过于简单的解释往往会误导人。

　　菲利普·皮尔斯（Philip Pearce, 2000）在一篇有名的文章里面为我们提出了旅游心理学的几个问题。

　　旅游社会心理学研究涉及受社会群体影响的旅游者的行为，这在第四章讨论过。旅行的目的是什么，这是心理学里一个简单又实际的问题，因为旅行的目的决定了旅游者的很多行为。另外一个问题就是通常被称为"旅游核心"的旅游者行为活动。旅游者行为活动是指旅游者所有可能做的事情。莫斯卡多在北昆士兰州研究时，把旅游者行为活动分为56种。克里彭多夫（Krippendorf, 1987）在欧洲进行研究时，也做出了类似的划分。旅游者行为活动范围很广，可以是诸如爬山之类的强烈的体力运动，也可以是在沙滩上的休闲放松；可以是在博物馆陶冶情操，也可以是在公共汽车上欣赏沿途风光。

　　韦伯（Waber, 2001）研究了一些探险旅游，他用"Asia Overland Route"（亚洲的陆地路线）作为例子展示旅游者对于探险活动的主观看法，他们的自身经验对于理解旅游是重要的。

　　旅游者必须对信息和图像进行加工，然后做出决定。福德尼斯和默里（Fodness & Murray, 1997）在佛罗里达州对585名旅游者做了研究，以比较信息来源是如何影响旅游者做决定的。奥珀门和钟（Oppermann & Chon, 1997）也对参加例会的人进行了研究。

　　认知心理学是研究思维和图示（脑海里对于某一个地方的图像和印象）的一门学科，也在研究旅游心理学中发挥作用。杨（Young, 1999）研究了昆士兰丹树热带雨林（Daintree）地区的人的图示。李（Li, 2000）对此话题提出了三种解释方法。瑞安和莫（Ryan & Mo, 2001）研究了中国人印象中对于新西兰的图示。

　　性旅游是在研究某些特殊的旅游者行为的心理时常被讨论的话题。奥珀门（1998）对这个话题做了评述。瑞安和马丁（Martin, 2001）研究了人们为什么对于俱乐部或夜总会里脱衣舞之类的文娱活动感兴趣。利特尔伍德（Littlewood, 2000）揭示了旅游者很多活动都是受性的驱动。这显然有些夸大其词。

　　旅游者的需求、满意度，以及其他有关旅游者旅游动机的话题，已经在很多书中被讨论。吉诺斯（Gnoth, 1997）进行了详细的旅游者旅游动机分析。汉奎因和拉姆(Hanquin & Lam,1999)调查了中国内地人到香港游玩的动机。贝克和克朗普顿(Baker & Crompton,2000)研究了旅游者对于景点的满意度以及随后向别人推荐该景点间的关系。

科扎克(Kozak,2000)在研究到西班牙和土耳其旅游的英国旅游者而写的论文中,谈到了重复旅游。重复旅游包括消费者忠诚消费现象,不仅对于景点选择,而且对于航班和旅馆的选择都无一不体现了忠诚消费(忠诚消费指购买一次产品或服务后,再次购买的行为)。

以上所列的仅仅是旅游心理学这个领域发表的众多论文中的一小部分。早期关于旅游心理学的有名的论文发表者有:皮尔斯和斯金尔(Pearce & Stringer, 1991),丹(Dann,1997,1981),丹和科恩(Cohen,1991),费拉里奥(Ferrario, 1979),克朗普顿(Crompton,1979,1992)和曼斯菲尔德(Mansfeld,1992)。

第四章将旅游者作为社会群体的一部分来研究,第五章将在第四章的基础上对旅游者个人行为进行研究并做出解释。能够解释是很重要的,管理者如果只知道描述和分析,只知道回答谁,什么,怎样和何时的问题,而不能对问题做出解释,那么他们就不能获得成功。

本章研究的重点是理解人们为什么旅游,从旅游者心理的角度解释人们旅游的原因。

讨论的第一部分是关于旅游的必要和充分条件,第二部分是从把旅游作为休闲活动的角度来探讨旅游,第三部分从两首诗的评论出发分析了两种旅游动机。第四部分从反面探讨旅游心理,并试图回答人们为什么不旅游这个问题。第五部分谈到旅游者在旅游动机下的各种旅游需要。

本章中,我们采用前几章类似的方法,将旅游者定义如下:

旅游者是指出门游玩,试图从游玩环境获得快乐和休闲,离开家里至少一天的人。

我们讨论的仅限于上面定义中的旅游者的心理,对于以其他形式旅游的旅游者心理我们暂不予研究。关于出差到外地旅游的人,虽然在某种意义上他们也可以说是旅游者,但是他们一般不是专门为了休闲的目的而出门的。

科学地解释旅游行为的理论

哲学家一直在探索事物发生的原因。第一次研究因果关系的理论专著出现在2 500年以前的希腊。管理者们也应该深明事物发展的前因性。如果管理者们知道是什么促使人们旅游,那么他们就能更好地进行市场宣传和提供服务。

旅游市场宣传也叫旅游营销,目的是说服人们到某一特定地方旅游,采用某一特定旅游服务。为了能让人们去旅游,去参观某一景点,去使用某一服务,管理者们必须研究促成这些行为的原因。有的广告和其他形式的宣传也许根本就没有用,因为它们关注的是与促成这些行为原因无关的因素。有的电视广告让旅游者开心一笑,但是并不能促使旅游者购买这一产品或服务,这便是很好的一个例子。

旅游管理就是支持和引导旅游市场。管理者的决定能够将旅游者所需要的资源调配到最合适的市场。

哲学家认为有四种解释因果关系的方法,而其中对现代科学最有用的是有效原因解释法。其他三种解释方法通常被错误地认为是解释事物原因的方法。我们有时候错误地以为某一行为的结果就是这一行为的原因。例如,介绍某一个旅游目的地时有人这样描述:这一景点对旅游者有极大的吸引力,因为很多旅游者都到这个地方旅游。这样的描述并没有解释该景点为什么能吸引旅游者。事实上,它什么都没有解释,做的只是使用另外一种说法,可能是用比喻的方式来描述同一个事情。这是一种目的论的推理,毫无科学性可言。

有效原因

科学性的解释能提供有效原因。该理论阐述了为什么人们外出旅游,包括指出了旅游行为发生的必要条件,而且点明了一旦条件充分,人们就会旅游。

不管什么活动,从日常琐事到大事——我在这里写字,你们阅读,狗咬人,有人出去旅游,战争爆发——当发生这些活动的必要条件充分存在时就必然会发生。只有一个必要条件不能引起事件的发生,必须是所有的必要条件同时存在才能引起事件的发生。下面我再具体解释。

假如现在我想去旅游,脑子里面有一个目的地,而且最近我从一个旅行社那里收集到了一些宣传册子。我的旅游动机是必要条件,但是它还不足以使我真正出发旅游。我有旅游动机,但是缺少另外一个必要条件——旅游手段。

这两个必要条件——动机和手段,可以再进一步细分。那么首先一个人是怎样才有旅游动机呢?

产生动机的第一个先决条件就是人要有需要,而这种需要只有通过旅游才能满足。这可以是任何需要或者是各种需要的混合体,比如休息、放松、娱乐、创新、教育、消遣的需要。这些需要会在本章以后部分讨论到。

产生动机的第二个条件是人要掌握信息,以便获得满足自己需要的知识。简单地说,如果人们对于外部世界全然无知,那么他们永远都不可能会产生旅游动机。对外界无知其实是一种意识还未开发的婴儿状态。

产生动机的最后一个条件就是人所掌握的信息以及知识能使人相信他们的需要能够得到满足。情况有时候并不见得如此。许多人了解一些他们从来没有到过的地方的信息,但是他们对这些地方能否满足自身需要没有信心。有人可能会觉得参观某个地方也许会很有趣和愉快,但是同时他们又想也许在自家附近放松一下也会有趣和快乐。所以这种旅游的需要和对旅游满足人需要的期望值要足够强,才能使人产生旅游动机。

接下去我们讨论旅行行为发生的第二个必要条件,即旅游手段。这里也有三个因素,首先是要有旅游时间。旅游时间可能是年假、周末,或其他可以自由支配时间。然后是要有足够的实力,通常是能支付旅行费用的经济能力。最后一个因素就是没有其他限制,这种限制往往是诸如照顾家里的病人、残疾人、婴儿、宠物之类的家事或者人多恐惧症。旅游条件的整个过程参见表5.1。

表5.1　　　　　旅游者旅行前的心理进程(1～4项)和其他因素

项　目	特　点
1. 需要:旅游者处于心里空虚的状态	产生于客源地的环境
2. 信息:使得旅游者获得旅游地点的知识和感性认识,了解旅游活动和旅游目的地的情况	在客源地通过广告或其他宣传信息获得或通过熟人了解
3. 旅游满足自身需要的期望值	在客源地形成有关满足自身需要的期望值
4. 动机:出门旅游的愿望	在客源地产生并被旅游者带到旅游线路中和旅游目的地
5. 时间:旅游者的空闲时间	一两天的业余时间,可以参观一个到两个景区
6. 经济能力和其他	足以支付旅行费用
7. 无其他限制	旅游者不需要在家照顾家人

对比休闲来解释旅游

因为我们把旅游者定义为离开自己的家、追求愉快轻松体验的人,我们从一个十分有趣的角度来考察人们为什么加入旅游,这就要区别两种获得休闲体验的方式。

旅游者和休闲之间的联系已经被广泛认识(Bodewes,1981;Jafari & Ritchie,1981;Moore et al.,1995),从心理学角度来看,人们可以通过比较两种不同背景下的休闲方式来解释旅游。这两种不同的情况背景是:(1)在自己家里或住所周围休闲放松的这种普通方式;(2)出门旅游的方式即离开家至少一个晚上。

许多人第一次在国内或国外旅行,旅游结束时好像被"旅游虫"所感染(Young,1973)。他们回到家,似乎被这种"虫子"咬了,从而还想重复旅游的经历。这种"旅游虫"现象是如何形成的呢?下面从心理学角度来分析两种形式的休闲活动。

休 闲

关于休闲很多学者提供了很有趣的见解，他们包括：拉然毕和梅耶尔森(Larrabee & Meyerson,1985)，德格拉兹尔(de Grazia,1962)，杜梅兹蒂尔(Dumazedier,1967)，卡普兰(Kaplan,1975)，凯利(Kelly,1982)，德尔等(Dare et al.,1988)，温尼弗雷思和贾勒特(Winnifreth & Jarret,1989)，派金斯和库什曼(Perkins & Cushman,1993)。从他们的著述中我们得出如下定义：

休闲是一种人类的体验活动，这种体验能够从消遣性或创造性的活动中获得，给人带来快乐，而且在享受休闲体验时人不受任何义务或责任的限制。

休闲包括的范围很广。休闲可能是纯消遣性的，也可能是含有文化内涵的，还有可能是两者兼具。

消遣式的休闲能够使人得到再造，因为这种休闲能使人恢复精力，重焕光彩，让人的身心回到从前，而不管这种休闲是主动还是被动的体验。对于个人而言，消遣式休闲活动有三个功用：提供休息、让人放松、带来娱乐。人们休息后身体和精神都得到恢复；放松使人远离紧张和压力；而娱乐则能在人们感到枯燥乏味时为旅游者注入一股清泉，让他们提起精神。

通常当我们在享受消遣式休闲时，其两到三个功能会同时发生作用：我们同时感到得到了休息、放松和娱乐，因而我们愿意相信我们"度过了一段快乐时光"。然而将消遣分为三个小部分(休息、放松和娱乐)有利于我们对更深层的过程做出解释。

创造性休闲和消遣性休闲不同，前者给人们带来一些新的东西。举个例子，一个人在参加了教育性活动之后，可能会具有更深的见解和更丰富的知识。

我们在关于休闲的定义里面并没有提及业余时间这个概念，虽然业余时间这个概念是每个人在思考休闲的意思时都会想到的。我们平时经常把休闲等同于业余时间(每日上班前后、周末、假期、退休)，但是有业余时间并不意味就能产生休闲体验。业余时间可以被我们以各种方法打发掉：无所事事、浪费时间、消磨时光，而这些都不是真正的休闲体验。每个人都会利用一定的业余时间来做一些不是休闲但同样重要的事情，比如睡觉、做家务、去看牙医等。

因此休闲体验在人的"业余时间谱"(spare time spectrum)里会发生，这里我们用了一个很有用的术语"业余时间谱"，这是由伊来亚斯和邓宁(Elias & Dunning,1986)第一次使用的。我们可能在工作或做其他事情时候体验到休闲，也可以在工作之余体验到，当然后者是指大部分休闲活动发生的时候。

每个人都有自己喜欢的休闲活动，但是从340年前的《垂钓大全》(*The Compleat Angler*)(Walton,1653—1930:37)这本书里关于钓鱼的描写，人们可以感受到理想的休闲体验模式。这本书这样描写道：

> 钓鱼是在将闲置的时间有效利用的好方法，因为人们进行了一天的乏味工作之后，钓鱼使头脑得到休息，精神得到重振，悲伤得到排解，不安定的思想得到镇定，过度的激情得到调节，满足感得到巩固……还能让钓鱼的人变得安详和富有耐心。

正如钓鱼人可以从钓鱼中获得休闲体验又能带回家实用的物品（钓到的鱼）——休闲式体验可以是消遣式的，可以是创造性的，也可以两者兼具。

现代旅游对于大部分的旅游者似乎是围绕着消遣性活动而言的，偶尔也见到旅游者参加创造性休闲活动，但是其数目少之又少，这种现象在短期之内还不可能发生什么大的变化。有人说创造性的旅游正在迅速扩展，持这种想法的大有人在，他们一般将创造性旅游理解为含有文化内涵的旅游（其实还是消遣式旅游）（Brokensha & Guldberg, 1992），但目前仍无足够证据证明他们的说法符合事实。

旅游和其他休闲活动的比较

旅游活动可以和其他休闲活动进行比较，非旅游休闲活动包括在自己家里或附近进行的一些短途游玩，那么是旅游还是这种短途游玩更能给人带来满意的体验呢？显然答案并非绝对，但是我们可以试着回答这个问题。要区别这两者之间的区别，我们需从以下几个方面考虑：远离或回归、持续时间、频率、社交、成本、专门性、独立性。下面就各个方面进行讨论。

远离或回归

所有的休闲活动都涉及远离日常生活（诸如工作和日常事务）然后又回到日常生活的过程。但是旅游和其他休闲不同。虽然旅游涉及这两个过程，但是旅游意味着到另外一个有一定距离的地方去。有句俗话说得好"旅游就是对目前的完全远离"。

许多观察家认为变化是构成旅游的一个最主要的因素。麦凯（Mackay）的研究发现变化其实包括很多层面：改变周围的人，暂时不用见到熟悉的面孔，改变一个场景……。无论去哪里都能让人有一个好的改变，比如说不同的气候，还有最为重要的是人们从紧张的日常生活中获得解脱（Mackay, 1977: 2）。要获得这些改变就必须暂时出去放松身心，出去旅游。其他的休闲方式也许是在家里或家附近进行的，其也许不能提供这么多有效的改变。

持续时间

和其他的休闲方式相比较，旅游以其持续时间长为特点。旅游以大块的空闲时间为前提，一般至少在外面度过一个晚上（根据我们在第二章中给旅游下的定义）。其他的休闲方式则只发生在更短的时间段里：下班后一两个小时，工作日的中途休息，或者周末。休闲活动持续的时间越长，带来的效果越好。例如，连着几天放松旅游可能会产生好的效果。一天的休息可能给人带来一定的休息，整个周末都被利用则效果更佳,而如果这一时间被延长到整个星期的话则又比整个周末更好。

频率

比较而言,旅游对大部分人是偶尔为之的活动,也许是一年一次,而其他休闲活动如果不是每天也是每周都要进行的。也许正是因为旅游的进行频率之少而为旅游活动增添了价值,人们知道旅游不是经常可以获得的机会,他们会更加热切地期待旅游带来的愉悦,在旅游时更能享受这种体验,旅游结束后能更清晰地记住旅游情景。

社交

社交和其他各种人与人之间的交流在旅游时比其他的休闲方式中更为常见。在旅游线路中,旅游者经常和以下三类人进行交流:(a)航班、商店、旅馆和其他地方的服务人员;(b)旅游目的地的原住居民;(c)其他旅游者。

斯蒂尔(Stear,1984)的研究以第三类人为重点,调查了旅游者之间的社交活动。他的调查显示,人们在自己家乡附近的海滩度假要比在其他地方有更多的人际交往活动。而且接受调查的人也意识到这是他们喜欢到海滩度假游玩的原因。

其他研究也从侧面证明了这点。例如,在许多国家,当旅游者被问及"您对这次旅游最喜欢的部分是什么"时,经常回答说是"遇到了一些友好的人"。这反映了两个事实:首先人类毕竟是群居型生物,喜欢有伴的感觉;第二,结交朋友是利用休闲时间的重要方法,可能也是休闲活动的最重要的部分(Elias & Dunning,1986)。

成本

住宿、交通和其他形式的费用意味着旅游比其他休闲活动花费的成本更高。但是很多人认为高成本能带来增值价值。这是大部分顾客的心理,他们认为东西的价钱越高其品质越好。大部分人在已经决定出去旅游并已经意识到旅游的成本问题之后,就会采取这种态度:我花了不少钱,我要尽可能地好好享受,这种积极的态度带来的效果当然也是积极的。

专门性

即使在旅游成本不高的情况下,旅游仍然是一种专门性的休闲活动,因为在特定的一段时间里,进行旅游的人数占总人口数的比例是很小的。如果一项活动被认为是能给人带来愉悦的,而且只有少数人进行这项活动,那么即使这种活动只是暂时的,他们仍然会被认为是享受特别待遇的。

把旅游和其他休闲活动相比,其他休闲活动是大部分人在空闲时间内都可以进行的。而旅游活动是在特定时候少数人的活动,那么旅游者在这特定时间里面会感觉自己是受特别恩惠的,因此他们会更珍惜自己的旅游时光,也更看重旅游。这里,同样积极的态度带来了积极的效果。

独立性

在每个人的休闲活动中,旅游经验是最为突出和独立的。人们普遍认为假期旅行是他们生活中特别独立于其他休闲活动的一种体验。

这很容易找到证明。问一些年纪超过五十岁的人,他们生活中最快乐和记忆最深刻的时光是什么时候,他们大部分人都认为假期旅行(旅游活动)是最美好的时刻,我们以上分析的各个因素(社交、频率等)就是最好的解释。

旅游作为一种休闲活动的负面特征

要说旅游这种休闲活动只有以上所述的积极特征,而无负面特征,显然不正确。旅游作为一种休闲活动,和其他形式休闲活动相比有其自身的负面特征,这些负面特征仍然是由以上所述几个因素造成的。

对于很多人来说,旅游必须经过一段旅游线路,而到达目的地前的那段旅游线路,很多人十分讨厌,他们认为这段旅游线路令人紧张、恐惧甚至恶心和极其枯燥(尤其对于经常乘坐飞机出门的人)。当人们说到他们"喜欢旅行"时,他们其实想说的是"喜欢到另一个地方游玩",很多人并不真正喜欢旅游开始前的那段旅游线路。

类似地,旅游因为是很少而为之的活动,很多人往往在一趟旅游时参观尽可能多的景点,在一个景点尽可能地游玩,以至于这种原本是为了满足人需要的旅游变得负担沉重,旅游者只有回到家后才能全面得到消遣(休息、放松和娱乐)。这种旅游频率少的优点似乎被其缺点中和了。

尽管旅游因素有积极特征和负面特征,但积极特征似乎比负面特征更多,这便是人们为什么仍然强烈地向往着旅游的原因。

在结束休闲活动比较这个话题之前,有必要稍微评论一下。认为旅游比其他形式的休闲活动更有效、更能起到积极作用,这种观点看起来似乎有道理。但是整个理论除了斯蒂尔(Stear,1984)关于"社交"这个因素的分析之外,还没有得到科学的论证,理论的其他部分仍需研究工作的证明。库什曼(Grant Cushman)指出了研究工作的不足(pers. comm.),更多的研究工作将为这一理论提供依据。

卡瓦菲的两首诗

科学分析并不是惟一能够让我们了解旅游心理的方法。希腊作家卡瓦菲(C. P. Cavafy,1863~1933)写的两首诗也能让我们对旅游心理有所了解。像其身前和身后的作家一样,卡瓦菲将人生比作旅行。

在1910写的《城市》(*The City*)这首诗里,诗人和一个匿名者交谈,这个人想出门旅游,以便能远离他生活了若干年的城市。这个人表达了他极其想离开这个什么好处都没给他带来的城市,在这个城市里,一切东西都提醒了他以前的失败。诗人回答他这种态度是毫无作用和愚蠢的,因为如果旅游的动机是为了逃避,那么就没有真正的逃避。城市的印象会始终在这个人的头脑中。诗人同时还感叹那种相信在别的地方情况会更好的想法也是毫无意义的。诗人很明显在暗示过去是不能被忽视的,所以我们只能接受过去,从经历中学习,即使是失败的经历。

有一部分旅游者正如卡瓦菲的诗中描写的这个人一样,他们的旅游在某种程度上是为了逃避,至少是暂时逃避那些由于他们自身的不快经历而认为不太理想的地方。这些逃避主义者的旅游能真正给他们带来满足感吗？在很多情况下,旅游只能给他们带来暂时的解脱。

第二首诗"Ithaka"写于1911年,诗人在诗里传达了一个截然不同的讯息。这首诗里,诗人同一匿名者谈话,这个人宣布他和朋友们要到Ithaka进行一次长途旅游。Ithaka是希腊西南部的一个小岛,关于这个小岛谈论更多的不是它的地理位置,而是它的神秘性。在荷马史诗里,Ithaka是奥德修斯(Odysseus)参军征服的目的地,奥德修斯花费十年时间在希腊海岸线上辛苦跋涉,从特洛伊城来到了距离1 000公里远的Ithaka岛。《奥德修斯》(*The Odyssey*)这本书就讲述了奥德修斯这段征程的故事。在卡瓦菲的诗里面,诗人赞扬了那位宣布要到Ithaka岛进行长途旅游的人,并且预计了游人如果时间充分,在途中可能会遇到的一些奇妙的历险。

很多现代的旅游者出发去神秘之岛Ithaka时是带着一种欣赏沿途风光和享受实时体验的心情,他们并不急于马上就见到Ithaka岛。卡瓦菲给我们的建议和麦卡特尼·斯内普(Macartney Snape,1993)的评语(见其书第六章)是一致的,在这本书里面,他讨论了时间充分、不紧不急的旅游和享受现时时刻的好处。

这两首诗的英文翻译版可以在利德尔(Liddell,1976)的传记和卡瓦菲的诗集中(1951,1998)看到。《奥德修斯》一书被译成十几种语言,最近被人推崇的一本是福格斯(Fagles,1996)的译本。

为什么有的人不愿意旅游

25年前在澳大利亚进行了一次大型研究,其中一项是探究人们为什么不愿旅游和关于限制人们旅游的条件的详细调查(Peat, Marwck, Mitchell and Co., 1977)。但是这项研究没有得到及时更新;虽然数据会变化,但是研究的大致框架即使在今天也应该是大同小异。

初期研究主要有两个阶段:首先是通过访问团深入了解以获得定性的观点,然后通过大量的调研来获得定性数据。调查结果表明92%的人认为旅游是合理的令人满意的活动,8%的人认为呆在家里不旅游同样也能感到满足。

关于旅游最大的问题是什么,调查显示如下结果:46%的人认为为了一次大型旅游而攒到足够的钱是最大的问题;30%的人认为旅游费用是主要问题;24%

的人认为工作生活使得他们抽不出时间是主要问题;18%的人认为诸如家务(照顾宠物或家庭人员)使得他们没法旅游;最后还有14%的人认为要照顾小孩或婴儿是旅游的障碍。

要区别第一和第二种问题似乎不太重要,其实不然。调查问卷将这两个问题分开,说明了两点:第一,许多人认为大型的旅游比短途的旅游更能满足人的旅游需要;第二,许多人(抽样人群的16%)并不认为大型旅游是十分昂贵或价值不大的旅游,他们只是在金钱方面遇到了问题。

在该调查研究发表之后,围绕如何"为大型假期存钱",许多银行开始设计并推出"假期存款账户"。

关于人们为何不旅游这个话题,还有其他的学者进行过论述,但为数不多。道格拉斯·皮尔斯(Douglas Pearce,1987)以三个欧洲国家为例讨论了这个问题;豪克兰(Haukeland,1990)研究了挪威国家的旅游者心理。这两个研究结果表明,生活方式比社会和经济更影响这些国家人关于旅游的理解。在像挪威这类发达国家,几乎每个人都能支付起旅游的费用,他们是否旅游完全是个人生活方式的选择问题。挪威人不愿旅游的主要原因是:(a)认为旅游太耗精力;(b)更喜欢短途简单的出行(他们感觉一日游已经足够);(c)旅游时没有办法顾到工作。不过该国家"从来不旅游的人"占全国人口的比例从1970年的39%下降到1983年的23%。

关于旅游者动机的研究

麦凯的研究:四个谱段和八大动机

麦凯(Mackay,1997)在研究中采访了澳大利亚各个不同地区的不同人群,采访者和被采访者谈论起关于假期旅游的话题,引导被采访者说出自己喜欢的经验及喜欢的理由。经过分析这些结果,麦凯发现了一些规律。

其中一个重要的规律就是:人们做同一件事情,比如旅游,他们的动机都是各自不同的。这点正强调了科恩的观点:研究旅游的学者和专家们不应该将"旅游者群"看作是一个通用词,因为如果这样做的话,人们很容易认为旅游者的需要和动机是一样的。但是平均抽样的关于旅游者旅游动机和需要的调查可以用来解释大部分旅游者的行为。这恰恰又验证了我们在第四章中讲过的旅游毕竟不是纯粹的个人行为。

麦凯还发现了旅游的八大动机(推动因素)。这八个因素并不是零碎无联系地分布在四个谱段上的,这项研究表明每个因素都分布在这四个谱段上,其在谱段上的具体位置与心理有关。

刺激性和放松性

许多人旅游是为了寻找刺激,而另外还有很多人是为了放松身心。这两种动机不会在同一个人身上的同一次旅游中同时出现,因为这两个动机是相反的。太刺激的活动并不能让人放松。

在大部分的旅游者身上,旅游者动机是处于这两种动机之间,并将两种动机适当地结合起来的。实际上,这种刺激和放松也是相对的。有的人可能认为野营是一种刺激性活动,而其他人则可能视之为放松性的活动。

奢侈性和从简性

有的人希望旅游时能奢侈些,而有的人则希望能够一切从简。这种一切从简的愿望就是尽量避免使用生活奢侈品,这并不是人们想省钱,而是想暂时性地离开生活奢侈品和日常的生活方式。这帮助我们解释为什么在有些旅游当中,一些十分富裕并能足够支付得起五星级酒店的人,却宁愿选择住在帐篷里。

探险和低调休息

探险是一种个体性的概念。这一点韦伯(Weber,2001)在她的讨论户外探险旅游研究中已经论述过。对于某个人来说,也许离开家,去任何地方都是一种探险,以至于他会认为随团进行一次三日游访问邻居城市,去那里购物、观光就是一种大的探险。对于另一个人来说,探险性旅游是指涉及真正风险的旅游,比如登山、攀越高峰便是一例。探险性的假期往往是为了满足或至少是降低人们不同的心理猎奇需要。它们可以是为了地位而培养自尊,或为了取乐和兴奋而测试一个人的自信和技能。

低调休息却正好相反,不是探险,而仅仅是为了离开日常生活圈子一段时间。它们可能是简短的过程,仅仅一周,或可能是长期的度假。这与第四章所述的向日型旅游者有密切联系。

观光性和活动性

观光性的旅游在许多方面是一种被动体验,因为旅游者往往不需要进行任何活动。另外这种活动性的旅游是实践性的,是一种旅游者身体力行、积极参与的旅游。活动性的旅游可能包括骑马踏青,旅行选修厨艺课程,背包徒步穿越整个地区,或者一星期每天打高尔夫球。

旅游事业阶梯

20世纪80年代第一次关于旅游者行为实质性的研究结果由澳大利亚的学术

界发表了。菲利浦·皮尔斯分别发表于1982年和1988年的两本书是其中比较著名的。皮尔斯提出的"旅游职业阶梯"(travel career ladder)的概念非常有趣。

需求和动机的区别

心理学家指出需求和动机的区别应该值得注意。需求是动机的基础。需求是一种心理缺失，而动机则犹如一种使人们前进，从而满足这种需求的推动力量。许多研究旅游者行为的学者忽视了两者间的区别。这种区别不仅具有学术意义，对于管理者，尤其是市场营销的管理者们还具有实践意义。

克朗普顿的研究：将心理学和地理联系起来

克朗普顿(Crompton, 1979)对旅游者心理进行了深入的研究，该研究调查了两组美国人，旨在找出影响他们关于旅游目的地选择的因素。他注意到了回答是谁、何时、何地、何种方式以及对这些问题的答案做出解释是不同的概念。

克朗普顿的研究是在20年以前进行的，但是至今仍具有吸引力，这主要因为他的研究有三大特色：首先，该研究提出了许多旅游者动机(心理学家往往称为需求)，然后再总结出九大类动机，包含了大部分旅游者的行为心理。其次，研究表明有一些需求是产生于客源地的环境，而有一些是产生于旅游目的地的环境。最后一个特色放在后面谈。

有的需求被专家称为"社会心理的动机"，这种动机和社会或心理有关系。这种动机主要产生于客源地，并且与其他因素一起导致人们产生出发旅游的动机。这些动机被形象地称作"推动因子"，其在某种意义上是一种推动性因素。这些动机包括逃离枯燥生活、得到放松、建立威望、与他人交往、自我评价、加强家庭凝聚力、增进友谊等等。

第二种的需求被克朗普顿称为"文化动机"。这种动机和旅游目的地有关系，并且是促使人们产生到某个特定地方旅游的动机。这些动机被形象地称为"拉动因子"，因为这些因素似乎在拉动、吸引人们到某特定地方去旅游。

克朗普顿的研究的第三个特点在于他得出了一个结论：宣传某个旅游目的地的广告策略通常是基于这样一种不太正确的认识，即认为旅游者被某景点吸引，是因为这个景点能够提供给旅游者独特的文化体验和该景点的独特属性(1979：415)。克朗普顿的研究对这一认识提出了质疑，因为他发现文化因素在旅游动机中占据很少的比例。

他总结说旅游可能正在采取不太恰当的策略，在宣传广告中选择错误的重点和卖点，错误地以为大多数旅游者最想看和最想做的是与旅游目的地有关的景色和事情。在他的研究结果发表以来，似乎仍然有人犯了这种认识和策略上的错误。

马斯洛的关于旅游动机的研究

马斯洛(Maslow,1982)的研究是关于人类总体动机的;他的理论和旅游没有多大关系,而且在他的研究中,没有任何旅游的字眼出现过,但是,因为马斯洛提出了一条关于人的需求的最有名的理论,也可以被我们运用到旅游研究当中。马斯洛总结了人有许多需求,这许多需求可以归纳总结为五大类。

在最低的一层,是人的生理需求,即空气、水、食物。这些需求得到一定程度的满足后,人有更高一层的需求,即对于安全感的需求,而当这些需求得到满足后,人开始追求一种自尊感和归属感。当这些需求也得到满足后,人们开始想获得知识和对于这个世界以及自身的理解能力,即自我评价,最高一层的需求是关于美的体验,即审美的追求。

这种上下级排列关系帮助我们解释大部分旅游者的主要动机。但是,每一层面上的人的需求都可能促使人决定去旅游。许多人去旅游,主要是想去一个生态良好、健康卫生的环境过上一段时间,这种动机在马斯洛的需求关系排列表中处于最底层,因此整个的假期可能会围绕这方面的需求而进行。

旅游者的需求和动机

根据1975~2003年间的许多研究,可以列出一系列作为动机基础的需求因素。罗列的顺序并不重要,也不代表发生的频率。通常,往往有两个或更多的需求在推动着某次旅游行为。要找到旅游者某次旅游的真正需求和动机是件十分复杂的事情。即使问他们,也没有多大意义,因为正如许多其他行为,人们行为中有许多是在潜意识的诱因下进行的。表5.2是关于以下将要谈到的各项因素的一个总结。

表5.2　　　　　　　　　　　需求及其潜在的旅游动机

需求的类型	特　征
逃离现实枯燥乏味环境的需求	枯燥的家庭和工作生活使人想旅游。广泛存在,但不是每个旅游者都有
对于休息和放松的需求	非常广泛地存在
对于阳光的需求	在少见阳光的地区的人中间普遍存在
回归过去的需求	旅游者中十分普遍,但人们没有意识到
自我评价的需求	旅游者中普遍存在,但旅行结束时才意识到
自尊、声望和自信的需求	普遍存在,旅游者自己不能意识到,但却能从别的旅游者身上看到

续表

需求的类型	特 征
社会交往的需求	十分普遍
和亲戚朋友团聚的需求	探亲访友旅行的基础
怀旧的需求	在年纪大一点的旅游者中出现
学习,满足好奇心的需求	在年轻旅游者中常见
追求新颖的需求	普遍但不是每个旅游者都有
旅游者购物的需求	普遍但不是每个旅游者都有

逃离现实枯燥乏味环境的需求

逃离现实枯燥乏味环境的需求是旅游时一种很普通的需求。要暂时从日常生活中离开一段时间,也许不需要去旅行,但是正如前面麦凯的研究所强调的一样,去旅行无疑是离开诸多现状(目前的生活场所、生活节奏、熟悉的脸和常规的活动)的一种方法。

现代社会里,很多人都忍受着生活的枯燥乏味。去旅行是解脱枯燥乏味生活的一种好方法,因为旅行时,旅游者不可避免地将获得一些不同于平常生活的体验。旅游能在无形中为旅游者带来解脱。对于娱乐的需求和对于解脱枯燥的需求有很大关系,因为人在枯燥时才想要有娱乐,一个沉浸于工作的人是无暇考虑娱乐的。

对于休息和放松的需求

人们对于休息和放松的需求在某种方式上和人需要从枯燥乏味中解脱出来是相似的。满足休息和放松的需求不一定要出去旅游,但是旅游却不失为一种满足这些需求的简单的方法。休息和放松是休闲体验起到的两个作用:休息使人消除体力和脑力上的疲劳,恢复精神;而放松使人可以从紧张和压力中解放出来。旅游的时候,人们可以从体力和脑力的疲劳解脱出来,尽情地放松。

对于阳光的需求

对于阳光的需求使得很多人向往旅游。阳光充足的地方似乎占尽优势。有一个比喻"阳光饥渴",很实际地道出了某些阳光充足的旅游目的地吸引人的秘诀。地中海气候被公认为是旅游最适合的气候,因为其典型特征是日照时间长,极少下雨。(无独有偶,地中海气候在世界上发现了好几处:地中海沿岸、非洲南部、澳大利亚的佩思和阿德莱德附近、加利福尼亚州的洛杉矶、南美的一些地区,还有一些旅游广告者宣传的世界其他地方)。

大部分的旅游者向往到阳光充足的地方旅游,其中一个原因是旅游一般都是户外活动,而参加户外活动最好是在光线明亮、气候温和的地方。阳光充足地带受旅游者青睐的另一个原因是世界上产生最多旅游者的客源地往往气候不好,要么乌云遮天,要么天气寒冷(北欧的一些国家和美国的一些州)。在这些国家和地区,连续几个月,见到阳光的日子都非常少。阳光地带受喜爱还有一个原因就是大部分人的生活和工作是在户内进行的。

世界上有几亿人在日常生活当中很少见到阳光。他们一大早起床,出发去工作,然后呆在室内度过一天的工作生活。还有几亿人生活在空气严重污染、根本就不知阳光为何物的地方。这些因素导致的结果就是很多人感觉到在他们生活的地方,阳光永远是可望而不可即的。这种对于阳光的渴望可以通过旅游解决。

要想更深入地理解这点,我们可以阅读下面节选自人体解剖学和生理学教材的一段话(Memmler et al.,1996:195):

> 我们都感觉到长期的工作加上暗淡没有阳光的生活使得我们心情低沉,让我们失去活力……研究表明我们周围环境的阳光对我们的行为有影响。阳光能影响我们脑部的松果腺。当阳光照到眼睛时,视网膜接受到光线,从而减少由脑部松果腺分泌的褪黑激素,而褪黑激素使人心情压抑低沉,因此阳光的作用最终就相当于一个情绪调节器。

回归过去的需求

这种想回到过去的需求是所有人都存在的,而旅游正好是满足这种需求的一种方式。回归过去就是想回到以往一段时间的生活状态和行为。这点在儿童身上最容易见到,因为儿童经常很明显地表现出一些举动使得他们的父母发出这样的感叹:瞧,她怎么又和一个婴儿一样呀。青少年也很普遍地存在这一现象,他们在迅速成长期,会偶尔地表现出他们更小的时候才有的一些感情和行为。仔细观察,就会发现各个年龄段的成年人有时也会表现出这种行为。

回归过去,在一定限度以内是正常和健康的。这反映了一个事实:生命并不是像一段弧线一样平稳地前进,然后又平稳地滑落。生命充满了回环曲折,时而也会逆流倒转。成年人表现出回归行为时,往往充满乐趣,人们会说:"瞧瞧他们,像个孩子一样,真好玩。"回归行为帮助儿童和正值青春期的人长大,帮助成年人变得更成熟。

旅游是释放回归行为的一种很好的方式,因为在旅游时,人们远离了日常的生活环境,即使表现出与自己年龄不太相符的行为,也不会感觉到有什么不合适。在旅游目的地,成年人像孩子般尽情地玩乐。旅游者选择穿的衣服,在某种程度上也是一种回归行为的表达。

自我评价的需求

旅游者还普遍存在发掘自我和评价自我的需求。在一个悠闲的假期,远离一切的忙碌，没有工作的烦扰，人们有时间开始自我反省、思考并发现自己是谁、什么对自己是重要的、生活的大致方向是什么等等问题。这些思考不需要很多时间，因为很多思考是自动产生的。

自尊、声望和自信的需求

每个人都需要有自尊、声望和自信。每个人都需要感觉自己在他人眼中是重要有价值的，旅游为这种需要提供了机会。

建立信心和建立自尊感有关联。出发进行一次旅游（最好是探险性的）也许是一件有点挑战的事情，而如果能成功完成，却也许会增强个人信心。一次大的旅游能够培养人自立精神并增强信心。这点对于在没有父母陪同下旅游的年轻人尤为如此，特别是他们自己独自旅行（不随团）的时候。这一点同样适用于老年人，因为对于他们而言，旅行是一次证明，通过旅行成功，他们向别人证明了他们体力充沛、精神饱满。

有的旅游者千方百计选择价格昂贵的旅游目的地、坐飞机上的头等舱、住五星级宾馆，来提高自己的声望和身份，这些不一定代表了人们对于声望的追求；对于一些生活富裕的人而言，他们完全能够支付得起这些费用，这些只是他们的选择问题，而不反映他们有对声望的需求（因为需求反映的是一种需要，一种缺失感）。事实上，对于生活穷困的没法旅游的人来说，任何旅游者，即使是住低廉旅馆的普通旅游者看起来都是有声望的。因为以上的原因，旅游心理学对于旅游者的需要声望的心理并不多做分析。

社会交往的需求

社会交往的需求是旅游者动机中重要的一部分。每个人都不同程度地需要他人的陪伴，这从我们是多么喜欢有人相伴这一点就能得出证明。现代社会，很多人在生活中缺乏人际交往，或者人际交往不太理想。旅游是弥补这一点的既好又简单的方法。参加旅行，通常能给人提供遇到新朋友并和他们交往的机会。

独自旅行，或者随团旅行都能获得与不同的人接触的机会。旅游者通常会遇到不同类型的人，并与他们交谈。其他旅行的人或来当地旅游的人（如飞机上同行的乘客，同住一个旅馆的人，在一间餐厅里遇到的人和途中经过的观光者）是其中一种类型。服务人员是另外一种类型，他们受过培训，在为旅游者提供服务时必须热情周到。微笑和友好的问候使得他们的服务更显热情周到，这样会使旅游者感觉到欢乐，而且热情周到的服务态度会使旅游者和他们之间能更好地交流，并可以和他们谈谈简单的话题，当然偶尔也会长谈。使用公共交通工具（比如飞机和火车）、住在旅馆里、去餐厅吃饭、去商店购物都使旅游者与人打交道。在一个放松的新环境下，旅游者大多愿意和别人自如地交谈，服务人员如果不太忙的话，其也愿意加入他们的谈话中。一个星期或者更长时间之后，旅游者和别人友好谈话的人数也许比相同时间内在家和工作场所和别人谈话的人数都要多。

旅游地的当地居民是旅游者交往的第三类人。这是很重要的一类人,因为他们给旅游者带去关于这个地区最真实的印象,使得旅游者感觉到接触到当地人,而不是将友好作为义务的服务人员。

总的来说,旅游者可以通过这三种类型的人群和别人交往,并且享受这种能够不受拘束、没有羁绊的交往。

毫不奇怪,问卷调查中,当旅游者被问到旅行时令他们最愉快的是什么时,位居首位的回答是"能够遇到不同的人",这和许多国家的问卷调查的结果是一致的,所以奉行国家沙文主义就没有必要了(国家沙文主义就是对自己国家极度夸张扭曲的自豪感)。相反,这些问卷调查的结果证明了人们喜欢遇到不同的人,并与他们交往,这一点在世界上任何国家都是这样的。

和亲戚朋友团聚的需求

人们需要保持和亲戚朋友之间的关系,这一点最近被旅游心理学重视,因为现在很多人的亲人朋友是分散在全国或全世界各个地方的。地理上的分散,以及由此产生的失落感,使得每年都有成千上万的人进行探亲访友旅行。盖茨(Getz,2000:621)谈到:"研究结果揭示了探亲和访友是不同的"。

一个与之相关的需求便是通过家庭假期,加强家庭凝聚力。许多旅游者旅行的目的是为了加强家庭成员不同层次(配偶、父母、小孩)之间的联系。有的家庭,父母忙于工作,孩子忙于学校的功课和活动,平常的时候只有很短的时间可以聚在一起。而家庭假期,不管是丁克家族式的,还是拖着一大帮孩子还有几个表兄弟的旅游,都能为家庭团聚提供一次机会。

怀旧的需求

怀旧是"对于时间的匆匆流逝而感到失落和焦虑,想重新体验过去的生活……这已经成为一个重要的旅游动机"(Graburn,2000b:415)。这引出了不同形式的旅游。重返几年前熟知并喜欢的故地是一种形式。格拉伯恩(Graburn)提出那些光顾减肥店及健康诊所的人的目的是想回到他们以前的身体状况,他认为这也是一种怀旧的表现。

学习,满足好奇心的需求

人们需要学习,这很自然也很正常。我们还天生有好奇心,想要了解周围的世界。这里所说的学习与在学校里受到的教育和培训不同,必须加以区别。培训是有组织性,伴随着甚至主导着一些学校、学院和大学的教育的。伊利什(Illich,1971)在《脱离学校教育的社会》(*De-Schooling Society*)一书中,清晰地阐释了学习和教育的区别。

旅游是我们得到学习的好方法,因为旅游使得旅游者远离家人通过自己与外部世界的直接接触,来了解这个外面的世界。所有的旅游者在每次旅行中都能学到一些东西。当我们旅游来到一个新的甚至感觉有点奇怪的环境时,我们的感觉变得更敏锐、更加机警,也更可能学习到东西。

许多关于旅游者心理的研究项目发现学习的需求对于研究旅游心理很重要。在这方面,很少有人进行十分深入的研究。《旅游百科全书》(*The Encyclopedia of Tourism*)(Jafari,2000:166—85)里面有12篇文章是关于教育的,但是所有的文章又都是关于为旅游服务人员提供培训的,而非让旅游者通过旅游得到学习。

旅游者在旅游时得到学习,不仅取决于旅游目的地,还取决于旅游者的态度和准备。旅游者应该抱着开放的接受新事物和新想法的态度,并且要对他们去参观的景点以及该地文化有所了解。

追求新颖的需求

旅游者普遍存在追求新颖的需求。也就是说他们想要一种新的体验、新的环境、新的活动和新的使用物品。这种需求和前面讨论过的逃离现实枯燥乏味环境的需求是有联系的,但不完全相同。

旅游者购物的需求

购物是旅游者普遍存在的行为,特别是国外旅游者,最典型的是日本旅游者(Jansen-Verbeke,2000;Hobson & Christiansen,2002)。多种需求构成购物动机(Hobson,2002)。买纪念品是一种购物行为,特别是购买和旅游目的地有关的纪念品,"纪念品可以帮助人们日后回忆起当时遇到的人、经过的地方、发生的事情和经历"(Cohen,2000:547)。

旅游者买礼物回家送给亲戚朋友,是另外一种购物行为,在这种情况下,旅游者购买礼物主要是为了告诉他们的亲戚朋友,虽然只是分别了一小段时间,但是他并没有忘记他们。另外,有的旅游者购物是因为在当地能买到更便宜的同样的东西,或者能买到在家买不到的东西。有的人购买昂贵或质量上乘的商品,是为了满足旅游者自尊和声望的需要。

许多旅游者在商店或购物中心的行为并非完全是为了购物,他们有时只是看看展列的商品,瞧瞧别的顾客,找找属于人群的感觉,尝尝只看不买的味道。

巴曾的社会和文化研究

在第四章中讨论的巴曾(2001)社会文化历史会帮助我们解释旅游者行为。这些内容可以和以上关于旅游者行为需求和动机的部分一起阅读。巴曾所提到的每一项和我们以上所列的每一项动机都有关系。

旅游观光的心理因素

阿德勒(Adler,1989)关于观光旅游的来源研究在第二章中已经讨论过,但是她并没有深入挖掘其中的心理因素。观光旅游是第一次到某地旅游的旅游者经常采取的方式。观光是一种适应行为,让自己对新的环境建立安全和熟悉感。许多旅游者在第一次到某个城市或地区旅游时,经常是第一天便出去观光旅游,以便了解这个地方。

观光也可能还有其他的需求和动机,比如说提高地位的需求。旅游者通过观光旅游,便可以和别人谈起他们去过那儿,并且知道那里有些什么。

正如麦格卡尼尔(MacCannell,1976)、莫斯卡多和皮尔斯(Moscardo,Pearce,1986)、王(Wang,1999,2000)认为的,许多旅游者观光旅游是为了体验当地原汁原味的生活,这些旅游者可能想从旅游中学习到一些东西,因此与学习的需求也有关系。当然观光旅游还与其他一些需求有关:交往的需求、追求新颖的需求、学习的需求、回归过去的需求、追求声望的需求。很多的观光旅游是为了放松(从紧张和压力中恢复出来)和娱乐(从枯燥乏味中解脱出来)。这些多种需要性揭示了观光旅游的复杂性,而且可以由此得出一些商业运作的结论。

商业分析

本章从心理方面解释了旅游者行为。这种解释是很重要的,因为有了有说服力的解释,管理者们可以做出正确的预测和判断。同样,因为对过程有了明确的解释,如果过程出了错,我们可以做好准备控制它,并支持和引导这个过程。

但是现存的知识总是不足以回答所有问题,而关于旅游者行为的知识也同样不充分,因而不能解释所有的旅游者行为。我们做了一定的研究但是还有更多的研究需要完成,还有很多的问题我们没有回答,也许永远都不能回答。但是尽管这些限制存在,我们本章所讨论的关于旅游者心理的部分仍然可以被看作是一种科学性的解释,并可以对我们实际工作起指导作用。

分析旅游的成因可以使得管理者们采取相应措施宣传旅游,并促使人们进行旅游。首先,他们采取措施时必须关注旅游需求,而旅游需求是不能在短期内由旅游广告创造和形成的。因此,广告商企图通过广告来形成人们的旅游需求只是徒劳。这个事实也许很难接受,毕竟广告的第一个作用不就是让人们感觉到其对某产品有需求吗?

事实表明确实如此,但本质不同。旅游机构做了一次大型广告,这个广告可能唤起人们的需求,但是必须以这个需求的存在为前提。广告可能是为了给人带来关于某景区的知识，让他们对此有所了解并产生感性认识；也可能是为了补充观众对于某一产品的知识，让观众相信这一产品能满足人们需要或给人们带来快乐；还有可能是为了加强观众对他们产品的信心，推动消费者的购买行为。

以上分析的旅游者心理和需要可以运用于旅游管理中，用来引导运作和营销的策略选择。

总 结

描述旅游者行为也许不能解释旅游者为什么做这件事情，而不做那件事情，但是为我们提供了一种方法，使得我们可以透过表面看到更深层次的东西，能够解释旅游的成因。管理者们有效利用这种方法，就可以影响他人，使他们成为旅游者，去参观某个景点，并消费某种服务。实际上这种方法不是涵盖所有知识的百宝箱，但我们可以运用这种方法来了解管理者们必须掌握的知识，以及如何应用这种知识。当然管理者们还有必要知道一些当地风土民情，这样管理工作才会更顺利。

问题讨论

1. 需求和动机在讨论旅游心理学时有什么区别？
2. 列出并讨论旅游之前必须存在的条件。
3. 以上列出的条件哪些是心理方面的？
4. 有些因素是用来对比分析旅游和其他形式的休闲活动，并帮助解释旅游作为休闲活动受青睐原因的。描述其中任意四个因素并讨论如何利用这些因素来对比旅游和其他形式的休闲活动。
5. 研究者们发现人们旅游或经常旅游的主要障碍是什么？
6. 麦凯的研究提出的四个谱段有助于我们解释旅游者行为复杂性。描述一下这四个谱段。
7. 列出并讨论至少六类旅游需要？
8. 根据马斯洛的心理层次，旅游心理是和(a)一个层次(b)两个或更多层次或(c)所有层次相关的？请选择(a)、(b)、(c)种的一个并解释。
9. 旅游心理的知识对于旅游管理者有什么作用？

推荐读物

Cavafy, C. P. 1998, 'The City', and 'Ithaca', in *C. P. Cavafy*：*Collected Poems*，trans. E. Keeley & P. Sherrard, London：Chatto & Windus.

Dumazedier, J. 1967, *Towards a Society of Leisure*, London：Collier-Macmillan.

Gnoth, J. 1997, Tourism motivation and expectation formation, *Annals of Tourism Research*, 24:283—304.

Krippendorf, J. 1987, The Holidaymakers: *Understanding the Impacts of Leisure and Travel*, London: Heinemann.

Moore, K., Cushman, G. & Simmons, D. 1995, Behavioural conceptualization of tourism and leisure, *Annals of Tourism Research*, 22: 67—85.

Moscardo, Gianna 1996, An activity based segmentation of visitors to far north Queensland, pp 467—79 in *Tourism and Hospitality Research: Australian and International Perspectives* (proceedings of annual CAUTHE Conference, Coffs Harbour), G. Prosser (ed.), Canberra: Bureau of Tourism Research.

Pearce, Philip L. 2000, Psychology, pp471—3 in *The Encyclopedia of Tourism*, J. Jafari, (ed.), London: Routledge.

——2003, Motivation for pleasure travel, in *Tourism: Principles, Practices, Philosophies* 9th edn, Goeldher C. R. & Ritchie, J. R. B. (eds), pp 241—59, New Jersey: John Wiley.

Perkins, Harvey C. & Cushman, Grand 1993, *Leisure, Recreation and Tourism*, Auckland: Longman Paul.

Weber, Karen 2001, Outdoor adventure tourism: a review, *Annals of Tourism Research*, 28: 360—77.

第六章 旅游地理学：旅行日志里的地点

导　言

地理学研究的是地球表面、地域特征和居民生活的地域，尤其关注的是空间上的关系。因为旅游里面涉及到地域和空间的关系，所以地理学可以被用来研究旅游。正如在第三章中讨论的一样，从一个整体的观点来看，地域在旅游里可能起到三个作用。每一个城镇或城市都可能会同时发挥这三个角色的作用；通过分析机场里的五组旅游者，可以看到这些角色：

第一组：出发区。出发去旅游的原住民（镇上、市里、郊区或边缘地区）。
第二组：到达区。旅行归来的原住民。
第一组和第二组的人组合说明了该地区是客源地。
第三组：旅游者到达区。
第四组：旅游者离开区。
第三组和第四组的人组合表明该地区是旅游目的地。
第五组：旅游者中转区。旅游者乘飞机到此，只呆几个小时或过一个晚上后再度飞往别的地方。他们并没有决定到这个地区游玩，只是途经该地区。这表明该地区是中转站。

以上的分析为本章的内容提供一个结构，因为我们即将按照客源地、旅游目的地、中转站这三个部分来展开讨论。

客源地

旅游者从客源地（traveller-generating regions，简称TGRs）开始旅游，并且回到这里，结束他们的旅行。

人数减少而非明显的人数增加

客源地的标志不是很明显，这点和旅游目的地不同。如果在一个城镇里，有人出去旅游，那么这个地方就是客源地。而当一个地方产生旅游者，那么意味着某种东西的减少，即当地居民动身去旅行了，所以不是某种东西的增加。

由客源地出去旅游的人数占该地区总人口的一小部分，所以即使有人去旅游，人口变动也不明显，所以并不成问题。最近几年，澳大利亚平均每天以任何形式而旅游的人数占全国人口的1%。日本和美国少一点，大约是0.5%。在澳大利亚的国内旅游当中,过夜旅游的人数占其国内人口的比例相当低,一般平均每天低于5%。

很少有专家对客源地感兴趣,他们更多是关注旅游目的地。即使讨论客源地的时候,他们也往往是关注旅游目的地的旅游者来源,而非研究客源地。

在这本书里,我们关注客源地,因为客源地在很多方面都和旅游的管理有关系。要理解旅游的成因,就必须首先关注客源地。

客源地的各个方面

一个地区产生旅游者其实具有多方面的原因。第一,最明显的是空间或地理方面的。旅游是一个或多个居民出去旅行的行为。离开客源地意味着他们远离家乡,出外行走,并且至少在外面借宿一个晚上。旅游者选择离家多远,取决于他们自己。

第二,从经济方面讲,客源地不仅产生了旅游者,还提供了旅游者的经济基础。人们在这里工作、存钱、积累假期,然后才能出去旅游。

第三,从文化和心理学方面,当一个地方的形势形成了人们出门旅游的需求和动机时,会促使一部分人去旅游。这些形势被称为旅游动机的"推动因子"。

出发后,旅游者就离开了自己家乡(TGR),而踏上旅游线路(TR)。离开家的感觉因人而异。有的家庭旅游时,孩子们感觉离开了自己居住小区,而进入一个陌生的环境后就是离开 TGR 的感觉。乘飞机旅游的旅游者在飞机起飞后,坐在飞机上向下看自己的城市,就能明显感觉到自己正在离开家。

从 TGR 变到 TR,人们也许能感到一种快感,甚至是兴奋感。因为人们潜意识里希望逃离(即使是短暂地)熟悉的地方,到一个新的地方去。

以上谈的单独各方面(空间、经济、文化和心理),不能解释为什么有的地方会产生旅游者,但我们可以把它们综合起来考察,这不失为一种好方法。

总旅游倾向与净旅游倾向

衡量某客源地(TGR)中活动的规模和趋势的概念包括了总与净的旅游倾向。还有其他能帮助我们更具体和精确理解这一方面的衡量方法(Schmidhauser,1975)。

假定一个地区的居住人口总数为 200 万,某年有 610 000 的居民出去并进行了 1 405 000 次旅游;第二年,此地总人口增加到 2 040 000,而流量情况增加为 622 000 的个体进行了 1 505 000 次的旅游。总旅游倾向(gross travel propensity)是所有旅游次数除以人口总数。而净旅游倾向(net travel propensity)是出去旅游的人数除以人口总数。从而,总旅游倾向由 70% 上升到 74%,而净旅游倾向仍然保持在 30%。

以上的分析表明大部分的旅游都是由人口中少部分人进行的,而这些人平均每年旅游次数超过两次。而且更进一步揭示出第二年的总旅游倾向提高并非因为更多的人去旅游了,而是因为实际参加旅游的人的旅游次数增加了。

实际上,这两种衡量方法在许多地方很难实行。利珀(1984,1990a:118—40)用这两种方法计算了澳大利亚几年来去国外旅游的出行率。这项研究原来是为了学术研究而开展的,而在 20 世纪 80 年代后期,快达公司旅游管理者发现它对于正在着手准备的一次宣传性活动有实际意义。

总与净的旅游倾向有一定的用处,但是不能被用来解释决定 TGR 旅游者规模和特征的因素是什么。如果我们要得到合理的解释,则首先要看看 TGR 的旅游者模式的形成因素。

旅游者产生的模式的形成因素

尽管以上列示了一些相关因素,但是离衡量它们的精确方法却相去甚远。理想的目标是能有一个具有一定准确性的公式,从而利用它来预测趋势流的规模。

人口规模

一个地区的人口越多,产生的旅游者也会更多,这是一条规律。这就是为什么印度比其他国家产生更多的旅游者,也是为什么悉尼是澳大利亚、奥克兰是新西兰的最大的客源地。

经济发达程度

德国、美国、法国、英国和日本是近几年来世界上去外国旅游人数最多的国家(WTO,1999)。这些国家都相对比较富裕。俄国的人口不少,但是经济不是很发达,这就是为什么俄国人不经常出国旅游的一个原因。

中国的大城市,比如北京、上海,在近几年作为客源地的新兴城市涌现出来。2001 年起,国家旅游事业办公室便开始关注中国的旅游市场。深层次的原因还是在于中国日渐强大的经济实力。

印度近几年也经历了经济迅速发展的阶段。中印两国人口都很大,而且都在迅速发展自己的经济,因此这两个国家正在逐渐成为国际型的客源地。

收入和财富分配

文莱是世界上最富裕的国家之一,有数据显示该国家的人均国民生产总值接近世界顶级水平。但是文莱有相当部分巨大的收入和财富集中在一个家族中,大部分文莱公民则没有那么富裕。

美国同样存在这种情况,有少部分人特别富裕,收入非常高,而很多人相对较为一般。所以美国虽然人均财产和收入很高,但是并不能说明美国人中旅游人数所占比率大。西欧的一些国家收入和财富分配更为均匀,这反应在这个国家旅游人数比率之大上面。

许多人说20世纪90年代,出现了富人更富、穷人更穷的趋势,并且穷人数目变大,许多中产阶级沦落为穷人。其他批评家们则提供了数据来反对这一说法。如果这种趋势是真的,那么它将影响旅游模式,因为世界各地的中产阶级是旅游大军的主要力量,这点在近几十年的国际旅游中尤为明显。

中国香港地区有学者将收入和财富区别开来。1997~2002年香港股票市场平均价格大幅下跌,使得香港地区成千上万拥有股票的人们损失不少。而香港地区居民出外旅游的人数也减少了,分析家相信这种减少是由于香港人财富的减少,而不是由于其收入的减少造成的。当香港人的股票价格高的时候,他们感觉自己富有,喜欢经常旅游;而当他们看见自己的股票价格下跌时,他们感觉到经济上的不安全感,因此减少旅游的次数。

大量的空余时间

旅游需要相对多的一段空余时间,这是不言自明的,因为一日游往往并不属于我们讨论的旅游定义范围之内。年休和长假时,我们也经常利用空余时间去旅游。

有的国家每人每年都有几个星期的带薪假期,平时还有周末双休日,这些国家往往能产生更多的旅游者。这帮助我们理解为什么在西欧和北欧国家,人们的旅游比率非常高。法国、德国、荷兰、挪威、瑞典和其他几个欧洲国家,人们普遍享有每年至少五个星期的年假。相比之下,澳大利亚的旅游者产生人数并不是很多(澳大利亚最低的带薪年假是四个星期),新西兰产生的旅游者人数更少(最低年假是三个星期),美国则更不理想(最低带薪年假是两个星期)。

当一个国家提高法定带薪年假时间,则旅游人数可能会增加。1974年澳大利亚工会组织争取到了最低带薪年假从三个星期延长到四个星期,此后,旅游人数就增加了。

人口统计学

2002年7月,澳大利亚2001年人口普查结果公布。和五年前的普查结果数据相比,人口的平均年龄、单亲家庭的数目、离婚率都上升了,而且具有少生孩子的趋势。

人口变化也造成旅游人数的变化。有的家庭选择少生孩子,加上有的女性推迟生育年龄(近几十年来,这在澳大利亚和其他一些国家很常见),使得澳大利亚人口旅游的比率上升。因为家里有几个孩子需要照顾,特别是有婴儿需要照顾时,则往往会阻碍大人出去旅游。

人口的年龄分布也影响国民的旅游比率。年轻人比老年人旅游的比率要大。老龄化社会在短期内促进了旅游,产生更多的旅游者,而长期下来,当老年人占人口大多数时,产生旅游者的数量反而会下降。

品位和偏好

人的品位和偏好因为生活的地区不同而不同,并且影响旅游模式和旅行路线。不同文化的人有不同的休闲活动和不同的旅游方式。人的需要有共同性,休闲活动是为了满足消遣性需要(休息、放松、娱乐的需要)和创造性需要,但是不同文化的群体用带有自己文化特色的方式满足这些需要。因此不同国家的人对于旅游关注的层面也不同。

其他的旅游限制

缺少足够的钱或缺少足够的时间是常见的限制人们旅游的两个因素,这在前面已经讨论过。但是人们除了这两个限制因素外,还有一些家庭的或个人的限制性因素,使得他们不能旅游。疾病、病弱、严重残疾、陌生环境恐惧症,以及要照顾家里年老或残疾的亲戚等等都是限制性因素。

在其他一些地区出于经济利益的考虑会出台一些暂时性的旅游限制政策。比如1997年韩国发动全民不要到国外旅游,除非是为了出差,因为那时韩国国内经济不稳定。大部分韩国人服从这一指令,接下来三年内,很少有韩国人出国旅游。在印度尼西亚,经济也连年不稳定,为了使国民不出境旅游,政府采取了提价策略。政府对出国旅游的人征收特别税。只有特别富有或者公费旅游的人才有能力出国旅游。

旅游的交通

每个地区都需要基本的交通设施以便当地人出门旅游,而且这些设施的性质也会影响到该地区产生旅游者人数的能力。比如当一个小城市将它的机场重建达到国际标准后,该城市以及邻近地区的出境旅游人数就大幅增加。这种效果并不很明显,经常不为人所知。当一个小城市打算将机场重建时,其将重建后的机场描述成吸引旅游者的旅游目的地,以此来证明自己重建机场的合理性,但其没有看到上面所说的这种影响出门旅游人数的效果。

车费和其他价格

旅行及其服务的价格和其他许多货物一样是弹性的。如果交通费变化幅度太大,就会影响旅游。价格弹性高的交通工具会由于价格的变化而引起该交通工具需求的大幅变化。有很多例子证明航空机票就是价格弹性高的交通费用。

20世纪90年代,维珍布鲁(Virgin Blue)和其他航空公司均竞相开始打折,低价的机票导致乘飞机旅游的乘客人数飙升(事实是低价格不可能一直保持,否则损失的是航空公司的经济效益)。

汇率问题

2003年7月,1澳元相当于0.65美元。在美国旅游的澳大利亚人发现美国的东西比澳大利亚的贵。在前两年,澳大利亚的币值对美元的汇率已经上升30%,也就是说,2001年上半年到2003年年中,美国对于澳大利亚人去旅游已经变得不那么"贵"。如果其他条件不变,这种汇率的变化,可能导致更多的澳大利亚人到美国旅游,而更少的美国人到澳大利亚旅游。

汇率每天都在报纸和因特网上公布出来。这对于国际旅游的规模和方向是有影响的,因为大部分的旅游者都受预算的限制。当汇率变动时,旅游的成本也会改变。长时间研究各个国家的情况,能给我们一些启发。30年前,比较少的新加坡人到美国旅游,主要是由于新币对美元的汇率问题:1新币相当于0.30美元。1970年以后,新加坡的经济得到很大发展,而对美元的汇率也发生了变化;现在新币和美元价值相当。30年以前,1澳元价值1.20美元,那时澳大利亚人在世界各地包括在美国旅游都处于一种经济富有的地位。

广告宣传

广告和其他方式的宣传能影响一个地区产生旅游者的人数。在有很多境外旅游市场的地方,促销竞争便十分激烈。想想看我们所看到的和所听到的关于旅游的广告。电视中的广告、流行杂志、新闻报纸,无一不充满了关于某一景点的介绍,有到达该景点的航空路线、度假胜地、宾馆、汽车租赁和包价旅游的信息和图片。读者不断地接受这些说服性的信息,便会产生去旅游的想法,也许哪一天就会去旅游了。

旅游广告宣传是贯穿推广一系列的商品广告、服务广告、体验和创意主题。整个广告给我们带来的信息就是:"消费,花钱,满意,因为如果停止消费,你就会不开心"。这一信息也许并不太对,但是至少有时我们许多人很相信这种信息。

客源地的旅游业

成熟的旅游业是将客源地、旅游者旅游线路和旅游目的地三方面有机联系起来的经营机构。

在客源地,旅游产业的商业组织是那些主要为人们旅游做前期准备的团体,包括旅行社、旅游零售商、行李箱零售商、国家旅游机构在当地的分支等等。从某种意义上说,其中最重要的是公共交通工具,比如飞机和公交车,这些交通工具在整个旅游经济链中起着运送游客离开与归来的作用。

客源地的市场管理者们需要仔细研究上面列出的形成旅游者需要的 11 个因素。

旅游的成因和客源地间的联系

第五章讨论了旅游的形成原因,这种形成原因和旅游地理在某一方面有重要关系。某人产生旅游动机的场所是在其家附近,而出去旅游后,其家附近则成为客源地。

旅游动机是由客源地的若干因素形成的,因此想要在客源地说服人们,旅游的管理者们必须在客源地做一些符合旅游需要的事情。以下概括了旅游成因(Stear,1984:16):

> 这种理论是基于一种确定的信心,认为事物是由现在和过去的现象以及现象之间的关系形成的。这种理论认为旅游是由客源地的众多因素相互作用形成的。

决定论(Determinism)是贯穿于现代科学的一种哲学思想。决定论主要是指相信现在发生的事情不可能受将来未知事物的影响,所以命运、神灵、毅力、运气都不是事物的成因。

必要条件和充分条件这两个概念可以被用于解释行为发生的原因。为什么苹果从树上掉下?有点科学知识的人会说"因为重力"。重力只是一个必要条件,因为在太空中没有重力,东西是不会往下掉的;但是重力并不是一个充分条件,因为即使有重力,并不是所有的苹果都会掉下,因此我们不能说"重力使得苹果掉下"。而且一定还至少要有一个必要条件——不存在限制。苹果掉下还必须由于生长苹果的枝条已经折断。这两个必要条件一起形成充分条件,所以如果苹果树处在重力场中,且生长苹果的枝条已经折断,苹果就会掉下。这里我们才分析清楚了苹果掉下的真正原因,这种分析才具有逻辑性。

这种理论可以用于解释所有的行为和事件,包括旅游者去旅游的行为。第五章已将这种因果理论作为一个主题引入到旅游者心理学当中,在这里我们再次用此理论来解释旅游成因是如何相互作用,推动人们旅游的。

> 丽贝卡(Rebecca)决定从她的家乡塔卡普纳(Takapuna)出发去冲浪者天堂(Surfers Paradise)度假,她的决定也许是出于个人意愿和努力(她努力存钱),或者出于运气(她最好的朋友也建议她们一起去冲浪者天堂),或者由于愿望得以实现(她曾经祈祷老板能允许她在工作繁忙时有一段假期时间)。实际上,这些因素虽然都为她决定旅游而做出了贡献,但没有一个是她决定旅游的原因。

理解事物的成因在任何管理工作中都很重要,对旅游也是如此。一个管理者或市场部负责人如果决定采取行动刺激和推动旅游,那么首先这种行动必须针对在客源地的人,在他们决定旅游之前下工夫。行动方案必须要考虑到所有的必要条件,然后再采取行动,以补充或创造仍然缺乏的必要条件。

第五章的讨论表明了这些行动要包括建立消费者的一系列信息,这包括:(a)了解他们即将游玩的地方和他们将使用的服务,(b)对这些地方和服务的良好印象,(c)相信通过游玩这些地方和使用这些服务,他们的旅游需要能够被满足。在旅行社,接待员可能会认为前来咨询的人已经了解旅游地点和服务,并对这些产生了良好印象和信任,那么接待人员的重点将放在下面一点上,即(d)促使咨询者下定决心旅游。在有的情况下,接待者发现咨询者由于自身的一些问题而犹豫不觉,在这种情况下,接待者将会,(e)消除限制因素,帮助咨询者下定决心旅游,之后付钱、出发。

在塔卡普纳,丽贝卡假日旅游之前

丽贝卡到冲浪者天堂的旅行可以从在塔卡普纳的一些必要条件来分析她旅游的原因。在那里,她了解到了冲浪者天堂并且对它形成了好的印象,相信这里就是她的理想度假地,并且相信这里能满足她的旅游需要,然后这些因素都化为她的旅游动力。

她对冲浪者天堂的了解可能来自于看电视广告、阅读杂志,或者是从理发店的理发师那里听到的。她对冲浪者天堂的好印象可能开始于这些了解的过程。而她决定去那里旅游的动机可能在听到最好朋友的建议时产生。然后她开始为旅游存钱,并且去当地的旅行社咨询,通过咨询,她对冲浪者天堂的知识得到加强,良好印象得到巩固,更坚定了她要存钱去那里旅游的决心。

当一切准备就绪,丽贝卡开始感到十分不安,因为她害怕乘飞机。她试着说服朋友放弃去冲浪者天堂旅行,改为一次乘汽车出行的旅游。她朋友打电话给旅行社,然后丽贝卡被请到旅行社和他们聊聊天。这时咨询者运用自己的口才和专业技能帮助她克服害怕乘飞机的心理。一旦丽贝卡不再害怕乘飞机,所有的必要条件就具备了,于是两个朋友最后开始了他们的旅游。

旅游就是由客源地的一系列因素和条件促成的。以上的讨论描述并且解释了客源地的一些旅游前期准备工作在旅游中的重要性。旅游是由客源地的一些事件和条件导致的,有些条件是由旅游目的地的广告策略创造出来的,有些是由旅游的机构,比如航空公司或旅行组织者创造出来的,还有的条件是来源于客源地的文化和社会环境。

旅游线路

很多地方每年要接受大量的旅游者,但是并没有什么旅游经济可言,也不产生经济效应。法国北部港口城市加来(Calais)每年有一千五百万旅游者经过此地,而且该城市具有著名的吸引旅游者的特征:城市中心在第二次世界大战期间被炸毁,然后仿照古卡萨布兰卡(Casablanca)重建。尽管如此,大部分旅游者都不会光顾城市中心,大多数旅游者甚至不知道这一事实。旅游者到加来最明显的经济活动就是乘坐交通工具和在城市周围免税购物(Rivais,1993)。加来对于旅游的作用只在于为旅游者提供一个中转站。

从地理上来说,旅游者离开家而到达目的地之前途经的地方被称做旅游线路,其是一个中间地带,故在其所发生的活动称旅行(travel)活动,而非在目的地的观光(visit)活动。而本节关于旅游线路的探讨主要集中在四个方面:(a)旅游线路(transit route,简称 TR)的其他角色;(b)旅游线路的效率;(c)关于旅游线路的管理策略;(d)具有旅游线路和旅游目的地双重角色的地方存在的某些问题。

旅游线路的一个特殊角色:纯旅游?

对于很多旅游者,旅游线路就是他们离开家去往目的地,以及离开一个景点去往另一个景点,然后回到家,这段时间的途径之地。对于另外一些旅游者来说,旅游线路也是他们旅游日程表上的一个主要地方。韦伯(Weber,2001)的一篇关于户外旅游的文章中讨论了这一现象,他将亚洲陆地旅游称为一次"现代社会的古典旅游"(2001:365)。对于这类旅游者而言,心中并没有固定的目的地。他们不断旅行,如果遇到一件足够吸引他们注意力的事情,他们便会停下来,因为他们是活在当时当刻的。要做到这一点需要有特殊的自我意识,因为在日常生活中,经常充斥着诱惑性的信息,说服我们应该将信心建立在旅游目的地上而非旅游线路当中,只有在旅游目的地,我们才可能真正获得有趣而令人愉快的体验。

一名澳大利亚登山者在他的三次攀登了珠穆朗玛峰后谈到了他的体会。他前两次攀登珠穆朗玛峰时,先乘飞机飞到尼泊尔,然后飞到珠穆朗玛峰的底部,再开始攀登珠穆朗玛峰。而在他第三次攀登时,为了取乐,用的时间比前两次多一个月,出乎意料地,这使他成为真正意义上攀登珠穆朗玛峰的第一人。《由海及顶的珠穆朗玛峰》(*Everest from Sea to Summit*)(Macartney-Snape,1993:130)一书描述了这次旅行:

> 飞行使大部分探险旅游的趣味丧失。现代旅游皆不幸有此缺点:旅游线路感,这对于生命很重要的一种感觉,于旅游中被消磨,生命质量变

得更差。我们将旅游目的地而非旅游线路视为我们的目的地,这样我们剥夺了自己生命中很重要的一个元素。我十分相信真正意义地生活就是活在当下。等待将来就是扼杀现在,浪费生命——这无异于认同生命就是等待死亡。

在纯旅游中,没有旅游目的地,只有客源地和旅游线路。这种纯旅游定义也许很完美,很有价值,但是对于旅游管理者和市场策划人来说,他们不喜欢这种定义,因为旅游作为一种产品,是基于对旅游能够给人创造快乐体验的一种预期和期望,而要使得人们相信旅游能够满足他们需要,就要试图使人们对旅游目的地有所印象,所以纯旅游对于旅游宣传者并不实用。

教育人们要活在当下,与大部分旅游的利益背道而驰,事实上也和整个资本主义系统不符,因为支撑整个资本主义生活的思想就是:不满足于现状,对将来的幸福充满希望,而且这将来不是来生,而是今生,是今生不远的未来。

旅游线路的效率

"可通性"(accessibility)是一个描述旅游时到达目的地难易与否的术语。决定"可通性"的因素可以分为两部分,一部分是存在于旅游目的地的,另一部分是存在于旅游线路中的。效率良好的旅游线路应该为大批旅游者提供便捷的通行条件。

不明确从什么地方出发而将马尔代夫群岛(Maldives)和马鲁奇多(Maroochydore)作为旅游目的地来讨论是毫无意义的。首先必须明确从什么地方出发,然后才出现距离和交通费用的相关问题。

距离是影响旅游的一个重要因素。澳大利亚 30 年前出版的一本书《距离的残酷》(*The Tyranny of Distance*)使得"距离的残酷"这一说法流传甚广。在这本书中,作者感觉到世界各个大洲之间,以及澳大利亚和与其经济、文化相仿的欧洲以及北美洲的国家之间的距离影响到澳大利亚的国民经济、贸易、商业和旅游的发展。

旅游时间

事实上,距离并不是最关键的因素。在最新版的《距离的残酷》中,布莱恩(Blainey,2002)加了这样一句评语:距离不是关键,花费在旅游线路上的时间才是关键。

航空、航海和陆地交通技术的发达加速了旅游业的发展,使得花在路途上的时间大大减少,提高了旅游线路工作效率。1840 年以后出现的蒸汽式火车和轮船、1910 年以后出现的小汽车和长途汽车、1950 年以后出现的商用喷气式飞机,特别是 1970 年以后出现的大型客机,都是交通技术发展的里程碑。

1970年以后交通技术没有像以前一样的发展,而且在未来十年内也不可能对旅游交通有什么大的促进,虽然在技术层面上可以攻关克服,但是从经济以及市场运作来说,不太可能。尽管如此,每年澳大利亚的旅游宣传者们都大张旗鼓公然预计会有更快的飞机出现,从而减少来澳大利亚旅游所花在路途中的时间。事后看来,这种宣传就像是白日梦式的想法,也许是因为这些宣传者整天和波音公司的销售代表们在一起的原因。举两个例子来说:1964年,一名政治家通告共和党政府称,到1971年悉尼到东京和旧金山只需花5个小时的飞行时间(Gibson,1967,in Hansard HR 41:415)。1967年澳大利亚旅游委员会主席发言说:澳大利亚在1972年将会有超声波飞机,而到20世纪80年代将会有火箭交通工具(Bates,1967:11)。

近几年来,这种所谓的有根据的预测变得更加谨慎。一名来自南威尔士的高级官员在一次演讲中预测说到2005年,将会出现更快的飞机,这种飞机将缩短美国和澳大利亚之间的飞行时间到仅仅两个小时(G. Buckley,2002)。

路费和其他旅游费用

路费越少,旅游线路效率越高,因为路费是影响人们是否决定旅游以及决定去哪里旅游的一个很重要的因素。1950～1974年,航空技术的发展以及人们实际工资水平的提高,使得长途旅游的费用大幅下降。费用下降后,旅游线路的效率得到提高,也促进了这段时间世界范围的旅游发展。

1974年以后,因为能源价格上升,以及新技术发展和实际工资停滞,使得旅行费用停止下降,反而有上升的趋势。这使得很多旅游线路的效率下降,而且如果这种趋势持续的话,会影响到世界范围的旅游模式,人们可能更趋向选择离家比较近的短途旅游,而长途旅游的市场也许就不那么乐观。

这种变化在若干个大城市里已经出现。最近几十年来,一些偏远的内地城市,诸如奥克兰市、悉尼和墨尔本都被发展成为新的旅游城市,其旅游者主要是周边的一些城市的居民。

交通工具的便利性和其他交通设施

以上讨论的因素是影响旅游线路效率的重要因素,但是旅游线路效率的基本条件是交通条件,包括交通工具、交通方式(飞机、火车还是长途汽车)等等。如果没有公共交通条件,旅游者必须自己准备交通工具,或者不选择该旅游线路。

客流容纳量

旅游线路的客流容纳量限制了旅游者的数量。大城市附近的地区,在假期高峰时总是显得过于拥挤。面对这种不理想的路况,有的人会延期进行旅游,而还有的旅游者干脆调头回家,放弃这种不顺利的旅游。

公共交通工具的服务频率

试想一下,如果墨尔本和悉尼之间每天十几趟的航空服务被取消,取而代之的是一天只有一架载客量为6 000人的大型飞机往返飞行的话,将会给旅游带来什么影响呢?对于很多旅游者来说,这种服务一点都不方便,更多的人不会选择旅游。所以频率高的交通工具服务是旅游线路效率的一个因素,因为方便的交通条件让旅游者能充分享受途径的旅游线路。

在路途中的改变

在途中转火车或者转飞机会降低旅游线路效率。更多的旅游者喜欢直达目的地的旅游线路,所以旅游目的地开发商们试图说服航空公司和铁路部门为主要的客源地提供直达旅游目的地的交通服务。

柬埔寨最有名的旅游目的地是吴哥寺,在1998年以前,国外旅游者都是先飞到柬埔寨首都金边,然后再转机到暹丽(Siem Reap)。而现在暹丽已经建成自己的国际机场,各国旅游者可以直接飞往该城市,结果来旅游的旅游者比以前更多了。

不舒服感

使用长途交通工具不管是对体力还是对脑力来说都是不舒服的。航空公司以及其他的公共交通公司会采取一些措施,比如提供某种设施、服务,或者播放电影给乘客看,这样可以减少和掩饰旅游线路的不舒服感。如果乘客在旅游线路中明显感觉到不舒服,说明旅游线路效率不够。

希腊岛的 Poros,在旅游上有三种地理角色:客源地区域、中转点和目的地区域

安全感

安全感也是重要因素，特别对于航空公司而言。150年前人们害怕坐火车旅行，这些害怕在今天看来，也许有些可笑。2001年的"9·11"事件中，纽约的世贸中心和华盛顿的五角大楼被炸毁，引起世界范围的对于乘飞机旅游的恐惧，造成很大一部分人不愿意乘坐飞机去旅游或进行其他活动。世界范围内的航空公司的管理者们都减少了航班，也解雇了不少员工。2002年世界旅游组织收集的数据表明国际旅游以人次来计算每年都下降几个百分点。这是自从1974年以来首次出现的连续下降趋势，而到2002年七八月，世界各地的报道才显示，乘飞机进行国际旅游的人次有所回升。

实际上，自从2001年"9·11"事件后，乘飞机旅游变得比以往更安全，因为各个机场和航空公司管理者们都开始提高安全标准。从事故受伤人数占总乘客人数的比例以及从穿越的距离来讲，乘飞机旅游是最安全的旅游方式。但是控制人类行为的有时不是真理和理智，而是感觉和情感，尤其是在危险环境下。要让人们相信乘飞机旅游是比较安全的，可能还需要一段时间。

可靠性

X长途汽车是否能够按照时刻表准时出发？Y趟火车是否能准点到达？Z航空公司是不是经常由于技术问题而延误飞行时间？这些因素也是考察旅游线路效率的一个方面。

沿途风光

旅客在旅游线路中，感觉到旅行的趣味和快乐，可以使旅游线路的枯燥感得到一定程度的减轻，也提高了旅游线路效率。默里欧特（Marriott）的旅游系统论中注意到了旅游线路的重要性。

默里欧特提出了两种旅游线路，一种是通行路线，另一种是娱乐性路线。前者比后者更快更迅速，而后者比前者能带来更多的娱乐性，但时间更长。默里欧特的这一划分在米其林（Michelin）地图（一种欧洲广泛使用的地图）的设计上得到实际运用。画图者用红色笔画出直接的通行路线，而用绿色笔画出娱乐性路线，在这娱乐性路线上，伴有特别景点或其他特色的标注。这样旅游者可以根据他们的目的设计出自己的旅游线路：是想迅速到达目的地还是想漫游以便欣赏沿途风光？当然飞机旅游不太容易利用得上这种因素。

希沃布什（Schivelbusch,1986）进行的一项关于乘火车旅游的研究中，分析了100年前人们如何培养自己的欣赏能力，即在乘火车旅游时观看窗外的景色。这点和旅游管理的很多问题都有关系，因为这项研究表明人们从快速行驶的交通工具上欣赏窗外景色的能力并非是天生的，相反，这种能力是在现代文化中学到的。

中途停留点

旅游线路中,会有一些原因,比如接放乘客、汽车加油、乘客休息、用餐、使用洗手间或旅游安排的需要等等会造成中途停留,而这些停留的地方便是中途停留点(stopover points)。这些停留地的设施和服务是否合适,会影响到这个地方的旅游路线的效率。

旅游线路中的商业服务,会采用一种撇脂策略。他们会在路边挂一个特别显著的标志,标志可以是一根特大香蕉、一只大肥羊、一头大公牛或一只巨大的明虾。在澳大利亚旅游时,时常能见到这种充满澳大利亚地方文化气息的标识,在考夫斯港(Coffs Harbour)、古尔本(Goulburn)、沃霍普(Wauchope)和巴利纳(Ballina)的商店前就能看到这些标识信息。行驶在路上的人看见这种大标识,就明白附近可以稍事休息还可以买点东西。旅游线路管理者利用这一策略可以尽量吸引旅游者购买他们的商品或使用他们的服务,实现薄利多销。

双重角色的地方:既是旅游线路又是旅游目的地

有的地方作为旅游目的地,接纳很多旅游者旅游,而在另一方面又承担着旅游线路的角色,是其他旅游者到其他旅游目的地的途经之地。虽然很多人只要有点旅游知识都能意识到这两种角色的存在,他们却不能很清楚地辨认出两种旅游者的规模。更糟糕的是,根据澳大利亚和新西兰的国家旅游组织,根本不存在双重角色。这些组织的官员对于旅游的看法过于简单,往往掩盖了事实真相。他们把旅游者所到达的地方简单地统称为旅游目的地,而且他们从来都不知道有旅游线路和其他类似表达方法的存在。

旅游线路角色和旅游目的地角色的规模并不能从官方提供的数据得出,因为由澳大利亚国家旅游者调查和国际旅游者调查提供的数据都是将所有旅游者参观之处当作旅游目的地处理的。这夸大了许多旅游目的地吸纳旅游者的人数,而掩饰了一个事实,即有的地方不仅是旅游目的地,还是旅游者到达别的旅游目的地的途径之地。

旅游管理者们一般知道这两种角色,通常情况下,有的公司专门负责途经的旅游者,有的公司则专门负责接待来当地旅游的游客。如果将这两种角色混淆,可能就会出现决策失误,本书后面部分将用"大香蕉案例"来讨论由于混淆这两种角色而造成的错误。

旅游目的地

在整个旅游系统中,研究得最多的是旅游目的地,以致有人得出旅游研究就是旅游目的地研究的结论,认为其他方面的研究都是辅助性的。当然旅游行为主要是集中在旅游目的地——成群的旅游者进行一系列活动,使用一些设施,这些就是大众对于旅游的理解。

下面的讨论集中在有关旅游目的地的一些问题。关于这个主题,劳斯(Laws,1995)的关于旅游目的地管理、佩奇(Page,1995)的关于旅游城市和金(King,1997)的关于岛屿旅游目的地的论述都是学术界有名的文献。

何为旅游目的地?

照字面上理解,旅游目的地是指旅游者前往的地方,包括参观的地方和最终的目的地(家)。旅游目的地可以定义为旅游者为了休息或游玩停留的一个地方,通常该地方有一两个特色景点。旅游者停留在一个地方,他们的身份从旅行者变成真正意义上的观光游览的旅游者。旅游者选择在哪里停留,其做决定可能是出发前,也可能是出发后。

旅游目的地区域的规模

旅游目的地规模可大可小,完全视旅游者心理而定。但是确定一个衡量旅游目的地规模的标准对于旅游研究和旅游地理的讨论是有好处的,对于区分旅游目的地和旅游国家两个概念也有用处。

旅游目的地的规模是指围绕旅游者的住宿地和一天之内能够游玩到的地方。超过旅游目的地范围的旅行可能涉及到变换旅游时的住处,而住处的变化则意味着旅游目的地也发生变化了。在理论上,每一个旅馆或其他提供住宿的地方都是旅游目的地的中心,为了使讨论变得更简单,城市中心或是一个旅游目的地中心往往是很多旅游目的地区域的中心。

新加坡和其他很多小国只有一个旅游目的地区域,因为旅游者在这些国家任何地方呆着,都能在一天之内把国家内其他部分游览完。有些大国有上千个旅游目的地区域,这一点和旅游管理有实际联系。这种实际联系将在第十六章中讨论到。

实际上,旅游目的地区域规模有大有小,但是为旅游目的地区域确定一个标准规模对于旅游的描述、分析、规划和管理有实际意义。一名旅游管理部长曾经在一场演讲时提出:"有必要将澳大利亚作为一旅游目的地区域来进行研究和规划……或者也许澳大利亚将作为众多旅游目的地区域的集合体。是一个还是多个?我们目前还没有思考过这个问题。"(Brown,1986)有了旅游目的地区域规模的标准划分后,这个问题似乎不难解决。

旅游目的地区域的形状

不同的旅游目的地区域形状不同。我们用各种圆圈来描述旅游目的地区域的形状。在实际生活中，有的旅游目的地区域大体上是圆形，比如一个城市中心地周围的旅游目的地区域，而其他的旅游目的地区域可能是长条状的，比如法国的里维埃拉(Riviera)和澳大利亚的黄金海岸(Gold Coast)。来到这些景点旅游的旅游者基本上是白天沿着海岸线游玩，而不会走到更远去。还有些旅游目的地区域的形状是铁环形的，比如在塔希提岛(Tahiti)，很多旅游者白天沿着岛的海岸线行走，但是很少有人走出该岛。

旅游者如何看待旅游目的地区域

不同的旅游者看待旅游目的地区域的角度也是不一样的。影响到旅游者对于旅游目的地区域判断的因素包括旅游者的社会和文化背景、教育水平、趣味和偏好、以前的旅游经历、旅游的安排形式和最为重要的一个因素——用于参观每一个景点的时间。另一个影响旅游者对于旅游目的地区域判断的有趣因素是旅游者来自何方。

英国人劳瑞·李(Laurie Lee,1939)在西班牙国家和周围背包徒步旅行时游览了直布罗陀，并且作了如下记载：对于英国人而言，直布罗陀海峡是一个杂货店，而我刚刚旅游了西班牙，觉得直布罗陀更像是英国小镇托基(Torquay)。早在1939年的时候，已经有很多英国人居住在直布罗陀了。

景观是现代旅游者对于景点认识的最重要的一种感觉途径，虽然气味、声音、味道和触觉在不同程度上也有作用。旅游者新来到一个地方，所有的感觉器官更加敏锐，这就解释了旅游者的快乐来源——旅游者远离自己熟悉的日常环境，各种感官都变得更警惕敏锐了。

旅游目的地区域中的一些环境问题

在旅游目的地区域中，有很多关于环境的问题。旅游可以带来收益，比如旅游者在旅游目的地区域的花销以及由此带来的就业和国家外汇收入。但旅游也会带来负面效应，这些负面效应将在第十章中讨论。

旅游目的地区域间是否会互相竞争？

很多国家、地区、城镇、乡村都设有宣传办公室，负责宣传该地的旅游目的地。

这些办公点的工作主要是进行广告宣传和调研活动,旨在说服人们去他们的国家、地区、城镇或乡村旅游。那么这些宣传性活动是很具有竞争性的。有很多关于旅游目的地区域间竞争的著述,如皮尔斯(Pearce,1997)、克洛基特和伍德(Crockett & Wood,1999)、戴等(Day et al.,2002)。

旅游目的地在规划和设计上面也有区别,关于这一点已经有大量文献进行讨论(Gunn,1972,1993;Gets,1992;Dredge,1999)。

但是,如果认为旅游目的地区域之间的竞争是旅游目的地区域之间最主要的关系,那么这种想法就是错误的,甚至有误导性。竞争与合作并存,两者都很重要。很多时候,旅游者旅游时会游玩很多旅游目的地区域,而这些游玩过的地方应该是合作关系。这一点已经获得了广泛的认同,并且很多国家和地区利用这一点进行合作性的市场项目。

亨德森(Henderson,2002)描述了在大湄公河(Greater Mekong)河流区域的几个国家之间合作发展旅游事业的行为。普里多和库珀(Prideaux & Cooper,2002)以及利珀(Leiper,2002)讨论了东南亚国家联盟(ASEAN)十个国家之间合作共同发展旅游事业的例子。20世纪50年代,亚太旅游协会(PATA)的主要宗旨就是发展太平洋周边国家的合作性旅游事业。在欧洲,通过欧盟和其他几国,不同旅游目的地区域的合作性市场方案得到了长足发展。

起源:旅游目的地区域的形成

一个广泛被接受的关于旅游目的地区域形成来源的理论认为,当少数人进行一次探险性的旅行,旅游目的地区域就开始存在(Plog,1974;Pearce,1989)。这个理论可以更加精确地表述为:旅游目的地区域起初的作用是充当旅游线路,然后再渐渐得到发展。高度自立而又追求奇遇的漫游型旅游者将他们充足的时间用于旅游,以下举几个例子。

卡普里(Capri)被很多导游手册中描述为意大利的"世界旅游之巅峰"。在道格拉斯(Douglas,1911)的有关卡普里的文章中写到,在19世纪30年代的时候,卡普里岛最著名的蓝色洞岩(Blue Grotto),虽然不为当地人熟知,却享有国际上的声誉。当时有两个来自北欧的旅游者对该景点的宣传起到了很大作用。在1827年,德国信徒安德森(Anderson)和一个朋友环绕意大利旅游,然后他们在蓝色洞岩停下,并且被它所吸引。他们记载了关于蓝色洞岩的景观,而这些记载后来在整个欧洲都传遍了,因此很多旅游者专门来到此地旅游。蓝色洞岩原本的作用只是旅游线路,但是后来演变成了旅游目的地区域。

20世纪90年代,夏威夷(Hawaii)为众多穿越太平洋的轮船、游艇和航班乘客提供一个休息码头(Farrell,1982)。乘客们和他们的熟人互相谈论着这个地方,久而久之,特意来此度假休息的旅游者越来越多,而夏威夷也发展成为了一个旅游目的地区域。

　　冲浪者天堂在20世纪30年代的时候只是旅游线路上的一点,并不是一个旅游目的地区域。这是通过在20世70年代采访两位长者而得知的。在30年代时,"冲浪者天堂"是由吉姆·卡维尔(Jim Caville)等人在主干道上开的一家酒馆的名字,其位于今天的卡维尔大道(Cavill Avenue)。冲浪者天堂酒馆为途径的旅游者提供冰啤酒——这对于在热力十足的沙滩上玩了一整天的旅游者简直就是天堂。现在冲浪者天堂沙滩并非是一个冲浪者的天堂。冲浪者们并不认为这个沙滩值得他们游玩因为这些主要来自布里斯班的居民,他们途径冲浪者天堂沙滩是为了到南部更好的地方去冲浪,比如库连加塔(Coolangatta)就是他们最喜欢的冲浪场所。不过他们返回时愿意在冲浪者天堂沙滩滞留游玩。

　　泰国苏眉岛(Koh Samui)和泰国很多其他小岛云集着众多旅游者。但是这只是近年来的事情。20世纪60年代,旅游者背包徒步旅行来到这里时只能从当地店主租借简陋的小屋过夜,然后乘停靠在泻湖的蒸汽船出发。通常这种小屋是空的,因为没有什么人愿意在这里呆很长时间。在这里呆上一天,享受了其热带水果和平静的热带小岛带来的独特风光,接着会继续他们的行程,坐船往北去首都曼谷或往南去宋卡(泰国西南港口城市)。泰国苏眉岛在人们去泰国旅行之前并不为多少人知道,但是对于这些背包猎游的人来说却不一样,所以泰国苏眉岛也是从旅游线路发展起来的一个旅游目的地。

　　但是这一理论也存在特例。摩纳哥在发展成旅游目的地区域之前就不是旅游线路。从斯莫勒特(Smolett,1979～1766)于1975年发表的关于里维埃拉河(Riviera)和喀麦隆峰(Cameron)的历史可以看到18世纪初当尼斯(法国港口城市)成为一个有名气的旅游目的地区域中心时,位于尼斯东部15公里的摩纳哥还只是一片无人游览的小山岭。布兰科路易斯(Louis Blanc)开始发展传说中的蒙特卡洛(Monte Carlo)娱乐场和其他的特色活动时,摩纳哥逐渐成为一个旅游目的地区域。比较偶然地,布兰克将娱乐场所包括的范围命名为蒙特卡洛,因为他相信蒙特卡洛比摩纳哥的名字更具有广告效应。

旅游目的地区域的演变和发展的若干个理论

　　道格拉斯·皮尔斯(Douglas Pearce)在1987和1989年发表的两本书中提出了几个关于旅游目的地区域如何出现和演变的理论。冈恩(Gunn)在1988年发表的《假日风景:旅游区域设计》(*Vacationscape:Designing Tourist Regions*)也描述和提出了一些关于这方面的理论。下面介绍其中两个最有名的理论。

普罗格关于目的地变化的理论

　　普罗格(Plog)于1974年发表的"旅游目的地知名度升降原因"一文是基于一

项对飞机乘客进行的调查而写出的。普罗格认识到两种旅游者(求异型和心理型旅游者)的存在。少数求异型(Allocentrictypes)旅游者喜欢去人们不太熟知的地方旅游,喜欢冒险;心理型(Psychocentrics)旅游者喜欢去有名的舒适安全的景点游玩。新开发一些旅游目的地区域时,往往是求异型旅游者首先去这些旅游目的地区域游玩,渐渐地,这些旅游目的地区域也为心理型旅游者所熟知,于是心理型旅游者也开始去这些旅游目的地区域游玩,之后这些旅游目的地区域演变成大型的旅游目的地;然后,当心理型旅游者又从这些旅游目的地区域离开,去别的旅游目的地区域旅游时,这些之前受欢迎的旅游目的地的旅游者人数就会下降。

史密斯(Smith,1990a,1990b)则认为普罗格的理论没有得到证明,而且是有缺陷的,因为他认为普罗格的研究方法不对,导致结果不合逻辑。

麦克唐奈(McDonnell)采用普罗格同样的研究方法进行试验来证明普罗格理论的真实性。他利用普罗格的问卷调查方法,采访了两批澳大利亚籍的旅游者:其中一批人去巴厘岛,另一批人去斐济。麦克唐奈由于曾担任快达公司在巴厘岛和斐济站负责人,对这两个地方十分熟悉,并且他认为去斐济旅游的澳大利亚旅游者应该是第二类旅游者居多,而去巴厘岛旅游的旅游者应该是第一类旅游者居多。但是他的研究结果表明两类旅游者数目相差不大,所以得出结论:普罗格的理论站不住脚。

另外一种对普罗格理论的批判不是史密斯和麦克唐奈提出的,而是从哲学角度来考虑的。如果这一理论成立,那么这个理论并没有对旅游目的地区域形成进行解释,只是同义反复。这一理论只是利用了一些关于类别的术语来描述某些地方如何出名成为旅游目的地。类别分析对于描述事物现象有所帮助,但对于解释和预测事物没有多大帮助。因而普罗格的理论并没有解释旅游目的地区域兴盛和衰败的原因。

旅游目的地的生命周期理论

在旅游学习中讨论得最多的是旅游目的地的生命周期理论。该理论由巴特勒(Butler)在1980年提出,之后有几百本书和文章讨论过这个理论。其中著名的文献有普罗瑟(Prosser,1995),伦德托普和万希尔(Luntorp & Wanhill,2001),加喔(Agarwal,2002)和霍文恩(Hovinen,2002)的文献。

该理论将旅游目的地当作有生命的事物,因而其和动植物一样也有生命周期。旅游目的地开始被开发,就像获得了生命,之后迅速经过童年和青少年时期,一直发展到景点成熟期,这时开始不再发展,活力也不再放射,一直到老,最后死亡。旅游目的地在旅游者人数方面表现出了这种周期性:旅游者数目开始时上升,到一定水平时保持不变,然后下降,直到该地方不再是著名的景点。这种理论的优点是它诱发了人们进行很多研究,而且这些研究颇有趣味性。

为什么该理论在研究者、咨询者、教师中如此受欢迎?有三个理由。

第一，该理论描述了所有旅游目的地普遍存在的现象。所有的旅游目的地都会经过兴盛和衰败时期，游客人数开始上升，保持一定高度，再不同程度地下降，然后再上升。这样用生命周期来形容旅游目的地就非常实际。

第二，这个理论可以为旅游管理者们提供指导。旅游运营商可以在适当的时候采取恰当的措施延长旅游目的地的成熟期以及减缓甚至颠倒景点的衰退期。其中一些措施包括广告宣传和旅游目的地区域的重建，广告宣传使得更多的人来到该景点游玩，而旅游目的地区域重建可以更新景点设施，增加旅游者满意度(Agarwal, 2002)。对于从成熟期走向晚年衰败期的任何景点，如果有方法能够延长其景点成熟期，这对于在这些景点投资很大的旅游运营商和当地政府都是一件大快人心的事情。因此，这个理论对于旅游咨询者十分受用，因为旅游咨询者的工作是为旅游运营商提供咨询服务，为他们提出如何刺激和激活某特定景点的活力的策略。这种理论使得相关方面的咨询工作显得很专业，并且成为咨询工作的卖点。

第三，这个理论的优势还在于表述十分简介。能用简单的方式表达复杂道理的理论会受到人们欢迎。这个理论的核心思想很容易被掌握，而且容易被传达给学生。这也许就是为什么这个理论在很多旅游课程的进度安排上显得十分突出并被讨论得如此频繁的原因。

尽管这个理论十分受学者欢迎，但它仍然存在缺陷。其实这个理论在实际应用时往往是毫无用处甚至会产生误导。因为这种旅游目的地生命周期论不能解释旅游者人数的升降变化，因而对于预测旅游者人数是没有用的。

霍温什(Hovinch, 2002)的研究为我们提供了足够的证据证明该理论的不足。他在20世纪80年代时验证了该理论，其也是历史上第一次验证这个理论的人。20年以后，他在同一个旅游目的地(宾夕法尼亚内一个地区)测试了这个理论。他发现这个地区同时存在着增长、停滞和振兴等的标志旅游目的地生命周期的指数，有的旅游形式表现为增长，有的表现为停滞，有的则表现为振兴。因而他得出结论：生命周期论不完全正确。伦德托普和万希尔(Lundtorp & Wanhill, 2001)也通过长期观察，测试了该理论，证明该理论的不合理性。他们在书中认为该理论"不过是用数据方式来描述存在于现实生活中的旅游行为"(2001：947)。伦德托普、万希尔以及霍文恩在文章中都解释了批判这个理论的原因。除了他们给的理由，还有其他原因，介绍如下。

这个理论犯了一个基本错误，这个错误也是在很多关于旅游的研究领域内常见的错误。旅游目的地并非生物，但是这个理论把旅游目的地的兴衰比作人的生命，有可能产生误导，甚至造成困惑和导致错误。生命周期被从它存在的常态中抽象出来，然后被用来比喻旅游目的地的兴衰变化。但是旅游目的地的兴衰变化很有可能不受人们控制，并不像生命周期一样有规律。

旅游目的地也许因为有旅游者的参与看起来像是有生命，但是旅游目的地不能独立存在,就像人腿离开了身体就不能行走一样。旅游目的地的活力完全是在于来来往往的旅游者,所以没有旅游者,旅游目的地就没有生命。旅馆没有房客,公园没有人光顾,它们无异于已经死亡。旅游的生命来自于旅游的整体——包括客源地、旅游线路和旅游目的地,来自于客源地的旅游者给旅游目的地带来了生命力。因此用生命周期理论解释旅游兴衰时,应该将这个理论和整个旅游系统以及环境联系在一起,而非仅将这个理论和旅游目的地联系在一起。

这个理论的第二个缺陷在于,评论者和研究者们根据这个理论,将旅游者人数增加都理解为旅游目的地生命趋向成熟,而将旅游者人数减少都理解为旅游目的地生命步入晚年。尽管如此,这个理论仍然被很多文章和报告所引用。

实际上,有的时候旅游者人数减少是暂时性的,是长期增长趋势的短暂性偏离;同样有时游客人数增加也可能是长期下降趋势的短暂性偏离。因此即使是最精确的数据也不能表明它在生命周期中的具体位置——处于周期中的什么阶段。举个例子:如果一个小孩生病几个月,即使病情稍微加重,也没有一个医生会认为这个小孩的生命线在呈下降趋势。

这个理论的第三个缺点同样会造成严重的后果。通过仔细考察,我们可以发现大部分旅游目的地的旅游者人数变化和旅游目的地没有多大关系,而是和外部环境有很大关系。

上面的分析仍然可以被用于阐述这一观点。人在童年和青少年时迅速成长,然后成长速度减慢,再到生命力衰弱,直至老年和死亡。但是疾病或受伤使得人们生命力暂时下降,身体恢复后,就表现为生命力的上升,但这种上升是由于身体恢复造成,并非生命周期规律使然。老人在生病或受伤后恢复身体时,生命力较之生病或受伤时变强的趋势,也并非由生命周期规律造成。

实际生活中,很多人把游客人数的增减理解为生命周期规律,这种理解显然是不真实的。事实上,旅游者人数的增减很多时候是由于外部环境造成的。

客源地国家的繁荣发展常常会增加旅游目的地的旅游者数量;而客源地国家形势景象的不好,则会导致相反的情况,从而表现为旅游目的地旅游者人数的减少。战争或者恐怖主义会使旅游发展倒退,但是战争或恐怖主义过后,经济恢复以及环境重新变得和平后,旅游的人数就会迅速增加。一次严重的台风使一个热带的度假地遭到毁灭性破坏,导致一年或更长时间旅游经济倒退,但是度假地进行修复后,又会迎来旅游者人数的高峰。一国的国家政策也会影响到旅游业的投资,从而影响旅游者人数。这些因素都是影响旅游者人数的外部环境因素,与生命周期毫无关系。

批判一个理论的目的在于提出一条更好的理论。正如卡尔(Karl Propper,1959)告诉我们的,科学知识取得进步靠的不是证明某个理论的正确,而在于驳斥该理论,并找到其不正确的理由。因此,我们要寻找一条更好的具有解释功能的理论。这一旅游目的地的生命周期理论被证明是不正确的,虽然曾经被很多研究者奉为至宝,但现在看来也是经不起时间考验的。

只有将整体旅游考虑在内,才能明白旅游目的地的兴衰史。不仅如此,我们还要区别开整体旅游的内部因素和外部因素。

什么使得旅游目的地受人欢迎?

旅游目的地形成的因素也就是使旅游目的地受人欢迎的因素,其包括:吸引物、可通性、舒适度和费用可承受度等等。

布雷斯韦特(Braithwaite et al.)等人在研究澳大利亚东部13个地区的旅游因素后,揭示出影响旅游的因素按照重要性顺序排列为:当地景点的吸引物、基础设施、市场宣传、政府支持和当地赞助(愿意和能够领导和管理的人)。下面讨论一系列的旅游目的地受欢迎的若干因素,其中包括布雷斯韦特分析的几个因素。

吸引物

一个景点之所以成为旅游目的地首先要具有吸引物,也就是使人们相信这个地方能够给人带来愉快的体验。不能满足旅游者心理需求的地方,是不会有旅游者光顾的。

一个地区发展之所以能成为吸引旅游者的旅游目的地并且能长时间保持,其必定具有多重性而非单一性的吸引物。世界上最著名的一些旅游目的地,比如巴黎、纽约、罗马、威尼斯、开罗、伦敦、悉尼、洛杉矶无一不是如此。这些地方颇受漫游型和向日型旅游者的青睐。从一份悉尼一家宾馆的报告可以看出,20年前,来澳大利亚旅游的人大多数是加入旅行团,他们基本属于漫游型的旅游者,其会巡回参观包括悉尼的一些地区;而如今越来越多的人不通过旅行团,而是通过因特网或电话自己预定宾馆,直接飞到悉尼游玩,然后直接回家,这些向日型游客都十分独立。

方便程度

旅游目的地的方便到达程度是该旅游目的地能否发展的一个重要因素。交通方式的便利性会影响旅游目的地的发展。限制性的国家政策对发展旅游目的地不利,比如去某些国家旅游的人必须首先获得签证,这样可能会延迟他们的旅游计划。

当地居民的容忍度

旅游目的地当地居民的容忍度或开放精神对于发展旅游目的地也很重要。20世纪六七十年代德黑兰(伊朗首都)是世界旅游者的聚集地。但是伊朗发生革命后,兴起一股反资热潮,旨在减少腐败的西方文化带来的影响。来到德黑兰的旅游者明显感觉到不受欢迎。不久,来到此地的西方国家的人大部分是出差经过此地或为了外交任务而来到这里的。他们不需要在公共场所活动,因此比较安全。当然还有一些胆子够大的背包徒步旅行者,但是他们必须要十分小心(Dalrmple,1989)。到了90年代,情况开始发生变化,这时候伊朗国家政府班子改变人马,开始采取更加温和的政策。此后来伊朗国家旅游的旅游者又开始变多。

容忍度或开放精神并不是友好的同义词,一个景点的居民即使不友好,只要该景点是开放的以及有足够的容忍度,并不妨碍旅游者光顾此地。

安全保障

有很多因素使得人们感觉到旅游的不安全。旅游目的地离家越远,越容易造成不安全感。这一点很关键,因为旅游目的地吸引人之处在于能给人带来愉快的体验,任何不安全因素都可能减弱旅游目的地吸引力。

生活便利设施

必要的生活设施是旅游必备条件,而提供食宿则是生活设施中主要考虑的因素。但是不同的旅游者对于生活设施的标准有不同的偏好。有的人喜欢更为熟悉的旅游环境,对于异国风味的要求则少一点。因此,这类旅游者会选择到和他们生活环境相差不大的地方去旅游。具体来说,旅游者们在选择宾馆时会考虑选择能满足他们特殊要求的宾馆,以便在异国或他乡构建一个类似自己生活环境的氛围。比如有些美国人在伊斯坦布尔旅游时,只住希尔顿酒店和假日酒店;而20世纪90年代的韩国人随团到悉尼旅游时只住韩国出资的宾馆里。

另外还有一类喜欢探险的旅游者会选择去不太熟悉的充满异国风味的地方旅游。他们喜欢住在充满异国风味的宾馆里,品尝奇异美食,甚至极少数情况下体验一下数天或几个星期没有马桶或其他现代厕所设备的旅游生活。即使对于这类旅游者,一定的生活设施仍然是需要的。奥斯温切尔(Aus Venture)是喜马拉雅山脉旅行经营商,他为旅游者提供攀登喜马拉雅山脉使用的梯子,而到了夜晚,则为旅游者提供苏格兰威士忌酒或者雪莉啤酒。

旅游费用和旅游收益

旅游路费以及游玩费用对景点受欢迎度有直接影响。人们不可避免地会比较不同景点的旅游费用。

旅游者还会对不同景点给人们带来的收益——满足他们心理需求和偏好的能力——进行比较。选择景点时,有的旅游者更侧重考虑经济成本,有的侧重考虑安全度,还有的人侧重考虑景点的吸引物。

信息传播

旅游目的地的形成要依靠信息的传播,让潜在旅游者了解某景点的特色和情况。而上面所列的几点就是旅游者要了解的景点特色和情况。

旅游目的地的旅游业

在旅游业中,旅游目的地是集中了最多的商业机构的环节。在旅游目的地演进的早期阶段,可能只有少数组织运作于旅游商业活动之中(如果有的话)。那时,旅游者使用和当地居民一样的生活设施——去私人家中寻找住处,自娱自乐。

当旅游者人数逐渐增多,特别当旅游者需要导游,或者需要一些诸如主题公园之类的人工景点时,旅游业便得到发展。这类旅游者不仅同先前的旅游者(上述旅游业形成早期的旅游者,他们购买和当地居民一样的物品和服务)一样扩大市场,还为当地提供创造性的旅游市场。这些需求市场包括不同风格和标准的住宿条件、不同种类的景点、当地导游、以旅游者为对象的银行服务、信息传播,以及包罗万象的各种消费品。

理解旅游目的地的形成过程对于旅游的管理十分重要,而要想理解这一过程我们需要联系实际来考察上面的一些理论,其中研究个案是一种非常有用的方法。

结 论

简单的旅游系统中只有一个客源地,一个旅游线路和一个旅游目的地。有的地区旅游系统中确实如此,但是很多旅游者旅游时会选择一系列旅游目的地游览,这便是多层旅游目的地。

蒂德斯韦尔(Tideswell,2001)开展的研究是关于到澳大利亚旅游的国外旅游者的行为的。她在研究中发现了九种旅游线路,并且给每一种旅游线路一个名字。这些路线包括"环澳大利亚旅游者"——连续26天在澳大利亚国内旅游,游遍五个区;"澳大利亚三州游"——花13天游览维多利亚州、新南部威尔士和昆士兰州;"悉尼到昆士兰海岸游"——花26天时间游览澳大利亚四大区。除了以上的几种路线,还有其他种类路线。

在每一次旅游行为中,都有三个环节——客源地、旅游线路和旅游目的地——它们共同起作用。对于旅游过于简单的理解往往会只注重其中一个环节旅游目的地,因为在旅游目的地中,旅游业才最为明显,也是在旅游目的地中,最容易看到旅游带来的好处和坏处。但是为了真正理解旅游,我们应该避免过于简单的理解,而应该将旅游系统的全部环节考虑在内。

旅游管理涉及旅游系统的全部环节即客源地、旅游线路和旅游目的地。旅游宣传要想达到效果,应该在客源地作宣传。由于很少管理者能同时管理好各个环节的市场工作,因此不同环节不同区域的旅游管理者们应该加强合作协调共同管理整个旅游系统。在包括旅游的大部分的产业中,资源都是分散在各地的,因此大部分产业中的管理者们会将各地的资源集中处理。但是这种集中处理的方法对于旅游也并不适合,因此必须找出更好的利用资源的方法。正如克里彭多夫(Krippendorf)评论的,"木材业加工木材,而旅游业加工的对象是旅游者",因此旅游业的主要资源是旅游者。

本章分析了旅游系统中的若干因素。旅游业的各个管理者们需要了解旅游系统中各环节是如何运作的,这样才能更好地进行管理。

本章中还讨论了因素的多重性。旅游管理者们需要相当熟悉当地景点才有可能管理好旅游。并且各个地区旅游管理者们只有努力合作才可能更好地进行旅游管理。

因为旅游系统涉及到很多地方,而且每个地方都有各自独有的特色,因此旅游管理者们不仅要了解当地,还要了解旅游系统其他环节即其他地区的特色。具体说来,处于客源地的管理者们需要了解旅游线路和旅游目的地的情况,而处于旅游目的地的管理者们也需要了解旅游线路和客源地的情况。

问题讨论

1. 讨论旅游三环节中的某个环节缺乏旅游者的基础什么?
2. 部分研究者、作家和咨询师们接受巴特勒的生命周期理论的三个原因是什么?
3. 部分研究者、作家和咨询师们反对巴特勒的生命周期理论的原因是什么? 给出你自己的见解。
4. 为什么普罗格关于旅游目的地兴衰的理论不被视做好的解释方法?
5. 列出客源地的几个促进旅游的因素。用一个例子(可以是真实的,也可以是虚构的)来说明。
6. 列出旅游目的地受欢迎的几个因素。用一个例子(可以是小镇、城市、地区或国家)来说明。
7. 何为"纯旅游"? 在这种旅游系统里缺乏一些什么环节? 为什么有些旅游公司反对这种概念?

推荐读物

Blainey, Geoffrey 2002, *The Tyranny of Distance* (2nd edn), Melbourne: Text.

Braithwaite, Dick, Greiner, R. & Walker, p. 1998, Success factors for tourism in regions of eastern Australia, pp 69—96, in Hall & O'Hanlon (eds), *Rural Tourism Management: Sustainable Options* (conference proceedings), Ayr: SAS.

Dredge, Dianne 1999, Destination, place, planning and design, *Annals of*

Tourism Research, 26: 772—91.

Hall, C. M. 1996, *Tourism in the Pacific*, London: Thomson International Business Press.

Hall, C. M. & Page, S. J. 2001, *Geography of Tourism and Recreation: Environment, Place and Space* (2nd edu), London: Routledge.

Laws, E. 1995, *Tourist Destination Management: Issues, Analysis and Policies*, London: Routledge.

Leiper, Neil 2000, Are destinations 'the heart of tourism'?: the advantages of an alternative description, *Current Issues in Tourism*, 3(4): 364—8.

Marcartney-Snape, Tim 1993, *Everest from Sea to Summit*, Sydney: Australian Geographical Society.

Pearce, Douglas 1987, *Tourism Today: A Geographical Analysis*, London: Longman.

——1989, *Tourist Development* (2nd edn), London: Longman.

——1997, Competitive Destination Analysis in Southeast Asia, *Journal of Travel Research*, 35(4):16—24.

——1999, Tourism in Paris: studies at the microscale, *Annals of Tourism Research*, 26: 77—97.

Smith, S. L. J. 1990a, A Test of Plog's allocentric/psychocentric model: evidence from seven nations, *Journal of Travel Research*, 28(Spring): 40—3.

——1990b, Another look at the carpenter's tools: a reply to Ploy, *Journal of Travel Research*, 28(Fall): 50—1.

第七章 旅游业:经济学与政治学

导 言

自20世纪60年代以来，为旅游者提供服务、货物和设施的商业性活动被称为"旅游业"（tourism industry 或 tourism industries）。在此之前，没有任何术语来描述产业与旅游（行）的联系。所以虽然"旅游业"这一表述没有什么实质性的创新，但其却是一种新的形式来描述存在已久却未能被归为产业类的旅游业。

旅游业这一概念是如何以及为何产生的呢？为什么到60年代才开始出现这一概念呢？

本章要探讨的第二个主题就是关于旅游成为一种产业是如何被人认可的。第三个主题讨论这一概念的实际意义。讨论旅游业这一概念并非只有学术意义，因为这一概念的引进对于某些人的利益会有影响，特别是经济和政治方面的影响。本章还将讨论一个人们一直有争议的问题，即旅游业是否为真实实体。本章试图澄清这个问题，但是问题的解决要到后面的章节中才讨论到。

关于旅游业是否为真实实体有两种观点。一种认为是，而另一种观点认为否。持此两种观点的双方并不对旅游的价值产生怀疑，因为任何人都会明白旅游业可以促进经济发展。双方争执的关键是在于旅游业的真正性质和范围。本章旨在提出两种关于旅游业的概念。其中这两种概念在各自适合的环境下是完全合理和现实的，但是在不适合的环境下则可能产生误导。

旅游业这一概念如何形成？

我们生活在一个高度产业化的时代，表现在我们的生活和娱乐与产业密不可分。我们所使用的货物和服务都是由或大或小的产业部门生产的。然而，在三百年前，人们不可能享受到高度发达的工业产品。那时的物品和服务都是由农场里的劳动者、工厂间的交易商以及在家做工的人提供的。

人类社会由非工业社会转变为工业社会经历了很多复杂的发展阶段，我们把这些阶段称为工业革命。而旅游业化也是这种变化的一个部分，因而也是一个不会完结的过程。旅游和其他人类行为一样也是部分产业化的。

现代工业发展过程

1700年左右，在西印度（糖制品的生产和分配基地）出现了现代工业的雏形。

1750年左右，英国工业取得巨大发展，其后，在欧洲和世界其他地区的工业化过程明显加快，在这些地方都建立起了工业化的产品生产和分配基地。厂房的发展在工业化过程中起到很大作用。

关于构成工业化基础的因素，研究者们莫衷一是。明茨(Mintz,1985)和巴克敏斯特—福勒(Buckmingster-Fuller,1972~1946)坚信工业化的一个很重要的因素是：经济活动由独立生产转变为依靠联盟、工业链和网络、生产商以及分配商之间的合作协调而进行的。

经济活动从原来的独立生产转变为联盟网络式生产，也带来了其他方面的变化：劳动分工开始出现、劳动更加专业化、大型生产、寻找发展经济新能源、技术革新、资金流的创新、商业活动的法律化、农村劳动力向城市的转移、大众教育的普及、管理者们更大的发挥空间、市场的扩大和贸易范围的延伸等等。这些变化都提高了生产力，同时降低成本，促进了国民经济的发展，而工人们通过政治手段或工会也争取到了更高的工资。人民生活水平不断提高，有能力消费更多的商品或服务。

工业渗透到每个人的生活以及整个社会、经济、政治和文化中。任何一个旨在生产或出售某一特定产品的机构都有一个工业单元，进行产业行为。产业行为应该是有目的的、持久的以及日常的。我家的花园能种出蔬菜，但这并非开辟花园的目的，因此在花园种植蔬菜并不是产业行为；况且即使在花园里种植蔬菜，这种行为也只是偶尔为之，远非日常性的事物。

产业和产业之间可能会重合，以至于有些大的产业单元往往是多种产业的集合体。比如培生教育出版社(Pearson Educatin)既属于出版印刷业，又属于教育产业。在这种情况下，要求管理者能充分调动资源。比如出版学术书籍的出版社，一方面需要称职的编辑，另一方面又需要能去各大高校宣传，促进销量的销售代表。

20世纪60年代以前人们用诸如"旅游者交易"来描述为旅游者提供旅游服务的机构。而现在"旅游业"这一概念已经被用于日常交流、大众传媒、学术报告和政府报告中。有三个独立的因素促使这一概念的形成。第一个因素是语言上的变化。"产业"一词已经由原来的明喻变成隐喻；第二个因素是经济学上的一个新概念；第三个因素是一种政治和经济的需求，即人们利用前两个因素来反思旅游，并把这一新概念(旅游业)运用到公共关系中。这三个因素在表7.1中简明列出，下面我们详细讨论这三个因素。

表7.1　　　　　造成旅游业这一概念出现的三个因素

因　素	因素起的作用
语言上从明喻变为隐喻	认为旅游"像是产业"的这种观点在实际交谈中，由于其经济影响，人们一般随意粗略地说旅游"是产业"。

续表

因　素	因素起的作用
费希尔(Fisher)提出的"第三产业"经济学新概念在20世纪五六十年代被人广泛认可	大量机构为旅游者提供服务(信息、交通、住宿安全、热情待客和娱乐)
一些商业机构特别是宾馆希望获得政府认可以及其他好处	一些商业机构联合起来,在市场宣传中共同打造了旅游业的形象和氛围

"产业"的明喻和隐喻

100年前,欧洲已经有研究者研究旅游者的消费对经济的影响。旅游就像是一种产业,能给公司带来更多收入,为国民经济创造更多外汇并且创造更多就业机会。20世纪很多经济学家注意到了旅游的这一作用。随着时间的推移,"旅游像是产业"这种偶尔会出现在交谈当中的明喻表达,渐渐地转变成"旅游是产业"这种隐喻表达。

在20世纪里,"旅游是产业"这一隐喻被很多人接受。而这一被接受的过程也形成了许多商业和政治领域的固定观点。20世纪有本著名的书中这样写道(Keynes,1973/1936:V):

一些很实际的人从来不喜欢影响思想的东西,他们只当入土了的经济学家的奴隶。而那些当权者中的疯子们喜欢抱着一本过时的三流文人的书本,故作风雅。

自从20世纪60年代以来,大多数对旅游感兴趣的人都成为了过往经济学家关于产业定义概念的奴隶,其称自己是"实际的"。他们得知这些概念的途径是不成问题的,这正如明喻演进为暗喻以及语言的形成一般都不成问题一样,其是语言发展的一种自然过程(Jaynes,1982)。而问题、风险在于暗喻会变得"具有野性",并会导致迷惑不解的思想,而过于实际的人对于这一过程是不会注意到的。

认识服务业

20世纪30年代旅游业这一概念被大多数人所接受。费希尔(1935)将产业分为三类:第一产业、第二产业和第三产业。这种划分在很多现代经济学中被采用。第一产业是指农业、渔业和矿业之类的利用土地或海洋资源的产业,第二产业是指加工制造业,第三产业则主要是服务性行业。

在费希尔以前,没有人将服务性工作定义为一种产业。也没有人意识到适合于第一和第二产业的一些原则同样适合于服务业。费希尔认识到服务性工作已经正在产业化而且应该被人们所认同。之后,费希尔的这一定义渐渐地为人接受,其先是得到经济学家的认可,然后在整个社会范围内都得到认同。到20世纪

60年代,人们经常可以从大众传媒中听见关于银行业、保险业以及其他种类的第三产业的信息,这为人们认识服务性行业奠定了基础。

自从20世纪60年代以来,第三产业的存在被人们广泛认可,主要有四个原因:

第一,服务性行业从业人数最多。

第二,服务性行业带来最多的经济增长。

第三,服务性行业是人们提高生活水平的主要来源。

第四,政府认识到一些服务性企业是政府参与国家经济调控的很好的手段。国家利用这些企业来刺激国家和区域经济增长。例如,有些国家为一些偏远地区提供资金和设施来发展当地旅游事业。

发展旅游事业就是费希尔在1935年所呼吁的,但具有讽刺意味的是费希尔所在的国家澳大利亚是采取他所提倡的建议的最后一个国家。虽然发展旅游事业的必要性已经很明显,但那时候的澳大利亚仍然固守着农场和工厂,经济以第一和第二产业为主。

寻求对旅游业的认可

当其他种类的服务性行业获得社会和政府认可时,惟独旅游业未获得认可。旅游业从业人员特别是大型宾馆的拥有者和管理者们意识到,如果旅游业也能获得政府认可的话,这对他们是有好处的。

同时,一些社区协会的人也意识到如果有更多的人到他们那里去旅游的话,他们将获得更多的经济效益。因此,他们也意识到如果旅游业得到政府承认的话,政府将会提供援助以及资金来帮助发展和推广当地的旅游事业。

结果,到了20世纪60年代,一些和旅游打交道的为旅游者提供服务的商人开始使用诸如"旅游业"、"旅行产业"之类的术语,并且这些术语频频在新闻报纸、新闻发布会和其他出版刊物上亮相。首先是美国和英国,然后世界其他国家,都开始使用这些术语。随后不仅商人,社区领导者也开始使用这些术语。使用这些术语,能使商人们更好地获得经济利益,也使社区领导者们更好地管理他们的社区。

美国一支很有名气的研究小组(Harris、Kerr、Forster & Co. and Stanton、Robbins & Co.,1965)在所提交的一份报告中,讨论了发展澳大利亚旅游事业的问题,并且这份报告中很多地方将旅游作为一种产业来描述。这份报告的提出促进了澳大利亚政府于1967年设立澳大利亚旅游委员会(ATC)这一政府机构。

1974年创立的世界旅游组织(WTO)也为旅游业被认可起到了重要作用,因为它将旅游作为一种产业的讯息传播开来;而随后的世界旅行和旅游理事会(WTTC)更是加强推广了这一讯息。WTTC有100个成员,其中每个成员都是大型私营企业(有航空公司、宾馆、度假胜地、旅行社等等)的首席执行官。WTTC成员除了和政府官员交流之外，还和知名记者、学术带头人和有名气的政治家们交流，向他们宣传旅游是产业这一讯息。WTTC提出的口号"旅游，世界上最大的产业，创造了最多的工作机会"不断出现在他们的演讲中。这一口号也是在提醒政府：如果政府能够提供更多支持，旅游业将会得到更大的发展，同时产生更好的经济效益。

在高校里，研究者们致力于研究旅游的各个方面，并且帮助推广旅游是产业的讯息。像在《旅游研究纪事》(Annals of Tourism Research)之类的杂志中，经常可以看到一些以"旅游业被认可为世界上最大的产业"开头的文章。这类信息要达到什么目的？目的不仅仅是为了让旅游业获得认可，WTTC和WTO以及无数其他的类似机构将此信息推广开来的最大的目的就是为了获得对他们自身的好处。旅游一旦被认可为产业，他们可以申请银行贷款，吸引投资商的投资，最重要的是他们可以申请政府补助。

银行方面的事宜

20世纪60年代，一些旅游业的商人就意识到，相比制造业、矿业和农业，他们在申请银行贷款方面处于劣势。这种现象在一些国家确实存在。

20世纪80年代以前，澳大利亚银行不愿意将大笔资金贷给和旅游有关的商业活动，主要是因为银行对于旅游业如何运作及如何经营不太熟悉，而相比之下，对于农业和制造业却比较了解。还有一个原因是银行认为在旅游服务方面投资风险大，盈利的可能性低。

但是如果所有为旅游者提供服务的小企业能够联合起来，形成旅游业的话，那么这种集合后的整体的力量将不可限量，成为经济体中的一股重要力量，最后改变银行决策，从而可以申请到更多的贷款。

为开发旅游目的地申请政府补助

20世纪60年代以来，很多旅游业商人开始将旅游描述成产业，以便向政府申请开发旅游目的地的补助。在英国、新西兰和澳大利亚等国家里，政府在此前已经为旅游业提供了一些少量数额的补助，但是60年代以后，旅游业商人开始向政府申请大额款项的补助，80年代以后，这种努力开始取得效果。

20世纪五六十年代，旅游者人数在全球范围内迅速增加，但是每年用于广告和相关宣传的费用也在增加。如果没有相应增加的广告费用做支撑，旅游目的地的旅游者人数将会减少，而旅游目的地之间的激烈竞争又刺激了广告和相关宣传活动的竞争，增加了这方面的成本。

现代企业家们一直崇尚自立和竞争，但是却尽量利用"OPM"(别人的钱)来做很多事情。最主要的OPM来源就是政府补助。旅游业商人必须采取一种策略使得政府相信将款项拨给旅游业是明智之举,这样他们才能顺利地申请到政府拨款补助。旅游业商人采取的策略包含四个方面。

第一,调查一年内旅游者的花销,计算旅游花销在总经济消费中的比例,从而可以看到旅游业对于经济活动的重要程度。旅游者花销在总消费中的比例增大说明旅游正在成为一种产业。

第二,强调旅游确实是一种产业。霍恩(Horne,1976)以及德雷和尼优温胡森(Drake & Nieuwenhuysen,1988)注意到政府特别偏好为明确的产业提供补助的原因。在现代西方社会里,政治家和政府官员们一直崇尚结构,而一个地区或国家结构的最好体现就是产业化的经济。政府补助个别的私营企业也许有风险,但是如果是为一种产业提供补助的话,风险便大大降低。因此旅游产业化十分必要。

第三,强调由于激烈竞争的存在,有必要投资更多资金用于旅游宣传和广告,而且更多的资金会带来更多的利润。这种由旅游业产生的经济效益在很多研究性报告中都阐述过。

第四,也是最重要的一个方面是关于针对一个反面观点做出的回击。首先让我们了解一下这个反面观点:旅游业自身不能创造出用于广告和相关宣传的经济效益,而只能通过政府补助这样一种方式为自己提供资金。如果旅游是一种产业的话,为什么它如此倚重于政府补助呢?而且如果旅游业发展迅速的话,为什么每年都需要更多的政府补助呢?

针对这个观点,旅游业的游说家(WTTO成员)做出了回答:旅游是一个巨大而又发展严重滞后和不平衡的产业,这种滞后和不平衡主要是由旅游业本身的不完整性以及存在的某种"搭便车"问题导致的(不完整性和"搭便车"问题将在本章中讨论)。只有靠加大政府补助或其他援助方法,才能克服这两个问题导致的发展滞后。

澳大利亚旅游业被认可的过程

20世纪60年代,澳大利亚旅游协会的带头人在广大范围内采取了一系列策略以改变人们心中对于旅游的印象,希望在人们意识中建立旅游是产业这一概念,让政府人员相信旅游确实是一项能带来经济效益的产业,从而给旅游业带来更多政府补助。

到70年代,努力初见成效。1972年到1975年澳大利亚政府(劳工党派)创设了旅游部。而1976年自由联合党派(Liberal Coalition)执政时不仅取消了旅游部,也将其他关于旅游方面的政策取消了。

1979年,由于一批旅游业游说者的努力,政府不得不重新认识这个问题。在国会提交的一份调查报告(Select Committee on Tourism,1978)之后,政府重新设立了旅游部,并且公开声明旅游是一种值得政府补助的产业。在一年当中,政府将澳大利亚旅游者委员会(ATC)对旅游业的补助增加到了原来的300%。自1979年以来,共和党(Commonwealth)政府增加了对旅游宣传与发展而投入公共资金的数目,其主要通过ATC予以补助。

对于旅游业的描述和定义

到1980年,在很多国家,旅游业已经获得了普通民众和政府的认可,也有很多人试图为旅游下定义。下面是一名加拿大研究者对于旅游业的描述(Smith,1989:10):

以你上次旅游的地方为例,也许你从售书摊买了一本旅游手册,并且看到了一则关于旅游吸引物的介绍。于是你通过旅行社预定了一次去这个地方的旅游,同时还订了一张机票。接下来在等待旅游出发的时间里,你去买了一些新的物品包括旅游时穿的衣服,整理了自己的行李。接着去出租车公司租了一辆汽车开到机场,在飞机到达目的地后再租了一辆汽车。然后你在当地吃饭,在当地的俱乐部跳舞,还买了当地的手工品以及参观了一些当地的景点。在旅游时,你还为自己租来的汽车加油,从药店买了一些各式药材。你甚至还去了一家当地的诊所看自己被太阳晒伤的皮肤。你会打电话给自己的家人朋友,介绍这个地方。这趟旅游中,你去了售书摊、旅行社、三家交通运输行、宾馆、数家当地的餐馆、不同的零售店、诊所和电信公司……除此之外,还有其他机构为旅游者提供商品和货物。

描述旅游业相对比较容易,但是为旅游业下定义却比较难。澳大利亚旅游部(ADT)提交的一份报告中宣布"旅游业的复杂性使得难以为旅游业下定义",但同时也声明"旅游业包括多种不同的商业活动"(Department of Tourism,1992:5)。报告中罗列了旅游业的核心:

住宿:宾馆/度假村、汽车旅馆、青年旅馆、敞篷汽车、野营;交通:航空运输、海洋运输、铁路、汽车、公共汽车、长途汽车;景点:人工、天然;食品和饮料:餐馆、快餐店、售酒商;旅行社;旅游运营商;纪念品;行李;宾馆和餐馆供应商;汽车出租服务;相机和胶卷;地图和旅游手册;购物广场;运动赛事;银行服务;自然保护区系统;娱乐场所;博物馆和历史遗迹;飞机制造商、车辆汽油制造商;服装厂;交通网络;教育和培训机构;休闲仪器;食品制造商;广告传媒;地图制作者/印刷机。

财政部也对此给出解释(1977:1212):

旅游业不是根据生产业的特定的商品或服务来衡量的,而是以产生这些商品和服务的环境和情形来衡量的。因此,将一个商品或某种服务出售给当地的居民,就不算是"旅游开销",而如果把同样的商品或服务卖给来此地旅游的旅游者,则这时旅游者的消费可称为"旅游开销"。因此,旅游业和传统产业的描述方式有共同之处,但也有区别于一般产业的地方。

财政部的报告比史密斯(1989)和旅游部(1992)的报告更加简洁。这份报告对于旅游业的定义可以换成这样一句话:旅游者在旅游期间的任何消费行为都是旅游业的收入。

旅游业概念的实际用处

以上我们描述和定义了旅游业,下面介绍旅游业这一概念的实际好处。

认识旅游业的各个部门

旅游业范围之广使得我们有必要将旅游业分成多个部门来研究,因为这种划分部门的方法可以增强旅游业的结构感,也能帮助人们更好地理解旅游业。

下面介绍一种七部门分析法,这种分析法也许不是非常精确,因为各个部门之间的界限有时并不十分清楚,但是我们可以用这种高度归纳的方法来研究旅游业。

1. 旅游业的市场营销部门主要包括零散的旅行社、旅行批发商以及其他宣传国家或地区旅游资源的机构。这部门主要是在客源地运作,因为客源地是旅游者决定旅游的地方,也是最好做宣传和广告工作的地方。

2. 旅游业的交通运输部门包括长途汽车、飞机、火车以及轮船之类的服务公司。他们的主要工作是集中在旅游线路中,但也会从旅游线路中扩展到客源地和旅游目的地。

3. 旅游业的住宿部门包括为旅游者提供住宿和诸如食品饮料之类的相关服务的各个组织。这部门的企业主要集中在旅游目的地,有时也在旅游线路中出现,诸如度假村、宾馆、汽车旅馆、青年旅馆、假期公寓、露营地、招待所之类的营业单位都属于这个部门。

4. 旅游目的地部门是为旅游者提供各种愉快体验的机构,主要营业场所是在旅游目的地,有时也在旅游线路中。主题公园、路边的风景点、博物馆、美术馆、娱乐和运动场所都属于这个部门。

5. 旅游运营部门包括所有为旅游者安排旅行的组织。交通运输、住宿和景点都可能由旅游运营部门负责。旅游运营在整体旅游系统中的三个地理环节上都有分点。在客源地,该部门为境外旅游运营批发商等;在旅游线路和在旅游目的地上也有旅游运营部门为旅游者提供服务,如:境内旅游接待商和各种当地运营商等。

6. 协调部门主要是政府职能的一个表现,负责协调其他各个部门环节之间的关系。除了政府部门可以是协调部门,还有其他全球范围的、地区性的机构也可以起协调部门的作用。

7. 除了以上所说的六大部门之外,还有一种部门是类似于大杂烩的部门。这个部门几乎包含上述六大部门之外的所有旅游商业经济。诸如纪念品商店、免税商店、行李专卖店等各种零售店;提供旅行支票和其他银行服务的银行业务;货币兑换局、汽车租赁和旅行保险业务;还有其他旅游者使用的不属于上述六个部门的商品和服务的部门。

很多小型的企业在某一个部门很活跃,而有的大型旅游企业在多个部门都有业务。快达公司在三个部门有业务:市场营销部、交通运输部和旅游运营部。

实际中的旅游业也许并不能涵盖上述所有的七个部门,但是基本的旅游业应该包含下面几个内容:
- 吸引物(attractions);
- 住宿;
- 生活便利设施,诸如餐馆、零售店等等。

有很多人去旅游并不通过旅行社或旅游运营部门,他们也不使用公共交通工具。他们自己安排自己的行程,开着自己的汽车出门旅游,这种旅游方式就只有上述三点的内容。

增加的投资

在很多国家,政府认可了旅游业之后,对于旅游业的投资便大幅增加,这些投资主要用于景点的宣传以及旅游资源的开发。同时培训和教育方面的投资也增加了,使得旅游业从业人员得以丰富知识和提高技能。从 20 世纪 90 年代开始,关于旅游业的研究也明显增加。澳大利亚旅游业可持续性发展合作研究中心(Australia's Co-operative Research Centre in Sustainable Tourism)是一个由几所高校和几家公司联合创办的机构,该机构利用政府补助进行旅游业研究,每年研究课题达十几项。

银行贷款

随着旅游业得到社会的广泛认可,银行和其他金融机构更加愿意为旅游业企业贷款,这使得旅游业投资者们拥有更多的筹资途径。

关注政府政策

政府——更确切地说是政治家和公务员——尤其注重经济结构,这就要求旅游业必须有不同部门的不同地区的相关机构来出面与政府沟通。

在澳大利亚代表旅游业与政府沟通的机构主要有:澳大利亚旅游者委员会(ATC),即国家旅游业宣传机构,其每年向澳大利亚国会提交工作报告;国家旅游办公室(NOT),其隶属于一个政府部门,为民众服务;澳大利亚旅游出口理事会

(ATEC)，其是境内旅游运营商及其附属机构的一个私人集合部门，旨在促进来澳大利亚的国际旅游业的发展；旅游专门小组(TTF)，其是一个游说团体，代表几十个大型宾馆和其他相关企业的团体。

税收退让

许多年来，旅游业都不能享受和其他产业一样的税收优惠条件。而20世纪60年代以后旅游业被政府认可，也给旅游业享受优惠税收条件打下了基础。在1979年以前的澳大利亚，对于经营旅游宾馆的公司来说，建筑物的折旧不能冲减税费，而同时期的农场和工厂建筑物的折旧却可以冲减税费。这就意味着经营旅游宾馆和其他住宿场所的经营者要交更多的税，现金流减少，银行方面更加不愿意贷款给他们，而投资商也更加不愿意在旅游业上投资。

这使得旅游业企业家们很难利用更多的资金，并增加了他们的投资成本，降低了他们的税后收入。只有当这些为旅游者提供服务的建筑物也能够因其折旧而享受减税待遇之时，上述的对于旅游业的不利条件才能消除。

政府补助——宣传旅游目的地

1928年，澳大利亚设立了澳大利亚国家旅游协会(ANTA)，这是一个负责在诸如英国和美国之类的客源地为澳大利亚旅游资源做广告宣传的一个私营俱乐部。每年ANTA都能获得一定数目的政府补助。同时澳大利亚各州政府也设立了旅游局支持当时的铁路运输，这些旅游局演变成了今天的各个州政府旅游部。

1967年，澳大利亚国家政府设立了一个国家级的宣传机构用以向外宣传澳大利亚的旅游资源。澳大利亚旅游委员会(ATC)取代了ANTA，成为宣传澳大利亚旅游资源的一个机构。由于该机构行使政府职能，因此有更大的空间可以申请到政府补贴。但是一直到十年后的1977年，该机构用于向国外旅游者宣传的费用比起同时期其他国家还是要少得多。70年代后期ATC每年的预算只有三百万美元，根本赶不上其他大多数国家。

一项关于所有国家在美国宣传自己国家旅游资源所花费的广告费用的研究表明，澳大利亚在美国宣传本国旅游资源的费用总量排名第43位，和保加利亚和突尼斯(北非国家)差不多。这份研究报告被提交到澳大利亚国会(Leiper & Stear,1978)，使得澳大利亚国会意识到他们正在错失绝好的宣传旅游者到澳大利亚旅游的机会。当时正值澳大利亚货币贬值，是最需要外汇的时期，因此促进国外旅游者到澳大利亚似乎是弥补这一金融劣势的良药。随后，政府加大补贴，以便更好地宣传澳大利亚旅游资源，迎接更多的国际旅游者。

几十个利益团体和非利益学术机构为国会提供建议。这些团体和机构大多数建议国会说服政府认可旅游业并且提高发展旅游业的补贴。1979年澳大利亚旅游部终于做出一系列决策促使澳大利亚旅游业进入新的发展阶段。

旅游业从业人员的自豪感和专业精神

"在旅游业工作"给无数的旅游业从业人员带来的自豪感和专业精神,也给从业人员自身、雇主、旅游者和整个经济带来很多好处。对自己的工作有自豪感对每个有直接关系的人(在这里指员工、旅游者和老板)都有好处,因为自豪感能激发员工更加努力尽职尽责地工作,从而为旅游者带来更持久的高质量服务。

随着旅游业的不断蓬勃发展,它为国民经济注入了活力,得到了政府和社会的极大认可,从事旅游业的工作不再被人看成是短暂性的一种获得收入的方式,而是被理解为一种职业生涯。和其他国家一样,20世纪60年代的澳大利亚,在宾馆、餐厅和旅行社的工作都被看作是暂时性的短期工作,只不过是给人带来收入的一种权宜之计。这种态度和看法使得员工对于自己的工作没有浓厚兴趣,更别提把它当作职业去接受相关培训,而雇主也往往不愿意花钱让自己的员工获得培训,而只局限于让他们做好日常事物,毫无长期发展的眼光。

几年以前,人们一般都避免去做在宾馆和餐厅以及其他服务型场所的工作,因为这些工作被认为是没有身份的工作。奥韦尔·G.(George Orwell)的历史性自传《潦倒在巴黎和伦敦》(Down and Out in Paris and London)中便有相关的描述。

毫无疑问,70年代以后,旅游业的面貌大为改观,旅游业工作从此被人看重,这对改变一些人对服务行业工作的态度有积极作用。当然并非世界各地都是如此,有的地方服务行业收入仍然低下,剥削程度大,仍被看作是穷人做的事情。埃伦赖希(Ehrenreich,2000)的《镍币与银币》[Nickel and Dimed: On (Not) Getting By in America]是作者根据自身在佛罗里达的经验写成的一本书,该书描述了某些地方的服务性工作被歧视的现象。

关注环境问题

旅游业引起的环境问题渐渐被人关注。澳大利亚有一些激进环境论者,比如澳大利亚野生协会(The Wilderness Society)、澳大利亚自然保护区基地(Australian Conservation Foundation),他们开展一系列活动以保护具有丰富旅游资源的土地免受损害。环境保护论者分为两种,第一种环境保护论者认为自然地貌需要保护因为自然地貌是吸引旅游者的旅游资源。第二种环境保护论者更强调保护生态平衡,对于这些环境论者,旅游业似乎是破坏自然生态和幸福生活的罪魁祸首。在他们看来,旅游业破坏了濒临灭绝物种的栖息地,也破坏了当地人们的幸福平静生活。

环境论者不断地反抗着旅游业的发展,而旅游业开发商们也有对策。他们聘请公关公司,请他们出面说服当地旅游协会,然后加大力度在各个媒体上做广告,宣传旅游业给经济带来的种种好处,比如带来成千上万的就业机会等,并且将旅游业的有利和不利因素进行权衡比较,让人们相信在当地发展旅游业利大于弊。当然面对这样的广告宣传,环境论者也从来不甘示弱,他们继续反抗。

在澳大利亚,自20世纪60年代以来,出现了许多有关旅游业的这两种环境问题的案例。报纸上便报道了许多相关事例。

存在争议的旅游业

上述将旅游业描述和定义成为"旅游者提供商品或服务的所有供应商",这种说法容易引起争议。美国、澳大利亚和新西兰都有批评家提出这种说法在观念上是不正确的。下面解释一下关于这个定义的争议问题。

批评家与回击者的声音

费希尔认为旅游者所使用的服务在一定程度上可以被产业化,而且在很多与旅游者打交道的企业中我们可以看到旅游业的影子,关于这两点大家都毫无疑义。批评家们不赞成将所有的与旅游者有关的企业和机构堆在一起就形成旅游业的这样的观点。批评家们认为这种堆在一起形成的产业是一种想像中的旅游业,并非实际存在的旅游业,因为这些企业和机构堆在一起并不像一般产业一样运作。

面对批评家的这种评论,游说团体的回应却不够锋利,其只是一直强调"旅游是产业"这一讯息,来回击批评家们。在20世纪70年代的澳大利亚经常可以听到这种说法。1979年旅游部部长菲利普·林奇(Philip Lynch)发表一次演讲时就六次重复了"旅游是一种产业"的说法。他们重复这么多次来强调这一信息,也许正说明他们心里底气不足,缺乏信心吧。

20世纪80年代的美国也同样存在类似的争论。一名大学教授戏谑地称那些一心想让政府认可旅游业的人是"一群积极寻找产业的商人"(R. C. Mill, Pers. Comm)。

一位从事金融业达十年之久的女士退出金融业后在一个海边度假胜地开了一家探险旅游运营公司。在潜心经营自己的公司一年之后,她对于以前从事的金融业和目前从事的旅游业发表如下评论:"金融业的工作人员从来不需要坐下来讨论金融业的存在和范围并且担忧,因为外面的人看不到"。

旅游业的零散性(不完整性)和"搭便车"问题

旅游业经常被描述成零散不完整的,并且同时存在着"搭便车"问题,这为旅游组织提供正当理由向政府申请更多补贴以发展旅游目的地。但是同样是这种不完整性也为批评家们找到一个证据,证明和旅游相关的经济并非是产业化的行为。首先我们解释一下旅游业的零散性(不完整性)。

在这里我们所说的零散性是指旅游业是由各个部分构成的。

第一部类包括旅行社、旅行运营公司、航空公司、轮船、宾馆以及其他为旅游者提供住宿的设施、主题公园、免税商店、纪念品商店等等。这些组织有一个共同的特征——为旅游者提供和旅游者需要有直接联系的专门服务。使用这些组织提供的商品或服务的人一般都是旅行者或旅游者。这些机构往往会联合起来,认识到他们在推动旅游业,并且在增加旅游者人数的目标上是一致的。他们愿意联合起来的一个表现就是:每个组织都愿意加入旅游业协会,共同捐款,增加旅游者人数,共同获利。

第二部类包括很多商业组织,为旅游者提供各种商品和服务。超市、商场、药店、新闻报摊、食品店、理发店、衣帽店、书店、电器器材店、家庭耐用品店、机动车辆商店等等的零售商店属于第二部类。这一部类的组织有四个共同特征:

1. 他们的顾客中都有一定比例的旅游者人数,但是游客人数占总顾客人数的比例较小。

2. 因为这些零售店所售商品品种齐全,因此旅游者的大部分开销都是在这些零售店中产生的。

3. 由于各种原因,这些组织往往不愿意加入为了争取更多旅游者而开展的当地合作项目,更不愿意捐款。

4. 这些组织的管理者们不认为自己的业务和旅游业有关系。当被问到他们是否属于旅游业时,他们的回答大多是否定的。

由于上述四个方面的原因,批评家们将旅游业描述成"零散不完整的"。

伯卡特(Burkart,1981a,1981b)和史密斯(S. L. J. Smith,1988,1989,1991)认为旅游业由两个部分组成,一类是专门为旅游者提供商品或服务的机构和组织,第二类不是专门以旅游者为服务对象的,旅游者只是顾客群中的一部分。第二类造成了旅游业的零散性。学术界和公众行机构,诸如世界旅游机构(WTO)、世界旅行旅游会(WTTC)之类的团体都赞成这种观点。

旅游业的零散性带来的一个结果便是:在澳大利亚周围或类似地区的旅游协会争相求人人会。它们试途从其顾客中有旅游者上来说服旅游零售商认同其是旅游业的一部分,并应该积极地帮助宣传和促进旅游业的发展。他们经常提出的一个口号就是:"旅游业——每个人的事情。"

一般而言,这些鼓动活动都以失败而告终,那些第二类机构(零售商)根本不会因为有旅游者使用他们的产品或服务而认为自己属于旅游业,更不愿意采取措施帮助宣传。尽管如此,鼓动者仍然不懈努力,年复一年地进行着他们的鼓动工作。

旅游宣传中的"搭便车"问题

旅游组织以及旅游运营商积极宣传当地旅游资源，促进了旅游者人数的增加，也使当地一些第二类机构的营业额增加。但是从发展旅游业中获利的第二类机构（零售商等等）却不愿意为社区或地方上的旅游业推广贡献力量，这样就产生了旅游宣传中的"搭便车"问题。

举个街灯的例子来说。每个人晚上使用街灯时不需付费，即使向晚上过路的人收费也不切实际。没有人愿意开一个街灯公司，向过路的人收费。街灯的费用来自政府税收，这是一种公共设施。

宣传一个地区或国家的旅游资源也相当于街灯一样，是为公众服务的。这些宣传费用就像街灯的建设费一样不可能由私人企业承担。宾馆经营者和其他旅行操作者们根本不愿意独自花大笔资金或捐款来帮助宣传澳大利亚的旅游资源，因为如果这样做，他便给其他宾馆经营者、旅游运营商、超市、餐馆和其他组织带来好处，而自己却可能获得比那些未花钱的组织低的收益。这些没有出资出力的其他宾馆经营者、旅游运营商、超市、餐馆就是"搭便车"的组织。他们类似于公交车上的逃票者，享受了旅游宣传带来的好处，却不愿意承认这一点，更不愿意为旅游宣传贡献一份力量。

"搭便车"问题比旅游业零散性问题更加广泛，因为所有为旅游者提供商品或服务的组织都在某种程度上存在着"搭便车"问题。市场理论告诫旅游业经营者不要独自承担旅游宣传的任务，因为根据市场理论，这种行为无异于慈善捐助，根本没有任何回报可言，这与市场理论背道而驰（市场理论强调经济效益和回报）。

解决"搭便车"问题的方法只有向政府申请援助：让政府相信对旅游业的宣传可以带动本国或当地的旅游事业的开发，增加旅游者人数会给本国经济注入活力，带来可观的经济效益。而"搭便车"问题的存在使得旅游运营商不敢断然冒险独自承担宣传任务，因此最好由政府拨款帮助推广本国或当地的旅游资源。

为了使政府相信这些，游说家和公共关系专家花了大部分时间和金钱向政治家和政治领袖们传达这些信息：
- 旅游是一种产业；
- 旅游给景区带来可观的经济效益；
- 旅游带来的经济效益是分布在全国范围的，因为"旅游是每一个人的事情"；
- 旅游业零散性问题和"搭便车"问题的存在，使得政府拨款投资是惟一的解决方案。

一名评论家在谈到英国的旅游业地位时这样说："旅游业如此强大是因为人

们感觉旅游业是增长型产业,创造财富和就业机会。"(Hewison,1988:239—40)这里的关键词是"感觉":澳大利亚政府从20世纪70年代末到2000年,对于旅游业的补助拨款由300万美元增加到1亿美元。人们正是通过这一明显的变化感觉到澳大利亚旅游事业的政治力量正不断强大。

"旅游业"对经济是否有影响

批评家们还提出"旅游业不止一个,应该是很多个"的说法。提出这种说法的大有人在,从美国商务咨询师凯泽和希伯(Kaiser & Helber,1978)到澳大利亚旅游部部长霍基(Hockey,2002),都是持此想法的人。

更有甚者还提出:旅游业具有很多种机构,但是那些第二类的机构(零售商、超市等等),也就是那些具有零散性的机构并没有真正参与旅游业。他们的解释是:要使任何一个企业或组织和某特定的消费者建立特殊关系,必须首先认识这些消费者的特点,然后出售符合他们特定需求的商品或服务,这是成为产业的第一个条件。宾馆、旅行社和旅游运营商们都做到了这一点,因为这些场所的服务对象是特定的——旅游者。他们还主张,一个组织要成为一个产业的一部分,它的经营活动必须要做到有目的、持续和常规,这是成为产业的第二个条件。

宾馆、旅行社和旅游运营商之类的机构符合这两个条件,而大部分的零售商和服务供应商却达不到上述两个条件。比如,超市一般不会对途经的旅游者区别对待,在他们看来旅游者只是顾客的一分子,而旅游者给他们带来的收益也只是总收益中的一部分。超市一般不会根据顾客群中的旅游者来决策。类似于超市的其他很多零售商都不属于旅游业。

在一个很有名气的旅游目的地,超市管理者也许会因为旅游者人数之多而在制定销售方案时将旅游者考虑在内,比如针对性地推出促销活动等。在这种情况下,超市也加入了旅游业,但这只是特例。

屠夫、面包师和烛台制作者

旅游者四处走动消费就形成了旅游业——这完全是不切实际的想像。这种想像就如同看见肉店、面包店和烛台店里有左撇子,就认定这些商店是从事"左撇子行业"。这种想像严重脱离实际。

这种想像犯了以偏概全的原则性错误(Oliva & Reidenbach,1987:136)。旅游者和例子中的左撇子只是一部分人群,他们的存在只是其中一个标志,不能用其来概括所有的方面。旅游经济有两个方面:需求和供应。旅游者只代表需求的一方面,而旅游产业应该关注供应方,因此,用代表需求的旅游者一方来代替全部的旅游产业根本就是错误的。

要认识产业活动,我们就要关注供应经济学政策的观点,即研究旅游运营商如何运作,而不能仅由旅游者来推测。这就是史密斯(1988)在提出"所谓的供应方观点"时暗含的意思。

归纳:旅游业的两种概念

20世纪60年代以来,出现了两种旅游业的概念。正确使用这两个概念非常重要,表7.2列出了这两个概念。

表 7.2　　　　　　　　　　关于旅游业的两种概念

概　念	基础和范围	用处和含义
旅游业是任何与旅游者旅游行为相关的活动	旅游者的所有活动都反映旅游业	在衡量旅游业的经济效应时有用,但是对于旅游业管理、决策、规划和可持续性发展却无用
旅游业是从事旅游业务的公司集合体,其存在一定程度合作和竞争	针对旅游者制定市场策略的公司内部既有竞争也有合作	对旅游业管理、决策规划和可持续性发展有指导意义,但是减少了旅游业(但非旅游)的范围的重要性,难以辨别和测量旅游业(因为每个运营商都要被包括其中)

从旅游者花费角度上看旅游业

以旅游者花费来衡量旅游者消费对于经济和资源开发的影响是一种有用而合理的方法。利用这种方法可以看清楚资金走向,并且便于预测。但是这种方法的不足往往被人忽视。在比较旅游业和其他产业的时候,这种方法不适合被采用。使用这种方法而得出旅游业比别的产业更大,根本就是非理性的。

产业不只有一种衡量方式和标准,而这一点却被很多人所忽视。在将不同产业进行比较时,需要选择类似的标准和概念,这样的比较才有意义。

根据旅游者开销来衡量旅游业的概念对于旅游管理没有帮助,而像旅游业宣传者所说的每一个为旅游者提供服务或商品的组织都属于旅游业,同样也不切实际。十多年来,一些政府机构一直信奉"旅游业是每个人的事情",但是这种口号除了安慰他们自己,剩下的便是误导他人,浪费国家钱财。

一些关于旅游业的理解都是建立在感觉基础上,而不是建立在理性思考基础上的,因此对旅游业在更广的商业和政治范围内获得认可并无益处。最近,一家大型旅游运营商的首席执行官表达了他的困惑——经过了这么多年,很多政府人员和其他产业的管理者们仍然不认为旅游业是一个巨大而有价值的产业。

从旅游运营商管理角度看旅游业

从旅游运营商角度看,存在着多种旅游业,而且每一种旅游业都包括很多从事旅游工作的企业。所有这些企业(旅行社、旅游运营商、宾馆、汽车旅馆、航空公司、轮船公司、主题公园等)在经营时都将旅游者考虑在内。有的公司跨国经营,有的只是在本地经营。

根据我们在本章中前部分讨论的七部门分析法,某些旅游业涵盖了全部七个部门,有的则没有。旅游业只为旅游者提供部分商品和服务,因此旅游业被认为是部分产业化的。这一"部分产业化"的概念将在本书的后面章节中讨论。

总 结

本章在开始部分讨论了旅游业这一说法的起源。然后描述了这一概念如何传播以及如何被广泛认同的过程。旅游业的概念在旅游运营商内部和外部的公共关系中有实际作用。另外一个作用是用于衡量旅游带来的经济效益。

但这些实际用处都是观念上的,并非经过大量的实践观察得出的结论。为旅游者提供商品或服务的所有组织都属于旅游业——这种观点显然是错误的(Tolstoy,1997/1910:233)。

我们对一些评论深信不疑,是因为这些评论在传入我们耳朵时听起来像是真理,还因为我们从未尝试去检验它们,或者以一种更为精确的方式去思考它们。

第十一章将介绍旅游业形成的其他方式,我们将不断讨论和寻找证据使大家相信旅游业确实存在,但是旅游产业化过程受到限制,而这也限制了旅游管理的范围。

问题讨论

1. 费希尔在20世纪30年代提出的三大产业是什么?旅游业属于哪一类产业?
2. 旅游业这一概念在20世纪60年代出现的三大因素是什么?
3. 旅游业这一概念如何使得员工产生自豪感和专业精神?
4. 旅游业如何与经济和政治有关系?
5. 本章中"搭便车"者是指什么?为什么"搭便车"是一个问题?
6. "搭便车"问题通常如何得到解决?

7. 关于旅游业的两个概念哪个范围更广？为什么？

8. 为什么提出旅游业的两种概念对于理解旅游业有用？

9. 列出旅游业的七大部门并举例说明它们。

推荐读物

Buckminster-Fuller, Richard 1972, Designing a new industry, pp 153—220 in *The Buckminster Fuller Reader*, James Mellor (ed.), London: Penguin.

Hall, Colin Michael 1994, *Tourism and Politics: Policy, Power and Place*, Chichester: Wiley.

Pretes, Michael 2003, *Tourism and nationalism*, Annals of Tourism Research 30: 125—42.

Schielbusch, W. 1986, *The Railway Journey: The Industrialization of Time and Space in the 19th century*, New York: Berg.

Smith, S. L. J. 1991, The supply-side definition of Tourism, *Annals of Tourism Research*, 18: 312—18.

第八章 管理及其在旅游业中的角色

导　言

　　管理问题曾在本书前面关于旅游业系统时零散地提到过。而在本章，此关系要颠倒过来，管理理论将是重头戏，其中还会通过列示来自旅游业中一些管理者实际工作的例子来加以说明。

　　现在有更多的人学习管理。在许多行业中，很多工作都需要管理能力，且此类工作正不断增多，同时此类工作也是高收入职业，很有前景。对于许多人来说，管理工作是很有趣的，因为其有挑战性和多变性，主要在两方面——工作角色和工作地点。管理者很少一天只呆在一个地方。作为一种职业，它适合想在私人或公共单位从事管理组织，并以有益的形式服务社会的人。

　　"管理"是一种有多重含义的表述。它涉及到参与管理的人、管理知识、管理者的基本活动或角色。由于这些含义并不矛盾，因此这种变化不成问题。

　　以下讨论从管理的标准开始。接下来的主题是关于管理工作与被管理的组织的工作区别。"为什么组织要有管理者？"这一核心问题将在关于管理思想学派的环节中探讨。这引发了对管理者工作的描述。本章以三个简单的环节结束，其基于以下问题：管理者最重要的角色是哪一种？成功的管理者需要知道什么？是谁实际上管理着旅游业？

管理实践的标准

　　在许多行业中能找到或高或低的管理实践标准。为了提高平均标准，一个关于研究领导水平和管理技能的行业特别工作组在1991～1994年间做了20种研究(Karpin,1994b)。此特别工作组由正从事实际工作的管理者所带领，并得到澳大利亚政府的财政资助和许多大企业的赞助，还得到了大学的研究支持。

　　这些研究的报告包括了对管理教育的推荐。关于管理形态的低标准，其中一个原因是很少澳大利亚管理者受过正式的大学教育：只有20%的高层管理者有学位，而相比之下，在日本和美国，此比例是85%(Ashenden&Milligan,1994：41)。实际情况可能还要糟，因为管理者持有的文凭、学位很少是管理方面的。对于一方面只知道一点是件很危险的事情，并会导致盲目自信。

　　尽管大多数管理者具有较高的道德标准和社会责任感，但仍有一些人在此领域存在缺陷(Saul,1992,1995,2001)。2002年，一些美国巨头公司（如安然和世通）的高层管理者被揭露出腐败问题，其使用欺骗的方式以损害公司利益的代价下，为其自身捞到巨额资产，这对社会造成了更大的问题。数万人失业，此问题扩展，影响到了整个经济领域（Krugman，2002；Overington，2002；Chancellor，2002；Gottliebsen，2002）。类似的事例也在澳大利亚被揭露。在本书中，我不讨论道德问题，但对此有兴趣的读者可以参考索罗门（Solomon，1992）和辛格（Singer，1993）的书。而与道德相联系的公民价值问题，在本书的不同板块中都有提到。

资源、组织和管理

资　源

　　管理离不开资源。一个没有可操控资源的人不能成为管理者，这就是说，他们要有一个组织来进行管理。在管理的环境中，一个组织便是管理者能影响的资源的集合，管理者在组织的各个组成部分上通过决策和行动来影响之。

　　例如，在我当前的研究中，我所管理的资源包括放在桌上的书、资料和仪器，这些都使得我的工作有效用和充满效率。我的日记上有关于工作时间的计划。围绕此计划，时不时地看下钟便是一种控制行为，这体现着时间管理。

　　任何物件的任何集合都可被认为是一种组织（Feibleman & Friend, 1945），考虑有管理与没有管理的组织的差异，可以帮助我们理解管理者和组织的联系。我们可以在自然和人类世界中看到组织——由山崩引发的岩石堆、一大群蜜蜂、拥挤的旅游观光者。这些没有管理的组织可能看上去是混乱的，但是像安德烈·布雷顿（Andre Breton）之类的超现实主义哲学家相信其没有混乱。他们认为，混乱是一种幻觉。在超现实主义者看来，其他人所认为的混乱只是一种至今未被认识到且未分类的规则。

　　虽然只有极少的管理者懂得超现实主义，但所有的管理实践者都内在地同意此观点，因为管理依赖于认识组织的规则潜力，并涉及到培养一些规则。泥水匠们按照不同的目的把石堆分门别类，养蜂家利用烟雾来管理蜜蜂，而大群的旅游者们也能通过不同的方法来被管理。

组　织

　　组织一般都涉及到其法律或结构方面的标识，例如公司、大公司、商行、企业、商业、合作商、协会、委员会、团体、单位、部门、党派、团队。"组织"一词是把它们都涵盖了的简便表达。组织存在不同的规模、目的、目标、战略、结构和文化，这些都引出了管理者的不同的管理方法。来考虑两种极端形式，即大型组织与小型组织。

小型组织经常由三个主要有益于业主的效用而成立：让他们做一些事情、让他们得到一些收入、让他们有相对的独立性——当自己的老板。因此，小型汽车旅馆能在单一业务上使用简单的策略和基本的商业方法，从而来提供住宿服务；它只需要一个简单的组织结构，并雇用一两个人来共同做事就可以了。

大型企业和大型的公共服务单位往往富有多重目标，要求具有复杂的组织结构系统，并充斥着官僚、企业以及政治的特色。

管理一般都与一至多名成员所组成的组织有关，并与人们有意设定出来的目标有联系；它们是"有目的的"组织（Ackoff & Emery，1972）。当情况看起来相对混乱的时候，人们会说组织中存在着管理问题。这是对前面谈到的原理的更充分的陈述。

管理是关于对有目的的组织规定并维持一些与其目标相一致的规则。需要注意的是"一些"有不同种类的规则存在，其反映在管理思想的不同学派的不同价值中。与这些学派相关的是多样性。管理则涉及与多样性打交道。这里，推荐给读者的是威尔切里（Waelchli，1989）关于此主题的文章。威尔切里的思想将在本书后面的与旅游业管理问题相联系的板块中讨论。

管理者与其所管理的组织的关系是系统性的，并可由三种元素以图表的方式所描述：(1)管理者；(2)一个被管理的组织；(3)管理工作（见图 8.1）。

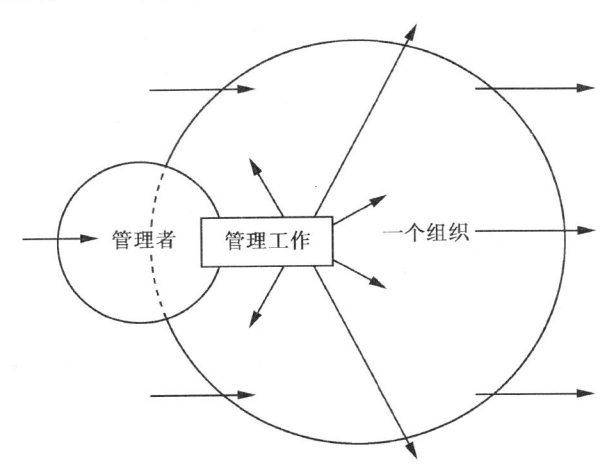

图 8.1 有管理的组织系统

图 8.1 中左边的元素是管理者，即一个或更多的下决定并展开行动来影响组织的人。他们可能在其工作中没有"经理"之类的头衔；这种头衔只是一种正式与否的问题，与谁实际管理没有关联。图中，右边这个大一些的元素是组织。其组成部分没有在图中列出的被称作为资源。中间的元素是管理工作。在此图中，管理者和管理工作被分开，是为了强调重要的一点，即当某人被任命为管理者时，其

自身并不表明管理工作已展开。管理工作要求做事情,用各种行动来真正地管理。图中,管理工作元素周围的箭头表明两点:一些指向组织内部,代表了管理者在组织中的内部工作;其他则指向外部,代表管理者连接组织与其环境的工作。

组织内部与外部的管理

管理与组织元素的重叠也有其象征意义。管理者们是其所管理的组织的一员,属于内部的,但他们也到外部去,其到外部去存在两种意义。

例如,宾馆经理会去其他宾馆,看那里的情况并与其他经理会晤。他们外出会见一些重要的竞争对手和客户。他们要会见资源供应商和食物与饮料经理,并通过参加一些贸易展览来学习新的厨具,同时财务经理也要与银行接触,以便获得一些筹集新资本的方式。他们也从思想意义上外出,试图以一个外来者的角度来看其自己的组织,以把客观性带到自己的思想中。

管理的工作和组织的工作

一个组织的管理工作是与被管理的组织中的工作不同的。管理者的工作理想上是要使得组织有效用和有效率,而一个正在运作的组织则创造和运送货物或提供服务。

管理者的工作对于这两方面都涉及到了。他们一般会用一部分时间来做一些实践工作,为消费者提供服务等等。所有优秀的管理者都这么做,这并不是管理,但其可以帮助克服些困难或使得一些事情游刃有余。管理包含了诸如领导、决策与合作等的活动。

管理者的产品是有管理的组织,即有效用和有效率的组织。一个有效用的组织做正确的事情——实现其目的;一个有效率的组织是在不浪费其资源和损害与其他组织共同依赖的环境下来实现其目的,除非这需要花费所有的成本。

战略管理与经营管理

有两种类型的管理经常重叠,即战略管理和经营管理。高层管理者更着重于战略上的问题,而中低层管理一般更倾向于经营上的事宜。在许多现代组织中,存在模糊这些层面的趋势,其主要通过授权的策略,允许所有的职员都参与战略的制定和执行,还有便是通过团队的使用(Wall & Wall,1995)。

高层管理者,中低级管理

高层管理者被称为组织的"战略顶端"(Mintzberg,1991b),他们一般都做出最重要的战略决策。CEO(首席执行官)是最高层。中层管理者们是直接处于高层之下的人。那么中层从哪里算起呢?其分界标志是高层管理者包括:CEO 和直接向 CEO 报告的人,其他便属于中层及其以下的管理阶层。

中层与低层的分界在哪里呢？没有人说其工作是"低层管理"。如果其自身或其他人把其职位称为"中层"，而不是有侮辱性的"低层"，则在高层管理之下的人会感到更好。

CEO 有多重要？

广泛流传着一种观念，即 CEO 们和其他高层管理者的价值不值得其薪水和津贴的数目。毋庸置疑，自从 20 世纪 80 年代以来，许多高层管理者的相关报酬都过高了，尤其是通过股份期权等腐败行为(Kohler,2002)。

而在芬克尔斯坦和汉布里克(Finkelstein & Hambrick,1996)的书中暗含了反对的观点。他们的研究发现 CEO 们能对组织的表现做出至关重要的贡献。管理者的市场价值，即薪金水平支持了这种结论。许多中层管理者比其他全职工作的人的平均工资多两至三倍，在高层管理上，薪金更是高得多。

投入、过程、产品和其他产出

从组织周围的环境中吸收到组织中的称为资源，包括员工（通常是最重要的资源）、资金、设备、技术、原材料、信息和知识（越来越重要的资源）。管理这些投入对于组织的工作至关重要。

当资源运用到组织的工作中以后，运作过程便包括了所有的活动。例如，在宾馆，这一过程包括收到预定宾馆的请求、为每一位预定的客人安排房间、准备使用的房间、接待到来的客人、护送客人到其房间并对一些设备做些说明、协助客人达到一些特别要求、清洁工作。

这些事情看上去只是些琐事，但如果他们不好好管理的话，这一过程将在某种程度上遭受失败。管理并不是一直要求有监管的角色的。明兹伯格(1991b)的关于"组织布局"的分析指出，在某种情况下，最好的状态是达到在没有管理者的监督和干涉下，员工能独立地工作。

离开组织的是其产出，包括产品、副产品、废料和其他排放物。旅游商业和旅游业的产品是什么？许多作者都研究了此问题，并多数达成一致，这种产品是提供给旅游者享用的一切，包括从宾馆到巴士的设施和服务和导游服务。管理者可能会说某航空公司"有很多产品"，其指此公司的飞机、飞行中的服务和食物以及根据其遵照时间表等方面来看的表现。

这里有一不同的观点。提供设施和服务的能力不是宾馆的产品，因为要这些能力的目的对于宾馆来说是为了生产其他东西。宾馆的提供设施与服务的能力是其资源而不是其产品。其产品是被安排好住宿的客人，这正如旅游运营商的产品是正在旅游的顾客一样，航空公司的产品是那些被送到目的地的乘客（理想当中还应包括他们的行李）。

这一观点指向了服务管理这一有趣的概念。服务管理包括管理：(1)作为能力而投入的资源；(2)涉及到角色或表现的服务过程；(3)产品，其会随着服务的不同结果而变化。旅游业的产品便是游客，他们会随着其作为旅游者的经历的好坏而改变，这其中包括接受服务的感受。

规范化与说明性的管理理论

讨论管理通常涉及到两种理论。区分它们并且知道它们分别是什么，对于理解一般的管理讨论是必要的。一种是规范化(prescriptive)理论，有时称为标准化(normative)理论；另一种是说明性(descriptive)理论。

规范化的理论

许多开业者和研究者都寻找更好的方法来解决管理的挑战，而他们所得到的解决方法便称为规范化理论，也称为标准化理论。相关例子可查看以下书籍：《追求卓越：向美国顶级公司学习》(*In Search of Excellence: Lessons from America's Best Run Companies*)(Peters & Waterman, 1991)或《细微的管理方法》(*The Deming Management Method*)(Walton, 1986)。

说明性理论

其他研究者们会试着去发现管理工作涉及到什么，但这并不是能从表面上看出的。说明性理论不会判断管理者的表现，也不会推荐或发明新的或更好的方法。它们的目标是去揭示或解释潜在的事实。本章大多会展现说明性理论，同时偶尔穿插些规范化评论。

管理上最著名的说明性理论是明兹伯格(Mintzberg, 1991a)的理论。对美国的案例进行研究的他，认明了管理者的主要特征，其有3个标题：人际的角色、信息的角色和决策的角色。邓福德(Dunford, 1992)对明兹伯格的说明性理论做出了有用总结。本章后面的讨论还会引用到卡罗尔(Carroll)和奎因(Quinn)的研究，他们的关于管理者角色的说明性分析与明兹伯格的类似。

为什么组织需要管理者？

在正式的意义下，没有人管理的组织靠混日子可能至少能部分地达到其目的。在这种情况下，一些组织残存下来了，一小部分成功了，而还有一些则倒闭了。这种与旅游业相关的组织可以在一些社区组织或非营利协会中发现，而这些组织或协会是由自愿者们所组成，为的是振兴某城镇或地区。这些没有正式管理者或足够管理者(因为缺少资金)的组织可能艰难度日并无所作为。这便说明了需要管理者的理由：为组织创造一种更好地维持并达成目的的机会。

投资者首先考虑的几乎都是其资金的保障，其次是获得收入。大多数投资者都缺乏能力、动机、时间或精力来管理其投资的组织。同时，他们对于资金受托人很谨慎。所以，没有股东会投入高风险的资金而让员工去混日子，或由员工自己选择非正式的管理者。取而代之的是，股东会选择来管理的董事，而这些作为所有者的代理人会选择经理。

经理（管理者）被认为是组织所有者的代理者。代理理论也由此成为管理中的一种有用的理论来源，但是它不能解释所有情况。

六种思想学派

在过去的100年间，若干管理思想的学派都陆续出现。每一种学派都包含了一系列价值、理论和方法。老的学派不会一直消失，因此在多数现代组织中，能同时发现几种学派的轨迹。本章要讨论六种思想学派。就某种意义来说，每一种都代表规范化理论，因为其都包含了对于管理的建议。这些建议都反映了组织的价值，更确切地说反映了所有者的价值。然而，此章的目的仅仅是描述与解释它们，而不是展示其规范性。

理性目标学派

管理的理性目标学派涉及到了100年前在新行业发展的组织的管理方法和原因，主要是在关于钢铁制造业、爆破业及汽车业方面。由于科学管理的奠基人是泰勒（Taylor，1972/1911），此理论也被称为泰勒主义。

遵循泰勒的指示，管理者在理性的思想上强调清晰的目标。他们致力于最大化产出和收入，同时最小化成本。管理者与员工之间存在明显的界限。在管理地位之下的员工不能有想法，只需按命令去做。另外，在最大化产出的目标下，不同的部门有其各自的分工，工人要求尽量减少培训，并被分配到一些很简单的任务。工人应该被严格监督。所以，总体情况是：工人工作而管理者管理。

默尔（Merkle，1980）和摩根（Morgan，1986）撰写了理性目标学派的领袖人物——泰勒（F. W. Taylor）的故事。此人性格古怪，但他为世界产业发展做出了巨大的贡献。

在泰勒的理论成名之前，即在1912年左右，存在一种常识，即工作强度更大、工作时间更长是增加生产的惟一途径。一位名叫杰文斯（Jevons，1888）的英国教授从其设计铲子的研究发现，以上常识是错误的，但这一思想在当时没有被企业家们广泛接受，也没有改变人们的常识。杰文斯也没有涉及到任何管理方面的东西:他所关注的是发展技术及如何创造附加值。使用改进了的技术,工人可以生产出比利用增加强度和延长工作时间等方法所增加的产出还要多的产品。

泰勒提到了杰文斯的研究,并公布了自己的观点,后来,这些观点在学术界和行业中都闻名遐迩。他的适用于其时代的思想贡献表明,20世纪左右的新行业中的生产力提高不是工人们的贡献,而完全是管理者的贡献。泰勒为管理者们设计了方法,并促使他们来执行他的理论。结果,常识慢慢改变过来。到20世纪,管理者们开始接受这一观点,即机智地管理资源、聪明地工作是提高生产力的最佳途径。

当其主要理论被广泛接受的同时,泰勒的其他理论则不受尊重,尤其是其鼓励管理者要把工人看作是没有潜力的低等人民。

意识到泰勒的理论是出现在20世纪左右可以帮助解释其特点。在当时,许多工人都只是仅仅会读书和写字,不会做一些技术性的复杂工作。在新机械技术运用于迅速扩张的新制造行业的城市中,许多人都正在寻找无技能要求的工作。泰勒的这些粗鲁的观点来自于对《圣经》与达尔文的《物种起源》的歪曲说明,其鼓励企业家们剥削工人。这种最优物种生存的原理被管理者采用。它鼓励形成蔑视工人自身价值的管理态度,而这些工人待遇艰难,收入微薄,工作时间长,并经常在危险条件下工作,从而导致死亡或受伤。

今天,某些理性目标管理的理论思想在一些组织中仍然被使用着。一些管理者仍然认为工人应该被剥削——尽管当前他们不会公开地表示。管理者应该对决策负责的信条在当今的某些集团中仍然存在着。20世纪80年代,授权给工人的趋势产生后,这些思想都开始改变,然而,这些趋势并没有在许多组织中展开。授权涉及到管理者放弃某些决策权,而把其转交给工人。

一百年前,泰勒的规范化理论也适合公司股东和董事的政治需要,他们受到工会与工人阶级政治运动的威胁。而泰勒的理论证明了普通工人处于工作的从属地位这一传统思想的正确性,而这思想扩展到了工作以外的社会环境中。同样,这些也是当前社会态度的轨迹。

内部过程学派

费伊尔(Fayol,1987/1916)是另外一位早期的理论学者,其观点在当今许多课本中反复说明。费伊尔把管理看成是一个连接着5种功能的过程:计划、组织、指挥、协调、控制。他的14个管理原则都是围绕这一过程的(Quinn,Faerman,Thompson&McGrath,1990:6)。

钱德勒(Chandler,1977)对杜邦公司(Du Pont)的管理历史回顾也与内部过程学派相关。它出现在商业组织当中,而这些组织在20世纪初都发展成为公认的好组织。管理者的全部目标是保持组织的稳定状态,并使其稳健成长,避免产生问题。

程序手册是内部过程思想学派运用的一种标识,因为其目的是保证执行过程的稳健性。清楚地表明等级,标明从最低级到CEO的每一层次,这也是很重要的。其最终目标是达到平滑性和工作的高效流程,所以管理者的主要角色是协调者和监督者。管理者密切地监督,从而当组织偏离稳定发展的轨道时,其能端正组织的方向。内部过程学派在现代行业中被广泛运用,我们可以在许多宾馆、航空公司和旅游运营商的运作中发现其思想。

人际关系学派

20世纪20年代,员工的个体价值思想在管理理论中出现并在此后的几十年中发展起来。工会和进步的知识分子呼吁应该以人的待遇来对待工人。第二次世界大战(1939~1945)加速了这一思想的发展。数以百万计的普通工人开始认识到,工人阶级承受了巨大的战争负担,应该在以后的和平年代中得到更好的生活待遇。国际人权宣言(1948年由联合国提出)强化了这一态度。在1946年到20世纪60年代间,超过100个独立国家诞生,这些国家之前都是殖民地,它们更加坚信所有的人类都有能力参与其自身问题的处理——有能力管理。

越来越多的管理者开始认识到过去那种把工人不当人看的对待方式在新出现的行业形式中是没有效率的。

一名澳大利亚研究者——艾尔顿·梅奥(Elton Mayo),在20世纪30年代对美国工厂进行了实验研究,并证明了其他学者的观点,即对工人的社会待遇会影响他们的生产力。这一实验表明,当工人受到管理者的注意时,其生产力会提升(Mayo,1945,1987)。梅奥的著名实验给世人留下了一个影响深刻的事实,即生产力的提升并不是通过改善工作的硬环境(如增强光线)所带来的,而是由于管理者以赞同的态度来关注工人所产生的。

当梅奥的发现传开后,规范化理论开始转变。管理者们认识到他们能通过关注工人而在他们之间建立承诺和提高士气。梅奥的这一提升人际关系学派理论被广泛地认为是文明进步的标志,但也有利用他人弱点之嫌。

仅仅是关注工人,对于他们本身来说毫无意义,而这不如让他们有一种值得被关注的感觉。这是控制的最便宜的形式。至少在短期内,管理者们会用一种廉价、便宜的方式来提高或维持生产力。例如,以讨好的形式,即与员工保持密切联系,并一直用友好的态度对待他们,但却总有推迟提高薪水或改善工作条件的借口。

人际关系理论的另一个方面却是存在更多有益之处,因为它认识到了人的差异。在泰勒的理性目标理论下,工人都基于"平均人"(average man)的概念而被一样地对待。这使得人们的能力未被充分利用。每个人都有不同的能力和个性,所以如果他们能被区别对待的话,会产生更强的生产力。

在许多现代组织中,人际关系理论已经被提到一定高度了。在任何知名的商业组织中,它都是无可替代的,但是它对于管理者的过分行为却只有一般的作用。

当人的价值与理性目标理论的价值相冲突时,有时是后者决定问题,而这对于各方来说可能都是有害的。例如,一种被受到广泛尊重的权威人士如德鲁克(Drucker,1955)所推崇的技术——目标管理(MBO),清楚地代表了理性目标模型。但是,根据戴明(Deming,1990)的解释,MBO只会产生相反的效果。

开放式系统学派

管理的开放式系统模型在概念上很像第三章所述的旅游业的开放系统模型。1954年是这一理论出现的标志年,即当波塔兰菲(Ludwig von Bertalanffy)、博尔丁(Kenneth Boulding)和其他人共同奠定了一般系统研究学会(Society for General Systems Research)的研究之时。尽管威纳(Norbert Wiener)提出把系统理论运用在管理上,但该学会的早期工作并不涉及管理。

威纳(1950)因其是控制论的奠基人而闻名。控制论是一种自动交流的科学,其帮助了计算机技术的发展。他可能是第一个认识到商业组织能与其环境相互影响的人,即组织的活动(其生存、成功、生产率或失败)并不只是其内部的事情,它还涉及到组织如何面对外部环境的威胁和抓住环境所带来的机遇。意识到这一点便可鼓励管理者们向外看,试着去理解外部环境。

对于管理者来说,并不要求其具有开放系统理论的知识,但要求其根据开放系统的变化在思想上有一个框架。并不是所有的管理者都有这种态度的,一些管理者由于被内部过程模型所束缚,或个性使然而总是关注组织内部。

波特(Porter,1980,1985)的关于竞争性战略管理理论被现代许多企业所推崇,其却是以开放式系统模型为基础的。他描述到把组织建成具有开放式系统特征的管理者是如何成功的。这种战略便是定位好组织,抓住公司所在的环境的任何机会,并避开任何环境威胁(开放式系统因素),同时运用其优势,克服其劣势(内部过程因素)。

合作与竞争学派

20世纪90年代,越来越多的思想学派都提倡商业组织中的合作网络(Holmes,1995),相比之下,只有极少数研究者还在揭示合作与竞争的相互关系。

这种理论的起源可以在早期的社会学(Veblen,1904)与经济学(MacGregor,1931/1911)的著作中找到。直到彭罗斯(Penrose,1959)才明确地同时把竞争与合作写入自己的管理著作中。彭罗斯发现当商业公司与其他公司竞争时常常会成功,同时她也发现合作、协调活动也是很重要的。彭罗斯不能保证这两点哪个更重要,也没有解释这两个因素的功能。没有任何迹象表明她读过以前关于此主题的文章,她把竞争称为"上帝和魔鬼"。

贝斯特(Best,1990)发展了彭罗斯的思想,进行了更多的研究,展示了合作与竞争理论发挥得特别出色的地方(日本与意大利),也摆出了否定此理论而导致经济与管理问题的地方,这主要是在美国。他认为合作更重要,但强调竞争也是必需的。

在一些国家,主要是在美国,竞争被许多经济学家及其助手认为是经济发展与企业前途的最高途径。在澳大利亚,近来政府用受欢迎的方式来鼓励更强的竞争,而把合作过程暗示为反竞争的、经济问题的诱因。在澳大利亚,海姆尔(Hilmer)的著作(1985,1993)对于传达这些意识形态是很有影响的,尽管它们所包含的例证等在总体上都是不堪一击的(这是意识形态著作的通常情况,读过由政治或宗教狂热者写的一系列的书的人便会知道)。

竞争价值学派

管理中第六个思想学派是由奎因(Quinn,1988)所阐述的。研究了数百个实践经理人后,他像其他规范化理论者一样,辨明了许多工作角色。另外,他还发现了其他东西,而这便是他研究成果中最独特的地方。

管理者角色的意义不是一成不变的,但就某种意义上说是相互竞争的。例如,在上午9点,管理者可能做出一个反映理性目标学派思想的决策,到9点30分时,又可能做出一个反映内部过程学派思想的决策。之后,在那个早上,此管理者可以做一些反映人际关系价值的事情;突然,思想和决策都转向了开放式系统,接着又转回到内部过程中来。这种转变不一定就是无计划的、随意的或连续的,也不应该被认为是愚蠢的表现。它可能反映了在繁忙的一天的某一特别时刻所面对的挑战或任务。

在奎因发展其模式并于1988年出版其书之前,职业从业者和学术文献所缺乏的是一种能解释这种多样的、非永恒的并看上去矛盾的方法的理论。此后,奎因、法罗门(Faerman)、汤普森(Thompson)和麦格拉斯(McGrath,1990)的著作都对此理论进行了详尽的讨论。

如果一名管理学专业的学生在没有学习奎因的理论之前,学过多种思想学派的知识,他会认为这些思想学派是相互排斥的,所以,管理者应该一直遵照一种思想学派。奎因表明了这是不现实的假设。他的理论显然是实际的。在描述这一理论之前,我将展示另外一名研究者的发现。

卡罗尔的一系列管理者角色

在认明了一些反映管理工作价值的理论以后，现在主题转移到工作本身上来。管理者会做什么？在调查了数百位管理者以后，卡罗尔（Carroll，1988）辨明了8种"工作活动群"，详情如下。一些原始的解释即非卡罗尔的研究在下文中也同样被列示（以下所列举顺序并非按重要性或年代前后来确定）。

管理者是计划者

一个总部在悉尼的探险旅游运营商——World Expeditions Pty Ltd 和其他管理有方的旅游运营管理公司一样，做出了对公司发展有利的计划。他们提前一年计划旅游团的出发日期和旅游日志。要为每个旅游团所估计的旅游者和导游安排宾馆和航班。在某一特定年中，大约200个旅游团去了尼泊尔、印度、巴基斯坦、中国西藏或不丹，500个团去了新西兰和澳大利亚的偏远地区，还有几十个旅游团去了其他国家。

计划这些旅行需要仔细关注每个环节。许多探险旅游运营商都由于商业等原因而倒闭，这是因为其管理者只在操作探险旅游上有很高的技术，但对于计划和其他管理角色则能力不足。

所有的管理者都做计划。计划总是涉及到未来。几乎所有关于组织未来的事情都要被计划：经营、人力资源、现金流、资源、技术、市场、战略的执行和财务决策。

计划意味着结合重要的问题来思考如何才能得到所想要的未来。它涉及到为可能的未来做好准备。它涉及到思考可行性。它意味着判断可能发生的事情以及在未来到来之前应尽快做什么。它也涉及到达到目标的一连串的步骤。没有计划这一组成部分，管理可能会降到最底层的方式——无准备，但当出现情况的时候便还是会出现去处理情况的意愿。在管理的专业术语中，当条件变得忙乱时，这种处理方法便叫做"救火"（fighting fires），并容易导致错误。

并不是所有的商业成功都来自于把计划作为首要步骤考虑。有一个几十亿美元规模的汽车租赁公司，起家时只是国内一家小型企业，而当时其却没有明确的计划（Fucini&Fucini，1987）。

管理者是代表

所有的管理者都代表了雇用他的组织。当比姆斯（Geoffrey

Beames)作为一位嘉宾讲师而为大学观众做演讲的时候,他代表的是澳大利亚酒店有限公司(Australian Wine Lodges Ltd),他是此公司的创始人和CEO。当他对澳大利亚酒店的员工做演讲的时候,他还是代表了该组织。因此,代表可以是对该组织的内部或外部的。

管理者不能决定他们怎样来代表其组织,因为这最终由关注者所形成的印象所决定。然而,他们能试着创建一个适合的印象。这便是为什么私人会客是如此的重要,为什么会议技能是有用的,以及为什么形象很重要。服饰、整洁、谈吐、手势都具有象征含义,给关注者传达信息,所以形成人们对于管理者及其所代表的组织的印象。

在展示了代表形象之后,管理者行为或言谈的内容比风格更重要。毫无内涵的风格比代表角色的失误更严重。

管理者是调查者

管理者要调查。换言之,他们要研究。这源于需要知道正在发生什么、已经发生了什么或要认识到现有的知识是有缺陷的。没有管理者能够或需要知道与其工作相关的一切事情以及他们最需要去学习的东西。

不是所有的调查者都需要高深的研究方法,但是他们需要睿智的注意力。Ausfurs集团的主管罗·海特(Rob Hayter)使用一些简单的方法定期地调查一些固定的方面。Ausfurs在悉尼有一连串商店,其主要面对旅游者出售澳大利亚特产。海特偶尔会到购物中心逛逛,观察旅游者们光顾的商店中的活动。

某些调查运用更正式的方法来搜集和分析数据。管理信息系统(MISs)是最正式的方法。一些专业书籍解释了怎样设计和运用MISs(O'Brien,1990;Ahituv&Neumann,1990)。MIS是管理者们利用不同的人力资源来整合信息,这些资源有:经营指导者、会计、市场调查者、营销人员、个人销售者和工程师。某些调查形式应该使用正式的科学研究方法(Emory&Cooper,1991;Sakaran,1992)。

管理者是谈判人

当管理者被任命后,他们都有机会实践其谈判能力,结合其工作条件,大多数谈判都围绕薪金、收益等问题。谈判是这么一种过程:两个或两个以上的人就某交易而交流,而这种交易会使一方比其他方得到更多的收益。管理者会围绕一系列问题而多次谈判。

管理一项包括一切费用的旅游业务需要与不同的交易供应商达成合同协议。这便要求与航空公司、巴士线、宾馆等的管理者谈判。谈判的主题包括需要多少环节、以什么价格、什么时候、要求的标准和支付方式。在大规模的市场一揽子旅游业务中,高水平的谈判合同对于企业的利润十分重要,因为它可以降低边际成本(Koloff, Moore & Richardson, 1989)。

谈判中的一种微妙的方法是合作策略下的竞争,寻找"双赢"结局。阿克塞尔罗德(Axelrod, 1990)的书《合作的革命》(*Evolution of Cooperation*)是一本关于介绍同时开展竞争与合作之战略的好书。大家还可以就这方面查看辛格(Singer, 1993)的《我们要如何做人?个人主义时代下的道德》(*How Are We to Behave? Ethics in an Age of Self Interest*)和卡维(Covey, 1989)的《积极人生的七个习惯》(*Seven Habits of Highly Effective People*)。

管理者是协调人

管理要求协调。几乎所有的人都能在小组织中协调资源,这主要反映在大多数人都能管理好其家庭。在大型、复杂的企业中,协调变得更困难。

协调涉及到把资源安排好,以使组织的过程运转顺畅,把每个环节安排到位,最大限度降低资源流动、工人之间及部门之间的冲突。这便要保证正确的人和正确的资源要在正确的时间中做正确的事情。

例如,在金和海特(King & Hyde, 1989)所做的一个案例研究中描述到,在冲浪者天堂附近的主题公园——"海之世界"(Sea World)出现了协调问题。此组织原先由4个部门构成。一名新主管把其改为10个部门。这多出来的部门可能帮助组织的工作,但与4个部门相比,10个部门要求更多的协调角色。同样地,自20世纪80年代航空公司所推行的频繁乘客(frequent-flyer)项目,第一次被每一个航空公司单独操作。当这一概念被扩展到每一个主题中包含若干航空公司,则从每个主题的市场得到的收益将会扩大,但也要求更多的协调工作。

虽然存在许多有用的协调技术,但一般来说没有最好的方法。明兹伯格(Mintzberg, 1991b)建议,协调方法的指导原则是要适合组织的特性。

管理者是评估人

管理者评估即类似许多课本所说的控制。想像一下一个大型名胜之地的维护经理的工作。维护对于名胜来说至关重要,因为如果忽视了一些设备等的坍塌、过度损坏和撕裂等情况,会导致管理问题和顾客的不满意。管理维护涉及到许多管理角色,这里提到评估者这一角色。

每个月,维护经理(在一些宾馆和名胜,其称为"工程主管")要评估上个月在报告中所列出的所有维护项目的信息,以及各自的成本。一些是"活儿"(翻修房间、修理空调),一些则是"加工"(修割草坪、清扫地面)。这一报告将与上期的维护项目预算与成本比较来评估。如果它们相差太大,将会调查这种差异或不同。

管理工作包括要知道应该评估什么和评估的频率。管理科学提供了如何评估的技术与技能。这些技能涉及会计、研究方法、营销、经营管理和计算机技术。没有人能精通这所有领域，但多数管理者都在所有领域里培养基本技能。

管理者是员工和转变代理人

管理者对人员匹配的组织负责。首要行动是人力资源的计划，然后是招聘，即建立一个潜在就业者之库，然后从中挑选，找到最适合此工作的人。在雇用此员工之后，管理者有义务对其培训，帮助其变得更有战斗力。一项进行中的活动便是员工发展，即通过教育、培训和事业开发等途径鼓励和协助员工发挥其潜力。

员工发展，这一越来越重要的情况源于两个相反的趋势。第一，组织正在以不同的方式变化着，来适应新条件并在技术、金融、市场等方面发掘新机会。这意味着经营方式要改变，组织中人的行为也必须适应这种改变。管理者在员工发展中要表现为这种改变的刺激物，使发展呈现系统性，这是组织持久力的一个因素。

大体上，员工能在三个方面被发展：其知识、技能和态度。达如瓦拉和韦勒(Daruwalla & Weiler,1995)的研究发现，在澳大利亚的招待行业中的培训项目往往注重知识和技能的发展，而忽视态度问题。他们引用了克雷格—史密斯和弗伦奇(Craig-Smith & French,1990)的研究，这表明需要朝"一种清晰的澳大利亚人的印象"方向转变。

在大型组织中，员工发展的任务往往指派给人事专家负责，但这种安排不是万全之策。汤森(Townsend,1970)在关于其在艾威斯汽车租赁集团(Avis Car Rentals)当CEO生涯的书中指出，运输公司从高层到低层的经理把员工角色调配得最好。于是汤森取消了艾威斯(Avis)的人事部门。

管理者是监管人

监管意味着对其他人的工作负责并履行其直属权威性。它能以不同的方式表现出来。在悉尼的一个小宾馆(有10个员工)——罗素酒店(Russell Hotel)，管理者说她的工作比较少涉及到监管，因为在没人监督的情况下员工能有效地工作。定期召开员工会议，团队能对一系列事宜进行交流。

与之不同的是一家大型餐厅的值班经理(shift manager)——保拉(Paula Layton)，其工作角色一直都是监管。她说监管是其主要角色。她要用其绝大部分时间来对厨师长、厨师、厨房助手、服务员、收银员和清洁工进行轮班监管操作。

完美的管理者：一个理想的公主？

卡罗尔的活动列表集可以通过其所列活动的首字母来记忆，即：计划(p)、代表(r)、调查(i)、谈判(n)、协调(c)、评估(e)、人员配备(s)、监管(s)。一个胜任这所有8种角色的全面的管理者便是一个公主(princess)。

这表明了管理工作很难单独做好的主要原因:全面的管理者必须是一个多面手。许多人能高度胜任一些工作,很多人处于平均水平,很多人则处于劣势地位。这便是职业经理人所指出的要继续受教育和培训的原因,在发展自身优势的同时改变自身的劣势。这些也是包含了复合型人才与能协调自身优势和劣势等人才的管理团队是多么有用的原因。

奎因的竞争值模型

奎因的管理模型可以用一个图表来表示(见图8.2)。被细分的四部分分别代表四种管理理念。每个部分包括两个角色,共有八个角色,而且每个角色都有三个能力方面的要求。下面介绍这八种角色。

资料来源:R. E. Quinn et al. , *Becoming a Master Manager:A Competency Framework* (1990)New York,Wiley. 本资料的使用得到了 John Wiley &Sons Inc. 的允许。

图8.2　管理工作:八种角色和四种竞争值

管理者是指令者

指令者角色随管理者向其他人决策和指示问题时出现,例如:定义问题、选择活动的备用方案、制定规则和政策、制定战略和下达指示。

此角色的三个技能是:采取主动、确立目标和代表。他们与理性目标管理模型相联系,为的是提高生产力。杰弗里·比姆斯(Geoffrey Beames)例证了"采取主动"这一技能。这些年来,许多不同的人围绕澳大利亚产酒地区做了修缮来迎合对美酒和葡萄园情有独钟的旅游者。此前在航空公司和岛屿胜地任高级管理职位的比姆斯进一步发展了"采取主动"的观念,并在成立澳大利亚酒店有限公司时适当地执行了这一概念。

管理者是生产者

管理者的一项特殊任务就是充当生产者,让资源发挥生产作用(Drucker,1980:18),这个角色和指令者的角色相辅相成,因为两者的目的都是为了提高生产率。

生产者能力要求有三个:创造激励型的工作环境、鼓励员工提高生产、时间和压力管理。任何一个成功的机构都有一个具有上述能力的管理者。

奥伯伊(Mohann Oberoi)是一个典型的成功案例。童年饥寒交迫,20世纪20年代时获得了第一份工作,每个月挣3美元,后来开了自己的公司,成为奥伯伊宾馆的首席执行官。2002年已经在7个国家拥有35个连锁宾馆。90岁的奥伯伊在塞斯(Seth,1992)对他的一次采访中,揭示了成功的管理者的三个典型品质。他说:"今天能做的事绝不拖到明日,我生活朴素,而且几乎没有个人需要。"

一个相关话题:贪欲和缺乏社会道德

不是每个管理者都和奥伯伊一样,有的首席执行官或其他高管渴求巨大的财富、高贵的身份和奢侈的生活。许多机构的管理不善都是由于首席执行官和其他高管利用职务之便聚集巨大的个人财富,而置公司管理工作于不顾(Kohler,2002;Balzar,2002)。黑格(Haigh,2003)的文章值得任何了解这方面问题的人阅读。毫无疑问,有的首席执行官所做的工作和他们的高薪相当(Finkelstein & Hambrick,1996)。问题是有些高管也许认为他们的高薪仅仅由于他们的职位之高。

深层次的问题是贪欲和缺乏社会道德。亚当·斯密在200年前说过:"良好的公民应该尽他的一切能力提高整个社会公民的生活"(Smith,1790,摘自Saul,2001:99)。亚当·斯密被很多企业家认为是现代商业和自由市场伟大的思想家,因而他的话经常被他们引用,但是他关于社会责任的话却很少被人注意。

一些管理者认为只要不触犯法律,他们就有权以自己喜欢的方式利用自己的职位。持这种想法的人显然忽视了公司老板和社会之间的契约问题。

开办公司首先要和社会(政府)签订一个契约:社会(政府)授权这个公司经营并获利。作为回报,公司老板和管理者们应该使用他们的权力为"公众谋福利"(Bella et al.,1985:290)。认为公司的股东和管理人员可以从公司攫取私人利益,甚至以公众利益和社会福利为代价的想法完全是缺乏社会道德感的,也和公司法的核心——责任完全相悖。

管理者是协调者

协调者的角色和内部型竞争者密切相关。协调者能使公司稳定团结发展。很多机构在某种程度上都需要能起协调作用的管理者。协调者需要有规划、组织和控制的能力。

公司要发展必须依靠合作。旅游运营商阿科（Accor）也许是世界上依靠合作成分最多的旅游运营商。1994年该公司在132个国家有145 000个员工，拥有2 200家宾馆，700家餐馆，1 100家旅行社和5 000家汽车租赁机构（Steinmeyer，1994）。

管理者是监控者

像协调角色一样，监管也与内部过程理论联系紧密。监控者需要能减轻信息过多的能力，能用批判性的思维对信息进行加工，还要有很好的写作水平将信息表达出来。

批判性的思维有助于管理者做出正确决定。德鲁克（Drucker，1980）认为在变化多端的现代社会里，管理者应该关注三个问题：资金流动性、生产效率和未来成本。

宾馆出现重复预定——被预订的房间多于实际房间数——是生产率的问题。生意兴隆时，宾馆也许会接受多于实际房间数的预订，因为有的预订者可能不会过来住。那么这时需要有一种批判性思维决定到底可以允许多少重复预订，因为少了会影响收益，而如果过多则可能造成有的客人没有房间的麻烦。希莫（Schirmer，1994）调查了昆士兰黄金海岸的宾馆里的重复预订现象。她的研究结果显示不同的宾馆有不同的做法。

管理者是指导者

指导者的角色要求管理者能充分了解自我和他人，具有良好的人际交往能力，花时间栽培下属。有的机构把员工的发展放在重要地位，这种机构的管理者是有经验的指导者，他们有能力也愿意花时间栽培新人。

Nguyen Thi Ngoc Lien是越南国家旅游办公室的一名高级管理者，她具有指导者的三个能力。1991年30万旅游者到越南旅游，但是他们的目标是迅速实现旅游者人数翻一番。关键的措施是培训将来成为旅游管理者的年轻人。毋庸置疑，Lien积极地度过了其青年时光，她花时间来培养新人，并且在结束于1975年的越南战争中,她作为军队的排长而受了重伤(Hwu,1992)。

管理者是推动者

推动者的角色要求团队建设的能力、参与性的决策能力和争端解决能力。推动者的角色和生产者的角色在表中是正对着的,这说明这两个角色不能同时存在。

召开员工会议使得管理者发挥推动作用:建设团队精神、让员工感觉自身在参与决策过程、减少冲突。一些管理者开会次数过多,而有的则过少。莱希(Katie Lahey)原来是维多利亚旅游委员会高管,后来成为悉尼市议会的管理者,她评论到,"在悉尼市议会中,我发现这里的工作人员对于整个机构毫无了解,不知道其他人在干什么。比如,他们一直很少召开员工会议"(Lahey,选自 Larkin,1994:41)。

管理者是创新者

创新者角色要求具备:接受变化、批判性的思考和管理方式的改变三个方面的能力。

罗本·瑟斯顿(Robyn Thurton)在接管了罗素酒店成为管理者不久,她在管理方式上有所创新。以前,罗素酒店也和其他酒店一样,不愿加入宣传旅游业的大军中。她避免了加入宣传旅游业的大军,却通过其他产业营销手段来对酒店进行创新。瑟斯顿购买了一份美国旅行社的黄页,并联系了其中几家。她还与悉尼入境旅游运营商建立联系。结果,两年后,酒店的美国房客人数增加了一倍。

创新的效果有三个:酒店的工作氛围更加和气,具有亲和力,这是经常住酒店的房客所期待的,也是第一次住该酒店的房客所感觉到的;酒店员工感觉在这里工作愉快,也使得房客感觉在悉尼旅游充满乐趣;酒店房间利用率提高,并带来更高的收入,减少酒店宣传费用。重复房客越多,酒店在宣传广告方面的费用越少。

创新者和协调者角色在表中也是正对着的,解决其相互对立的问题就是寻求一种两者搭配的比例。有的时候,创新必须让位于协调;有的时候,协调必须暂时不考虑,而要更多地考虑创新。

管理者是经纪人

管理者充当经纪人作用有三个能力要求:建立和维持权利基础、谈判、表达观点的能力——口头或书面。

经纪人和监控者在图 8.2 中正对,意味着有的人具有其中一个角色的能力时,也许缺乏另一个角色的能力。里德(Ralph Reed)是 50 年前美国捷运公司(专营国际旅游和旅行支票业务)的首席执行官,他一直反对美国捷运公司开展一种信用卡业务(Grossman,1987),而公司其他人都相信开展这种信用卡业务会很成功。一张 Amex 卡(美国运通卡)("出门必带")将完善公司的旅游和旅行支票业务。里德认为开展信用卡业务会减少 Amex 旅行支票的业务。但是最终里德不得不承认自己的分析有错误,Amex 信用卡是可以被引进了。里德显然具有经纪人的天分——能够在公司发展期间建立和维护公司内部权力基础。

管理者的核心作用是什么?

管理者的核心作用是协调。管理者们管理资源——员工、资料、知识、原料、设备、现金、投资、技术等等的分配。所有有组织的人类活动——从陶器制造到人类登月——有两个基本有相对的过程:将劳动分工成各种不同种类和将这些完成不同任务的劳动组合起来。

除了协调组织系统,管理者还协调另一种行为和另一种系统。管理者协调管理工作是通过管理自己的工作或协调别的管理者的工作进行的。图 8.3 表示的是卡罗尔的模型。这个过程可以表述如下:根据观察、判断和信息等等,管理者决定充当什么角色。决定充当的角色可能会直接影响整个组织。图 8.3 中的各角色内部互相联系,外部和环境也互相作用。

这种管理模式最早在利珀(Leiper,1989c)的控制系统中提出,协调元素是管理工作的核心,联系着所有的管理者角色。

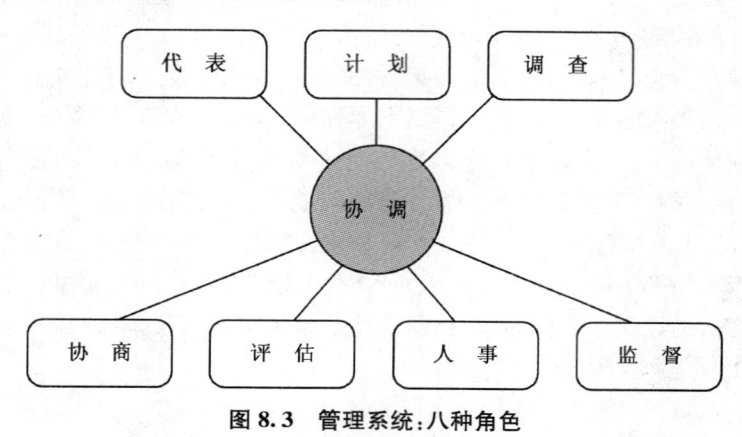

图 8.3 管理系统:八种角色

线性模式和系统模式

管理学教材经常描述费伊尔(Fayol)的五个功能模式,这五个功能在图 8.4

中被列出：首先是计划，接着是组织，然后是下指令，最后是协调和控制。根据控制得到的反馈，又制定新一轮的计划。

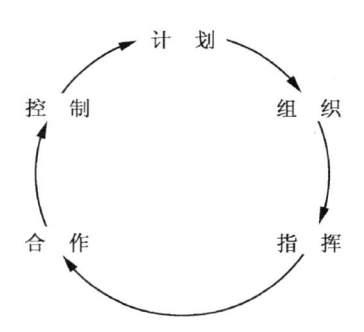

图 8.4　管理角色的线性模型

图 8.4 的费伊尔五功能模式看起来似乎很有系统性，而且被很多管理学教材称为"有系统"的模式。但是费伊尔的五功能模式是线型而非系统模式，对于很多管理工作的指导有误导。图 8.3 的八个作用的模式是系统的，因为这个表将各种活动看成是互相联系的元素，而不是一条线上的一系列关节。图 8.4 也没有体现出灵活性，因为圆圈总是以"计划"开始，以"控制"结束。

每个月，管理者从会计处收到月报告，而这些报告就成为管理者评估和控制的工具。假设报告显示销售额超出预算 15%，而直接支出超过预算 30%，那么公司实际上利润受损了。管理者下一步要做些什么呢？这取决于公司采取的是图 8.3 还是图 8.4 的模式。两个图表哪个是更精确的描述？哪个图表对管理者理解管理工作更有帮助？答案都是图 8.3。

根据图 8.4 的线性模式，控制后就是新一轮的计划。这个模式提醒管理者要注意销售和成本之间的差别并在控制环节采取一定措施弥补这一差别，还要在新的计划中将这种差别考虑在内。控制和其他环节的联系只是通过这个圆圈，通过计划建立的。

更实际的方法应该是这样的：在看到上个月不理想的业绩后，管理者应该马上从评估员的角色切换到监控者的角色，分析数据，运用批判性思维发现销售量和成本增长趋势为何不协调（也许他们会承担指令者的角色，吩咐另外一个管理者做这项工作）。一旦确定了原因，管理者应该承担起调查者的身份，去调查清楚深层次的原因。他们可以运用管理信息系统，采用简单研究法（问直接的问题），或采用科学研究法，或者两者结合。监控者的功能——分析数据，批判性思考和将复杂的信息清楚地呈现出来——这时就发挥作用了。

一旦知道了深层原因，管理者再决定如何解决成本增长率大于销售增长率的问题。这个决策的过程就是图 8.3 中协调角色发挥作用的过程。如果管理者发现问题出在某个部门人员不够，解决方法就是让人事部招募更多的员工。如果问题出在某些员工不遵守公司制度,解决方法就是责令这些员工改正他们的行为。

以上可以证明系统模式图8.3比线性模式图8.4与显示联系更紧密。

管理知识的构成

管理者应该知道什么才有助于其进行管理工作?下面列出八个方面的知识:

1. 管理者应该了解自己管理的组织。管理者应该了解组织中的员工,以及该组织的历史和运作过程。要具备这些知识需要时间,也从另一方面说明时间和经验的积累对于管理工作很重要。

2. 管理者需要了解自己的组织所属于的产业。管理者需要了解构成这个产业的其他公司组织,以及这些公司是如何合作与竞争的。时间的积累是必要的,很多人换了工作也不改行,正是这个原因。

3. 管理者应该知道自己的组织参与的市场情况。市场包括消费者市场(在旅游系统中包括有能力而且愿意旅游的人)和供应市场(包括提供石油、其他能源、食品、饮料、厨具、计算机硬件和软件的机构等)。

4. 管理者应该具有丰富的管理知识。这些知识可以通过阅读,也可以通过学习获得。

5. 管理者应该至少懂一门专业。管理者可以通过阅读、学校学习或从工作中学习获得专业知识,不一定要有证书。很多管理者有一门专业知识:科学、会计、营销、研究、工程学、旅游业或其他学科。

6. 管理者应该懂心理学、人类学或社会学。管理者和人打交道,这些知识对于管理工作是非常必要的。

7. 管理者应该了解自己。了解自己的优势和劣势才能更好地进行管理工作。

8. 管理者应该具有广阔的知识面。有经验的管理者发现任何知识对于他们的工作都是有用的。比如管理者和其他组织人员会谈时,谈论与工作无关的话题的技能对于其管理工作也有好处。

谁管理旅游业?

管理旅游业的人不仅是旅行社、旅游运营商、航空公司、宾馆和政府旅游机构的管理者,实际上管理者和其他员工不是管理旅游的惟一元素。事实表明旅游管理的过程不像人想像的那么有效。还有其他人也参与了旅游业的管理,尤其是旅游者(这个问题将在第十六章讨论)。

总　结

本章主要提出了几个管理理念以及他们在实际工作中的作用。书中讨论了管理者的多方面能力、知识和价值。

认识到管理者须具备的能力和知识可以指导一名管理者的职业生涯,因为管理者培训并非只集中在一两个方面。在一个管理团队里,个人扬长避短,互相配合。在实际工作中,这又涉及团队工作的管理。

本章还提出并描述了一些流派的理论。使用奎因的竞争值模型,可以很清楚地看到四大主要流派和各个角色是如何联系起来的。在大部分的管理工作中,管理者需要有充当多方面的角色,具备多方面的能力。一味地认为管理者要一直承担"指令者"或"指导者"的角色的这种想法的人是不可能成为合格的管理者的。管理艺术在于如何在适当的时候担当正确的角色。

问题讨论

1. 为什么现在比以前有更多的人学习管理?
2. 描述管理者、管理工作、管理组织和组织工作之间的联系。
3. 管理者的工作包括组织内部和组织外部工作,这是什么意思?
4. 旅游业商业性组织的产品是什么?以航空公司、度假酒店或其他旅游业公司为例说明。
5. 为什么旅游业管理者对于旅游业的产品感兴趣?
6. 简要描述管理学的六大理论流派。
7. 在一个典型的旅游运营商里,管理者是根据一种还是多种理论流派进行管理工作的?
8. 奎因的管理模型被称为"竞争值"。这是否意味着它能运用于竞争市场或其他方面?
9. 卡罗尔的管理模型被称为"公主模型"。这一说法的基础是什么?
10. 在多种多样的管理者角色之中,哪一种是中心角色?
11. "管理者需要知道什么"这个问题的回答引出成功的管理者要发展在八种知识上的个人能力这一认识。那么这八种知识是什么?为什么这些知识是有用的?

推荐读物

Chandler, Alfred D. Jr 1977, *The Visible Hands: The Managerial Revolution in American Business*, Cambridge, MA: Harvard University Press.

Finkelstein, S. & Hambrick, D. 1996, *Strategic Leadership: Top Executives and Their Effects on Organisations*, St Paul, MN: West Publishing.

Haigh, Gideon 2003, *Bad Company: The Cult of the CEO*, Quarterly Essay, issue no. 10, Melbourne: Schwartz Publishing.

Quinn, Robert E., Faerman, S., Thompson, M. & McGrath, Michael R. 2003, *Becoming a Master Manager: A Competency Framework* (3rd edn), New York: Wiley.

Waelchli, Fred 1989, The VSM & Ashby's law as illuminants of historical management thought, pp 51—76 in *The Viable System Model: Interpretations and Applications of Stafford Beer's VSM*, Raul Espejo & Roger Harnden (eds), Chichester: Wiley.

Walton, Mary 1986, *The Deming Management Method*, New York: Putman.

第九章 旅游业中的商业组织

导 言

本章是关于四个组织的分析,它们都活跃于旅游商业和旅游业中。其中一个案例的主要活动发生在客源地,另外三个案例发生在旅游者目的地。

本主题是描述性的,而不是说明性的,因此本讨论不包括对管理标准的判断或为其提出建议。实际上,这四个案例都是关于管理良好、相对成功的商业组织的。

管理教育上的卡品专门小组(Karpin Taskforce)曾对澳大利亚经济各环节做过研究。结果发现(Karpin,1994b,4,插入语):

其各部分的管理表现的失败意味着虽然其功能领域存在合理的表现(例如:办公室管理、金融、人力资源和销售管理、信息系统),但在战略上和多功能领域上,即企业家和管理发展上,表现糟糕。

这两大领域都在本章中讨论,后面环节会讨论到许多学生和从业者更感兴趣的方面。

所有这四个案例都是基于澳大利亚的,它们与其他国家的类似商业不同。世界和国家旅游旅行社(World and Country Travel)是处于一个购物商城中的小型独立的旅行社,由其所有者管理;ID 南太平洋旅游服务公司(ID Tours South Pacific)则代表入境旅游接待经营商,其是旅游业重要的"幕后"助手,其活动可能不被外界所得知;诺沃特奥帕尔叩伍宾馆(Novotel Opal Cove)是由阿科有限责任公司(Accor,世界最大旅游组织之一)所管理的一家四星级胜地宾馆,这一案例描述了组织结构和管理系统;沙堡(Sandcastles)则是为度假租赁而设计的一个公寓集合,其表面看似简单的管理设置是由三项协议和一张特许证所形成的。

世界和国家旅游旅行社

世界和国家旅游旅行社是被选用来代表零售旅行社的案例,即旅游业的前线销售臂膀。"旅行社"有好几种类型。零售旅行社是直接与消费者——将要旅行的人做生意的旅行社。典型的便是在购物中心可看到的那种。

其他的旅行社是集约型的,类似于批发商。这类公司为各零散性旅游运营商提供可出售的服务或商品。这些商品或服务是从第三方处获得的。有时零散型旅行社和集约型旅行社在一个公司里。除此之外,还有大众销售旅行社(GSAs)与并购者之类的术语。《澳洲旅行代理》(The Australia Travel Agency)(Harris

& Howard,1994)一文中对这些定义做出过解释。

分析零散型的旅行社的活动可以帮助我们看清楚旅游管理涉及五组对象的义务和作用：(a)消费者或顾客；(b)委托方；(c)旅行社及其所有者；(d)员工；(e)外部环境。下面的文字描述了这五组义务和作用。

> 世界和国家旅游旅行社是一个销路单一、位于一个小城市内的小型企业。其所有者卡米拉·费德伦(Camila Fedrant)也是这个企业的管理者。公司只雇用了两名员工June和Henry，他们常年在这里以兼职的形式上班，有时公司也会招聘新的临时工。

旅行社的五种义务

零散型旅行社对客户、委托人、所有者、员工和其他人都有义务。零散型旅行社为他们的客户提供范围很广的服务。他们喜欢用"客户"而非"顾客"来形容旅游者，因为"客户"一词给人们很专业的形象。"客户"一词来自于拉丁语"cluere"，意思是"倾听"。因此，如果工作涉及到和客户接触，往往意味着需要倾听对方，了解他们的需要，因此"客户"一词被很多人所喜爱。

旅行社对他们的委托人有一定的义务，也为他们起到一定作用。各行各业的中介(比如房产和旅游业)都有委托人在其背后操作。委托人就是由这些中介所代表的人或组织。房地产商的委托人就是房地产的真正卖主，旅游业中介的委托人可能是航空公司、酒店、旅行运营商、汽车租赁公司、旅行保险公司，等等。旅行社代表委托人要发挥作用，必须有良好的管理。

旅行社作为商业实体，和其所有者有关系。旅行社所有者可能是股东、合伙人或独资方等等，他们都希望投资的商业组织能够给他们带来丰厚的利润回报。同时旅行社拥有员工，比如旅游咨询师，他们和旅行社同兴衰共命运，依靠旅行社获得收入。不仅如此，旅行社对其他利益团体也有义务。

和客户之间的关系

旅行社的客户包括一般大众和商业性客户。前者主要是自己安排旅行计划，自己支付旅游费用的旅游者；后者指去出差或为其他目的出行的旅游者，他们的旅行安排和旅游费用由公司或其他组织负责。

世界和国家旅游旅行社的客户几乎全部是前者。20年前，世界和国家旅游旅行社经营范围比较广泛，除了一般大众客户，还有很多商业性客户，但是很多商业性客户都已经流失。20世纪80年代，一些大型航空公司和两家大型旅行社设立，旨在专门为商业性客户提供专门服务。世界和国家旅游旅行社因为无力参与同样的折扣活动，也无法提供同样的服务(比如信用卡)，渐渐地，其商业性客户在慢慢减少。结果，世界和国家旅游旅行社的利润便不如以前丰厚了，其所有者兼管理者卡米拉认为他的员工必须工作勤奋,而且要用策略来吸引客户。

旅游业中介的商业运作取决于客户的需要。旅行社能为客户起到以下作用:激励、提供信息、预定、购买、计划、组织和支持。

激励作用

这个作用对大部分的旅游者并非是必要的,但是有些人去旅行社时,并不明确自己的需要,他们感觉到出去旅游也许是个不错的想法。旅行社的咨询师们有效的销售技巧能够唤起这些人心中的旅游动机,使得他们决定旅游。卡米拉的管理义务包括保证她的一线员工(咨询师)具有良好的销售技巧。这种销售技巧和以下介绍的其他七种技巧对于旅游咨询师们十分重要。

为客户提供信息

很多人会从旅行社寻找关于旅游的信息。他们询问的问题可能是关于价格(去霍巴特最便宜的机票是多少)或者是关于一个在一定预算范围内的度假计划(花费2 000美元能获得怎样的两星期旅游或海外旅游)或者询问其他信息(我从哪里可以得到关于在爱尔兰的农场住宿的信息)。有时候客户会询问关于空间可行性的问题(如果我想乘飞机去德国度圣诞,我是否有必要提前两个星期预定机票),有的时候客户需要旅行社工作人员做出比较(中国的城市除了北京你会推荐我去哪座城市游玩;去泰国游玩,使用Jetset还是Jetbout的团队旅游更值得呢)。

提供给客户的信息有时并非他们问题的答案,但是也会使旅游者增加对旅行的了解,减少他们的不确定性,使得他们更加有旅游的动机。卡米拉·费德伦说因为很多信息可以通过互联网查询到,因此旅行社的咨询师需要对世界各国、各地区和各城市比一般人更加了解。他们还必须对航空公司、酒店、旅行运营商、国家和当地旅游局的信息非常熟悉。

预定和核查

很多客户在最后决定旅游之前需要预定服务。旅行社可以为旅游者提供一系列的预定服务——飞机票、长途汽车票、酒店或汽车旅馆的房间、团队旅游等等。20世纪90年代以来更多的预定服务是通过网上完成的。几年前,人们通过书信或电话预定服务,这往往会造成旅游者推迟其确定预定服务的时间。通过互联网的预定服务可以让人们立刻了解到预定情况。

出售

旅行社代表客户从他们的委托人购买服务并且向客户开出一张证明。这种证明(在飞机旅游时指机票)使得客户有权享受某一服务。客户为了获得这种证明,必须以各种形式(现金、支票或信用卡)支付一定的费用。

大部分旅行社并非出售他们自己的服务,他们出售属于他们委托人的服务而从中拿佣金。旅行社为客户提供的服务(提供信息、预定服务、核查以及计划等)通常对客户是免费的。

因此旅行社的职业并不像律师、医生和建筑师一样非常具有专业性。律师、

肯普西（Kempsey）的观光者信息中心

医生和建筑师们为人提供的服务是需要付费的，而且他们也不为了获得佣金而提供服务。旅行社还不同于另外一类专业性强的职业（大学教授和公立医院的办公室主任等），因为后者提供服务并不是建立在收费基础上，也不是为了获得佣金而提供服务，他们的工资来自于国家补助。

为客户计划旅行

一些客户需要别人帮助他们计划他们的旅行。旅行社在拟订一个专门的旅游行程或者为旅游者提供旅游行程方面的建议或推荐使用的服务名称时，就是在发挥计划者的作用。

旅游行程对于旅行社来说是一种书面文件。在旅游行程中列出了旅游者的旅游行程的特点（路线）、方向（一种旅游线路通常有至少两种方向）、时刻表（在每一个地方游玩的时间）、持续时间（旅游的总共时间）、重要事件的日期和时间（航班时间和酒店入住和结账时间）、使用的设施（名字、地点、酒店电话号码和入境旅游接待经营商电话号码）。

为客户组织旅行

大部分的旅行社帮助客户安排他们的旅游。告诉客户旅游期间要做的事、帮助客户将行李打包、建议他们带什么衣服和以什么形式带多少钱等等，就是旅行社发挥这一作用的例子。

卡米拉的策略是在出发前为每一个旅游者列出一个清单，以备他们核查之用。她解释说一旦开始长途旅行，人们往往由于要准备很多东西而忽视一些会导致问题的小方面，所以列出一个规划清单对他们是有帮助的。而对于不经常旅游的人，他们也许不理解一些组织事宜，所以列出一个清单对他们也有助益。

支持旅游管理工作

旅行社还有一个作用是支持旅游管理工作，这也是其诸多作用得以发挥的基础。旅游者旅行归来，旅行社会联系他们并聊他们的旅游，以便了解他们的旅游是否愉快以及服务质量是否理想。以上所述的各种作用综合起来可以帮助旅行社进行旅游管理。

和委托机构之间的关系

下面所述的五个功能代表了旅行社和委托机构之间的关系。他们是代表、销售及宣传、收集预订信息、提供金融服务和收集市场数据。

代表委托机构

旅行社和委托机构之间的关系是代表和被代表的关系。这种关系的产生是由于酒店、航空公司等等的服务机构在很多地方都有广阔的市场。同时，要最大化服务销售量则要靠广泛的促销活动，更重要的是让旅游者在每个地方都能够预订到这些服务、购买到机票等。因为旅行社遍布世界各地，所以聘请中介就是解决这一问题的好方法。

快达公司只在一些特定城市里有几个办事处。如果快达公司只在这些城市里有市场，那么他们不可能售出如此多的机票。实际上，大部分的机票都是通过中介售出的而且代表快达公司的零散型旅行社有很多。

"特许(Accredited)旅行社"是指那些合法而且有能力成为某一委托机构或某些委托机构代表的组织。很多中介被描述为"IATA 特许中介"，意思是他们代表所有的国际航空公司。这些中介拥有很多空白的票并拥有印票的技术。而非特许旅行社则类似子旅行社，其需要向特许旅行社买票然后再出售这些票。它们被称为票务工厂。

为委托人出售和其他宣传工作

旅行社宣传委托人的服务。他们大致有两种方法来宣传：第一种是通过出海报、发宣传单和贴纸并且出售委托人的服务，另外一种方法是一般意义上的旅行和旅游宣传。

消费者对于旅行社的认识有两点。旅行社可以提醒他们出去旅游并且消费者认为任何和旅游有关的服务都可以通过旅行社得到安排。

卡米拉·费德伦评论说一些新的旅游咨询师们可能会天真地认为在一个零散的小型旅行社里不需要有销售技巧的工作人员。她说如果员工不提高其销售技能，很快就会被解雇。

收集预订信息

旅行社通过网络机票、酒店和其他委托机构的预订信息反馈到这些委托机构。这些收集到的信息对委托机构的操作很关键。第十二章中曼哈顿的酒店一例便解释了这一观点。

提供金融服务

客户支付给旅行社的钱并非全部属于旅行社，也属于委托机构。因此这些钱不能被旅行社随意使用，必须定期汇到各个委托机构的银行账户上，而旅行社只收取中介费。

第九章 旅游业中的商业组织

在巴厘岛乌布(Ubud)Made 的自行车租赁生意

位于尼科西亚(Nicosia)附近地中海的拉纳卡湾(Larnaca Bay)的胜地宾馆——黄金湾(The Golden Bay)

一系列与旅游者相关的商业活动

收集市场数据

每一个零散性旅行社都可以为该区提供市场预测的数据。委托机构需要依靠旅行社收集的市场数据。航空公司的管理者、旅行操作者和大型旅行社、汽车租赁公司、旅游保险公司、地方和国家旅游局以及其他相关的委托机构也都需要依靠小型旅行社收集的市场数据。这些委托机构的销售代表们每天都会拜访六个或更多的旅行社，他们的一个目的就是收集信息。

和业主的关系

如前所述，世界和国家旅游旅行社的业主卡米拉·费德伦也是一名经营者。她大部分的时间是作为一名旅游咨询师为客户提供建议。她认为自己作为一名经营者，其中一个义务就是维护业主（在这里仍然是她自己）的利益。对于经营者和所有者不同的企业，这点区别更加明显。

和员工的关系

管理者（或经营者）们需要为员工提供一个安全的工作环境。卡米拉提出了她的个人观点：工作环境应该十分安全，既要舒适又要颇具风格。经营者们比以前更注重帮助员工发展他们的事业，其中一个途径就是让员工接受各种教育和培训。从更广的范围来说，管理者的作为指导者和推动者的作用显得十分重要。

和其他利益团体的关系

卡米拉·费德伦活跃于澳大利亚商务部，因为她认为和商务部建立的联系对她开展工作有帮助。她还活跃于澳大利亚旅行社联盟，同时她还是当地一个慈善机构的志愿者。

总　结

世界和国家旅游旅行社和其他小型私营旅行社一样，也意识到更多的旅游者正绕过旅行社，而通过互联网获得旅游信息并从网上询价以及预订服务（Lang，2000）。卡米拉和一个全国连锁的大型旅行社协商获得了特许权，大多数独立的旅行社采取过这种方法。

ID 南太平洋旅游服务公司

ID 南太平洋旅游服务公司代表的是很重要的一类商业组织，但是这类商业组织通常不为大众所熟知。入境旅游接待经营商（ITOs）不通过大众传媒进行宣传，而且旅游者们在旅行社很少能看见他们的宣传册。因为"入境"（inbound）一词意味着旅游者们是来到某个地区或某个国家游玩的人。更确切地说，这类组织只是和某些特定形式的入境旅游打交道。

ITOs 与同行业的其他组织进行广泛和紧密的合作，但是 ITOs 的客户不是旅游者，也不是任何形式的旅游者或观光者。这种看起来自相矛盾的说法却对我们正确理解入境旅游接待经营商的商业策略和日常活动有所帮助。

最近出版的《旅行贸易名录》（*Travel Trade Directory*）中列出了 100 多家属于"入境旅游接待经营商"的公司。这本书试图详细罗列了澳大利亚旅游业的每一个组成部分。1994 年有四家大型入境旅游运营公司，每一家都占据澳大利亚的巨大市场。托马斯·库克（Thomas Cook）便是其中一家，其是 1872 年创始于南半球墨尔本的入境旅游办公室，并到 2002 年经营模式发生了巨大变化。正如下面所述：

> 从托马斯·库克在澳大利亚设立了第一家分公司 101 年后，ID Tours 公司也创立了。公司创立的第一年，ID Tours 只雇用了四个人在悉尼组成一个办公室，全天候服务，一年之内帮助了 501 名旅游者解决入境旅游。在接下来的 20 年，ID Tours 成为澳大利亚的主要入境旅游经营（ITOs）公司。
>
> 现在，每年 ID Tours 需要办理 9 000 多趟入境旅游，服务旅游者人数超过 25 000 个。ID Tours 是澳资公司，但是在北部的新西兰也有一个入境旅游接待经营商和它同名，并且这两家公司紧密合作。两家公司同名的做法是为了打造一种统一的感觉。这确实是一种很有效的策略，因为北半球的很多国家的旅游运营商在帮助旅游者安排前往亚太地区的入境旅游时，将澳大利亚和新西兰看作是统一的旅游目的地。
>
> ID Tours 占据很大的市场份额，而且由于其服务质量优秀获得旅游业工会和其他商业领域的好评和赞助。
>
> ID Tours 的创始人也是目前的执行总经理比尔·怀蒂（Bill Wrighty），因为他杰出的成就和在其他行业的领导才能而备受人们称誉。他是新南威尔士州（New South Wales）和澳大利亚旅游委员会（Australian Tourist Commissions）的成员。在担任了多年悉尼水族馆（Sydney Aquarium Ltd）的执行总经理后，他于 2001 年成为该公司的董事长。

以上我们介绍了 ID Tours 的背景，现在我们重点讨论 ID Tours 的商业活动。

两大类商业活动

ID Tours 的商业活动可以划分为两类。其中一类是针对休闲旅游的,其主要服务对象是来澳大利亚旅游的日本旅游者,代表传统的入境旅游运营商。另一类关注公司旅游,主要服务对象是来澳大利亚旅游的美国和英国旅游者,他们的旅游往往是由公司出资赞助的。这一类的商业活动被比尔·怀蒂和这一领域的其他管理者们称为目的地管理型公司。下面我们介绍这两类商业活动。

入境旅游经营商

科洛夫等(Koloff et al., 1989)这样描述了入境旅游经营商的功能:他们"在为旅游者组合、指引、预订并组织旅游产品,这一旅游产品包括各种服务(1989:272)。这些服务可能包括长途运输、酒店住宿、娱乐、在特色餐馆里就餐、导游以及从一个机场到另一个机场的运输等。

入境旅游运营商有几种客户或顾客:大部分客户或顾客都是从事旅游业的其他机构和组织。主要的客户是位于另外一个地方(通常是另外一个国家)的大宗旅游服务公司(有时被称为出境旅游运营商)。澳大利亚入境旅游运营商和位于日本、美国、新加坡、英国、德国、韩国和中国等国家的出境旅游运营商共同合作,并将他们作为客户而经营。因此入境旅游接待经营商为客源地(一般指外国)的出境旅游运营商与旅游目的地(一般指该国)的诸如酒店之类的服务商之间搭建了一条产业链。

入境旅游运营商的另外一类客户是零散型的旅行社。这些中介的服务对象是散客(FITs)或一次性的团队旅游者。入境旅游运营商和这类客户关系与大宗出境旅游运营商的关系相类似。区别在于散客和一次性团队旅游者需要更多的个人关注。更确切地说,入境旅游接待经营商需要更多地考虑旅游者的个人需要。

入境旅游接待经营商具有六个功能

在为客户服务时,ITOs 有六大功能:安排旅游行程、报价和成本计算、文档整理、联络和协调、质量控制和最后会计审核。下面介绍其中几个功能。

旅游行程的安排并不是入境旅游接待经营商的日常工作,因为大部分的出境旅游运营商和旅行社对他们的客户(旅游者)游玩地的地貌和服务十分熟悉。但是如果外国的出境旅游运营商服务的对象是十分重要的人物(即要求特别待遇并能够支付这一特别待遇的人),比如日本首相的妻子要去澳大利亚旅游,这时候出境旅游运营商可能会联系澳大利亚的入境旅游接待经营商(比如说悉尼的 ID

Tours公司)帮助安排一次特别的旅游行程。这时候,旅游行程的安排对入境旅游接待经营商来说就十分重要。

报价及成本计算是入境旅游接待经营商的一项日常性工作,而且ID Tours有很多工作人员正在做这些事情。这类工作需要准确的数学运算能力。因为外国的大宗出境旅游运营商会询问若干个入境旅游接待经营商是否有兴趣与他们合作,并要求各入境旅游接待经营商报价。报价包括在这个国家入境旅游的各项服务价格。为了向外国的出境旅游运营商报价,入境旅游接待经营商需要联系酒店、长途运输公司、航空公司、餐馆、主题公园等并且得到他们的价格信息。入境旅游接待经营商在这些价格基础上加上他们自己的直接成本、公司费用以及利润,最后将总成本报给外国出境旅游运营商。

成功签约

国外的出境旅游运营商最终决定和哪个入境旅游接待经营商签约取决于几个因素,其中一个便是成本或价格。入境旅游接待经营商报价越低,越有可能和国外出境旅游运营商签约,因为低廉的价格(成本)给国外出境旅游运营商带来两个好处。成本低可以使国外出境旅游运营商获得更大的销售量,或者使他们能获得更高的边际利润。除此之外,入境旅游接待经营商的服务质量带来的声誉也是一个重要因素。

办理大宗境外旅游所获得的利润并不大,从每一批出境旅游中获得的利润小于10美元,相当于旅游者所付金额的1‰,比大部分消费者市场的利润都要低(*The Economist*,28 October 1989:63—4)。金和海德(King,Hyde,1989)及金(King,1991)讨论了出现这一现象的原因。

入境旅游接待经营商为散客服务时利润更大但是销售额不大。FITs是指那些区别于团队旅游者的散客,通常旅游运营商专门为他们安排旅游计划,人数一般是一两个或一个小团体。虽然他们并不独立于旅游运营商,但是仍用散客来指代他们,以此和团队旅游者相区别。

旅游运营商的联络和协调功能主要是指代表国外的出境旅游运营商或其他的旅行社照顾旅游者。比如作为东道主去机场迎接旅游者以及其他的活动安排都属于这一功能。

背景情况

旅游运营商的协调功能要求入境旅游接待经营商的员工和酒店、长途运输公司和其他的服务提供公司有广泛联系,以保证符合客户要求。ID Tours公司非常强调这一点,因为他们的目标是:无过失旅游。

质量控制功能要求员工亲自检查酒店、汽车旅馆、农庄、长途汽车、餐馆、主题公园和其他场所的服务质量。ID Tours的管理者们有时能对他们检查过的地方提出建议,并且要求改进。

ITOs 存在的理由

入境旅游接待经营商(ITOs)的存在是因为国外大宗出境旅游运营商以及一些较小的零散型旅游运营商需要这些入境旅游接待经营商,以保证他们的包价旅游业务(大宗出国团队旅游)正常开展。如果没有这些业务,入境旅游接待经营商不可能以现在的形式存在。有几个原因促使国外出境旅游运营商(以及一些服务于 FITs 的旅行社)需要入境旅游接待经营商。这些理由构成入境旅游接待经营商的上述功能,下面作进一步的解释。

入境旅游接待经营商的管理者和操作员对于他们所生活的国家有很深的了解。ID Tours 公司的管理者和职员在澳大利亚和新西兰两个国家旅游,形成了对这两个国家地貌和设施的深度认识,同时建立广泛的社交圈。这种深度的认识和广泛的社交圈是入境旅游接待经营商的卖点,成为它赢得客户的重要因素。

国外出境旅游运营商需要入境旅游接待经营商的第二个原因在于节约成本,因为没有入境旅游接待经营商,他们必须在不同于自己国家的地方设立一个办公室并且聘请员工,而这会造成一大笔开销。因此对于国外出境旅游运营商而言,更为明智的方法是选择入境旅游接待经营商的服务。另一方面,入境旅游接待经营商可以接受多个国外出境旅游运营商的订单,可以节省成本。ID Tours 公司便是这样的一个例子。1994 年,澳大利亚 ID Tours 公司为来自几个国家的 40 个出境旅游运营商提供服务,但是大部分的营业额来自其中三家出境旅游运营商。到 2002 年,这种模式发生了变化,不是由于旅游者人数增加了,而是由于他们采取了不同的策略。

大宗出境旅游运营商需要 ITOs 的第三个原因是出境旅游运营商的服务对象——旅游者需要在他们所游玩的国家里得到个人关注。如果旅游者身边没有人陪伴或没有人负责处理遇到的一些问题,他们可能感觉到不安全。ID Tours 公司在澳大利亚和新西兰都有办公室,因此可能提供服务的范围很广,以此来满足旅游者这一需求,并且有 24 小时开放的免费热线供旅游者拨打,以便随时处理可能出现的问题。

联合

入境旅游接待经营商通过将几个国外出境旅游运营商的订单组合起来形成一个大型服务系统,这样可以提高效率。这样一个过程就是联合。

ID Tours 公司在和餐馆或酒店签订合同时,会将不同境外旅游运营商的旅游者都安排在这个酒店。这种集合后的旅游者人数更大,使得 ID Tours 在和酒店签约时获得更低的价格。这一过程反映了规模经济的效益,扩大规模的经济可以提高效率,增加利润。

ID Tours 公司的另外一种显著的集合性活动就是利用网络在公司内部以及和其他公司保持联系。其中一个负责人迈克·马明顿（Michael Mannington）负责介绍这一块，比如利用计算机保存文件、利用计算机来进行管理。最近，ID Tours 公司采取了"旅行计划"这一针对入境旅游接待经营商的软件。

入境旅游接待经营商的商业策略

正如前面所述，虽然入境旅游接待经营商（ITOs）属于旅游业，他们的客户却不是旅游者。ID Tours 公司的一名管理者这样评论："我们真正的客户是国外出境旅游运营商。"因为 ITOs 主要和国外出境旅游运营商打交道，所以 ID Tours 公司也和大部分入境旅游接待经营商一样和旅游者没有直接的权利义务关系。ITOs 代表国外出境旅游运营商接待来澳大利亚游玩的旅游者。ITOs 和当地的酒店、长途运输公司、餐馆等等之间的合同关系十分重要，但这些合同不是最主要的，因为这些合同关系要以入境旅游接待经营商与国外入境旅游接待经营商以及某些零散性的旅行社之间签订的合同为前提。

因此，ID Tours 公司的主要商业策略就是建立以及维持与国外大宗出境旅游运营商之间的联系。1994 年 ID Tours 公司和 40 家国外出境旅游运营商有业务往来，其中三家规模最大，所占份额也最大，他们是日本创新旅行（JCT）（隶属于日航公司的一个出境旅游运营商）、日本旅行社（NTA）和快达国际度假（QIH）。这三家旅游运营商都是负责到澳大利亚或新西兰游玩的日本旅游者。2002 年出现了新的局面，因为 20 世纪 90 年代，JCT 和 NTA 公司都迅速扩大了他们在澳大利亚的直接业务，并停止使用澳大利亚入境旅游接待经营商提供的服务，这使得 ID Tours 公司的收入减少了一半。这些说明公司的业务渠道单一会给公司带来危险。

ID Tours 公司为了迎接这一挑战，积极开发新的客户源。他们积极寻找一些中小型的旅行社。到 2002 年底，ID Tours 公司的销售量又恢复到 90 年代中期时的水平，并且比 90 年代的发展更加稳定，因为现在公司的风险已经扩散，不再集中在三个公司上。

1994 年 ID Tours 公司的主要竞争者是其他四个入境旅游接待经营商。他们是托马斯·库克公司的入境旅游分公司、Silver Fern 公司、JCT 和 NTA 公司。而八年之后的 2002 年，情形发生变化。Thomas Cook 和 Silver Fern 公司的实力已经在澳大利亚入境旅游接待经营商中削弱，而 ID Tours 的主要竞争者转变为 Southern World Vocations（新西兰人出资的旅游运营商）、JTA（总部在中国香港）以及诸如 Jalpak（以前是 JCT）和日本旅游局等日资旅游运营商和机构。

不同种类的旅游者

ID Tours 公司服务不同类型的旅游者,而这需要稍微不同的处理方式和策略。针对不同类型的旅游者而采取的不同旅游产品有:团队旅游产品、散客旅游(FITs)产品、巡游(shore excursions)产品、会议和奖励旅游等产品。

团队旅游可以划分为三种子类型。其最主要的一种类型包含采用与旅游批发商相联系的包价旅游(prepackaged tour)的一般性度假的旅游者,而这其中有些会安排一名导游或管理者来带团,典型地,此种团队人数大概在 20~40 人之间;其他的便是具有一定独立性质的旅游,即旅游者随团乘坐同一飞机并且在同一个酒店里住宿,但是他们自行安排每天的旅游行程和日常活动。第二种类型称为专项旅游(ad hoc tour)。最后一种类型的团队是面向为了某种特殊目的或技术兴趣而旅游的旅游者。

不管何种形式的旅游者,入境旅游接待经营商的工作程序大体一致。他们到机场去接客,同时将诸如住宿凭证、就餐券、机票或长途汽车票、汽车使用凭证、主题公园以及文化演出的入场券等文件交给旅游者。

服务提供商

ID Tours 几乎利用了澳大利亚和新西兰所有的连锁酒店、农庄,诸如 AAT Kings(AAT 金斯旅游行程公司)、Clipper(克里帕公司)、Murrays(默里斯公司)和 Hegarty(希格迪公司)之类的长途运输公司,以及诸如 The Waterfront、JoJo 和 Sydney Tower 之类的餐饮店等等的服务。到 2002 年模式发生变化。Murrays(默里斯公司)成为最重要的长途运输公司,而更多选择的餐饮店服务被使用。ID Tours 公司和几家船运公司签订合同,以便能再到澳大利亚、新西兰和若干个太平洋上的岛屿开拓新的航海旅行业务,让旅游者体味海上旅行的快乐。

月底,每一个与 ID Tours 公司有业务关系的酒店、长途汽车公司和餐饮店会将旅游者收到的券和凭证收集起来,拿到 ID Tours 在悉尼的办公室换成钱。入境旅游接待经营商是否管理得当其中一个标志是看其能否迅速偿还这些款项。如果他们不能及时偿还,上述的服务商利益就会受到损害,这时入境旅游接待经营商会给他们带来一些问题。有些入境旅游接待经营商由于缺乏资金或由于管理不善,会超过预定的还款期限才还清欠款。

作为目的地管理公司的 ID Tours

目的地管理公司(Destination Management Company,简称 DMC)这一说法

出现在20世纪90年代。此前很多入境旅游接待经营商就有这样的业务,但只是从90年代起,其商业规模才大大发展,并且越来越引起人们注意。

目的地管理公司(DMC)和入境旅游接待经营商(ITOs)的有些作用是相似的:两者都代表旅游者来源地(这里指外国)的客户(这里指国外出境旅游运营商)照料并管理来到旅游目的地(这里指DMC或ITOs所在的国家)游玩的旅游者。

但是DMC和ITOs在作用方面是不同的。DMC管理的旅游者一般不是为了度假、需要自己付费的散客。其管理的旅游者一般是因公出差去参加一次会议、例会或者激励型旅游等等的人,他们的旅游费用一般由公司或其他组织赞助。除此之外,DMC并不和旅游者来源地的所有出境旅游运营商或旅行社都有业务往来,而只与这些公司或组织直接联系安排其旅游计划。因此,ID Tours 公司在发挥DMC职能时,客户一般是某次会议组织者或其他奖励型旅游机构,主要客户来自美国和英国。

旅游业很多缩略词语对很多同学来讲可能容易混淆,但是从事旅游业的工作人员对这些缩略语却十分熟悉。有十几个缩略语是普遍被使用的。哈里斯和霍华德(Harris & Howard, 1996)的《旅行字典》(*Dictionary of Travel*)、《旅游与接待术语》(*Tourism and Hospitality Terms*)列出了一些缩略语的意思。

会议

DMC可以利用重要会议的召开,充分发挥其资源,为大会参加者服务。在这种情况下,ID Tours公司的客户可能是国际会议或者专家会议的组织者。近年来,一些重要国际会议和专家会议经常在悉尼和墨尔本举行,因此澳大利亚的DMC业务迅速发展。

激励型旅游计划

澳大利亚入境激励项目最大的市场是在美国。激励型旅游是为了奖励一些有杰出表现的人。

例如,在5 000名销售某一险种或者在20 000名销售某一款汽车的美国销售员中,有200个人(或者500、或者1 000)的销售业绩最好。于是作为奖励,公司给他们安排一次旅游。这种旅游叫做激励型旅游。一些公司为获奖人安排激励型旅游计划时比较偏爱去夏威夷、英国、欧洲大陆以及最近越来越受欢迎的澳大利亚和新西兰国家。

采取激励措施是因为一些有能力的销售员在他们的销售业绩及所拿佣金达到一定水平后,趋向于不愿意再销售更多的产品。但是如果采取一些激励政策(比如全程免费的旅游计划),他们整个月都会愿意努力工作。在这种激励型旅游计划出现以前,员工一个月只愿意工作两个星期,而现在他们愿意工作更长时间,销售量也更大了。

DMC公司在组织激励型旅游时,所挣得的利润是很大的。假设有1 000个人获奖到澳大利亚旅游十天,所有的服务都是一流的,而且费用由其公司承担,DMC公司如果从其费用中抽取几个百分点的酬金,其利润是十分可观的。

大部分情况下,DMC公司并不是靠这种酬金盈利,这一点和零散型旅行社和普通的入境旅游接待经营商(ITOs)有所不同。他们主要是靠和其委托机构(这里主要是酒店、长途汽车公司等服务提供者)谈判,提供特别服务并收取费用。

组织结构

2002年ID Tours在悉尼总部办公室雇用了45名工作人员,另外在10月份到第二年3月份期间,因为业务繁忙还增加了几十个人手。在黄金海岸(Gold Coast)、凯恩斯(Cairns)和墨尔本的办公室里各有十名工作人员。新西兰的ID Tours规模比澳大利亚的ID Tours的规模小。除此之外,ID Tours在日本有三个办事处(分别在东京、大阪和福冈),在美国有两个办公室(分别在加州和芝加哥),在英国伦敦也有一个办事处。从员工人数来讲,ID Tours比大多数入境旅游接待经营商都要大。

ID Tours在日本、美国和英国的办事处并非真正操作入境旅游的场所,他们只是ID Tours的市场工具。国外办事处代表国内总部寻找新的商机,开发客户源。

ID Tours在日本的办公室还负责将澳大利亚旅游报价信息传递给日本的出境旅游运营商。ID Tours首席执行官在2002年一次演讲中表示他要将在日本办公室的报价业务转移到国内,这样可以减少日本办事处的工作人数,而增加澳大利亚办公室的工作人数,因为在日本雇用员工更贵,而在澳大利亚国内劳动力成本和公司支出成本相对更小。

ID Tours 和 2000 年悉尼奥运会

2000年在悉尼举行奥运会对于ID Tours来说是一个很好的机会。为此,他们在奥运会开始几个星期前和奥运会期间特别雇用了200名工作人员。此外,他们成立了"ID奥运组",以确保奥运赛事不干扰他们正常的商业运作。

"ID奥运组"聘请了两名高管人员,和他们签了三年合同,从1998年开始工作。该组还吸纳了另外两名来自ID的工作人员,其中一个人就是ID的首席执行官比尔·赖特(Bill Wright)。这份三年期限的合同正反映出奥运会之前的诸如规划等的准备性工作的重要性。其中一种准备性工作就是赞助机构签订合同关系,特别是像可口可乐之类的大型赞助商。由于该组的努力,保障了这些准备性工作的正常进行,ID在奥运期间接纳了1 200名旅游者,这些旅游者都是由可口可乐公司赞助的。

奥运会期间的赞助商经常利用这一机会,为他们做宣传。2000年奥运会时,经常可见标有可口可乐公司和其他公司名称的旗帜和其他标志物,这样做的目的是为了让更多的人购买他们的产品。赞助商还会邀请他们的重要商业客户以及和他们公司有联系的政府人员观看奥运会。

过去和未来趋势

ID在开始的30年内,飞速地发展。虽然从20世纪70年代以来的30年内,澳大利亚入境旅游业发展迅速,但不是每一个入境旅游接待经营商都像ID一样发展得这么快。一些成立于70年代的小型入境旅游接待经营商到了90年代就销声匿迹了。ID的生存和成功部分靠的是运气,但是主要靠的是领导有方和管理得当。

ID的未来如何?从长远的角度考虑,ID的未来主要取决于其领导决策和管理者的管理工作。除此之外,有一些因素也必须考虑在内。其中一个是通过旅行社到澳大利亚和新西兰国家旅游的人数。如果旅游的旅游者十分独立,不需要通过旅行社或旅游运营商就能去某些国家旅游的话,即使旅游者人数增加,这些国家的入境旅游接待经营商的市场仍会简缩。也许未来来自中国的旅游者能给澳大利亚入境旅游接待经营商带来活力,保持并推动其发展;也许和DMC有关的公司业务未来会发展得更好。

历史告诉我们没有任何一个商业机构是保持静止不变的。他们会改变自身求发展,否则只有消亡。世界范围长盛不衰的旅游运营商为数不多,而且他们为了求生存而改变自身。历史学家帕德尼(Pudney,1953)和斯温格尔赫斯特(Swinglehurst,1974)关于托马斯·库克公司以及格罗斯曼(Grossman,1987)关于美国快递公司(American Express)的记载表明了这一点。这些公司不同的发展阶段,采取了不同的策略,使用了不同的服务并找到和发现了新的市场。ID公司也在发生巨大变化,虽然这种变化不容易被人察觉。目前ID Tours公司所服务的旅游者类型正表明公司将使用新服务和开发新市场作为一个长期战略。

诺沃特·奥帕尔·叩伍胜地

诺沃特(Novetel)原来是阿科(Accor)的一个品牌,是代表某种特别标准和风格的酒店。阿科使用了五个不同的品牌名,用以区别其在世界范围不同级别和种类的酒店(Littlejohn & Roper,1991)。索菲特(Sofitel)是阿科的五星级酒店品牌名,而诺沃特是其四星级酒店品牌名。么克犹尔(Mercure)、宜必思(Ibis)和一级方程式(Formule 1)分别是阿科三星级、二星级和一星级酒店品牌名。

诺沃特·奥帕尔·叩伍胜地(Novotel Opal Cove Resort)创立于1989年,是为旅游者提供住宿的中型酒店。隶属于阿科公司,但是由阿科亚太有限责任公司(Accor Asia Pacific)经营(这是一家法国国内公司,是阿科公司在悉尼的分部)。本章讨论旅游者使用的宾馆设施和该组织以及市场的性质和一些政府政策对酒店的影响。公司于1985年做出的一项决定从后来看是一个错误的决定,我们在本章中将讨论到这点。

环境设置和设施

奥帕尔·叩伍(Opal Cove)位于考夫斯(Coffs)港口的北部,连接太平洋高速公路和沙滩。整个度假村占地38万平方米,其中大部分面积用于草坪建设和高尔夫球场场地。Opal Cove 和一个自然保护区相毗邻。这片沙滩没有其他入口,所以 Opal Cove 享有得天独厚的优势:远离一切、范围广而且只和附近一个小城镇相距五分钟的路程。

Opal Cove 有131间客房和20套小别墅来为旅游者提供住宿。另外还有两个餐饮店、一个酒吧、一个鸡尾酒会所、两个游泳池、若干温泉泳池、网球场、健身馆、桑拿浴和一个高尔夫球商品店。

Opal Cove 还有一个特别大的大厅,这比其他酒店的大厅都要大。这反映出了 Opal Cove 的一些建筑构想。首先,Opal Cove 是为了举行大型会议之用的:如果有几百个人参加会议,一个大的会议室在很多方面都有用。其次,Opal Cove 的设计师们在20世纪80年代似乎过于乐观,他们的构想是要建262个房间以及两个舞台。这种设想到现在还没有付诸实现。

除了大厅以外,此胜地的会议设施还包括六间同样功能的会议间。这两间餐厅和吧台对特别欢迎的会议代表的需求也有所反映。

奥帕尔·叩伍的组织结构

有六个人直接向总经理汇报。我们将"直接向总经理汇报工作的员工人数"称为控制度(Dubrin & Ireland, 1993:174)。在这里,控制度就是6。Opal Cove 认为考虑到 Opal Cove 以及其商业活动的性质和规模,控制度为6或7比较适合。很多管理学的教材讨论影响控制度的因素并认识到虽然很多理论赞成7是最优的控制度,还是有人趋向于认为控制度应该更大。当直接向总经理汇报的员工人数数目呈线性增加时,高级管理人员的工作复杂性便会确呈几何级数增加(Pearce & Robinson, 1989:328),而这种趋势不能任其继续下去。

6名直接向高管人员汇报工作的负责人分别为：(1)金融控制者；(2)度假村销售代表；(3)食品和饮料负责人；(4)基地维护负责人；(5)总工程师；(6)值班负责人。图9.1描述了这六种工作以及其他日常事务。这六种职能反映了Opal Cove的六级式组织结构。随后，Opal Cove又增添了一个特别职位即人力资源经理。此前，人力资源工作由总经理和其他分经理共同完成。Opal Cove增设了人力资源经理的职位，表明他们重视员工招聘。人力资源部对Opal Cove来说是有必要的，但是在当时却被认为是不经济的。

Opal Cove的组织结构反映了劳动分工的原则。不同部门的人可以完成特定任务。劳动分工的基础就是让每一个人都在自己目前比较适合的岗位上就职，并且充分认识到每个人的长处、技能、知识和性格，让他们符合职位要求。这就是Opal Cove的用人策略。

组织结构的另一种策略就是控制策略。Opal Cove的审计师们表明了这一点(见图9.1)。Opal Cove的员工对每天的工作进行整理并向总经理汇报。他们的工作就是对值班负责人、客房负责人、食品和饮料负责人的工作进行整理。但是晚间审计师不向这些负责人汇报，而只要向金融控制者汇报工作。在这方面，金融控制部门的作用就是对其他操作性部门的活动进行控制。

Opal Cove其他组织结构也表明了其控制策略。组织图上面以总经理结束，但是总经理并非一个独立实体。他(前两任的总经理都是男性)要向阿科的归属悉尼总部而负责南威尔士(New South Wales)和ACT的区域经理汇报。Opal Cove是这个区域经理管辖范围的八处物业之一。

市场和营销

Opal Cove的客人可以从很多方面加以分析。从旅游目的上分析可得，60%的旅游者是为了休闲度假的目的，30%的旅游者是来参加会议的，10%的旅游者属于其他类型。Opal Cove和同一地区的其他度假场所不同的是它有很多旅游者是来此参加会议的。从旅游者的来源地分析，90%的旅游者来自新南威尔士，其中85%来自悉尼，只有2%的旅游者来自澳大利亚以外的国家和地区。这2%的旅游者大部分是从新西兰来到澳大利亚度假旅游的旅游者。

Opal Cove的总经理有关于客人类型的准确信息(有每天、一月一次和年度的)。几乎所有预订Opal Cove房间的客户都通过电话预订，而不是通过旅行社和其他的中介机构来预订的。这一点和考夫斯港的一些度假场所类似，但是很多其他同样规模的度假场所情况却不是这样。客户直接电话预订房间这一特点对Opal Cove经营有几个重要影响。其中一个影响就是Opal Cove的宣传和营销工作几乎全部通过其员工的努力，而非通过旅游业(比如旅游运营商、旅行社等)来实现。第二个影响是Opal Cove在收取客人的费用后不需要付报酬给第三方(第三方可以是旅行社、旅游运营商等帮助Opal Cove宣传的团体)。因此，Opal

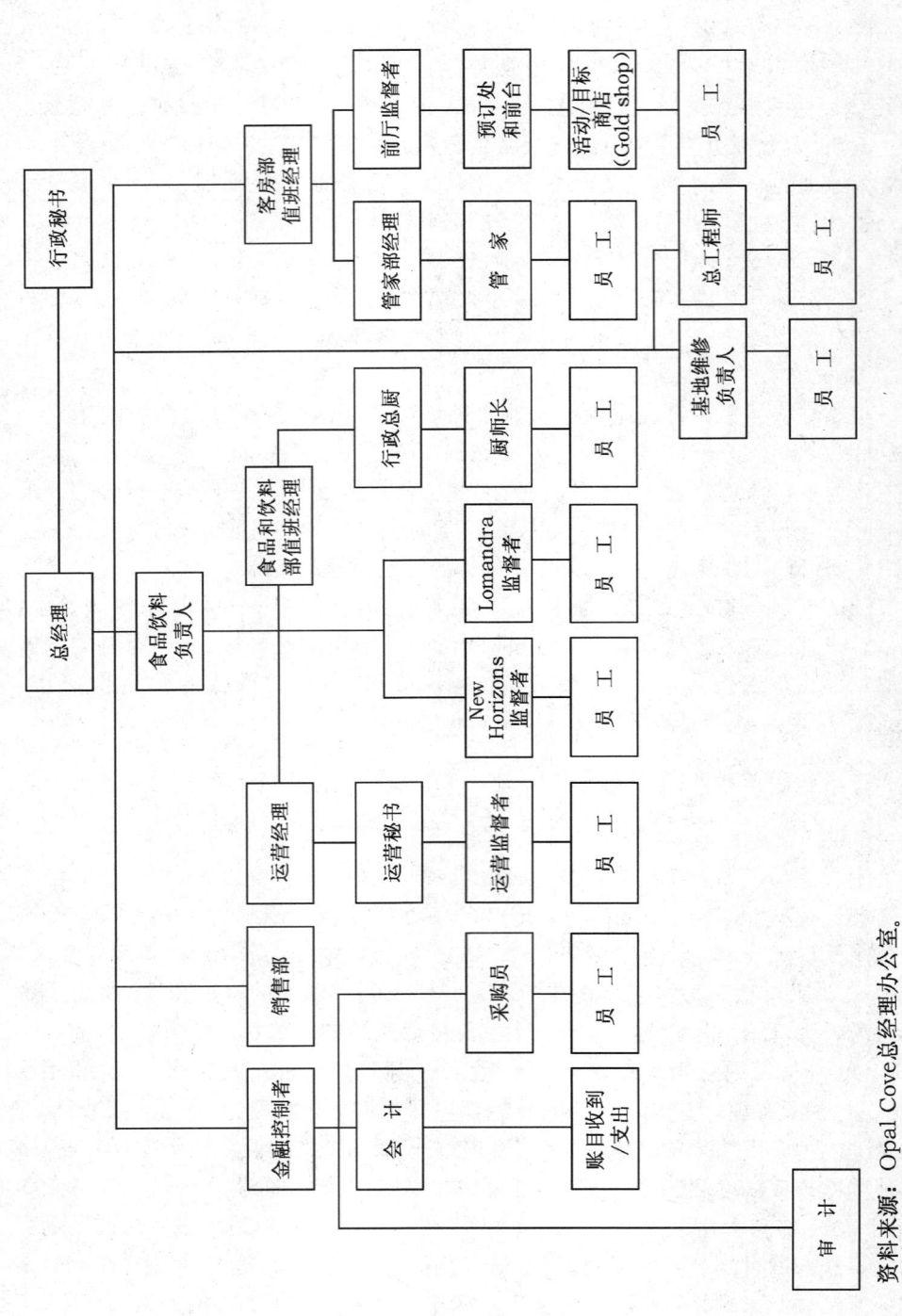

图9.1 奥帕尔·卯伍的组织图

资料来源：Opal Cove总经理办公室。

Cove 的房间实收费率比其他度假场所的房间的实收费率高。

尽管 Opal Cove 有相对独立的宣传机制，但是各经理们仍然会定期和悉尼的旅行中间商们会晤，并通过与他们的会晤宣传自己的产品（比如酒店、航空公司等等委托机构的服务）。各经理们之所以会选择与旅行社会面，是因为通过与他们的接触而争取到的一些客户，这虽然要付出一些报酬给这些中介，但对于各经理而言，仍然是完成任务的一个好方法。

Opal Cove 重要的营销活动就是直接邮寄信息资料给潜在客户。潜在客户分两类，一类是度假休闲式的客户，另一类是上述为了参加会议而去 Opal Cove 的客户。第一类潜在客户主要选择以前曾经住过 Opal Cove 的人，而第二类潜在客户主要是在悉尼和墨尔本的一些有选择性的组织。

学校放假的时候，比如从圣诞节到一月底，Opal Cove 客房经常住满，其中一些旅游者是重复旅游者，而还有一些是被推荐来此旅游的人。而在其他的时候，Opal Cove 的业务主要来自与会议机构的签约。在澳大利亚，和会议举办单位签订的合同带来的业务十分具有竞争力。Opal Cove 在悉尼有一个办事处，其主要作用便是在宣传 Opal Cove 的同时寻找商机，以会议举办单位为目标，并争取和这些组织签约。

如果一个会议组织机构要询价，他们一定要在 24 小时之内就得到回复。Opal Cove 会每隔几天就和这些会议组织机构联系，直到他们最后确定选取哪家酒店召开这次会议为止。Opal Cove 成功签约之后，他们便开始为举办这次会议做准备。如果别的酒店与会议组织机构签约，Opal Cove 的总经理开始调查自己失利的原因。一段时间以后，一份关于在 Opal Cove 举行和没有举行的会议种类以及原因都可以被详细列出来供总经理翻阅。

当地的度假村产业

Opal Cove 旁边一公里之内有五个度假村。其中两个：鹦鹉螺滩（Nautilus-on-the-beach）和佩里肯胜地（Pelican Resort）与 Opal Cove 的规模差不多；另外两个安努卡胜地（Aanuka Resort）和太平洋棕榈（Pacific Palms）则比 Opal Cove 规模小得多；最后一个太平洋湾（Pacific Bay）却比 Opal Cove 规模更大，并且和 Opal Cove 距离最近，其从某种意义上说是当地的市场领头者。

这些胜地以一些形式相互竞争着，但它们也在一定程度上合作。这些胜地之间最明显的证明是印有名称的路边标牌、被展出的设施的标志和名单等等。有时，这些胜地也使用临时的路边标牌来以特别价格促销或推广。

奥帕尔·叩伍的管理工作

关于管理工作最著名的一项研究结果是"管理者的工作：民俗和事实"（The

Manager's Job: Folkore and Fact)(Mintzberg,1991a)这篇文章。Opal Cove 的管理工作正反映了该研究结果中提到的几点。Opal Cove 的管理者们工作时间更长,每个星期工作 60 小时、每周工作 6 天时间是很平常的。他们只有在淡季时候才有可能放松一些。

明兹伯格(Mintzberg)的研究结果中还表明管理者的工作并不是很有规则的日常事务。这就是为什么管理工作是大家都很喜欢的职业的原因。尽管如此,管理者们还是有一些每天必做之事。比如说在诺沃特,经理们每天进办公室的第一件事情就是浏览前一天的工作记录。这些工作记录是由上晚班的审计师提前准备好的,被冠以"每日交易报告"。经理们的第二件每日必做之事就是通过浏览前一天的工作记录来判断当天的工作内容,接下来便是将这个决定和判断付诸实践。除此之外,经理们还有一件必做之事,也是尤其重要的事情,即检查由前台电脑输出"房客入住登记表",因为这张表列出了在此前一整天的入住房客的姓名、住址等信息。另外,表格上还有提前一天至提前一个月预订房间的信息。

当被问及管理工作中的哪部分给他们带来最大的个人成就感的时候,诺沃特的一个经理的答案是"看见客户满意而归以及我的利润目标得到超越"。他还说,每天走在酒店里他都有一种个人自豪感。

阿科公司如何进行标准管理

阿科公司为他每一处产业的设施和服务都设立了准确的标准。这些标准都在手册中详细列出。Opal Cove 的经理们都遵循《阿科亚太:诺沃特胜地经营和设施的标准》(Accor Asia Pacific: Novotel Resorts Standards of Operations and Facilities)这一手册中的标准。每一项都用准确无误的语言写出,不会造成误解,因此每一个经理都知道他们应该如何管理工作。从阿科公司的观点来看,或者说更重要的是从顾客的立场来看,这一标准化的设施和服务使得外面的人看来诺沃特所有的经营活动在很多方面都是规范而且有标准的。

阿科公司的经理们定期参观 Opal Cove 并且检查每一项设施和服务,看看是否做到标准化。这种途径被称为管理途径,是标准化的其中一种途径。

另外一种标准化途径就是市场途径,也就是利用客户的行为作为风向标。如果大量顾客抱怨酒店设施和服务,酒店的管理者们就会采取措施改进。事实上,阿科公司既利用管理途径,也利用市场途径。但是其主要还是利用经营途径,因为从顾客意见得出的结论不完整、不具有代表性,不如经营途径得出的数据值得信赖。

奥帕尔·叩伍的管理信息系统

所有的阿科酒店都遵循一个标准化的管理信息系统(MIS)。阿科为其每一个酒店提供了一个详细的管理信息系统,以引导经理们的工作程序。每个月会有一份 200 多页的内容详尽的月季报告。每个月结束后的 15 天之内,这份月季报告会被传到阿科总部的各个办公室(在悉尼)和 Opal Cove 的各个业主。Opal Cove 的各经理们也会使用这份报告。表 9.1 是 1994 年的一份关于食品、啤酒销售量的每日交易报告的一部分。

表 9.1　　　　诺沃特·奥帕尔·叩伍宾馆每日交易报告摘要

包括	Lomandra,早餐	52
	Lomandra,午餐	9
	Lomandra,正餐	46
	Horizons	5
	房间服务,早餐	6
	房间服务,午餐	2
	房间服务,正餐	13
	泳池酒吧	15
	宴会	202
	总计	350
平均账单	Lomandra,早餐	$11.76
	Lomandra,午餐	$6.83
	Lomandra,正餐	$25.55
	Horizons	$46.90
	房间服务,早餐	$12.75
	房间服务,午餐	$10.75
	房间服务,正餐	$13.88
	泳池酒吧	$4.18
	宴会	$32.50
啤酒销售	Lomandra,早餐	$0.00
	Lomandra,午餐	$48.30
	Lomndra,正餐	$424.75
	Horizons	$209.00
	房间服务,早餐	$0.00
	泳池酒吧	$103.25
	宴会	$5 971.25
	鸡尾酒会	$557.25
	小型酒吧	$123.00

月季报告会显示实际开支和收入以及预算开支和收入。因此,管理者们可以通过月季报告研究分析销售量,并且认识到预算和实际开支之间出现差别的原因,并进一步改进他们的管理工作。

每个月,Opal Cove 的总经理会把月季报告提交到在悉尼的总部办公室。报告包括:(a)到当年当月为止的酒店业务情况和其他信息;(b)关于非日常事务的记录，比如仪器出故障、工作人员合同到期等事宜。

管理上的会议

上述阿科工作系统的标准化可能会让我们想到经理们的工作是十分有组织和有纪律的。其实不然，管理者的工作具有相对的独立性。他们大部分时候可以以自己的方式工作，时间十分自由。

管理者们会定期参加会议，但是这些会议并非经常举行，因此不至于占用管理者大部分时间。Opal Cove 的七名分经理每两个星期会面一次商讨工作。因为人数不多，因此见面风格并不很正式。这样做的目的是为了经理们有更多时间完成他们的任务。

每三个月，澳大利亚所有的阿科集团分部的总经理（Opal Cove 的总经理就是其中一名）会面一次。虽然这种定期会面并非他们主要的交流方式，但仍然是一个很重要的方式。在两次会议之间，各分部总经理会通过面谈、电话和传真彼此交流信息。

问题区域

诺沃特的一个经理提出"保持产品连续性"和"使实际开支和收入符合预算标准"是两个主要问题。然后他还提出了三个相关的问题：员工培训、员工激励和员工士气。除了这些普遍存在的问题之外，Opal Cove 自身还存在另外一系列问题。

1985 年，Opal Cove 的主要规划是建设 260 个房间，并计划分两个阶段完成。但是结果是只有第一阶段的建设任务完成了。这倒不是件坏事，因为庞大的工程只会造成更大的损失。但是问题在于 Opal Cove 的利润只来自这 131 间客房和 20 套别墅，而其他的资源（给 Opal Cove 带来固定经济损失的部分）所占比例太大，而且没有被应用。

其中一个没有被利用而造成损失的资源就是大厅。另外一个是电梯，因为电梯的是按照 260 间客房的房客、员工和供应物的规模安装的，这样电梯启动能量和维修费用大大超过 131 间客房的规模，造成大量损失。第三个造成损失的资源就是空调工厂，因为空调工厂也是按照 260 间客房的规模建设的。除此之外，还有游泳池和高尔夫球场，这些都是按照 260 间客房的规模设计的。实际能带来收入的客房数只有 131，因此这些设施都给 Opal Cove 造成了固定的经济损失。

解决这个问题的简单方法也许是完成 260 间客房的计划，这样所有的设施的规格和客房数目就可以配套。

下面介绍的也是个有关酒店的案例，但其是完全不同的一种类型。它不是全球连锁的大公司所管辖的一个酒店,而是由四个合伙人共同拥有和经营的一个酒店。

沙堡假日酒店

这一案例是关于宾馆方面的。有的宾馆有不同的业主,但是这些业主将其经营权力下放给一些专业经营宾馆的公司。沙堡位于考夫斯港口的海洋天堂中,其拥有36套公寓房间。海洋天堂的北端是一个旅游者旅游区,因为这片地区有很多供旅游者租用的别墅、民宅、公寓以及汽车旅馆。

旅游区

这个地区的发展与其说受到城市规划影响,不如说受到市场和企业活动的影响,因为今年来旅游者对于旅游房屋出租的需求明显增加。该地区靠近一个保龄球俱乐部,没有市区的喧嚣,为旅游者提供房屋出租已经有30年的历史。现在,旅游者住的房屋风格迥异、历史不同、租金不一,管理和营销方法也有区别。

这个地区的大部分旅游者以及到目前住在沙堡的大部分旅游者都是情侣、夫妇和携带小孩的家庭。他们来此是为了享受温暖天气、沙滩和一系列海边活动。另外还有一类人来此保龄球场打保龄球,这类旅游者数目不多,但是很重要的一部分。考夫斯港口的保龄球场冬天也开放,这和维多利亚的保龄球场不一样。沙堡的地理位置优越,吸引了许多来自南方州市的旅游者,他们来此有的是参加保龄球联赛,有的是来度假的。

沙堡始建于1982年,1989年该三层公寓的物业产权转为分层所有权(strata title),这36套公寓房间相继售出;1994年有20个股东共同拥有这36套房间,并为旅游者提供度假住宿出租。所有者们寻求一系列的投资收益,例如:资金安全、租赁收入、资本收益。沙堡偶尔会更换所有者。

管理和营业执照

沙堡是由四个合伙人构成的酒店管理集团经营管理。他们分别是:Linn、John Keelan、Carol和Max Burt。这个团队在1991年从一个管理公司购买了酒店经营权力。他们在管理工作中遵循三个协议和一项政策。

第一,这四个合伙人之间有一项关于如何分配工作和利润协议。这项协议是有关于时间表和生活标准的。沙堡的管理并不要求四名合伙人同时出现。其中两名合伙人可以共同工作。每两名合伙人在酒店负责十天共同承担酒店的管理工作。两个人工作时可能比较累,但是也有好处,因为这样可以使另外两名合伙人有时间做其他的诸如宣传广告之类的工作。

第二,合伙人和代表酒店业主的公司行政秘书之间也要签一项协议。这项协议要求管理者(在这里指这四名合伙人)住在酒店内并且维护酒店的诸如花园、车道、办公室、游泳池、公共财产、温泉、烧烤、蒸拿浴、走廊和楼梯等公共财产。这些设施的维护工作由代表业主的公司承担费用。

第三,在管理团队和每一个业主之间也有一项协议。管理者为业主工作,从业主获得房租的一定比例的佣金,这样可以保证管理者们有足够的积极性为业主创造利润。

从以上分析我们可以看出管理者有两个差异明显但又相互交织的工作。他们一方面得到授权维护酒店以及酒店设施;另一方面他要为酒店 36 家业主负责,为他们吸引更多顾客,创造更多利润。

从 1993 年以来,新南威尔士(New South Wales)的酒店管理者需要获得营业执照才能进行管理。本章后面会谈到这点。

市场和资源

沙堡的每个房客几乎都是旅游者,而且沙堡按照不同旅游者的特点具体管理,满足不同顾客需要。沙堡很明显是属于旅游业的公司。

在这个地区的其他公寓区,有一些是像沙堡一样纯旅游业,但是也有一些公寓区,比如高层太平洋塔(Pacific Towers),不仅吸纳旅游者住宿,还常年提供住家服务。针对这点,太平洋塔没有根据顾客的不同特点设计不同的市场方案,而是对所有的顾客同样对待,这样不仅没有使管理工作变简单,反而使管理工作更加复杂。沙堡的主要客户是短期住房的旅游者,因此管理工作并不太复杂。

1994 年沙堡酒店最大的顾客群是回头客。另外一个重要的资源就是朋友推荐,即通过旅行社以及团队旅游运营商的宣传提高知名度。

沙堡的营销策略

为出租旅游套房可以通过非常小的策略来完成。在路边挂一个标牌;在诸如《悉尼早晨使者》(Sydney Morning Herald)或者墨尔本的《时代》(The Age)的新闻报纸上登载一则广告;或者派一个人坐在会客室回答来访者的问题或来电。这些都可以达到宣传的目的。但是也有的宣传需要管理者们投入大量的时间、金钱、创新精神和精力,包括去客源地旅游等活动完成宣传任务。

沙堡的管理者们倾向于后面一种策略。他们努力地做好市场工作,并用努力赢得了大部分的利润。

　　管理者们相信他们需要一个精心准备的宣传册子。旅游者们往往根据宣传册上的文字和图片决定是否要订房。特别是当旅游者有多个选择的话,宣传小册对旅游者的选择起到了重要作用。

　　基兰斯(Keelans)和伯兹(Burts)在1991年购买了沙堡的经营权,那时沙堡的宣传小册似乎不够用。1993年,在经过很多次的计划之后,新的宣传小册出现了,共印了20 000本册子。新的宣传小册只是一份左右折合的彩色薄纸。

　　宣传单的正面有一张朝向考夫斯港口的大海的照片,这张照片是从空中拍摄的并且上面有一个标签"沙堡假日酒店"(Sandcastle Holiday Apartments),照片下面还有一个标签"位于考夫斯港中心"(In the heart of Coffs Harbour)。在宣传单的内部和后面有六张照片,分别显示了考夫斯的不同侧面:游泳池和建筑物、温泉泳池里的两名快乐的旅游者、在烧烤旁边的桌子上的年老的旅游者。还有两张照片是关于这些建筑物和场所的内部摆设的。另外还有四张照片是关于考夫斯港口附近的一些景观:一只观光艇、竹筏、海豚水池和一个冲浪沙滩。除了这些照片之外,宣传单上面还有一张地图表明沙堡的地理位置。沙堡的住宿条件和娱乐设施也有简单描述。宣传单在选择的城市和小镇里通过旅行社分发,并且最后到旅游者手里。

　　把考夫斯港口的特征包含在宣传单里面是一项有计划的策略。因为这反映了一个思想,就是度假者需要知道度假地的一些信息,他们需要知道他们在度假地能够看到什么,能够做什么,而宣传单为他们提供这方面的信息很明显对旅游者决定有帮助。

　　沙堡还有一样重要的商业策略,即管理者们进行的旅行推广。其中一种形式是参加旅游交易展会。沙堡的管理者们每年要参加五到六次这样的展会。另外一种形式是参观各城市和小镇的旅行社。1993年他们还利用了第三种宣传形式,即参加考夫斯港口的旅游协会,并一起到新西兰参加旅游宣传活动。昆士兰的市场研究表明每年有7 000多新西兰人在类似于黄金海岸沙堡的旅游公寓里度假。

　　酒店的星级会影响旅游者的选择。在新南威尔士,国家公路和汽车协会(NRMA)负责评定一些酒店的星级评定。沙堡是四星级的酒店。NRMA定期地巡视各个酒店并检查他们是否达到星级标准。如果沙堡降为三星级的话,它的生意将会大受影响。为了保持沙堡的四星级标准,酒店业主今年投资60 000美元用于改进酒店的设施。

　　除了圣诞节之外沙堡的价格是以星期为基础的。价格制定对于成功的营销是十分重要的。如果价格过低,尽管旅游者对于住房的需求变大,但是收入也不能达到最大;如果价格过高的话,市场需求将减少。合理定价要求管理者对市场模式和发展趋势有仔细的研究。

和业主之间的交流

各个房间的业主希望管理者们向他们报告他们房间的经营状况,而能够及时向业主报告经营状况的管理者被视为负责任的管理者。沙堡的管理者们通过各种手段完成这一任务。每年他们聚集一次开会讨论房屋出租事宜以及和公司相关的其他事情。

房屋业主每年收到四到五份《沙堡通讯》(*Sandcastles Newsletter*)。另外每个月会有月季报告交给每个业主,报告中包括收入、支出和一张支票。支票金额为股息,是业主的净收入,它等于房屋收入减去广告费用、公司经营费和管理者的佣金。

沙堡的员工安排和组织

沙堡的组织结构包括四名管理者、提供清洁服务的五名清洁工和一个兼职园丁。清洁服务在每个星期和每个客人退房时进行。管理者负责大部分的业务,比如接电话、接待、办公室工作以及回答顾客问题和泳池清理等等。卫生标准对于房屋出租的质量至关重要。任何卫生方面的瑕疵都有可能使旅游者下次不再光临这一酒店,而他们也不可能会向朋友推荐这一酒店。

因为每间房间都有独立的设备完全的厨房和洗衣房,所以会比一般的酒店出现更多的卫生问题。基兰(Linn Keelan)说:"好卫生带来好生意"。沙堡的管理者们仔细选择并且发展了一个由五个人组成的团队,来负责卫生这部分。但是街区的其他度假房屋业者却不太重视卫生问题。

虽然每个管理者在不值班的时候有很多空余时间,但是他们的工作量可能非常大。管理者们每天 6 点开始进行泳池清洁和其他工作,很少能在晚上 11 点以前结束工作,一周七天都是如此。

Hirum 报告

在沙堡的前几年的经营当中,每个月的经营报告和盈亏报告的准备是一项非常耗时的工作,基本上要花掉他们一个星期的时间。但是沙堡引进了一种由软件编译的叫做 Hirum 的电脑程序以后,工作时间减少为半天。这种电脑程序是专门为了管理公寓出租的人员准备的,因为对于这些人而言,准备每个月的报告是必须要做的事情。这种程序得到政府批准,而且不仅可以用于管理者做月季报告,还可以用于会计和审计。

每天及时记录当日经营活动:顾客的到来和离开、账单付清、开支记载等等。

在每个月底,电脑程序会自动将所有的数据加总,并且显示每间房间的销售记录、收入开支情况以及付给业主的股息利润。

持营业执照的管理者

1993年新南威尔士的国会通过了一项议案要求度假公寓的管理者必须持营业执照才能进行工作,这种营业执照是由房地产服务委员会颁发的。这项议案是仿照昆士兰法案而出台的。约翰·基兰(John Keelan)是这项议案的发起者之一。他说以前有很多管理者们根本不称职,工作马虎不认真。昆士兰法案的特点之一就是持有执照的管理者必须为业主提供真实可信的会计账本。

这项法案出台以后,业主短期内感觉更加安全。从长远角度考虑,让管理者们持营业执照也许对各方(业主、管理者、员工、服务提供者和顾客)都有利。这也可以被看成是该类管理工作专业化的一个标志,也证明了旅游业更高程度的产业化。

总　结

本章讨论的四个案例代表了旅游业的很多管理公司的经营模式。

所讨论的每个案例都是从事旅游业的公司,他们以顾客为目标消费者,为他们提供专门服务。而且每个公司都和别的同样从事于旅游业的公司有业务联系,从而构成旅游业的基础。

此章四个案例反映了第八章关于旅游管理的原理,正如图8.1表明的,四个案例中,每个公司的资源运用都归管理者们支配。而这些管理者们的工作(不管是内部还是外部的)就是为了使公司更加有效率和有效果地运转。当然不同公司采用了不同的管理理念,而且管理者们有不同的管理职能。

上述四家公司之所以被归属于旅游业,不是由于消费者行为以及带来的经济效益,而是由于这些组织的运作过程。因此,这些案例帮助我们理解第七章中的观点:即经济效益并非理解旅游业性质的最佳角度。关于比经济效益更好的角度,我们会在第十一章中给出结果。其中包含一些商业战略管理和合作链问题。

问题讨论

1. 零售旅行社有五种职责,其分别针对五种被称为是股东的类型——他们是什么?

2. 在与其客户的关系中,零售旅行社要扮演的七种角色是什么?

3. 举例说明零售旅行社与之做生意的不同类型的当事人。

4. 在与其每个当事人的关系中,零售旅行社要扮演的五种角色是什么?
5. 如果入境旅游接待经营商的顾客不是旅游者,那他们是谁?
6. 奖励型旅游的方案基础是什么?
7. 在奖励型旅游中,入境旅游接待商的角色是什么?
8. 阿科是一家经营宾馆的跨国集团,其下有若干品牌,每一品牌都代表了一特殊级别的宾馆:阿科品牌的名字是什么?
9. 描述阿科亚太酒店所使用的管理标准的方法。
10. 像其他许多类似的商业机构一样,沙堡假日酒店有三种协议来管理其商业行为。这三种协议的分别代表方是谁?

推荐读物

Harris, Robert & Howard, Joy 1994, *The Australian Travel Agency*. Melbourne: Hospitality Press.

Law, Eric & Cooper, Chris 1998, Inclusive tours and commodification: the marketing constraints for mass-market resorts, *Journal of Vacation Marketing*, 4(4): 337—52.

Richards, Greg 2001, Marketing China overseas: the role of theme parks and tourist attractions, *Journal of Vacation Marketing*, 8(1): 28—38.

Accor Asia Pacific http://www.accorresorts.com.au.
ID South Pacific(ID 南太平洋旅游服务公司) http://www.idtours.com.
Australian Federation of Travel Agents http://www.afta.com.au.
Sandcastles http://www.totaltravel.com/travelsites/sandcastle.

第二部分

对旅游业管理的进一步探讨

第十章　旅游系统中环境的相互作用

导 言

环境和事物相互影响,这是一个相当广泛的概念。谈到环境,一般都开始于对其的一些描述,进而得出一个人为的观点、一个模型,从而选择某一特别的方面或主题来谈。每个人都这么做,因为(Lippman,1922:11):

……真正的环境太大、太复杂而且发展太迅速,以至于无法直接把握它。我们无法和环境抗衡,我们必须在某一环境中行事,然后才能掌握规律。

无论我们花费多少时间,我们都不可能观察到环境的所有方面,更别说了解和学习。"环境"一词是一个多层面的概念而且每个观察者有着对环境的不同感受和不同的认知文化背景。下面介绍一些我对现在的环境的一些观察。如果其他人在这里,他们可能对我所处的环境有不同认识。

房间里有一张桌子、两把椅子和一个书架,还有两张海报和四张照片,这些海报和照片能让我记起某些人和事。房间里空气凉爽而舒适。透过窗户可以看见树木成阴、房屋成排和湛蓝的天空。周围一片安静,只听见树上的鸟儿鸣叫和公园里孩童玩耍的声音。桌子上摆放着几样东西,有电脑、电费账单、一本杂志、活页夹、日记、纸张和几支铅笔。地板上有一个半满的垃圾篓子。

以上描写可以说包含了生理、文化、科技和经济环境。因为我和不同的环境互相影响,所以以上的描写涉及到各方面的环境也是必然的。环境可以是有利的,也可能是不利的。

马西森和沃尔(Mathieson & Wall,1982)在一本书中总结了旅游环境的若干方面;他们认为三种旅游环境(经济、社会和生理)对于集中讨论是有用的,但也只是一种随意而主观的方法,"因为这三种类型之间的区别并非十分清楚,而且它们的内容互相重合"(1982:3)。这正反映了李普曼(Lippman,1922)提出的一条原则:讨论旅游环境时,环境分类是有必要的,而且除了马西森和沃尔之外,其他的分类也可以被引用。

评论家和研究者经常将旅游业和环境之间的关系理解为旅游业对旅游目的地环境的影响。这点是最重要的也是最有争议的。本章首先介绍观察环境的简单方法,然后说明为什么有必要简化。有关旅游目的地的环境问题也有所讨论。本章后半部分提出了一种全新的视角和方法。在这种新的视角下,我们要考察环境和旅游系统所有环节(而非仅仅是旅游目的地这个环节)之间的关系。这种新的视角和本章前面部分所谈到的简化的关系并不矛盾,反而对前面有所补充。本章还提到了旅游系统生态学和旅游业的经营问题。

通常的观点：对于景点的影响

成百上千本书以及几十本杂志中都讨论到了旅游业和环境之间的关系。杂志《可持续旅游》(*The Journal of Sustainable Tourism*)中也有这方面的专题报道。几乎所有的研究都遵循一个传统的主题，即旅游者和旅游业对旅游目的地的环境的影响。

在这个宽泛的主题之下，大多数评论家和研究者们集中关注一个范畴，即对经济、社会或生理影响。试图研究其他范畴的学者为数极少，而马西森和沃尔(1982)的书以及里奇(Ritchie,1992)的获奖论文谈到了环境对21世纪旅游业的影响。这些是少数谈到其他范畴的一些作品。

哪个范畴的环境影响最为重要？这是个主观判断的问题，它取决于一个人的背景、视角、价值观和所受到的培训等等。在一份有关环境看法的问卷中，皮尔斯(Pearce)发现："人们对经济、文化和自然环境有不同程度的重视，这主要取决于答卷者的背景。"(Pearce,1985:5)

下面介绍旅游和旅游业对旅游目的地的影响。

游玩地的经济影响

旅游者通常是旅游目的地的短期消费者。他们呆在旅游目的地一段时间，购买一系列的商品和服务，之后他们便离开。作为旅游者，他们在旅游目的地所花费的钱比他们在平时生活中所花费的钱更多，其中的理由大家都知道，这里便不列举。

旅游者的这种购买大量商品和服务的行为以及免费使用当地公共设施的行为会给当地带来直接或间接的经济影响。下面介绍几种经济影响，表10.1将这些影响进行了归纳。

表10.1　　　　　　　　　　旅游业的九种经济效应

项　目	评　论
外汇收入	国际入境旅游的一个重要效应
国际收支平衡表中的"旅游差额"	这是一个误导人的假象，它会导致人们在忽视经济情况之下而关注一切推动旅游发展的东西
商业收入	在许多案例中是巨大的，在几乎所有的组织中都有不同程度的表现
旅游业所支撑的就业	有许多，但没有旅游推进者所宣称的那么多

续表

项　目	评　论
个人收入	对工作在旅游业中的许多人产生效应
政府收入	总量巨大，特别是通过各种税收
经济乘数	真实，但不仅限于旅游业中；很难精确计量这种效应
区域经济	主要是大都市获得，少数小型地域也获得很多
当地居民和观光者共享的娱乐和文化设施	在大城市中更明显

外汇收入

国际入境旅游的旅游者通过支付现金、使用信用卡和旅行支票以及近年来逐渐兴起的自动取款机等方式，给这个国家带来更多的外汇收入（自动取款机和其他付款方式相比，更加方便、安全和熟悉）。

当国外旅游者随团旅游时，他们提前支付费用，其中的住宿费就被旅行社或出境旅游运营商提前送往所旅游国家的相应酒店。

对于大部分的国家，国际旅游业的创汇是这个国家外汇收入的主要组成部分；在其他少数国家，包括新西兰和澳大利亚，国际旅游业是带来国家外汇收入的重要部分；而在其他更少数的国家，国际旅游业则是带来国家外汇收入的最大部分。外汇收入对活跃国家经济有很大作用，这点正解释了为什么全世界的各国政府都鼓励发展国际旅游事业。国际入境旅游其实是一种出口。最近，入境旅游操作协会[ITOA，已经改名为澳大利亚旅游出口委员会（ATEC）]，其目的是为了明确国际入境旅游是一种出口，并且进一步挖掘任何涉及出口贸易机构所增加的政治利益。

入境旅游常被称为"隐性出口"。这是因为入境旅游创造的外汇收入在国民账户中登记在"隐性收入"这一项下。这部分隐性外汇收入包括保险费、船舶费和旅游外汇。这种记账系统是在60年前发明的，当时国际旅游并不发达。现在这种记账方式已经过时。事实上，国际旅游从来都不是"隐性"的，而且近年来，国际旅游变得比以前更加明显。我们可以看到大量的旅游者，同样也可以看到庞大的为旅游者服务的设施和旅游运营商。

还有一种认为旅游业是出口的计算方式。在传统意义上，旅游业是根据进入次数——入境流——来计算的，因为100多年来，到任何国家的所有旅游者都必须经过关检，由当局通过检查其法律地位或签证的种类来认定其是否准入。这使得传统意义上描述国外旅游为"入境旅游"。这一术语掩盖了一种事实，即从经济学家的视角来看，这是一种出口。

从国家经济管理的角度来看，应该在国际旅游者离开每个目的地国家时来计算其数量，正如出口——而不是当他们进来时计算——一样。例如，我们说去年澳大利亚接待了一定量的国际旅游者，引其进入旅游业，从而"出口了 X 百万的旅游者并获得了 Y 亿美元的出口收入"。

国际收支中的旅游"差额"

正的外汇收入和持续的国际收支盈余允许一国进口一系列的商品和服务来支撑其国家的物质财富，而不需要靠出售本国的资本资源给外国人，或者以负债的方式来维持财富。

入境旅游者带来的收益被记录在借方，而一个国家的公民在国外的花销被记录在贷方。借方和贷方的差额，即入境与出境旅游收支的净值，被称为国际收支中的"旅行差额"（travel gap）或"旅游差额"（tourism gap）。

科利尔（Collier）说："旅游业收支表为赤字状态不一定全是坏事。"（1989：268），这一观点是正确的。但和很多其他的评论家一样，他并没有充分论述这一点。差额是抽象的，其在国家政策中的计量和考虑是不相干的。如果一个国家的单个领域的国际收支为赤字或盈余，这都不是问题，而如果当一个国家总体国际收支长期处于赤字状态，这才是应该担心的。

商业收入

旅游者花销给服务和商品供应商带来了收入。因为大量的旅游者通常购买一系列的商品，因此有很多商业组织可以从旅游者那里直接或间接地获得利润。利润来自两类旅游者，即国外旅游者和国内旅游者。

个人收入

居住在旅游目的地的居民如果在旅游行业工作，为旅游者提供服务或商品，他们也可能从旅游者那里获得经济利益。旅游公司的股东也从营业中获得股息分红。因为旅游者消费扩散到国民经济各个领域，所以可以说为旅游者提供服务和商品的任何公司的股东和员工都能从旅游者消费中获得利益。

政府收入

政府从旅游者手中获得利益有几种方法，而且很多数据都帮助我们理解为什么政府对旅游业，尤其是国际入境旅游业颇感兴趣。来自旅游者的很多政府收入都是通过税收这种间接方式获得的。税收包括商业和个人所得税，而这些税收都源自旅游者。另外一种收入方式比较少见，就是通过国有旅游运营商直接进行经营。

很多国家的政府从旅游者消费中征收一种活动税。有几个国家的政府对酒店和餐厅征收服务税。还有亚洲的一些国家对以国外旅游者为服务对象的餐厅也征收服务税,税收比例是账单价格的10%。很多国家对参与市场行为的所有项目都征税。在新西兰,商品和劳务税开始于1986年,其征税比例是出售商品价格的10%,而在1989年将比例提高到了12.5%。商品和劳务税及增值税主要是来自居民,但是从国外旅游者征得的这部分商品和劳务税及增值税收入也很客观。如果国外旅游者每年消费50亿美元,政府以10%的比例就可征收5 000万美元的税。这笔税收可以为很多设施提供资金,给居民以及旅游者带来方便。

向旅游者征税是很合理的,因为旅游者使用了这些公共设施;如果征收商品和劳务税,那么旅游者也为公共设施的建设作出了贡献。在澳大利亚,10%的商品和劳务税只是对特定项目征收,但是税收收入仍然十分客观。

就业:带来很多工作,但是没有一般声称的那么多

旅游业带来很多就业机会。以度假酒店或者一个旅行团为例,因为他们的服务对象全是顾客,所以可以说所有的就业机会都是由旅游业带来的。

但是更为普遍的是有些就业部分由旅游业造成,部分由非旅游业造成,这是因为旅游者购买各种商品和服务。实际上,所有的旅游者都会在食品上消费,在宾馆酒店消费的旅游者只是一部分,而购买小汽车、房产和家具的旅游者更是少之又少。

媒体的不真实报道以及夸张报道误导人们相信旅游业可以带来很多就业机会。世界旅游组织(WTO)以及世界旅游和旅行委员会(WTTC)是最大的信息造假者,其他的组织诸如澳大利亚旅游培训机构(Tourism Training Australia)、澳大利亚旅游者委员会(The Australia Tourist Commission)、国家旅游办公室(the National Office of Tourism)也提供过虚假信息。

全世界并没有1.2人从事于旅游业,而澳大利亚从事旅游业的则不足100万人。一项关于旅游业的就业报告可以帮助我们理解其错误原因(Leiper,1999a)。全世界从事旅游业的真实人数为400万,而澳大利亚从事旅游业的真实人数大约为30万。出现这种分歧的原因主要是由于统计人员认为所有的旅游者消费则都带来实际就业。实际上,并非所有的旅游者消费都带来实际就业。每个国家只有部分的旅游者消费带来实际就业,大部分的旅游者消费则都分摊到整个国家的经济建设中,为国家整体经济发挥作用。

WTTC、WTO和澳大利亚旅游研究局实际上估计的是一种类似于实际就业的数据。这种类似于实际就业的数据包括两部分。其中一部分是实际就业数,另外一部分是名义就业数,是各行各业中的零星就业的总数。其中后一部分占的比例更大。为WTO和WTTC服务的一些公共关系人员在向外宣传时将类似于实际就业的数据当成了实际就业数。这样,旅游业看起来是一个庞大的产业,同时造成一种政治上的声势。这点在第七章中讨论过。

表10.2以方阵的形式描述了一个分析性方法,能给我们一个更真实的全景。

这个表不能显示这四类就业的统计数据，因为没有有关一个国家或地区将旅游业所带来的就业分成这四个类型的具体研究。

表 10.2　　　　　　　　旅游支撑的四种就业类型

实际工作 （全职或兼职）	和旅游业 有直接关系 a	和旅游业 有间接关系 b	总体就 业效应 a+b
其他 EFTJ（等价于 全职的工作）	c	d	c+d
实际就业的工作	a+c	b+d	a+b+c+d

经济乘数

经济乘数适用于地区和国民经济的任何方面。经济乘数描述一种经济活动能够引发的经济效应。比如一个人的消费能够带动多少别的经济消费，这种效应可以由经济乘数来衡量。

因此，如果一个人花费 1 元钱，能够造成同一地区或国家 2.5 元的消费，那么消费乘数就是 2.5。因为大部分旅游者都会消费，政府和其他组织都非常关心旅游者消费能带来多少经济效应，因此，近年来很多经济学家在计算旅游业的经济乘数。这方面的杂志很多，其中一本杂志叫做《旅游百科全书》(*The Encyclopedia of Touriom*)(Fletcher, 2002)。虽然很多关于旅游系数的研究文献都详细说明如何计算经济乘数，但却没有说明经济乘数的实际用处。现在我们先介绍一下经济乘数。

旅游者在消费，而费用归诸于商店或酒店之类的商品和服务提供商所得。商品和服务提供者在获得这些钱后给员工发工资，另外到第三方购买新的商品进行出售。这时第三方在收到商品和服务提供者的钱后，又会进行新一轮（第三轮）的消费。接下去，也许是第四轮等等。从原始消费即旅游者消费开始，开始了循环性消费，但是每一次的消费额（流通在当地或该国的钱）都比前一轮小（很容易理解，商品和服务提供者用于购买新物品的钱只可能是他们收入的一部分，小于收入）。收到钱的人很少会将钱全部用于消费，他们可能会将部分钱存起来；可能会将一部分资金转出当地，比如说到另外一个地方购买物品；或者他们会把钱寄给远方的亲戚或者公司将钱转账到外地的一个股东名下。因此，最后，由初始消费引发的消费循环将会终止。

消费乘数是用总体循环消费额除以初始消费额得到。如果旅游者每年在某一地区消费了 1.2 亿美元，而几次循环后，共产生了 2.04 亿美元的消费活动，那么旅游者消费指数就是 1.7（用 204 除以 120）。

经济系数有很多种，而上述的消费乘数只是其中一种。就业系数是指单位初始消费带来的就业机会，收入系数指单位初始消费所创造的收入。这三种系数具有不同的价值。

计算系数的方法十分复杂,而且只有专门研究计量经济学的人才需要掌握这种技能。参与旅游管理的人不需要这种技能。但是因为系数一词频频出现在政府的旅游政策里,因此了解何为消费乘数以及该系数代表什么和不代表什么对旅游管理都有帮助。知道邦伊(Bunyip)地区的旅游消费乘数可能会满足一些人的心理,给他们内心带来安慰,让他们相信"旅游业确实是个好产业"。尽管如此,了解消费指数并没有多大实际的用处。

经济乘数并非旅游业所独有的。任何经济活动都有经济乘数。因此,不同行业的经济乘数比较对政府政策会有影响,这点可以算是经济乘数的实际用处。比如斐济(Fiji)政府就根据往年的经济乘数制定政策。

入境旅游收入占斐济 GDP 的 12%,而且这种比例还有增加的趋势。旅游业的发展依靠宣传。因为很多私营企业不愿意投资宣传,所以政府不得不做出决定是否调配资源为旅游企业提供更多支持。政府的决策取决于两种经济乘数的比较。斐济经济学家估计该国的旅游业收入指数是 0.94,而该国的糖业收入系数为 1.47。在这种情形下,如果斐济政府要增加居民收入,最好的政策就是在糖业上加大投资力度,而在旅游业上的投资则没有糖业多。如果在旅游业和糖业平均分配投资,这种政策可能是不正确的(Central Planning Office,1985)。

在这种情况下,斐济旅游企业的管理者和所有者们如果谴责政府决策不公正,也只是在浪费精力。也许在旅游业上的投资能创造更多的收入,但是如果投资到糖业,将会创造更多的收入。

经济乘数另外一个用处就是对经济活动持续几年进行不断监控,并掌握其中规律。

地区和国家经济

当旅游者到某个地方旅游时就不可避免伴随着消费,这样某种程度上促进了当地的经济。越有名的旅游目的地,所获得的经济利益越明显。如果旅游者全是国内旅游者(居住在别的地方的同一国家的人),那么国民经济并没有增长,因为这里面进行的是国民收入从一个地区转移到另一个地区的过程。国内旅游业对于以收入和就业为指标的国民经济并没有多大益处,相反国际入境旅游却能给国民经济带来发展。

当地居民的娱乐设施

到墨尔本、悉尼、巴黎、伦敦和纽约游玩的旅游者,一定不会忘记光顾剧院、电影院、歌剧院、美术馆、博物馆音乐厅等等。没有这些旅游者,这些城市便不会有这么多的建筑物,而且这些建筑物的费用将会更高。很多地方特别是大城市的旅游者以及居民都共享很多娱乐设施。旅游者越多,越能支撑这些公共娱乐设施的建设,也更能让当地居民享用这些公共娱乐设施。

这个例子表明环境的不同面是互相联系的。使用剧院的旅游者越多,意味着剧院额外收入增加,同时也意味着更少的当地居民能够享受到价格较低的歌剧,这会给社会和文化环境带来一定影响。另一方面,剧院的存在也是旅游者对自然环境影响的一个例证。

这个例子也说明为什么环境给旅游业带来的好处不是与生俱来的,而是要取决于特定环境的。如果旅游者和当地居民有共同的兴趣爱好和差不多程度的收入水平,娱乐设施就可以为旅游者和当地居民共享。比如有些国际大城市就是这样,当然并非所有地方都如此。

悉尼,岩石区(The Rocks)的场外市场

旅游给景点带来的效应一般是有利的

以上所列几个项目,特别是把它们综合考虑起来,对于景区的经济环境一般都是有好处的。但是有时也会造成负面影响。人们不太知道这些负面影响,比如更高的通货膨胀、更高的土地价格等。已有的事实证明旅游者所旅游之处一般能够获得经济收益。但是下面我们分析旅游给景点带来的正面效应时会被其负面效应扯平抵消。

旅游者给景点带来的社会和文化影响

旅游业是如何改变景点的社会和文化环境的?当地居民和旅游者之间的主宾关系有哪些特征?旅游者给环境带来的影响哪些是有利的,哪些又是有害的呢？"客人"和"主人"分别指的是当地居民和旅游者。实际情况下，这种比喻并没有得到真正的体现，因为旅游者并不感觉到自己是客人，而居民也没有真正的主人的感觉。

作为"客人"的旅游者和作为"主人"的当地居民之间的关系有五个特点。这些特点有一般的代表性意义，当然可能个别地区有特殊情况。

第一，居民和旅游者之间的关系是短暂而非长期存在的，因此居民和旅游者双方都没有义务将这种关系保持下去。

第二，居民和旅游者之间的关系十分简单，而且也应该如此。这意味着每个居民和每个旅游者之间的接触只是短时间的，而且任何一方都不认为他们的关系会发展成邻居和朋友之间的关系。当然也有极少数个别情况：有些居民和旅游者成为很好的朋友，并且日后还经常有联络。

第三，在旅游目的地，每一个居民都会和大量的旅游者接触，并且和他们有短暂的联系。如果很多旅游者来自同一个地区，而且社会阶层相近，对待当地居民的行为和态度类似的话，那么当地居民就会从这些大量的来自同一地区的旅游者形成模糊的印象，对他们之间的差异就不甚清楚。巴黎人对美国旅游者，巴厘岛的人对来旅游的日本和澳大利亚旅游者的看法正说明了这一点。

第四，居民和旅游者之间的关系在很多方面是不平衡的。居民对当地地形十分熟悉，每天过着日常的生活，而旅游者却是在一个陌生的地方。当地居民在工作，而旅游者却是在休闲。居民和旅游者之间的接触大部分来自旅游者需要某种服务，而居民正好能提供这种服务。而且当地人即居民经常试图向旅游者出售他们的物品或服务。这样导致了"宾主"关系的不平衡，而这种不平衡对于社会交往是最有利的。

第五，当地人和旅游者之间的关系并非自然产生的。这种关系的出现归结于大众旅游的结构性和功能性特征。旅游者到达每个酒店和餐馆，他们都受到热情欢迎，因为这是作为酒店方和餐馆方的工作要求。旅游者在这些场所期待能够得到照顾，而且希望服务员能够友好、热情且面带微笑地服务。服务员在为几千个旅游者服务以后，感到很难维持这种友好的服务态度。有一部著名的英国电影《噢，幸运的人》(O Lucky Man)，戏剧性地描绘了一个天性热情、面带微笑的年轻人，他开始时做旅行推销员，这种工作做了几年之后，他变得性情郁闷，人们再也难以从他脸上找到笑容。有一本书名为《被管制的心：个人情绪的商业化》(The Managed Heart: Commercialisation of Human Feeling)(Hochschild, 1983)，其中讨论了这方面的话题，并把这种现象称为"情绪劳动"。

这五个特点解释了旅游者和当地人之间的关系建立和破坏的原因，并说明了双方对彼此之间的印象存在一些思维定势，这种思维定势并非完全正确。反而这种思维定势使得任何一方都相信他们是比对方优越的(Goffman, 1964)。即使其中一方表面上将对方平等对待，甚至尊崇对方，但他们的内心仍然存在轻视对方的思维定势。因此,从某种意义上说,旅游业对于当地人和旅游者之间的关系改善没有多大好处。

作为宾客方的旅游者经常因为自己能给作为主人方的当地人带来多少收益而被评价,如果为当地带来的经济收益多,则可能得到优越待遇。这种想法其实也是旅游者的一种思维定势,因为实际情况可能并非如此。这种思维定势也影响了他们与当地人之间的关系。另一方面,当地人认为旅游者缺乏个性,因为旅游者行为趋同。"客方"认为自己是有实力的消费者,因而要求当地人对他们充满敬意。这是一般的思维定势情况,还有某些地区的特定思维定势。比如在昆士兰州的黄金海岸,当地人对与日本旅游者和"墨西哥旅游者"(当地人把澳大利亚南部州市的旅游者和刚移民到澳洲南部州市的人称为"墨西哥旅游者")的印象就存在很多思维定势。

来巴布亚新几内亚和斐济旅游的国外旅游者对当地人的看法存在思维定势,其更是到了一定程度。由于这些当地人刚刚脱离原始人的生活方式,这一点导致了国外旅游者对当地居民的看法达到一种极端。麦格卡尼尔(MacCannell)说过:"旅游者和这些刚脱离原始蒙昧生活的当地人之间互相猜疑、缺乏信任,充满了强迫、思维定势和商业剥削等等。"

旅游业带来的负面社会影响的六大因素

根据生活在旅游目的地的当地居民,有很多因素造成他们对旅游者的负面想法。下面我们介绍其中六大因素。

旅游者超过了社会承载能力

在著名的旅游集散中心,如果当地全部被旅游者占据,那么当地人很难一直保持友好的待人态度,因为在当地人看来,旅游者似乎是他们的小区或城镇的入侵者。多克西(Doxey,1975)发现,当旅游者的数量增加到一定程度后,当地人的态度会发生变化,因为旅游者人数之多已经超过了当地社会的承载能力。

当地人开始时欣喜洋溢地欢迎旅游者,接下来是冷漠,然后便是厌烦。厌烦导致压力感,之后便是反感。这种反感会表现得很明显。最后,这种对旅游者的厌恶感演化为对任何外来者特别是外国人的反感。社会承载能力有别于自然承载能力。自然承载能力只是要求有足够的住宿提供给旅游者。

社会承载超负荷的情况确有发生,但是很多评论家都把这一事实夸大了,特别是谈到整个国家的社会承载能力的时候。特纳和阿什(Turner & Ash,1975)在这方面犯了一个错误,以至于其后的评论家们都重复这种错误,这也许是因为他们不理解有关于旅游业的一个简单的原则。特纳和阿什说西班牙每年要接待3 500万的国外旅游者,但是因为当地人口数只有3 400万,所以社会问题难免要出现。特纳和阿什的逻辑很明显:旅游者人数超过当地居民人口,因此,当地人感到一种威胁感。但特纳和阿什的评论以及其中的逻辑都不正确,会对人产生误导。

这3 500万的旅游者并非同时存在于西班牙;3 500万的数据指的是西班牙一年之内的旅游者人数,而在20世纪80年代中期,西班牙平均每天只有80万的国际旅游者,大概是当地居民数的1/40。另外,旅游者和当地人分布的地理位置也不相同。平均每天80万的旅游者大部分集中在一些小城市(比如托伦姆尼诺、帕尔玛等等),而大部分西班牙人生活在旅游者很少去的一些城镇里,而且旅游者很少会去拜访当地人居住的郊区或工业区。

旅游者人数过多带来的社会压力问题在小范围比较严重,而对整个城镇或国家范围来讲就不那么严重。在诸如巴黎、纽约、香港、新加坡、曼谷、伦敦、悉尼和旧金山之类的城市,大量的旅游者集中在一些小的区域内,而在城市其他部分以及郊区却很少见到旅游者。总的来说,旅游者人数相对于当地居民数而言还是很少的。

在很多小城镇,情况却相反。在奥地利的圣安顿(St Anton)镇上,20世纪90年代居民人口是2 500,而有时一个晚上就有2 500多人数的旅游者来到此地住宿。来该镇过夜的旅游者一年达到970 000人次,计算成每一晚的话,每天有2 650个旅游者来到此地投宿。在滑雪的季节到来时,旅游者人数更多,平均每晚有4 400名旅游者在此过夜,达到每2名旅游者对1个当地人的比例。拜伦湾(Byron Bay)是澳大利亚最有名的度假城镇,该镇的旅游者人数每晚最高峰时达到了25 000,与当地不到9 000的居民人数相比,达到了3个旅游者对1个当地人的比例。另外,在拜伦湾,白天来此旅游的旅游者比夜间在此过夜的旅游者人数还要多。

需要注意的一点是:超出社会承受能力的旅游问题,当被作为乡镇层面的当地问题来对待时,其大多能被准确地分析,而被作为大城市或国家层面的问题来分析时,其效果反而会差。

商业化造成当地文化贬值

格林伍德(Greenwood)的研究被人广泛引用,他描述了福恩特拉比亚(Fuenterrabia)这样一个西班牙小镇如何丧失自己的传统文化,而在若干年之后,经过一番商业炒作他们的传统又是如何成为一个旅游卖点的。"文化商业化并不需要每个参与者的同意……一旦这种炒作开始,就不会停下来,而且人们也不会试图去妨碍这种炒作"(Greenwood,1987:137)。

到小镇旅游参加当地特色节日的旅游者人数的增加导致当地人的角色被淹没,而且他们本身的文化被贬值或毁坏。海明威在晚年时仍然回忆在潘普罗那(Pamplona)市的往事并且对来到当地旅游的旅游者人数发生感慨。海明威此前来过此地几次,参加一些当地的诸如街道斗牛赛等特色节日。他在1959年评论道:"我在二十年前来到这里的时候,还没有二十个旅游者,而现在来此地旅游的旅游者人数多达十万名。"(Hemingway,1985:97)

梭罗(Solo)在爪哇岛(Java)国家的中部,其每年要在苏丹王宫(Kraton)举行一次盛典,因为苏丹王宫是苏丹(Sultan)的宫殿,也是传统的音乐和彩装宴会的举行场所。相对于成千上万的当地人而言,旅游者人数不足一百人而已。梭罗和别的城市不同在于,这里并没有很多的旅游者,也没有被旅游者淹没的感觉。

即使在旅游者遍布的城市,当地的文化传统也没有完全被毁坏,有的甚至还得到一定程度的保护。一些学者诸如曼宁(Manning,1979)讨论了百慕大城市,诺容哈(Noronha,1979b)讨论了巴厘岛,安德洛尼克斯(Andronicus,1979)讨论了塞浦路斯(Cyprus)。这些学者都指出了一些保护当地文化的若干因素。诺容哈(1979b:201)评论道:

> 大多数谨慎的观察家认为巴厘岛的旅游并没有造成巴厘岛文化的丧失。为什么如此?其中一个理由是巴厘岛和班贾(bandjars)的联系十分密切……。第二个原因是旅游者的旅游线路十分明确,而且旅游者所接触到的只是巴厘岛居民生活的一小部分。第三个原因可能是最重要的,即巴厘岛人只要进行他们日常所进行的活动,如跳舞、绘画和雕刻,就可以从旅游者那里得到收入。

并非所有的地方都和巴厘岛、百慕大和塞浦路斯一样有这种文化弹性,因此格林伍德的那种带有悲观色彩的观点也许正代表了全世界范围内发生的情况。很多文章和著述中都可见这种悲观色彩。比如,巴特沃斯和史密斯(Butterworth & Smith,1987)关于新西兰国家毛利文化商业化的文章,以及夸科(Kawke,1992)关于澳大利亚Koori(一种土著人)文化商业化的著述,都反映了地方文化被商业化,进而失去自己特色的主题。

表现效应所造成的破坏

外国旅游者的行为会带有自己本国的文化特征,因此在国外旅游时,他们的行为方式、态度和他们的生活方式都表现出来并被当地人观察到。他们最主要的就是表现出一种长时间的懒散和休闲。而当地的一些年轻人却没有意识到一点:旅游者在来此旅游之前一整年可能都在努力工作挣钱,才能来此旅游。当地人如果对此没有正确认识,他们就会将旅游者表现出来的态度(懒散、嬉戏、随意消费等)当作是西方社会的常态和主流。

特别当旅游者到第三世界国家旅游的时候,他们每天比当地人消费量更大,而且喜欢购买一些一般人无力购买的物品。很多旅游者消费的服务和商品纯属显示身份,根本毫无必要。当地人观察到在机场、餐厅、商店、酒吧、主题公园和宾馆等,旅游者都享有优等待遇。服务生为他们清理房间,将饮料和食品带到他们所住房间或者开车送他们去旅游目的地或者商店、酒店人员也为了给客人留下深刻印象而安排服务人员殷勤服务。维布伦(Veblen)表明很多注重身份的旅游者十分重视这些非必要纯属显示身份的服务。

很明显,并非所有的旅游者都很重视自己的身份。但这不是问题的关键。问题关键在于当地人根据这些现象加重了他们对于旅游者看法方面的思维定势。

旅游者还表现出生活的高流动性。一些当地人也许一辈子都没有离开过他们生活的小镇,他们会对旅游者的这种来往自由的生活方式印象深刻。

很多旅游者的行为方式和当地风俗有冲突。大部分时候这种冲突并不严重,而且也非旅游者故意所致。澳大利亚人来到英国,仍然用他们那友好的方式和当地人交谈(当地人无法从澳大利亚口音中辨别他们的社会阶层),甚至不经介绍直接插话。久而久之,英国人对澳大利亚就形成一种固定看法,认为他们是"粗鲁的澳大利亚人"。在过去的 150 年内,英国人对澳大利亚人的看法一直如此。很多澳大利亚人来到英国无法适应英国社会,而英国人在和陌生人交往时,首先要将对方划分到某个社会阶层(至于陌生人的社会阶层比他们自己是高、是低或者平等,并没多大关系)。知道陌生人的社会阶层是英国社会中人际关系发展的必要前提。因此,当英国人无法从澳大利亚人的口音中辨别他们的社会阶层时,往往不愿意和他们交往。

适应一个新的国家的文化不是一件易事。旅游者不可能在几个星期就能很好地适应,即使有专门学习也是如此。诺索姆(Nothomb,1999)的文章提出,即使有良好的语言技能和几个月的国外居住和工作经验,人们仍然会因为文化差异而犯一些错误,有时这些错误可能会冒犯他人或使人尴尬。这是旅游者行为谨慎的一个原因,也是他们愿随团队一起旅游的原因。

还有其他的发生文化冲突的例子:到亚洲国家旅游的西方旅游者对老人的不敬,穿着半裸的衣服行走在沙滩上,不情愿在市场上讨价还价,公共场所公然接吻,在寺庙里行为不规矩,在公共场合暴露自己的情绪,等等。相反,在澳大利亚的沙滩上,有的外国旅游者瞪着半裸或全裸的人,而当地文化正如罗伯茨·德鲁(Robert Drewe)的书《弄潮儿》(*The Bodysurfers*)所说的一样,"色迷迷地看人是不允许的"。

旅游者行为态度对当地人的最大影响就是在当地人心中形成一种对于旅游业、国外旅游者的思维定势。如果旅游者来自富裕国家,而旅游的地方却是经济落后地区,这种影响就是非常不利的。

居住在当地的孩子、青少年和一些感性的年轻人趋向于羡慕旅游者的生活方式,即他们的悠闲、物质财富、生活自由和流动性、偏离传统的自由。经济落后地区的青少年正处于对金钱充满欲望的时候,因为羡慕旅游者们的生活方式,可能会走向犯罪或出卖身体的歧途,或者通过非法移民等方式摆脱经济上的窘迫。如果他们拥有财富的愿望没有实现,他们可能会变得尤其失望,然后变得冷漠或者堕落成社会底层分子。

当地年老而保守的人对旅游者的行为态度有他们自己的看法。他们将旅游者的行为态度视做一种对他们社会和文化的坏的影响。因此,他们可以接受国外旅游者给他们带来的经济收益,却对其他方面的影响持抵触态度。这样,当地居民的老一辈和新一辈人关于旅游者行为态度上的观点差异又增大了,使得代沟问题变得更严重。

低身份的工作

在很多旅游点,大部分和旅游者直接接触的工作都是低收入的:收拾房间,准备三餐,在餐桌边、酒吧间、酒店前台候客和接待客人等等。这些工作都不是很体面,而且不是一个人的长期职业。如果有别的工作可选的话,一般人会避免做这类工作。

埃伦赖希(Ehrenreich)在佛罗里达的研究表明只有极度贫穷的人才会选择在酒店或餐厅里做这类工作。一般人不想做这些事情不是因为这些工作不体面,而是因为工资非常低廉、工作十分累人,而且经常受到管理者的虐待。

新殖民主义

自从1945年以来,有150多个国家已经独立了。以前这些国家都是英国、法国、德国、美国和其他帝国主义的殖民地。在这些独立的国家里,又产生了对新殖民主义的担心。他们担心名义上独立了,实际上却仍然受到强国的殖民主义影响。

一些跨国旅游运营商被称为新殖民主义者。称他们为新殖民主义者是因为这些公司企图将这些新独立的国家作为殖民地,剥削当地的资源。

新殖民主义的表现有:外资酒店里,最好的工作岗位往往是留给这个国家的公民;而公司红利从银行转账给身在国外的股东。公司的负责人远在外国,却能遥控影响当地政府的决策。即使国家取得主权上的独立,但这种独立更多的是名义上的,因为以前的直接殖民主义演变成了今天的经济和政治殖民主义。

罗登博格(Rodenburg,1980)区别了巴厘岛三种旅游者住宿条件:(a)由国外出资控股的五星级酒店,也叫"大产业";(b)经济性的小酒店,其中部分由巴厘岛居民出资控股,也叫"小产业";(c)居家型的客舍,全部由巴厘岛居民控制,也叫"非产业"。罗登博格发现旅游者使用第三类的住宿设施时,巴厘岛的经济收益最大,因为这类经济收益能够保留在巴厘岛内,而使用第一类和第二类住宿设施的旅游者,他们的消费量更大,但是流出巴厘岛的部分更多。罗登博格估计使用第一类、第二类和第三类住宿设施的旅游者造成的经济收益流出量分别为:40%、20%和0%。

旅游和道德行为

很多人生活在一起时,一些不道德的行为便可能产生。吸毒和卖淫行为便是例子。旅游者人数增多,也可能伴随一些不道德行为的产生。

霍尔(Hall,1991)举出了一些旅游目的地由于旅游者人数剧增导致诸如吸毒和卖淫行为产生的例子。切斯尼—林德和林德(Chesney-Lind & Lind,1986)讨论了在夏威夷的不道德行为,沃姆斯利(Walmsley,1983)也讨论了澳大利亚的犯罪行为和旅游业之间的关系;洪(Hong,1985)、瑞安和马丁(Ryan & Martin, 2001)就性旅游业进行了研究。

旅游者比较容易成为小偷偷窃的对象,因为旅游者一般身上带有更多的现金、贵重物品,而且在公共场所待的时间更多。同时,旅游者所住酒店的房间也是强盗盗物的对象。特别是旅游者在酒店住的最后一晚,发生盗窃案的事情最常发生。最后一晚行窃对偷窃者有个好处:旅游者一般不会拖延他们的滞留时间,因而他们不会和当地警察联系报案,也没有时间做这些事情。他们往往只能无奈地离开。要知道旅游者什么时候离开酒店不是一件十分难的事情,因为一般这些信息并非绝对机密。

偷窃行为的存在使三方从中得利:小偷、保险公司和旅游中介。因为旅游者担心物品被盗,因此他们更趋向于在出发前就在他们国家或地区投保;而旅游中介也因为向旅游者推荐了旅游保险,可以从保险公司拿到约25%或更多的回扣。旅游保险和旅游中介也因为旅游业带来的犯罪和不道德行为而获得经济利益。

另外有两方会遭受损失:旅游者(包括作为个人和整体存在的)和从事旅游业的公司。作为旅游者个人,他们因为失窃而遭受经济损失;作为旅游者的整体,因为盗窃犯罪的存在,他们在保险公司要付更多的保险费。另一方面,犯罪和不道德行为的广泛存在可能会阻碍一些人前去旅游,减少旅游者人数,给旅游业公司造成经济损失。毫无疑问,如一个因为偷窃和抢劫案而臭名昭著的地方如果能够减少犯罪率,那么一定会有更多的人前往。

在塞浦路斯(Cyprus)的千年之久的教堂,世界遗址

作为入侵者的旅游者:天生的好客?

旅游者来到一个地方,总是被当地人看成入侵者。正如阿德里(Ardrey,

1967)所说，任何陌生人的介入对于当地人而言，都是一种"领土入侵"。一个陌生人的到来就可以引发这种被入侵的感觉；人数越多，这种被入侵的感觉会更强烈。阿德里没有提到旅游者，但是他的观点可以适用于此背景。

当地人的这种被入侵的感觉可以得到减缓和消除，可问题是如何消除这种被入侵的感觉？而当地人又如何在容忍旅游者的同时仍然保持自己的"领土主权"意识？这里介绍三种方法，这三种方法彼此也有内在关系。

第一，试图将"入侵者"看成当地的短期游玩者，并认为他们不会永远留在这个地方，更不会伤害当地人。这种认知只有在当地人把"入侵者"看成旅游者。而旅游者这一名称意味着不会造成"领土入侵"。但是问题仍然存在：也许一个旅游者不会造成"领土入侵"，但是旅游者人数多到一定程度，也许就可能造成"领土入侵"了。因此，必须采用第二种办法。

第二，主动示好。向陌生人或旅游者主动表示友好欢迎，不管是天生的行为还是后天学习到的行为都是一般人采用的保护自己被"入侵"的方法。阿德里相信这种行为是天生的（这点很关键），因此他推论出，陌生人的威胁性行为，让当地人感觉到潜在的威胁，然后表现出一种友好。换言之，他的研究得出这种示好的行为是天生的。

如果陌生人对于当地人的示好表现出积极或中立的态度，当地人就会感觉到潜在威胁的结束，并认为来访者或陌生人接受他们的欢迎，在短期内不会伤害他们；当地人还会感觉到陌生人的到来如果给他们的生活造成干扰的话，也只是短期并非永久性的。阿德里发现这种心理过程在动物和鸟类身上也可以找到。不管示好是天生还是后天行为，对于处理当地人和陌生人之间的关系都具有重要作用。

旅游宣传团体利用这一点鼓励当地人对旅游者友好欢迎。比如新西兰政府在1990年以后，开始支持一些诸如Kiwi-Host的培训项目；澳大利亚政府也赞助诸如Aussie-Host的项目以及其他城镇和国家也都开始这项计划，号召他们的人民对旅游者友好欢迎。从表面上看，是在引导当地人对旅游者表示友好，实际上是在教当地人一种对付外来"入侵"势力的一种方法。

这种方法也有局限性。大量的旅游者蜂拥而至就会形成一种"入侵"。麦格卡尼尔（MacCannell,1992:188）报道了在加州的一些区内"流行的汽车保险杠的小贴士的内容为：欢迎来到加州……现在回家吧"。这是代表当地人另一种对付领地威胁的方法。从广告内容可以看出：他们欢迎旅游者来此游玩，但他们很明显地提醒旅游者以及他们自己，他们对于旅游者的友好只限于短时间内。这种行为其实本身就有矛盾，是充满后现代文化气息的。而且麦格卡尼尔说道："其在每个层次的思想、行为和组织中都表现自我。"他把橘子王国（Orange County）、迪斯尼家园和其他当前时代的象征都看作是后现代区域的原型。

新西兰目前还没有像澳大利亚这种后现代主义文化，但是新西兰官方旅游政策体现了另外一种矛盾。多克西（Doxey，1975）称之为"旅游烦躁指数"（tourism irritation index），以此来研究当地人对旅游业的看法。新西兰政府将这项指数改名为"旅游接受指数"（tourism acceptance index）来衡量当地人对于旅游的接受程度。这种研究的前提是假定公民对于旅游抱有积极接受的态度。这项研究结果如在媒体播出，会造成一种正面效果。

所有的社区都可能对大量旅游者的到来作出调整。如果旅游者人数增加过快，可能会对当地社会和文化造成损害。因此需要有灵活的社会承载能力才能适应这种旅游者人数剧增的现象。当地居民对每天能接受 X 个旅游者，将来可能会接受 X 乘以 Y 个旅游者。最后，旅游者人数的渐增可能会超过当地人的友好程度，而那是当地人可能已经失去了早期的那种"领土被侵占"的感觉，甚至根本没有了所谓"领土权"的感觉。

麦格卡尼尔（MacCannell，1992）还谈到了旅游研究经常忽视的一个问题。人口大量迁徙的一种形式是旅游，还有一种就是大量亚洲、拉丁美洲、非洲和东欧的贫困人口移民到北美洲、西欧和澳大利亚。因此，像在橘郡（加州最富裕的郡之一）的居民不仅感觉到旅游者带来的威胁感，还感觉到大量贫困移民人口带来的"入侵感"。

旅游者对于所旅游地区实体环境的影响

实体环境包含自然环境和人文环境。科恩（Cohen，1978）提出了旅游业和实体环境之间的关系。道格拉斯·皮尔斯（Douglas Pearce，1989）、尼泊尔（Nepal，2000）、布多维斯基（Budowski，1976，引自 Mathieson & Wall，1982）都进行了这方面的研究，并且总结出旅游业和实体环境之间的三大关系：(a) 独立——毫无影响；(b) 冲突——旅游业破坏环境；(c) 共生——旅游业和实体环境共同获利。第一种情况很少见，所以我们谈一下第二种和第三种情况。

冲突

旅游业和旅游设施给环境带来破坏，比如，水、空气质量的恶化，野生动植物、植被被破坏，生态系统变脆弱，建筑物失去美学价值等等。大量的文献都有这方面的研究。普遍的观点认为，旅游业毁坏了环境，而正是这些环境的特点吸引了旅游者的前往。酒店、商店、公路、主题公园、广告牌和其他设施减少了甚至毁坏了自然风景的美感或野生动物的平静生活以及其他文物，而这些自然风光、野生动物以及文物等正是吸引旅游者的东西。

科恩（1978）提出一个原则：脆弱而不具有弹性恢复功能的生态系统容易遭到毁坏，特别是当很多旅游者来到这个地方的时候。珊瑚礁的破坏就证明了这点。珊瑚礁被毁坏以后，以前的活珊瑚礁和彩色鱼都没有了。人们也许不能想象对珊珊瑚礁破坏之程度。个别旅游者造成的伤害程度很轻，但是成千上万的旅游者大量涌入，对珊瑚礁造成的积累性破坏却是十分可怕的。因此，珊瑚礁的破坏是由多种因素共同造成的：旅游者人数多、时间久等等。这种积累性效应在很多其他方面都能看到：摘采野花、随意扔垃圾、伐木取火、为获取镜头拍摄野生动物等等。短时间之内也许不会产生坏效果，但是时间一长就会出问题。

全世界范围内的人们都很关心环境。如今澳大利亚大部分旅游公司在管理时都把环境因素考虑在内。若干个组织特别小心保护和改善环境。哈里斯（Harris）和利珀（Leiper, 1995）及国家旅游局（1996）进行的案例分析中都举例说明了如何保护和改善环境（这些将在第十六章中讨论）。

旅游管理不善会造成大致五类环境破坏。建筑物污染（建筑物丑化）是最糟糕的一种。20世纪60年代美国人在巴厘岛的Sanur建立了第一家高层大型酒店。之后，巴厘岛人试图让政府通过一项政策不允许未来的建筑物比当地的棕榈树更高。可惜的是，70年代印度尼西亚腐败政府和幕僚们决定在巴厘岛投资更多的大型度假酒店之类的建设，导致巴厘岛人失去了控制能力（Aditjondro, 1995）。到1995年雅加达（Jakarta）的很多学生和工人举行了大型抗议活动要求苏哈托（Soeharto）辞职，但是此时巴厘岛已经遭受到了很大破坏。

澳大利亚在20世纪80年代也犯了一个错误：允许在降临节岛（Whitsundays）的哈密尔顿岛（Hamilton lsland）上建立一个高层建筑物构成的度假村。当时由专家指出这一计划的不合理性，提出建筑高层建筑物和当地的地表结构不适合，也不能满足旅游者对于哈密尔顿岛这个热带岛屿能给他们带来特别体验的期待。投资高层楼房的惟一获利方是投资商[比如基思·威廉姆斯（Keith Williams）]，他们充分利用这片土地，按照他们自己的想法来设计这个度假村。

沿公路或海滩分布的众多建筑物集合成一体是另外一个对环境造成破坏的原因。澳大利亚黄金海岸沿岸建设的一系列建筑物就是一个例子。这种一系列建筑物像一条带子一样分布着，往往越到带尾时，建筑物的品位越差。而且建筑物过多，造成供水、供电紧张，公路交通繁忙，废水垃圾处理麻烦。

如果硬件设施将当地人和旅游者隔绝开来的话，也是一种失败。悉尼达伶港口的建设就反映了这一点。20世纪80年代很多赞助商和设计者都称赞该港口区会有很大发展空间。但是他们的目标并没有达到。其中一个设计问题就是位于港口区西部的居民区同这个港口区被一条繁忙紧张的公路和黑白色的高墙隔开。这条公路和高墙就是一种信号，阻挡了当地人与其他人的接触。对于当地人而言，港口区内设施在品位和价位上也不适合当地人。结果港口区的房客要么是旅游者，要么是来自郊区的过路人。达伶港口区并没有什么真正意义上的顾客。而缺乏顾客（在这里指愿意长住那里的人）就是达伶港口区不成功的因素。平常只有一些工人住在里面。

非必要时在国家公园使用直升机也会破坏环境。直升机对于某些经济宽裕的旅游者十分方便，因为可以节省他们的时间、允许他们充分观光等；直升机还可以用于急救场合，因此直升机十分受人欢迎。

但是对于大部分去国家公园和海滩旅游的旅游者而言，直升机是当地平静环境的破坏者。不仅如此，直升机还破坏了国家公园，特别是野生带的一些深层次的价值观。国家公园和野生带之所以有价值，是因为人们想要暂时从高科技和其他工业化社会的典型特征中逃离出来，寻求完全自然的生活经验。但是直升机在头顶飞行，即使声音开到最低，仍然破坏了人们寻求完全自然的心境。希沃布什（Schivelbusch，1986）描述并分析了这些工业干扰，并表明它们是怎样形成旅游经验的。

国家公园对于大部分旅游者的好处渐渐被直升机破坏并消失了，而直升机的使用仅仅给少数人带来好处。当听到说将有四轮交通工具和直升机将要抵达国家公园来寻找失踪人时，人们已经惶恐，而那种对于全自然态生活经验的梦想也随之破灭。像汽车和直升机之类的救生工具可以安置在公园的消遣活动区，而不需要安置在野生动物区。这样，两类旅游者（在公园消遣和享受自然生活的两种人）都可以最佳利用公园资源。这种管理方法就是一个例子，证明对于不同的市场细分要调配不同的资源。

共生：旅游业和实体环境和谐共存

旅游业和环境的关系并非只有冲突。在很多情况下，旅游业和环境的关系是共同促进、共同获益的。

旅游业和环境之间的关系有四种：(1)出于发展旅游业考虑，一些行政区、遗址、建筑物和物体得到修复和重建；(2)由于旅游业，这些行政区、遗址、建筑物和物体的作用发生改变；(3)旅游业促使诸如对公园和野生动物等的保护；(4)旅游业促进了环境保护的管理工作。

婆罗浮屠塔（Borobodur）是爪哇国最大的佛教寺庙，在20世纪80年代联合国科教文组织重建该寺庙以前一度衰败。该寺庙是世界遗产，同时对发掘以日惹（Jogjakarta）为中心的地区旅游业具有重要价值。到90年代，寺庙已经成为吸引旅游者的中心，并且每年吸引成千上万名旅游者前来旅游。

巴黎的马莱（Marais）包括了该城市一些比较古老的建筑物和街道。人们意识到它作为国家遗产具有很好的旅游前景，政府在60年代开始重建该区。40年以前，马莱没有被编进旅游手册；而现在被编进旅游手册里，而且正吸引着很多对该城文化和历史感兴趣的旅游者前往。

悉尼的岩石区（Rocks）和巴黎的马莱相似。60年代的岩石区仍然是被人遗忘的破败的地区。它一头连着商业区，一头靠着一个港口，而这个港口也很少有人光顾。在巴黎的马莱被重建以后，也可能是受到安德烈·马洛斯（Andre Maurois）（他的作品中有关于马莱城被重建的段落）的鼓励，1970年新南威尔士政府设立了一个岩石区发展机构。这个机构设立以来十年之内,岩石区就发展成为澳大利亚最大的旅游集散中心之一。它拥有澳大利亚最古老的建筑物,其所拥有的二十家酒吧至少三家是全国最古老的。岩石区可以说极富建筑学价值。很多老式建筑和古迹现在已经经过整修,为旅游者所能欣赏到,因此该区环境得到了保护。多色菱形花纹(Argyle)美术中心和旧悉尼酒店(两个都在岩石区)以前是仓库;悉尼的核能博物馆以前曾经是发电厂,然后整个建筑物闲置了好几年。直到最近,它才成为一个拥有几百万旅游者的博物馆。

维多利亚阿尔派(Alpine)委员会解释了这些管理计划。维多利亚阿尔派委员会管理维多利亚阿尔派地区所有的事务。在维多利亚阿尔派(Alpine)委员会成立以前,若干个委员会共同管理维多利亚阿尔派地区的事务。结果,由于不同组织共同管理,导致这个地区管理不善,环境遭到破坏。

整体旅游系统的生态学

传统理论只研究旅游业对旅游目的地环境的影响。从广义上说,旅游系统各个环节都应该考虑在内,即我们要研究旅游系统和环境之间的关系。

在旅游者来源地、旅游线路和旅游目的地,旅游业都和环境发生关系。第一种关系在大多数讨论中都被忽视。完整全面的观点不仅关注对旅游者的影响,也关注对旅游组织的影响。下面介绍一种全面考察旅游和环境之间关系的方法。

旅游者

旅游者要付出时间和金钱,他们为旅游还要付出机会成本(指不旅游时可能进行的活动、获得的体验、挣到的钱或得到的东西)。可是问题是,旅游者除了付出之外,从旅游当中能获得什么回报呢?

旅游给旅游者带来的影响在一些情况下并不深刻也不持久,但仍然存在。这种影响可能是好的,也可能是不好的。

这种影响经常是有益的。度完假之后,人们都得到了休息、放松,感觉到有了活力。任何这些正面的影响都证明了一个观点:旅游者经过旅游这种再创造性的休闲活动之后,得到了全面的放松。除了休闲放松,旅游者通过旅游学习到一些东西,因此旅游还具有教育等其他功能。

旅游有时也给旅游者带来不良影响。在旅游线路和旅游结束之后,旅游者可能会生病。克拉克、克利夫特和佩奇(Clark, Clift, Page, 1993)研究了旅游者疾病以及治疗。有一些因为旅游时过度劳累,在旅游结束之时显得很疲劳。而有的旅游者由于旅游时接受了很多错误信息,在旅游结束后并没有学习到任何东西。

第五章中讨论的"旅游虫"就是指很多习惯于旅游的人一种行为。他们频繁出去旅游,因为常识告诉他们从旅游中学习是十分开心和令人满意的。

旅游目的地

正如在本章中描述的一样,旅游目的地一般从旅游业和旅游者中获得收益,但有时它们的自然环境、人文环境和社会文化特征也可能因为旅游业和旅游者而遭致破坏。

在一些旅游目的地,当地人和旅游者都会注意保护当地的自然环境和人文环境。但这点并不容易做到(这个观点将在第十六章中讨论)。

旅游线路

研究者和评论家们应该区分开两种概念:旅游线路和旅游目的地。旅游线路上的地方旅游者只是简单游玩。旅游者一般不期待从旅游线路获得特殊体验。因此,即使旅游线路中经过的地方同为大型旅游集散中心,也不能从旅游者获得很多经济利益。同时,大量旅游者经过这些地方而且要为他们提供交通运输,这些还可能对环境造成极大损害。

旅游者乘坐的飞机给途径地的生物圈造成很大破坏,这一点在很多关于旅游业和环境的研究中都被忽视了。几年以来,有少部分的环境论者和科学家声称飞机正在给生物圈造成严重破坏,但是他们的论据只是因情况而异的,缺乏足够的科学证据。

2001年9月份美国"9·11"恐怖事件发生以后,大卫·特拉维斯(David Travis)和来自威斯康星大学的一个气候研究小组开展了一项科学研究。他们的研究结果刊登在《自然》杂志上(Travis,2003)。"9·11"事件以后三天之内美国停止了所有航空飞行。在这三天内,特拉维斯和他的队员从48个州4 000个气象台收集了很多数据,并且记录了三天内白天和晚上最高温度与最低温度差,并与1971年的记录进行比较。那三天之内由于所有的飞机停飞,大气中没有飞机引擎内散发出来的水汽而形成的一个薄层。由于缺失这种薄层,导致白天地表温度上升,而晚上的地表温度下降。这种薄层的缺失使得三天之内最高温度和最低温度差增加了1.98度。这是第一次证明飞机飞行对气候产生影响。

客源地

旅游者离开自己生活的地方出去旅游以及从旅游线路归来都会对客源地产生影响,影响有好的也有坏的。客源地会在短时期内减少经济利益,因为旅游者在外地消费；不仅如此，客源地还承担机会成本。

客源地在旅游者从旅游线路中归来的时候可能会获得社会和经济利益。这种利益并非一定存在，它取决于旅游者个人的旅游经验等等。将旅游者体验大致分类如下：

如果旅游者出门旅游达到了消遣的目的，则旅游给他们带来的体验就是有益的。现在的问题是，他们身上的这种有益的变化有多少可以转化为对客源地的好处呢？这个问题目前还没有大量研究过，但是这个问题和另一个关于休闲的问题相似。卡普兰（Kaplan，1975）将休闲视做一种社交工具。

一般为了休闲的目的到国外和外地旅游的人从旅游线路中回来后，对他们的国家和家乡会作出贡献。出门时的疲劳和紧张被旅游冲淡，回来时充满精神，身心放松。这些身心良好的状态对于建设他们国家和家乡的经济有重要作用。一个明显的例子便是，员工因为公司福利享受集体旅游归来后，他们的工作效率更高。卡普兰强调休闲不只是一种社交工具。因此，旅游业给客源地带来的主要好处应该从旅游者个人的角度来考察。

旅游给个人带来的好处也许就整个社会进步而言并不那么重要和持久。旅游者远行旅游，与外界进行教育、艺术等的交流，回到自己的国家和地方以后，以更加积极的态度和全新的状态为社会服务。从这点来说，也是旅游业给客源地带来的好处，虽然这好处并非从经济角度而言的。

布罗伊诺维斯基（Broinowski，1992）将此称为思想的交流。她描述了澳大利亚人到亚洲旅游之后回国，给澳大利亚国家带来了艺术、哲学和其他文化方面的变化（毫无疑问还有到别的国家旅游也会带来影响，但是布罗伊诺维斯基的研究集中在到亚洲国家旅游的人）。她举了一些旅游者的例子，而这些旅游者是艺术家、作家、音乐家，他们到印度、中国、日本、印度尼西亚和其他亚洲国家，"因为更多的澳大利亚人到亚洲国家旅游……澳大利亚的食品、衣服、运动和娱乐业都像得到电话一样，发展得更好（Broinowski，1992：167）。

布罗伊诺维斯基相信这些变化都是有利的。比如说，毫无疑问2002年的澳大利亚文化不同与1962年的文化。有很多因素促成了这些变化——移民、大众传媒、科技、经济发展、国际旅游业等都是促成因素。

汤因比（Toynbee，1935）分析了布罗伊诺维斯基所提出的变化，但是汤因比的研究范围更广。他的分析支持了她的观点，但是将这个问题放在更广的背景下考察。汤因比在学习文明历史的时候，提出了一种说法叫"回归和回报"（回归指旅游者回到本国或本地，而回报指旅游给个人以及个人原来所在国家和地区带来的好处），用以解释文明发展阶段中一个关键过程。她描述了3 000年来为人类文明进步作出杰出贡献的人，其中选取的人是有过去国外旅行经验的人。

芒福德（Mumford，1961）根据汤因比研究城市历史的思想，描述了古希腊人走出自己的城邦去远方旅游的行为。在他的研究中，这些希腊人在从远方回到自己的城邦以后为建设自己的文明作出贡献。芒福德在下面文字中提到三个旅游目的地(Mumford,1961:135—136):

> 从这三个中心涌流出了人类的活力和能量……这些活力和能量带给每一个希腊城邦统一、自我超越的思想和一种生活方式。(希腊人)经历了"回归和回报",帕特里克·杰德斯(Patrick Geddes),阿诺德·汤因比从历史角度证明了人类是以这种"回归和回报"的方式不断进步。

这三个中心是2 500年以前的希腊旅游目的地。值得一提的是,这三大中心(即旅游目的地)给旅游者带来的影响和第五章中提到的休息、放松、娱乐和创造性休闲不谋而合。

这三个地方是在科斯岛(Kos)的爱琴海(Aegean)岛屿上、奥林匹亚(Olympia)和特尔斐(Delphi)。科斯岛是世界第一个健康胜地,尤其是放松和休息的好去处,人们去这些地方为的是消除脑力和体力疲劳、放松和缓解压力。奥林匹亚是运动竞技的场所,为人们提供娱乐,使人们从枯燥乏味中解脱出来。特尔斐最特别的旅游卖点是在于:为旅游者提供创造性的经验多于休闲式体验。因为人们可以去特尔斐请教神谕、寻求关于生意、公民和私人问题方面的建议等。

旅游业促进客源地的发展的这样一个观点被政府和旅游管理所引用。这些在后面的章节中会有涉及。这种观点目前可以算是能够接受,而且比贝尔(Bell,1928)、惠兹加(Huizinga,1950)、拉然毕和梅耶尔森(Larrabee,Meyerson,1958)所持观点更进步。他们认为文明的高度由社会每个成员休闲活动所反映。

汤因比、芒福德、梅耶尔森和布罗伊诺维斯基更进一步提出国民在外国度过一段休闲消遣时间,回国后为他们自己国家做出贡献;并不是说旅游者都能够或者应该做到这点,但是对于大部分旅游者而言,确实如此。

旅游业的组织

不断发展的旅游组织能够获得足够的利润、资金回报和风险回报。正如所有行业一样,旅游业里有的公司发展,而有的则衰败然后消失。

一种生态型系统

以上我们分析了旅游系统各个环节对环境的影响。接下来我们讨论旅游生态学。生态学是研究生态系统的科学,与传统的科学有别(Flanagan,1988:167)。

> 物理学、生物学试图将世界还以简单原貌,而生态学则研究世界最简单的元素如何互相作用来支撑我们的现实生活。

一种生态学的思维包含了整体旅游系统(见图10.1),它是建立在一些假设基础上的。这些假设分别是:(1)旅游者在旅游时会消费;(2)大部分的消费都是在旅游目的地所进行的,没有什么资金从旅游目的地流入客源地;(3)旅游者从旅游经验中获得满足和价值;(4)给旅游目的地环境带来的好处和坏处相抵消。

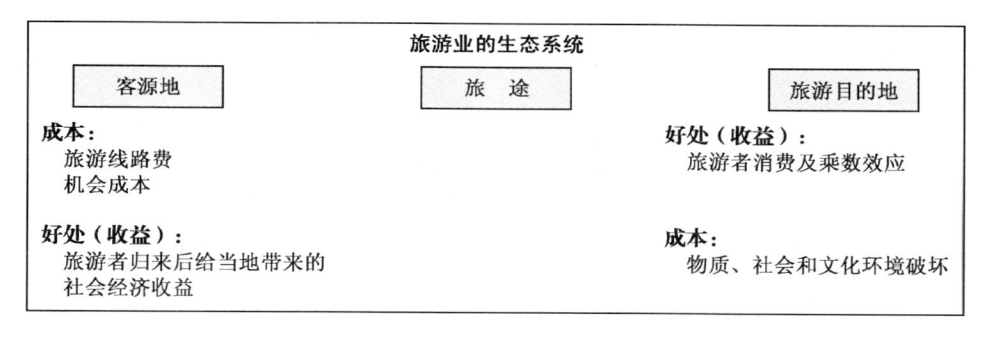

```
                    旅游业的生态系统
   ┌──────────┐      ┌──────────┐      ┌──────────┐
   │  客源地   │      │  旅  途   │      │ 旅游目的地 │
   └──────────┘      └──────────┘      └──────────┘
 成本:                                好处(收益):
   旅游线路费                           旅游者消费及乘数效应
   机会成本

 好处(收益):                          成本:
   旅游者归来后给当地带来的              物质、社会和文化环境破坏
   社会经济收益
```

图 10.1　整体旅游系统的简单生态图

　　第四种假设最重要。实际上,这点可以被用到旅游管理上。对旅游目的地造成的所有损害可以由当地社区和政府联合计算出来,如果这种损害超过旅游业给当地带来的收益,那么这种损害和收益的差额可以通过对旅游者征收有关设施和服务费而得到补偿。这是一个很明显的"用者付费"的原则。旅游者在旅游目的地旅游时免费享受政府和公共设施带来的好处,而同时给环境造成一定破坏,旅游者应该为他们享受到的服务和造成的损害而付出成本(往往以金钱方式)。同样的原则可以适用到旅游运营商:他们利用公共设施和环境挣得利润,在造成对环境的不利影响时应该为此付费。

　　旅游者出门旅游,给客源地带来经济亏损,而当旅游者从旅游线路归来时又给客源地带来好处;旅游目的地在接纳旅游者时获得经济收益,但同时旅游目的地的社会文化和环境都遭到一定程度的损害。通常情况下客源地和旅游目的地的亏损与收益达到平衡。

　　以上的模式告诉我们如果要求旅游系统环境平衡,只考虑旅游目的地这个环节是不够的,因为客源地也是很重要的一个环节。同时企图通过管理一个环节就能够获得利益也是不可能的。因此,旅游业的管理和旅游政策的决定需要旅游业和政府在整个旅游系统内调节。

　　好的旅游政策应该承认旅游生态学,但是应该确定组织和管理系统以执行一些措施。这些系统包括:(1)将旅游业带来的环境危害最小化;(2)通过特定的税收或其他方法把旅游业带来的好处利益聚集,用于支付管理费用。

　　好的政策不仅会考虑来到这个地方或国家旅游的旅游者,还应该会鼓励人们到别的地方或国家旅游。

　　生态学思维重视考虑系统内各个因素,以便描述和理解事物的发展过程。一直以来,人们都以一种短视的非生态学的思维考虑旅游业。他们只考虑旅游者旅游的场所,而不考虑旅游的整个系统。要有更高层次的理解,我们需要有一种生态学思维。

产业化和非产业化的旅游业

实际上,并非只有旅游目的地才有经济收益,因为客源地也能从中获得客观收益,甚至比旅游目的地的收益更多。

旅游者在旅游之前通过旅行社预交一笔费用,这笔费用包括住宿和其他设施以及服务的消费。也许他们到旅游目的地住宿的酒店为客源地出资,这样旅游者预交费用的部分款项其实并未流入旅游目的地,仍然留在游客产生地,而只有很少部分的钱流入旅游目的地。

这个例子证明当旅游业足够独立(非工业化)时,客源地和旅游目的地之间的合作关系会很少或者没有,旅游者的消费金额大部分留在旅游目的地;当旅游业逐渐高度产业化后,旅游中介和出境旅游运营商的介入将会更多。

同时,旅游业产业化的程度和旅游业环境管理责任有关系。到目前,还没有出现研究这方面的科学研究。当然很多从事于旅游业的组织容易意识到他们所在地区的环境问题(Harris & Leiper,1995)。很多为旅游者提供商品和服务的非旅游业的组织(顾客对象并不转为旅游者的组织)不太意识到旅游业带来的环境问题。

谴责旅游业忽视了环境问题并不完全正确,或者说只认识到了问题的部分所在。正如在第十一章中所讲到的,关于"旅游业"是"独块巨石",为旅游者提供一切商品和服务这一认识是错误的。造成环境破坏的并非只有旅游业。谴责的矛头不应该只指向旅游业。

"平衡"这一提法值得商榷

在很多地方提及旅游业和环境问题时,"平衡"一词经常出现。这一词暗含着旅游业和环境都要取得平衡的经济收益之意。

取得平衡这种想法并不正确,充其量只是一种说辞。如果环境影响评估(Environmental Impact Assessment,简称 EIA)在对一个度假村开发案评估时发现,开发该地区对环境会造成恶劣影响,而如果该地的环境价值高于潜在的开发价值的话,那么这份评估和开发案就不应该继续下去。骑单车、跳舞和政治需要平衡,而环境管理的决策过程需要的是谨慎和实事求是,不能扭曲事实,不能为了追求经济效果而空谈"平衡"。

可持续发展的旅游业

很多作家讨论了旅游业可持续的发展和生态型发展的概念。替丝戴尔(Tisdell,1990)、哈尔(Hall,1991)、哈里斯和利珀(Harris & Leiper,1995)、米逗顿(Middleton,1998)、莫夫斯和蒙特(Mowforth & Munt,1998)、毕顿(Beeton,

1998)、丝渥贝鲁克(Swarbrooke,1999)、哈尼(Honey,1999)和世界旅游组织(2000a)都讨论了这一问题。巴克利(Buckley,2001)的评论也很重要。很多讨论的重点在于旅游目的地的可持续性。但关键在于：旅游目的地在什么条件下才可能可持续发展,获得经济利益的同时做到对社会、文化或物质环境造成最小的损害？

环境问题被认识之前,旅游业发展基于两种假设,即旅游目的地环境恶化和开发新的旅游目的地。20世纪70年代,人们意识到环境恶化的旅游目的地可以重新修整和翻新。人们开始相信环境破坏固然存在,但其程度可以最小化。这种将环境危害降到最低程度的做法是一种可持续发展的做法。如何获得和保持可持续的发展,在理论上和实践上都十分复杂(Tisdell,1990;Buckley,2001)。

生态学角度并不否认上述观点,但有自己关于可持续发展的看法,并认为关键问题在于：在什么条件下能够获得整个旅游系统的可持续发展。

保证旅游目的地环境的可持续发展并不意味着整个旅游系统的可持续发展。这是因为任何一个旅游目的地的正常运转都离不开与之配套的旅游线路和客源地两个环节的配合。旅游系统的可持续发展取决于旅游系统的三个环节。并非每个环节都要获得正面效果。比如,客源地环境恶化对于整个旅游系统的可持续发展反而是一件好事,因为这会使得更多当地人离开这个地方,而形成一种逃离动机式(motivate escapist)的旅游。多年来一直存在这种现象。

各大城市正遭受越来越严重的环境危害,这些环境危害包括：人口拥挤、噪音、空气和水污染、交通繁忙以及犯罪。世界上很多穷人居住的城市往往也是少数富人聚集的地方。当城市环境恶化到一定程度之后,这些富人考虑从这些令人不愉快的城市逃离,逃到对他们比较有吸引力的处所去。20世纪90年代全球发展最快的客源地(拥有最多逃离者的地方)是东亚一些城市,比如汉城、东京、大阪、马尼拉(菲律宾首都)、台北、曼谷和雅加达(印度尼西亚首都)等等。这些城市聚集了越来越多的有经济实力的中产阶级。

支撑旅游的可持续发展有哪些因素？客源地的经济发展是一个因素,旅游线路的政局稳定是另外一个因素,还有旅游目的地对于客源地人群的吸引力也是一个重要因素。

即使旅游目的地客观上并没有吸引力,如果旅游者主观上认为它具有吸引力,他们还是能容忍客观上的不足,仍然会愿意去这些地方旅游。旅游者能够容忍客观上的不足是因为他们的旅游是短期而非长期的,并且他们即使到环境条件不甚理想的地方旅游,他们也可以享受到优越的住宿条件(第十六章中将进一步讨论旅游业的可持续发展)。

问题讨论

1. 旅游系统和多种环境相互联系,其中一种是自然环境,请给出并描述至少另外三种环境。

2. 为什么将入境旅游称为"隐性出口"现在已经过时?
3. 入境旅游给国家经济环境带来很多影响,请举出其中四种影响。
4. 请给出并描述三种经济乘数。
5. 经济乘数计算的实际用处是什么?
6. 请给出并描述四种旅游者给旅游目的地当地社会文化环境带来的影响。
7. 旅游业和旅游目的地的自然环境之间的关系有三大类,它们分别是什么?
8. 利用整个旅游系统中的五个元素解释何为旅游系统生态学。

推荐读物

Beeton, Sue 1998, *Ecotourism: A Practical Guide for Rural Communities*, Melbourne: Landlink Press.

Bossevain, J. 1996, *Coping with Tourism: European Reactions to Mass Tourism*, Oxford: Berjhann.

Buckley, Ralf 2001, Sustainable tourism management, *Annals of Tourism Research*, 28:523—525.

Ding, P. & Pigram, J. 1995, Environmental audits: an emerging concept in sustainable tourism development, *Journal of Tourism Studies*, 6(2): 2—10.

Fredline, Elizabeth & Faulkner, Bill 2000, Host community reactions: *a cluster analysis*, Annals of Tourism Research, 27: 763—784.

Hunter, C. & Green, H. 1995, *Tourism and the Environment: A Sustainable Relationship?* London: Routledge.

McGibbon, Jacqueline 2000, *The Business of Alpine Tourism in a Globalising World*, Rosenheim: Vetterling Druck.

Mowforth, M. & Munt, I. 1998, *Tourism and Sustainability: New Tourism in the Third World*, London: Routledge.

Nepal, Sanjay 2000, Tourism in Protected areas: the Nepalese Himalaya, *Annals of Tourism Research*, 27:661~681.

Pigram, J. 2000, Environment, pp 193—195 in *The Encyclopedia of Tourism*, J. Jafari (ed.), London: Routledge.

Wall, Geoffrey 2000, Impacts, pp 296—298 in *The Encyclopedia of Tourism*, J. Jafari (ed.), London: Routledge.

第十一章 旅游业:一个商业管理的视角

导　言

本章讨论为旅游提供服务和商品的旅游业的企业管理方法。这些管理理论是描述性的，之后我们会对旅游管理提出建议。

对于直接从事旅游业的企业有很多策略进行管理；而对于间接为旅游者提供服务和商品的非直接旅游业的企业，同样有很多策略进行管理。本章将讨论这两类企业如何运作，还将解释为什么有的为旅游者提供服务和商品的非旅游业企业不属于旅游业。换言之，本章解释了为什么旅游业是部分产业化的行业。

从第十章的后面部分我们延伸出来，得出两条线索：直接为旅游者提供服务和商品的企业和间接为旅游者提供服务和商品的旅游业企业。这两类企业在实际生活中互相影响，交织在一起。为了理解两者及其关系，我们分别讨论。首先我们讨论直接的旅游业企业如何运作。我们将这两类企业管理的核心思想和策略结合起来（见图 11.1）。

本章后面解释了产业化程度是如何受到非企业策略因素影响的，以及不同的和旅游相关的企业（直接和间接）受到这些因素的影响程度。部分产业化综合症对于旅游业公司的股东有很多影响。同时我们还提出了一个通常被忽视的有趣的问题：经济学、市场、商业策略和产业结构之间的区别。

针对旅游者的商业策略

直接为旅游者提供服务和商品的旅游业公司能够认识到旅游者消费行为的特征，因而能够分配资源以便能更好地满足顾客需要，他们并非被动接受旅游者，而是主动积极策划面对。他们的市场策略可能是针对整个旅游者的，也可能是针对部分旅游者的。

对于很多企业而言，旅游者和其他旅行者是他们公司最主要的顾客。这些企业包括：旅行社、旅游运营管理公司、酒店、适合轻装旅行的小旅馆、汽车旅馆、假日公寓、免税商店等等。这些企业是专门从事旅游业的，他们在运作和市场策划时主要考虑到旅游者。

很多企业并非从事于旅游业，但也为旅游者提供服务和商品，这些组织的商业策略更加复杂；而他们的顾客中有的是旅游者，有的则是当地人。这些企业可能不会将旅游者看成一个细分市场。有旅游者光顾一家商店、餐厅和酒吧间并不足以让这些场所成为旅游业的营业场所。旅游者在这些场所的消费也许很客观，但并不意味着企业策划者就能把他们作为专门的市场目标。旅游者消费能够影响每一个为旅游者提供服务和商品的公司营业利润,但这并不意味着这些公司都属于旅游业。

当然,在很多情况下,第二类公司确实有一部分顾客为旅游者。只有认清这种情况,这些组织才能安全地从事旅游业。

为什么某些组织具有针对旅游业的商业策略

以顾客为服务对象的企业制定商业策略时需要围绕旅游者考虑,以便能更好地提供让旅游者满意的特定服务和商品。这些特定服务和商品包括运输、住宿、导游和纪念品。能够成功为旅游者提供这些服务和商品的企业本身也达到了他们盈利的商业目的。

公共服务型中介和类似的非营利社区组织,他们也可能会利用旅游业资源增进本镇、本地区和本国家的经济发展。另外一种组织与此稍有差异,他们是利用旅游者资源来支持文物保存的;这类组织有内卡(Neka)美术博物馆以及在第十四章中讨论到的一个案例。

不专门为旅游者提供商品和服务的组织也可从旅游者消费中获得营业收入,因此这些组织在制定政策时必须确定是否将旅游者考虑为一个细分市场。有时,这些组织从旅游者消费中获得的利润比他们在原始的目标顾客群中获得的利润更多。弗思(Firth,2002)所研究的Goodings超市就是这样一个例子。

商业策略的角色和作用

本书和很多期刊中讨论到的商业策略都是建议性的,目的是为了使商业组织更具竞争力(Porter,1985;Mintzberg & Quinn,1996;Johnson & Scholes,1999)。虽然有些作家认为策略的目的完全是为了提高竞争力,但实际上对于很多组织而言,竞争力并非十分紧迫的问题,也并非他们商业策略的核心。竞争力是另外一个行业即战争的核心和基本要素。很多作家没有认识到这一点,却经常在他们的作品中将商场比作战场,他们的思想里充满了硝烟弥漫,并且他们认为竞争在公司策略性管理中无所不在。

还有另外一种广泛认同的观点:分配资源是为了达到目标。这对于军队和商业组织完全适用。因此,商业策略的作用是为了每个组织能够达到满意的预期目标,而非将对手打败。企业在追求利润和比较性优势时往往容易忽视这一点。

代表营销组合的商业战略

使商业组织达到目标的策略可以用市场元素来表示。有四个市场元素:商品和服务、宣传活动、价格、分配活动。一些学者提出其他的元素，但是目前这四个元素就足够了。管理者必须合理分配资源，以使这四个市场元素发挥其应有作用。

商品和服务这一元素可以根据旅游者的特定需求而设计和管理。旅行社、旅游运营商、度假酒店、纪念品商店和行李店等都是第一个市场元素的实践者。

宣传活动（广告、宣传、销售、促销、公关）也是为了满足旅游者特定需要而设计和管理的。在客源地宣传某一旅游目的地、航空公司和航运的活动都是第二类市场元素的应用。

价格也是为满足旅游者的特定需求而制定的。针对旅游者的机票打折、配套服务的更低价格等都是第三类元素的实际应用。

资源分配同样是为了满足旅游者特定需要而设计和管理的活动。如何进行资源分配，涉及到管理者必须决定旅游设施、旅游服务和宣传信息的分配。比如他们要决定在哪个国家、哪个地区、哪个地点通过哪种媒介进行宣传。近年来，越来越多的企业就利用因特网来进行宣传和销售（Sheldon，1997；Law & Leung，2000；Lang，2000；Hultkrantz，2002）。

竞争性策略

企业在竞争中为了求得生存发展必须采取竞争性策略。企业之间互相竞争，争夺市场份额。

不是所有的市场竞争者都有市场竞争力，正如不是所有参加运动会的队伍都能获胜一样。有的不具有竞争力的企业也会留在市场上，一直到他们不再具有任何实力而完全消失。

竞争性商业策略可以分为几类。很多学者提出了这方面的理论，这些学者包括20世纪60年代的安索夫（Ansoff）和80～90年代的波特（Porter）（Mintzberg，1991c：70—71）。以旅游者特点为中心是这一领域任何竞争性策略的基本特点。要和其他组织竞争，管理者必须在几个不同的策略中进行选择：在设计上提供真正不同的产品，在品质上，在形象上，在价格上，在支持设施方面和辅助性服务方面都要如此。大体的方法就是创造和竞争性企业之间的优势性差异。

这些差异可能是真实存在的，也可能是想像出来的。旅游宣传与其他任何行业的宣传一样，形象是一个很重要的因素，所以宣传的目的在于在旅游者脑海中创造一种不同于竞争者的形象；必须要让旅游者相信他们所宣传的东西。人们通常利用市场来人为创造一种其实并不存在的差异感（Mintzberg，1991c：75）。

图 11.1 的轴心图

图 11.1 是可能性的商业策略代表图。在轴心图顶端包括为了争夺旅游者市

场而积极采用竞争性策略的公司。底部代表的是被动接受旅游者成为顾客一部分的公司,这些公司不会专门制定针对旅游者的商业策略。其他的公司介于这两类公司之间。到目前为止,还没有一种科学方法来衡量一个公司到底处于哪个位置,但是我们可以进行大略的估计。

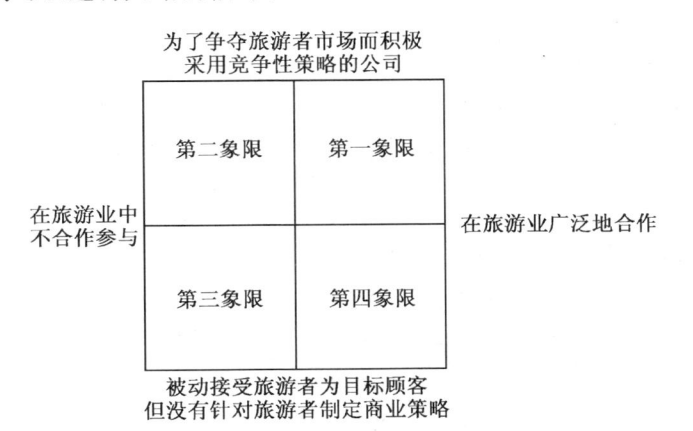

```
                为了争夺旅游者市场而积极
                 采用竞争性策略的公司
               ┌─────────┬─────────┐
               │         │         │
               │  第二象限 │  第一象限 │
               │         │         │
  在旅游业中    ├─────────┼─────────┤   在旅游业广泛地合作
  不合作参与    │         │         │
               │  第三象限 │  第四象限 │
               │         │         │
               └─────────┴─────────┘
                被动接受旅游者为目标顾客
                但没有针对旅游者制定商业策略
```

图 11.1 部分产业化:根据商业策略和产业合作而直接为旅游者提供商品和服务的组织的四种位置

比如,靠近顶部的公司主要为旅行社、度假酒店、宣传机构、旅游者信息中心、纪念品商店和其他专门从事旅游业的机构。靠近轴心图顶部的还有其他的组织也以旅游者为目标顾客,这些组织包括特定的超市、餐馆、酒吧间、食品店、服装店、大商场以及任何一个提供商品和服务的组织。

靠近轴心图底部的公司一般是出售一般性商品的零售商,这些公司包括大部分的超市、餐厅、酒吧间、食品店、服装店、商场和任何其他提供一般性商品和服务的组织。所有这些组织可能位于轴心图的任何一个位置。管理者根据他们对环境、可利用资源和机会成本的评估决定是否采取以旅游者为目标顾客群的商业策略,以及决定策略的类型、强度和持续时间。

市场细分策略

管理者如何决定他们是否制定专门针对旅游者的策略?一位先驱性的思想家这样写道:(Drucker,1968:66)

什么是公司业务? 这个问题看起来十分简单也很明显……实际上这个问题很少有人问到,而答案也很少被给出。实际上什么是公司业务,这个问题是必须要经过深刻思考和学习之后才可能给出的。

如果旅游者是顾客群中的一部分,他们就可能成为一个细分市场。要成为细分市场也要采取行动。很多地区和国家旅游协会以及一些政府旅行社都认识到这一细分市场并努力争取这一细分市场的份额。他们打出一个口号"旅游是每个人的事情",一方面作宣传,另一方面造成旅游业是一种大型产业的印象,以劝诱企业家相信旅游业可能给他们带来利润。十多年来,这种口号频频亮相于几个国家的旅游宣传团体的宣传内容中。在澳大利亚,这种口号出现于诸如南威尔士(Tourism New South Wales)旅行社的宣传海报中。

但是只有一小部分的企业和公司管理者相信这一信息,而大部分的企业和公司并不相信。这一信息其实可以误导人,要理解这一信息的错误之处并不复杂,但是需要清晰的思考。接下去我们分析这种想法的不合宜之处。

A 和 B 餐厅的顾客群中都有 20% 为旅游者,但是 A 的旅游者是一个细分市场而 B 的旅游者不是。是否将旅游者作为细分市场不是看有多少比例的顾客为旅游者,也不取决于这个组织多大程度地依赖这种旅游者顾客。史密斯(S. L. J. Smith,1988)提出的旅游业组织分层对于经济学家有意义,但是对于商业管理和市场策划者并没有多大实际作用。

很多市场策划者对于决定是否将旅游者考虑为细分市场的理论有一致的认识,这种理论在很多教材中都被提到(比如 Kotler et al.,1994:132—3)。这个理论提出有几个条件是旅游者被作为细分市场的必要前提。首先是这部分顾客群需要有和至少一类市场元素(参见前面所提四大市场元素)相关的特色;然后这个顾客群必须(1)可识别、可衡量以及可以和其他市场划分比较,(2)可以接近、可以方便地为之提供服务,(3)足够大,能够弥补为之制定市场策略的成本,(4)资源和机会成本上可行。

有一些细分市场的划分并不可行。有一家航空公司市场策划部提出他们有七个细分市场,但是最后由于公司规模太小、不可能调动资源将这些细分市场付诸实践(Kotler et al.,1994:133)。

这些条件是旅游者成为细分市场的基本条件,但是仅有这些条件是不够的。很多地方既有旅游者顾客也有非旅游者顾客,这些组织并不将旅游者作为一个细分市场来考虑。对这些组织而言,不将旅游者考虑为细分市场却可以获得最大的经济利益。这一事实证明了"旅游是每个人的事"这一信息的不真实不合宜性。相信这一口号的人也会相信这一口号伴随着其他意思。没有人会没有理智到这样一种程度:因为购物街内有 10% 的顾客是左撇子,就认为这个购物街就是属于"左撇子"行业;也不会因为有学生在公园里看书学习,就认为公园是属于教育行业的。

第十二章会更详细地讨论市场细分问题。表面性的观察不足以让我们知道某些特定组织是否属于旅游业。要发现组织的商业策略、运行环境和资源需要仔细的思索。弗思(Firth,2002)关于这方面的研究值得我们注意。

悉尼的"边际旅游运营商"商业策略

特蕾西·弗思(Tracy Firth)研究了悉尼的中心商业区(CBD)附近的商品和服务提供者。这些组织为人们提供一般性服务和商品,顾客当中有旅游者也有非旅游者(2002:84)。她用"边际旅游运营商"来描述这类组织以区别于一般为旅游者提供专门商品和服务的组织。"选取悉尼作为样本城市是因为悉尼集中了澳大利亚的大部分旅游者以及与旅游相关的消费……被研究的旅游区有达伶港口区、岩石区、环形码头区(Circular Quay)、唐人区、中心商业区"(2002)。被采访者包括来自30家餐厅、30家零售店、15家娱乐中心和5家购物中心的80名管理者。其中24名管理者说他们"不确定"有多少旅游者是他们的顾客;55名管理者说在他们的顾客群中,有"相当一部分的"旅游者存在。只有一名管理者说在他们的顾客中很少有旅游者。这55名管理者所在的公司里都没有专门针对旅游者的市场策略,24名管理者所代表的公司有专门针对旅游者的市场策略。弗思总结,"旅游者人数和相关的开支并非是公司涉及参与到旅游业中程度深浅的一个精确的衡量方式"(2002:105)。在这个研究之后,弗思又进行了一项深度采访。她选取了同一地区11个组织,这些组织既有旅游者顾客,又有非旅游者顾客。她详细分析了每一个组织(2002:107-171)。其中7个组织主要是以旅游者为目标顾客的,这里面有4家零售店、1家酒吧(餐厅)和2个旅游目的地公司。另外4家不是以旅游者为目标顾客,这里面有2家酒吧(餐厅)、1家零售店和1个商场。

弗思的研究结果支持了本章前面部分提出的观点。以旅游者为顾客目标的7个组织和另外不以旅游者为目标顾客的4个组织都认为它们分别采用的商业策略都是很值得的,而且给出了证据证明了他们分别采取的政策的合理性。

弗思还利用第二资源研究了Goodings超市。通常超市和大部分的零售店即使有旅游者顾客,但是他们终究不能算是从事旅游业的,这样的观点也许还是有道理的。"通常"这个词是关键词,说明还有特例,即一般规律并非放之四海皆准(Firth,2002:77-78):

> Goodings和一般的超市不一样,它不是以大众为目标顾客。Goodings采取了一些措施吸引旅游者。这些措施包括为旅游者提供一些额外商品……Goodings的产品比其他超市的价格更高,但这是因为两英里之内没有别的超市。超市还雇用了会双语的员工以便和多数国际旅游者更好交流……Goodings超市所售农产品没有别的超市多,但是它有更多的迪斯尼乐园商品、行李商品、内衣和急救商品等等。当地人也从Goodings超市购物,而Goodings超市决定集中关注旅游者顾客是因为超市附近全部是和旅游相关的酒店和汽车宾馆,有些酒店和宾馆里面还为客人自备厨房。因此旅游者很可能会选择在住宿的宾馆里自己烧菜,而不会

每次都到餐厅里去。

Goodings 超市的做法并非对每个超市都适合,即使当地有很多旅游区也不一定适合,但是对于 Goodings 超市无疑是个成功的尝试。每个管理者要考虑自身情况而下决定。

季度性的商业策略

很多景点的旅游活动季节性十分明显,因而为旅游者提供商品和服务的企业在这些景点的经营活动也是具有季节性特征的。举例来说,牛奶公司不会在没有什么旅游者的时候跑去送牛奶,他们一般会在周末旅游者增多的时候送牛奶。

参与旅游业

以上我们讨论了商业策略,接下去我们讨论产业化的问题。图 11.1 中的水平线代表企业和旅游业之间的关系。在水平线右边是积极参与旅游业的组织;而靠近或处于左端的企业虽然也为旅游者直接或间接提供商品和服务,但是它们并不参与旅游业。

首先我们要形成一个清楚的关于"产业"的合理概念。旅游业和其他产业有一些相同的特征。本节第一个重点便是认识所有产业的共同特点。

什么是产业?

经济学家很少为"产业"下定义,因为他们在研究很多相关问题(诸如公司行为和不同程度下的市场形势)时并不认为"产业"是研究关键(Porter,1980,1985;Baumol & Blinder,1988;Best,1990)。波特(Porter)描述了几种产业类型,但是并没有对产业下定义。

虽然现代经济学家一般都忽视产业定义,但是 20 世纪早期以及后来一段时间内,一些领域的研究者和管理者们都关注产业的性质(Marshall,1985/1920;MacGregor,1911/1931;Robinson,1931;Buckminster-Fuller,1946/1972)。理查森(Richardson,1972)的文章讨论了关于何为产业的话题。

马歇尔(Marshall)早期关于产业的研究在 20 世纪 20 年代被麦格雷戈(MacGregor)、鲁宾逊(Robinson)和其他人进一步发展。到 30 年代这一发展过程的一度中断,因为剑桥大学所有经济学家不再对产业感兴趣,转而将精力投向政府如何应付经济萧条的问题研究。鲁宾逊在为贝斯特(Best,1990)的书写序言的时候作出了上述评论。

彭罗斯(Penrose,1959)、理查森(Richardson,1972)和贝斯特(Best,1990)是重新对产业感兴趣的经济学家。同时在美国、英国和日本的思想家们也发现他们不需要阅读学术书籍便可以获得对于产业的理解。巴克敏斯特—福勒(Buckminster-Fuller)研究了造船业和建筑业并且发现了所有产业的一些特点。著名的统计学家和管理理论家戴明也在没有阅读专业经济学家的著述情况下就有自己对产业的理解。经济学家理查森在发现当代传统的关于产业的思想无法解释很多产业现象之后，自己提出了一些理论。

合作：产业和运动的基础

有一条理论，相对较少的研究者描述过而很多管理者从实际经验中可以理解，这条理论就是：产业涉及到合作。不同公司之间的合作或联合构成了一个产业。这是早期经济学家已经知道而后来包括彭罗斯、理查森和贝斯特以及巴克敏斯特—福勒在内的经济学家们重新又发现的一个理论。

竞争固然存在于各个行业内部，但是竞争毕竟是第二位的，因为"竞争只是存在于合作之下的"(MacGregor,1911/1931:204)。合作与竞争并非互相排斥。两者可以在行业里并存。合作第一位而竞争第二位的原则没有被广泛认同，但是这一原则是很多行业和运动项目中包括的一个基本原则。

人们一般认为竞争是商业和运动比赛的核心因素，这种想法在某种程度上受到大众传媒鼓励和影响。因为大部分人更多的时间花在看电视体育新闻和赛事，所以很少仔细地研究真实的商业活动了；另外，媒体往往强调体育运动的竞争性，商业也利用体育运动中的词语来比喻商场的竞争。

仔细分析后，我们还会发现将商场比作充满竞争的体育是不恰当的。下面我们简单讨论合作和竞争在各行各业包括现代产业方面的重要性。

体育奥秘掩盖商业真实

赞同产业需要更多竞争元素的人士认为比赛时"公平竞争场地"这一模式对于商业政策很重要。他们认为如果竞争的平台公平，就更容易保证比赛的竞争性；同样对于不同的公司其竞争平台也应该是公平的，这样才能保证不同公司的平等竞争（为什么这些人士极力赞同竞争的重要不是我们讨论重点）。这里我们需要提及的是这些极力主张竞争的人士本身在大公司担任十分重要的职位。

从表面上来看，将运动和商业联系起来似乎是可以的，而且似乎能让人相信竞争是运动和商业的核心。事实上，这种联系本身是错误的，因为本身不存在完全公平的竞争场地。在足球、曲棍球和马球等的比赛中，风向和太阳等会给一方造成优势。如果场地完全公平的话，比赛就不需要换场地。换场地的目的就是防止一方有竞争优势。

在商业世界里，市场比大部分的"比赛场地"更加不平等。因此如果运用体育领域的竞争规律的话,每一个财政年过一半就需要来一次"换场地";每半年所有的公司就要和竞争者互换工作办公室和设备。这种情形显然很荒谬,因此我们可以看到将体育比赛规律应用到商业领域是十分荒谬的。

极力赞同竞争重要性的人还犯了一个错误,即他们大多认为运动主要是竞技性的,是不存在合作的。事实上,目前很多体育赛事都是依赖于合作的。竞争是合作框架下的竞争,因为双方队员都同意遵守比赛规定。如果裁判宣布一方犯规,这方就超出了合作的框架。如果一方屡次犯规,他或他们可能会被罚出场。因此在体育中,虽然比赛者更关注也更欣赏竞争,但是合作仍然是竞争存在的更高一层的因素。

现代文明社会的体育的一个特征就是其合作性。在原始社会里体育竞技十分残酷,简直像是战争。足球起源于几个世纪以前的英国,当时比赛双方叫嚣着从对方队员那里抢球,然后毫无规则地带球踢开。现代社会中,有种类似的原始的纯竞争性比赛叫做马背叼羊,这是阿富汗的全国性运动。成百上千的骑马士激烈地于混战中抢夺一只死的山羊。起源于阿富汗南部的巴基斯坦国家的马球运动是马背叼羊运动进化的一种形式。这种运动的竞争性只是在规则所允许的范围内存在的。野外的马背叼羊运动加上一些规则,便成了近日的马球运动。

现代文明社会的一个标志就是把合作性行为包含在体育运动中并逐渐修正比赛规定。体育领域的这一进化过程可以被应用到商业领域内。正如外行人可能将马球运动看作毫无比赛规则的马匹混战,而缺乏公司管理实际经验而获得透彻理解的很多经济学家和社会评论家只能从表面上而不能从实质上观察合作的因素对于产业的支撑作用。

商业中的合作和竞争

商业世界中,不同公司之间互相竞争、合作以及共存。竞争有助于鼓励人们创新和提高工作效率,但是合作比竞争更关键,因为合作能提高生产力,还能够提高产业的效果和效率。佩罗(Perrow)在他的《复杂的组织》一书中对竞争和比赛的关系作出了评价(Perrow,1986:174):

> 斯坦德石油(Standard Oil)和壳牌(Shell)公司在两条高速公路上也许会互相竞争,但是它们在其他方面却不会竞争。这些其他方面包括:对外政策、税收法、进口配额、政府对研发的投资、高速扩建、内部引燃机和污染控制等等。

佩罗的评论暗含对于全球范围内的石油公司而言,它们之间的合作比竞争更为重要。桑普森(Sampson)在分析这个行业时也得出了同样的结论。

钱德勒(Chandler,1977)在研究美国几大产业的发展趋势时解释了为什么所谓的"市场力"和"看不见的手"通过竞争主导市场这一看法是错误的。在20世纪很多组织和行业是在管理者"可以看得见的手"之下操作的——人们只要用心观察就能找到这只"看得见的手"——而且管理者们通常寻求合作性解决方案而非竞争性解决方案。

产业一大特征：地理聚集

产业合作的一大特点就是各个组织的聚集。加州的硅谷是世界上最大的电脑行业所在地：成千上万家独立公司聚集在此地。在中东、亚洲和非洲也有很多传统的行业聚集在一起。巴格达的Sheik Omah街道上有几百家汽车零配件店面，这些店面分别专营不同的零配件。这些零配件有引擎、散热器、挡风玻璃、仪表板和空调等等。对店面起支持作用的是各大工厂，而这些工厂也聚集在一起，并以专营产品分类。

这些聚集无一是规划或政府或行业协会的行政命令所造成的。这种聚集是在产业结构形成过程中自然形成的。这些聚集是如何形成的呢？

对于聚集形成原因的初步解释就是：这些聚集地是一个市场，而买卖方在聚集地见面方便交易达成。其实这并非全部原因。聚集本身反映出人们需要合作，因为合作可以使得人际交流变得更方便。而交流方本身对关于工作的一些问题和其他诸如电脑软件、汽车挡风玻璃等的产品具有共同的兴趣。

旅游目的地也反映了地理聚集这一原则。级别差不多的宾馆通常建立在邻近的地区。澳大利亚黄金海岸的北部有一条高速公路，而沿公路可以看到几个主题公园（华纳电影世界、梦幻世界、水上世界）和一系列小型设施；所有这些主题公园和设施构成了黄金海岸的主题公园产业。

为什么组织间共同合作？

组织为何合作而形成一个产业？组织是由人管理的，因此我们只需问：为什么人们会合作？在什么情形下人们会合作？合作性和竞争性行为之间的关系是什么？阿克塞尔罗德（Axelrod, 1990）的书为这些问题提供了经典的答案。该书表明合作与竞争可以同时存在，解释了为什么合作比竞争更能带来好的结果，提出了鼓励合作行为的四大原则。

产业化的好处在于它使得更高效率的大规模生产以及对于质量和其他问题的控制成为可能。这就意味着生产成本降低、商品价格下降、生产效率提高，并伴随着消费者消费品水平的提高以及企业家更高的利润。当然产业化并非对所有的商品制造和服务提供行业都适合。只有少部分的旅游业才适合于高度的产业化。

四种早期的产业

合作行为的共同特点可以从糖业、陶器业、旅行支票和包价旅游四个行业看出来。

明茨(Mintz,1985)说明了糖业如何在18世纪早期形成于加勒比海。书中描述了当时的管理者将两个工艺环节(种植园和工厂)结合起来的过程。种植园和工厂都不能独立操作,而两者结合则会形成糖业。18世纪的这些创新性合作劳动出现以前,糖制品的生产和分配是一些无组织的农民和商人的工作,而且当时的糖制品售价是大部分人无法承担的。

乔西亚·韦奇伍德(Josiah Wedgewood)使得陶器制品的生产和营销走上产业化道路(McKendrick,1959)。他引进了协调性工作步骤和过程。他还在其他方面有所创新:生产、标准化设计、劳工培训(也就是时间观点)和培训计划;产品营销和评定、与合伙人的合作和广告宣传。在韦奇伍德以前,陶器生产十分随意,不具协调性、以村庄为生产单位而且没有正确的营销政策。

罗伯茨·赫里斯(Robert Herries)在18世纪晚期发明了旅行支票,这是一种需要多数银行和商人合作的业务(Booker,1994)。为了推广旅行支票,他努力说服西欧几个国家的银行和商人积极参与这项服务。

托马斯·库克在19世纪中期开始安排包价旅游并且成为现代随团包价旅游的先驱(Pudney,1953;Seinglehurst,1974)。为了让包价旅游能够正常运转,他使单独运作的诸如零售、批发、运输、住宿和景点等的组织进行合作,并对之实行有效管理。

产业的一种定义

根据以上内容以及巴克敏斯特—福勒(1972:161)关于产业的理解,我们得出以下关于产业的定义:

> 产业包括三个或三个以上的从事相似或相关行业的生产单位。这些单位运用兼容性的技术通过合作性方式协调不同的经济活动。而这些被协调的经济活动通过劳动分工将资源转移到产品中。

产业的一个基本单位具有协调其他单位工作的作用:这个单位就是管理。正如在第八章结束部分讲到的,管理者的工作主要是协调他人的工作。独立行事或依赖于并不完善的市场的单位其生产率会降低。

如果管理合适规范,就会产生企业协同;企业协同能产生比单个企业产生的效果之和更好的效果。有时候这种原则被称为"一加一等于三"原则,这种原则普遍适用于团队工作中。

这一概念和说法来自于生物学:动物的肢体力量大于肢体所有细胞的力量。参加过团体运动项目的人都能体会到这种感觉。同样,如果一个人的工作涉及到不同企业之间的关系,他也能体会到协调合作的作用。

商业性组织并不局限于一类行业,而且实际上,不同行业之间某些方面有重合。参与一个行业需要保持这种和其他组织之间的联系,而要保持这种联系则要耗费精力和金钱,因此一些小型的企业由于无力和多个行业保持联系,就只能和特定的一些行业保持联系。在第十二章中讨论的云咸酒庄（Wyndham Estate Winery）便遵循了这一原则。酒庄以顾客为服务对象，但是却并不参与旅游业。

旅游业如何运转？

与旅游相关的特定组织特别是旅游中介等组织很明显属于旅游业，其他为旅游者提供商品和服务的一些组织如果和另外的旅游业组织密切合作，则也可能属于旅游业。

合作的产生有两个条件：一方具有某种需要，另一方具有帮助的能力和义务(Kagan, 1998: 162)。卡根(Kagan)说蜜蜂携带花粉时并不是与花进行合作。蜜蜂采蜜对蜜蜂和花互相有好处，所以在人类看来这似乎是合作行为。事实上在蜜蜂采蜜的行为中缺乏必要的合作行为动机。旅游业的不同企业之间充满了合作。管理者通过合作把劳动力和资源应用到各个组织里，并将对每个组织的利益考虑在管理工作当中。

旅游管理研究者讨论了几个旅游业组织合作的例子，比如莱恩(Lane, 1986)以后的很多作家都讨论了策略性联盟问题。自从20世纪90年代中期开始，大量关于策略性联盟的文章涌现出来（参见 Reuer, 2000；Koza & Lewin, 2000；Stuart, 2000）。这些文献都可以被用于旅游研究和旅游管理中。策略性联盟是一种合作。以下几项属于策略性联盟的范围。除了少数一些(Leiper, 1990b, Crotts et al. 2000)，早期关于旅游业的著述都缺乏对合作多形式的一种总体观察。

委托人和代理人之间的关系

委托人和代理人之间的关系在旅游业中是十分重要的一种关系。零散型旅行中介和他们的委托人之间存在商业关系。委托方包括航空公司、酒店、汽车旅馆、旅游操作公司、旅游保险公司和汽车租赁公司等等。正如在第九章中讨论到的世界和国家旅游旅行社的案例一样，委托方授权中介机构并允许他们出售委托方产品的同时从销售额中抽取提成，这样委托方和中介之间的关系就确定了。

要形成和保持这种合作性关系需要时间、成本和魄力。谁从中得利？委托方可以完成更多的销售计划；中介可以从中获得回扣，消费者获得购买消费品的便利。从广义上来讲，产业和市场是受益方。

包价式旅行

包价式旅行和所谓的包办度假旅行原来都是适合于有组织的团队旅游的，但是近年来它们也可以被用于独立于团体的个人旅行者。包价式旅行由旅游操作公司或旅游运营商所安排，需要至少三方的配合。最基本的三方是运输业、酒店业和管理部门。

预定系统

运输、住宿和其他项目都广泛存在预定业务。预定业务对于旅游者的好处在于它能为旅游者提供保障和节约时间。预定系统技术被普遍应用在航空公司、旅游运营商、酒店等预定服务中。

合作性研发

鲍尔斯（Powers,1992）注意到 20 世纪 80 年代全世界有 30 亿美元的资金被用在开发电脑中央预定系统技术。这类技术被用在航空公司、酒店和其他与旅游相关的行业。这种技术的高昂价格使得不同公司合伙共同承担该项技术研发的成本、共同享受研发的成果。鲍尔斯观察到有三个大型系统出现了：第一个是主要由美国航空公司投资开发的技术系统，称为瑟伯预定系统（Sabre）；第二个是阿波罗（Apollo）（美欧合资企业）、伽利略（Galileo）（欧洲）和双子星（Gemini）（加拿大）合作开发的；第三个是世界环通公司（Worldspan）、系统一公司（Systems One）、阿巴克斯公司（Abacus）和艾玛迪斯公司（Amadeus）合作开发的。

除此之外，还有其他合作性研究也值得注意，虽然其研究活动没有上面三个研究中心更为广泛。除了进行技术研发之外，这些由不同机构合作构成的大组织还进行一些市场研究。

标准化产品

旅游业中很多公司表面上看起来互相竞争，其实它们在产品设计上却互相合作。类似的旅游线路中的航空公司会使用类似的机型和类似的机内服务。很多航空公司为旅游者提供的方便盒都来自同一间厨房。悉尼机场的几十家航空公司共享两个厨房。同一级别的酒店客房也是相似的。在很多地方，不同旅游运营商的旅游者观光安排路线都相差不大。这些类似之处是管理者们有意识这样做的，目的是为了获得规模经济和范围经济，可以说合作无处不在。

分等级的产品

产品标准化可以带来更高级别的合作与产业化，而产品等级评定是产品标准化的产物。航空公司里，产品被分为头等舱、商务舱和经济舱。不同的国际航空公司（诸如快达公司、新加坡和泰国航空公司）里的头等舱和经济舱、商务仓的位置和食物以及机内服务基本一致。

很多国家，旅游者住宿也被列入产品评定。有些地方的酒店等级为"豪华型"、"头等型"和"旅游者型"，更为常见的是从一到五的星级评定。澳大利亚汽车协会（比如国家公路和汽车协会）是负责酒店服务评定的先驱者。

产业的一个标志就是标准化和等级化的商品、设施和服务。标准化和等级化使得顾客预定酒店时可以通过一个标准对酒店的质量产生信任,这给旅游中介的工作带来了很多方便。人们不用亲自去便可以了解酒店信息。

无牌产品

无牌产品是标准化的产品,它们可能有等级但是没有品牌,所以不容易辨认。超市里低价出售洗衣粉时无牌产品会被用到。无牌产品代表产业化的更高层次,是标准产品和等级产品的功能延伸。目前旅游业里仍未出现无牌产品,但是有人提出假设,认为在因特网或旅游运营商推出的一些不具公司名称的包价旅游是一种无牌旅游产品。

合作性定价政策

在大部分以旅游者为目标的市场中,供应商在定价方面都进行微妙的合作。最明显的例子就是航空公司之间一般不太有价格竞争。一家航空公司推出了一项新的收费后,其他处于同一航线上的航空公司会迅速仿效这种做法。AGB McNair(1986)和其他人的研究都表明澳大利亚航空公司从长期来看,很少彼此进行价格竞争。

这是为什么呢?原因在于统一稳定的价格对于大部分的供应商都有好处。虽然这种统一稳定的价格可能会比在完全市场竞争条件下产生的价格更高,但是对于消费者仍有好处,因为稳定的价格会让消费者能够把握市场价值,而市场竞争导致的价格却让消费者对于价值无法把握。

雇用者和员工之间的协议

雇用者和员工之间关于工资和工作条件等的协议标准化也是产业发展的一个标志。旅游业各领域内没有劳动奖励,将来也不会有,尽管澳大利亚在20世纪80年代时曾经有人提出劳动奖励(Palmer & McGraw,1990)。

人们后来不再提出劳动奖励,取而代之人们开始讨论"和老板讲条件",即员工们和老板谈关于工资、工作条件等的问题。这在90年代已经很明显,到今天这种趋势并无多大发展。

产业培训计划

员工培训是一种合作性管理。培训计划取决于管理者想达到的目标,而培训师则将管理者的要求反映出来。培训计划还取决于来自不同组织对于招聘要求和员工操守的认识。澳大利亚和新西兰从20世纪70年代开始就为促进旅游业发展而实行培训计划。

产业内职业和网络

产业化的一个标志就是员工有一种职业意识。工作人员能够从一个旅行社、旅游运营商、航空公司、酒店和国家旅游办公室到另外一个旅行社、旅游运营商、航空公司、酒店和旅游办公室工作，是因为在一个工作岗位上学习到的东西在旅游业其他工作岗位上也能适用。

同样，工作于一个城市或地区的旅游业的人趋向于保持联络，他们通过电话、共进午餐或者参加旅游协会来保持联系。

交流有用的信息

产业的一个广泛存在和重要的特征就是不同组织之间互相交流行业信息。旅游业中这种信息交流广泛存在。很多城市和地区的酒店管理者会互相说明他们各自管理酒店的房间客源情况、平均房间收入和其他事项。

这种互通信息的现象在大城市和重要旅游集散中心的大酒店之间常有发生，在小规模的酒店和汽车旅馆却不常见。存在这种差别主要是因为小型酒店的业主和管理者们相信向竞争酒店透露自己酒店的信息会被对方所利用。这些小规模酒店的管理者和业主受到竞争思维的影响。根据这一点，我们可以说大型酒店比小酒店更趋向于属于旅游业，而小酒店更趋向于属于一些零散企业的集合体。

旅游业的各个领域之间都广泛存在信息交流。最典型的一个例子就是世界旅游组织和旅游研究局发布的关于整个旅游系统的人口移动数据（旅游者离开和旅游者到达，世界旅游组织以国家为衡量标准，旅游研究具澳大利亚地区为衡量标准）。到目前为止，旅行社、运输业、酒店业、景点、旅游运营商和旅游协调机构的管理者都在使用这些信息。

银行清算计划（Bank Settlement Plan，简称 BSP）是旅游业合作原则的另一个例子。BSP 计划的参与者包括授权的旅行社、大部分航空公司、多数酒店和旅游运营商。BSP 主要是将协调从旅行社转移资金到航空公司而且其他委托方也收受了消费者的钱，但是 BSP 的一个副产品就是每两个星期为市场趋势提供准确的预见。

在澳大利亚，这些信息很多年来都被保密着。20 世纪 80 年代晚期的时候，BSP 的信息开始被泄漏出去并被刊登出来。一些主要委托人和大型旅行社都对信息的泄漏表示反抗，这表明了人们当时还是受竞争观念的影响。尽管如此，信息仍然在不断被刊登出来，久而久之反抗者就越来越少直至没有。

产业协会

产业协会是产业的中心合作地带，而旅游业的产业协会比其他产业协会更多。发表于悉尼和奥克兰的一本名为《旅行贸易年鉴》（*Traveltrade Yearbook*）的书中罗列了旅游业协会的例子。

协会按照规模和性质不同往往会跨地区甚至跨国家（比如世界旅行和旅游委员会、亚太旅游协会）。很多协会处理一个领域内的事务，但是通常会包含来自其他领域的会员。国际航空协会(IATA)是一个由100多家航空公司组成的协会，该协会是航空公司讨论会晤的一个平台，也代表航空系统和政府、酒店协会和旅游运营商协会商量事宜。澳大利亚旅行社联盟（AFTA）和新西兰旅行社协会（TAANZ）主要负责旅行社业务，但是协会还拥有来自航空系统、汽车租赁公司和旅游运营商的成员。澳大利亚旅游出口委员会（ATEC）的协会由进口旅游运营商人员以及其他相关业务人员构成。旅游专门小组（TTF）是一个由大型酒店和相关业务方面的人员构成的一个协会。

产业协会有几个作用，而这些作用都和产业的合作主题相关。有用信息的交流是普遍的一个作用。有些协会共同努力致力于一个旅游目的地或一个旅游产品的宣传。另外，协会还使得共同管理的研究项目成为可能。很多协会通过政府和媒体积极为协会成员谋求利益。每一协会的网址对于知道这些协会的会员和活动都有帮助。

广告和公共信息

广告和宣传通常被视做竞争性行为，因为其目的是为了宣传某一特定酒店或航空公司和某一特定旅游目的地。看起来似乎是竞争性行为，但是伯格（Berger, 1972:131）谈道：

……在广告和其他形式的宣传中，一种品牌和其他品牌互相竞争，但是同时一种品牌形象的确认和加强同时也为其他品牌形象的确认和加强起到了作用。宣传信息不仅是宣传竞争性信息；宣传的语言本身就在于肯定同类其他产品。在这种同类产品的宣传信息中，人们有很多选择：选哪种奶油、选哪款汽车等等。但是所有的宣传信息作为一个整体为消费者提供的选择却是惟一的。

旅游业的不同宣传信息给人们带来的建议只有一个，即劝说人们参加旅游。一个电视节目建议人们使用美国航空公司而另一家电视节目建议人们使用英国航空公司；一家新闻报纸建议人们选择诺沃特（Novotel）酒店住宿而另一家则建议人们到百乐大酒店（Parkroyal）住宿；一本旅游宣传手册全部是介绍冒险假日旅游接待经营商（Venture Holidays）的包价旅游服务而另一本则全部是关于特拉法尔加旅行社的介绍；本周《悉尼早报》中旅游专栏是关于新西兰而上周则是关于马来西亚的。

这些来自不同赞助商的广告宣传都是为旅游业服务的，尽管他们代表的项目之间存在着竞争性。宣传信息的合作性就体现在它们本身在共同为旅游业作宣传，被竞争意识控制头脑的人不容易发现这点。

托马斯·库克似乎在140年以前就意识到了这点。帕德尼（Pudney, 1953：151—2）关于库克商业史的书在描述了库克的宣传性刊物同时也刊登了他的竞争对手比如亨利·盖奇（Henry Gaze）的广告。帕德尼认为库克这样做是为了"友好竞争",其实他的理解不正确。伯格尔(Berger)提出了另一个理论,即宣传可以给宣传者带来的好处不只是某一产品的知名度之提高。伯格尔用这个理论解释库克这样做不是为了"友好竞争",而是因为库克理解与竞争对手的合作能够打开市场,扩大客户源。

小结:产业合作

现代产业经济结构和生产率不能简单归因为市场竞争。一个比市场竞争更重要的因素就是隐藏在不同产业单元内的不同形式的合作。合作有时候是自发产生的,有时是不同利益团体为了彼此的利益而获得的,有的时候合作是因为一些具有远见之人由于认识到合作长远的好处而主动开始的。不管合作如何形成,合作的重要性被人们认识之后,人们便开始培养和管理合作行为。

如果行业内各组成部分没有一定程度的合作,那么行业的存在就只是名义上和想像中的。有人声称旅游业是一个大型的无所不在的产业,只是有点"零散"和"无组织性"。这种说法其实有漏洞,因为一个产业到了"零散"和"无组织性"的程度,那根本就不存在实质性的产业概念了。

以上各种合作形成方式都不是旅游业产业化的必要标准。旅游业的形成经过了集中合作形式的发展。因此,不是单独的一个步骤就能使一个组织从行业外变成行业内组织。

合作形式不尽其详,毫无疑问仍然有其他的合作形式存在。随着产业的发展、变化和消失,合作的形式和程度也发生变化。管理者面临的挑战就是决定在特定时刻哪种合作形式是最重要的,管理者面临的另一个挑战就是如何创造和运用新的合作形式。

产业的公开和隐秘标志

通过对不同合作方式的观察揭示了产业的内部结构。旅游业各个领域(比如市场专家、旅游运营商、运输公司和酒店等)是旅游业内部结构的公开标志,这正如建筑物的墙壁和屋顶是一个建筑物的标志一样。建筑物内部的墙壁和屋顶之外就是看不见的支持建筑物的其他部分,同样隐藏于旅游业结构内部的是我们所不能看见的一些结构链。明白产业的公开和隐秘标志对于理解产业如何运转以及如何最佳发展和管理这个行业是有帮助的。

图 11.1 的水平轴

任何与旅游业有关系的组织都可以在图 11.1 的水平轴中找到位置。与旅游业有广泛而深刻关系的组织处于水平轴的最右端，而与旅游业没有关系的组织处于水平轴的最左端。很多组织位于两端之间。到目前为止，还没有出现一种方法可以衡量一个组织在水平轴上的具体位置。尽管如此，我们可以做出一些近似的估计。

图 11.1 的四个象限

图 11.1 中的四个象限为我们提供一种分析方法，使得我们可以将为旅游者提供商品和服务的公司按照商业策略（纵轴）和参与旅游业程度（横轴）把它们分别安排在四个象限里。

象限一是普通的以旅游业为业务的公司和组织。比如旅行社、旅游运营商、地方和国家旅游组织、国际机构、航空公司、轮船公司、巡航服务、某些铁路公司、汽车酒店、宾馆、出租型假日公寓、野营地、大篷车公园、招待所、主题公园、纪念品商店、行李商店等等。

象限二是为旅游者提供服务和商品的而且有针对旅游者的商业策略的组织。虽然它们有针对旅游者的商业策略，但是它们却并不参与任何旅游业。相对较少的组织属于这一类，因为组织本身参与旅游业对于它们商业策略的有效实施有正面作用，所以它们在采取商业策略的同时往往会考虑到参与旅游业。

象限三是为旅游者提供被动性商品和服务的组织，这类组织一般没有专门旅游者的商业策略。它们也并不积极参与旅游业，当然也并不认为自己属于旅游业。很多城镇和地区的组织都属于这一类组织。

象限四所代表的组织也是一类比较少见的类型。象限四组织的一个例子就是出售衣服或食品的商店，它们没有专门针对旅游者的商业策略，但是却是当地旅游协会的会员。商店业主参加旅游业的动机也许是出于一种公民的责任意识并同时感觉到加入旅游协会会带动当地旅游业发展，以便更好地提高自身生活质量。

象限内不同位置的变化

组织在表中的位置取决于它在横轴和纵轴上的位置。因此，如果一家旅游运营商具有专门针对旅游者的商业策略，而且和旅游业具有广泛而深刻关系的话，那么这个公司将处于第一象限的右上方；而一家汽车公司针对旅游者的商业策略十分不明显，而且只和旅游业以及旅游协会保持微弱的关系，那么它很可能处于第一象限的左下角。如果这家汽车旅馆后来扩大规模并且和旅游运营商合作，也为旅游者提供住宿，那么这家汽车旅馆的位置将沿着向上向右的方向移动。

象限之间的位置变化

一个刚创立的公司，比如一家汽车旅馆或一幢度假公寓，可能在开始处于第二象限,然后因为加入当地的旅游协会,而位置移到第一象限。各种各样的象限间位置变化都可能发生。

图11.1的实际用处

该表格代表了四大类战略位置,各类不同的旅游组织可能会占据其间。因此,根据个体商业组织的活动,它显示了旅游是部分产业化的原因和形成的方式。

通过衡量和确定一个小镇、一个城市或一个地区的一系列组织在表格中的位置,我们可以对这些地方的旅游资源的产业化程度作出评估。不同的地区评估结果不同,而且随着时间的推移评估结果会发生变化。该项评估的一个作用就是可以显示当地的组织(有专门针对旅游者的商业策略以及积极参与旅游业或参加旅游协会的组织)对于旅游业的支持程度;支持程度越高,则需要政府的资助程度会越少。

部分产业化综合症

部分产业化并非一个独立存在的理论。现代旅游业中,部分产业化会带来几种后果,而这些后果将在第十六章中讨论。部分产业化综合症只有在充分认识和全面理解之后才能得到更好的解决方法。图11.1以及本章后面的讨论能帮助我们认识和理解部分产业化综合症。

关于部分产业化更广泛的一种理解

公司并非支持旅游业的惟一资源。因此,到目前为止的分析都是侧重于公司,并没有掌握部分产业化的全部概念。接下来我们通过以前的由利珀(Leiper,1990a,1990b)研究成果以及斯蒂尔(Stear,2002)所作的相关研究来谈一下更广范围的部分产业化。

观察旅游业资源的三个角度

理解旅游业的三个观察角度对于研究旅游资源有帮助。

首先,第一个角度是旅游者。每一名旅游者在每一次旅行中作出决定。有的旅游者决定到一个附近的海边小镇旅游并决定住在朋友家中;有的旅游者决定使用旅行团服务,并使用一系列的航空服务、酒店、长途运输和导游服务。前一类旅游者所参与的是非产业化的旅游业,而后一类旅游者所参与的是高度产业化的旅游业。

接下来第二个视角是为旅游者提供商品和服务的组织。这些组织的管理者们决定是否参与旅游业（比如参加当地的旅游协会等方式）。在本章前面部分我们详细讨论了这个视角。

第三个视角是旅游目的地的当地居民。居民们看到有关单位对于他们的镇或地区作出产业化程度的估计，并看到这些产业化程度的估计对他们生活的影响。

旅游者利用的资源类型

有四种和旅游业相关的经济现象（见图11.2）：经济资源、市场、商务和产业。它们规模不同，但是仔细观察可以发现旅游者活动比旅游业中所利用的经济资源要多；旅游业利用的经济资源比旅游者市场大；旅游者市场比从事旅游业的公司的业务大；而从事旅游业的公司业务比旅游业范围更大。下面我们解释这一循环。

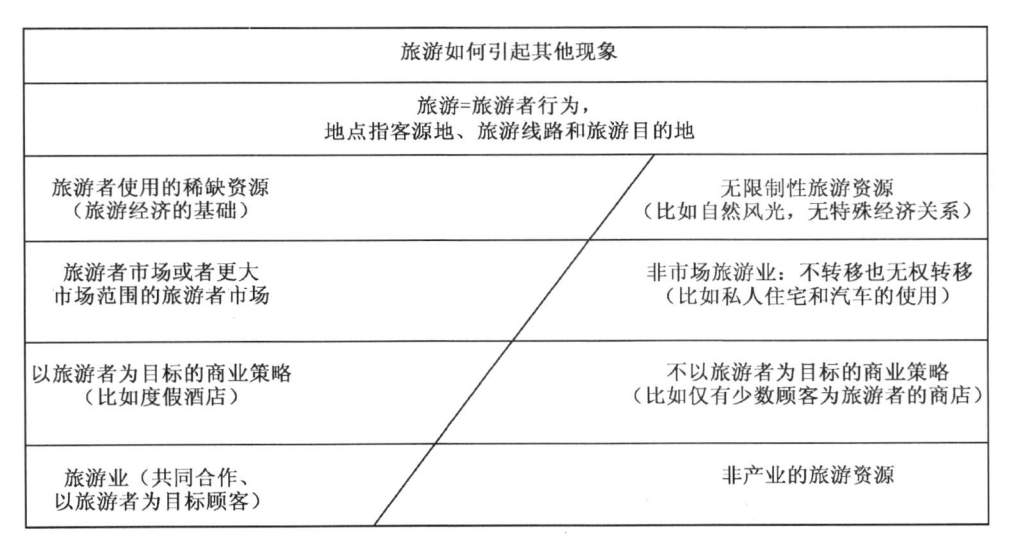

旅游如何引起其他现象	
旅游=旅游者行为， 地点指客源地、旅游线路和旅游目的地	
旅游者使用的稀缺资源 （旅游经济的基础）	无限制性旅游资源 （比如自然风光，无特殊经济关系）
旅游者市场或者更大 市场范围的旅游者市场	非市场旅游业：不转移也无权转移 （比如私人住宅和汽车的使用）
以旅游者为目标的商业策略 （比如度假酒店）	不以旅游者为目标的商业策略 （比如仅有少数顾客为旅游者的商店）
旅游业（共同合作、 以旅游者为目标顾客）	非产业的旅游资源

图 11.2 旅游与经济资源、市场、商务活动和产业

经济资源与非经济资源

旅游业包括很多类的行为——精神、体力、社会和经济方面的。有经济关系的资源是指有限资源，比如金钱、设施和服务而且这些资源必须得到分配。无经济关系的资源指除此之外的所有旅游资源。太阳不能被分配，阳光便是这样一个例子。不管有两个人还是一千个人享受阳光，对于经济效益都不产生区别。因为只有部分的旅游资源是有经济意义的，所以说旅游经济比旅游的范围小。图11.2的顶部即是这种分析。

市场化和非市场化的资源

市场和营销这两个词语有时被严格地用到,但更多是被泛泛地使用着。广义的理解市场和营销,它包括所有的类似于商场和买卖的商业活动。而狭义的市场和营销只有当双方之间的交流涉及到物权的交换才存在于业务活动中,这是市场营销理论学家(Bain & Howells,1988)强调的一个原则。物权可能是所有权,也可以是服务或设施的享用权。

当旅游者获得了商品(比如食品、纪念品)的所有权或者服务或设施的享用权(比如航空服务、酒店服务或团队旅游服务),便出现了市场化的旅游。票和其他凭券就是这些物权转移的证据。

还有很多旅游资源没有营销策略。所有的旅游者都有一些"非市场化行为"(Gronhaug & Dholakia,1987),正如市场依赖于有限资源,而无经济关系的旅游业不在旅游市场化的范围。图11.2中表现了这点。旅游者观赏自然风光或者在公众场所和其他人汇聚一起时是没有经济关系可言的。

非市场化的旅游还包括没有市场化的经济资源。很多旅游者利用私人物品、自己或朋友家人的汽车、房子、消遣娱乐等。旅游者在利用这些物品时没有物权关系的转移。旅游者还会利用非市场化的个人服务,比如他人的帮助、家人朋友以各种形式给出的推荐或建议。

非市场化的旅游还包括使用公共产品的旅游者行为。市场并不能解决提供公共产品的问题(Sugden,1986:3)。公共产品比如街灯、公园、洗手间、标牌或者诸如警察、垃圾处理、公立医院、图书馆、信息局等的公共服务在被人使用时都没有发生物权关系的转移。通常也不需要为这些公共产品付费。公共产品管理者在使用诸如"市场"和"营销"之类的词语时,其实并没有市场存在。他们只是从市场学中借来一两个术语而已。

因此,旅游只是部分市场化而且一般情况下的旅游市场化的比例要小于使用经济资源的旅游的市场化的比例。

商业策略和旅游者被动接受

公司组织可以利用的旅游业资源局限于可以被市场化的旅游资源范围。在这个范围内,只有一部分旅游资源可以用于商业策略中。图11.2代表以旅游者为目标的商业比代表旅游者市场的范围较窄。

旅游产业和非产业化资源

如上所述,很多组织具有针对旅游者的商业策略但是并不参与旅游业;这类组织由图11.1中的第二象限表示。这意味着有以顾客为目标的商业策略的组织只有部分是属于旅游业的。图11.2的底端表现了这一点。

总结分析：旅游业利用的七种资源

斯蒂尔（Stear,2002）总结提出了七种旅游资源。每一种旅游资源都在本章前面介绍过。
1. 天然或人工的免费商品和服务，比如沙滩、风光和建筑物。
2. 社会公共产品，比如街灯和卫生设施。
3. 偶尔以旅游者为顾客对象的组织，比如很多咖啡厅、书店和超市等。
4. 为自己或同伴提供旅游管理、运输和住宿服务等的旅游者。
5. 朋友或亲戚提供的住宿、运输、伴侣或食品。
6. 来自其他旅游者的资源，包括信息和伴侣。
7. 旅游业组织所提供的商业性服务，包括运输、住宿、娱乐、食品等。

总结以上分析可以得出，旅游业"能够而且只能够为每一名旅游者在每一次旅游过程中提供部分商品和服务，并为他们带来整体旅游体验中的一部分"（Stear,2002）。

产业化指数

图11.2中有一条代表所有导致部分产业化因素的斜率。这个斜率根据情况不同而位置相异。比如澳大利亚入境旅游业特别是吸收日本旅游者的部分高度产业化。大部分旅游者依靠旅游业公司提供的服务。20世纪80年代大约90%的日本出境旅游者在出发前预定好交通运输和住宿服务（Leiper,1985），相反，澳大利亚的国内旅游资源在近几年来产业化程度比较低（见图11.3）。

旅游研究局的报道表明80%多的国内旅游者可以自己开车而不使用运输公司的服务；大约60%的旅游者可以自己解决住宿问题，他们可以住在私人度假公寓里或者住在朋友亲戚家中。澳大利亚国内旅游者的大多数需要近年来不需要由商业组织提供。图11.3描述了澳大利亚的两类旅游者：来自日本的旅游者和来自澳大利亚国内的旅游者。

由从事于旅游业的旅游组织所提供的商品和服务消费（上述第七种资源）占旅游者旅游总开销的比例称做产业化指数。产业化指数从零到百分之百变化。如果旅游者开销的服务费用为1 000美元，而其中使用和旅游业相关的组织提供的服务占600美元，剩下的400美元来自于旅游业以外的组织，那么指数为60%。

总　　结

旅游业部分产业化的程度在各种情况下不同。旅游业部分产业化由几个因

旅游=旅游者活动,地点指客源地、旅游线路和旅游目的地	
旅游者使用的稀缺资源 （旅游经济的基础）	无限制性旅游资源 （比如自然风光,无特殊经济关系）
旅游者市场或者更大 市场范围的旅游者市场	非市场旅游业：不转移也无权转移 （比如私人住宅和汽车的使用）
以旅游者为目标的商业策略 （比如度假酒店）	不以旅游者为目标的商业策略 （比如仅有少数顾客为旅游者的商店）
旅游业（共同合作、 以旅游者为目标顾客）	非产业的旅游资源

关键：A＝澳大利亚国内的； J＝日本出境的。

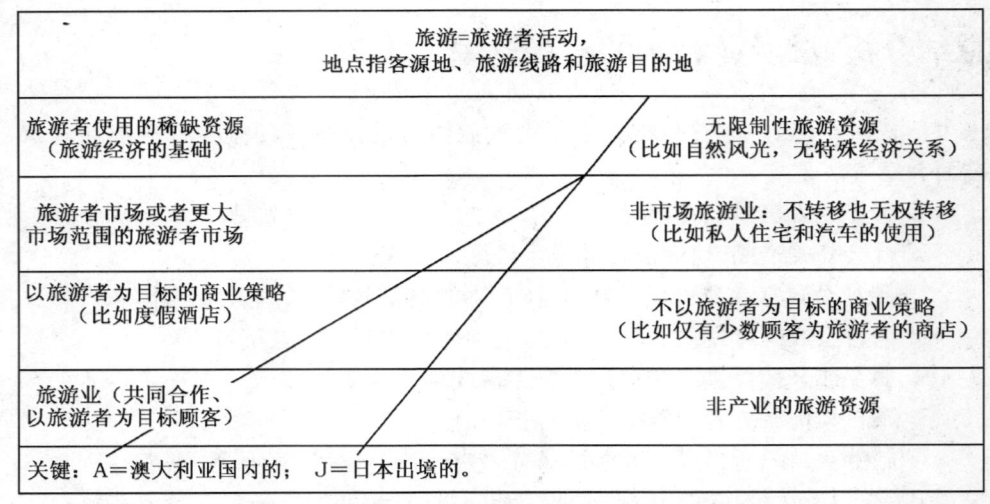

图11.3 工业化的比较：日本和澳大利亚的旅游者

素造成,其中一些因素在于公司类型。有一些公司是旅游业的而有些公司则不是属于旅游业的。而在属于旅游业的公司中,有的是构成旅游业的重要部分,有的则不是。

旅游业产业化过程其实包括名义上独立的资源积极从事或配合与旅游相关的行业。这些从事或积极配合旅游业发展的公司之间的合作使得旅游成为一个产业。

在旅游业的核心处有几种合作性过程,前面的例子已经给出。有的合作是管理者们自然而然的结果。明兹伯格(Mintzberg)将这种自然发生的结果称为"浮现出来的粗略,并且是潜意识参与的过程"。但是管理者的主观努力可以使得所有形式的合作成为可能。明兹伯格将这种努力的结果称为"审慎策略"。审慎策略可以被计划,也可能从一个审慎策略引出来。因此旅游业是彼此在管理者和操作者的影响下相互合作的不同的商业组织创造、支持和发展着。

意识到旅游业只是部分产业化,这对认为旅游业是全部产业化的观点是一个主要的挑战。将旅游业带来的所有的经济利益都归结于被产业化的旅游业是不合理的,同样旅游业带来的社会、文化和经济环境破坏也不能全部归结于被产业化的旅游业。旅游业部分产业化的概念对于整个旅游系统的很多方面都相关。第十二章中分析的几个案例将讨论单个组织层面的部分产业化,第十六章中将讨论旅游业部分产业化对于整个地区、旅游者、整体旅游系统和环境的影响。

问题讨论

1. 简述针对旅游者商业策略是如何考虑市场元素的,并举出一两个为旅游者提供商品和服务的公司实例。

2. 多数宣传组织的口号"旅游业是每个人的事"是否和实际生活中的情况相符合?

3. 是不是所有直接为旅游者提供商品和服务的公司都具有针对旅游者的商业策略,为何如此? 是否因为这些组织没有意识到旅游业和旅游者给他们带来的经济价值? 还是有其他原因吗?

4. 对下列原则作出解释:一个组织拥有很多的旅游者顾客并不代表旅游者成为该组织的一种可行的市场细分。

5. 解释为什么在体育运动和商业活动中,竞争通常是在合作范围之内的竞争而且合作比竞争更为重要。

6. 简单描述为什么罗伯茨·赫里斯关于旅行支票和托马斯·库克关于包价旅游的这些业务都要依赖于合作。

7. 给出简单的例子举出并描述至少六种表面上独立实际却构成了旅游业合作性商业活动。

8. 举出其中旅游业利用的资源以阐释斯蒂尔的如下分析和结论:旅游业能够而且只能够为每一名旅游者在每一次旅游过程中提供部分商品和服务,并为他们带来整体旅游体验中的一部分。

9. 描述旅游业是部分产业化这句话的含义。

10. 如果你是一名政府官员,当你和其他官员讨论将拨给旅游业的财政资助时你将如何利用部分产业化的概念帮助形成你的决策?

推荐读物

Axelord, R. 1990, *The Evolution of Cooperation*, London: Penguin.

Best, Michael 1990, *The New Competition: Institutions of Industrial Restructuring*, Cambridge: Polity Press.

Buckminster-Fuller, Richard 1972, Designing a new industry, pp 153—220 *in The Buckminster Fuller Reader*, James Mellor (ed.), London: Penguin.

Penrose, Edith 1959, *The Theory of the Growth of the Firm*, Oxford: Basil Blackwell.

Richardson, G. B. 1972, The organisation of industry, *Economic Journal*, 82: 883—96.

第十二章 边缘居民:在旅游业的边缘地带

导　言

第九章中的案例是一些关于为旅游者提供服务和商品，处于旅游业并采取专门针对顾客的商业策略的组织。三个案例分别是一个零散型旅行社、一个旅游运营商和一个度假公寓。第十一章反过来讨论了为什么很多公司虽然也直接为旅游者提供服务和商品，却不属于旅游业。相反，它们被动地接受这些旅游者为顾客的一部分。它们没有专门针对顾客的商业策略。

之前的讨论可以得出下面的结论，即有关管理者是否应该有专门针对顾客的商业策略或是否该参与旅游业并没有定论。我们不能说每个餐厅都应该划入旅游业或者所有的超市都不应该划入旅游业。管理者们应该按照情况分析并做出最佳决定。

本章讨论处于边缘地带的组织。它们处于旅游业边缘位置，并且在不同情况下改变自己的商业策略。

边缘学对于很多学科研究十分有用，因为边缘学旨在研究边缘者的行为。达尔文的进化论研究大部分形成于他关于岛屿的研究并由之支持。在岛屿和大洲上，大部分关于生物学、动物学和其他学科的规律都是在海岸线附近（陆地和海水的边缘地）被发现的。研究处于边缘地带组织的行为是采取一种传统可行的研究方法。

下面举出的例子分别是曼哈顿（Manhattan）酒店、萨密特（Summit）餐厅、云咸酒庄（Wyndham Estate Winery）（三个都是在澳大利亚）和在新西兰的六家农舍。我们分析一些管理者采取某些策略和政策的原因以及这些政策策略的结果如何。

本章还将进一步证明旅游业是部分产业化。所有案例的选取都十分普遍，具有代表性。很多旅游业从业人员批评某些从旅游业获利（旅游者为其顾客的一部分）而不愿意参加旅游协会的从属于旅游业的公司。他们称这些公司的管理者是笨蛋（因为他们不能够充分利用旅游业的好处）或者"寄生公司"（因为它们免费享受旅游业带来的好处）。我们需要调查为什么有的公司采取特定的策略以及这些策略带来的结果。个案研究是进行调查的好方法。

本章所列举的研究都是1982～1990年之间进行的。从那时起，很多商业策略有所改变，但是结论同样适合当今旅游管理。正如弗思（Firth, 2002）的研究表明，找到和本章中类似的案例并不难。她在悉尼的中心商业区和周围找到了很多类似案例。

曼哈顿酒店

曼哈顿酒店坐落于帕兹角（Potts Point），靠近悉尼的皇家十字区（Kings Cross），2001年才被改建为公寓。该研究是在20世纪80年代进行的，当时曼哈顿酒店是一家拥有160间客房的三星级酒店，主要以中低阶层为目标顾客。大部分宾客都是到悉尼度假的人。酒店的小酒吧和餐厅主要是为宾客准备的，而非为宣传所用。

新的管理者、大问题和新的商业策略

1982年曼哈顿酒店被转卖，而嘉利·康奈尔（Gary Connell）被委任为经理。这也是具有俱乐部管理经验的嘉利·康奈尔第一次为酒店服务。酒店当时不能盈利。其入住率（room occupancy，简称RO）较低，一直在40%左右浮动。康奈尔想要通过提高入住率达到盈利这一主要目标。为了提高入住率，他宣布了一项商业策略："让酒店积极参与旅游业"。

他的策略在任何人听来可能十分奇怪，因为从最简单的意义上而言，酒店本身已经处于旅游业了。酒店为旅游者提供住宿，而从旅游者手中获得利润，因此在他们看来酒店已经属于旅游业。但是康奈尔却对这个问题有现实的考虑，并且具有关于旅游业经济效益的具体想法。他意识到曼哈顿属于旅游业但是同时又意识到酒店没有积极参与旅游业。他认为"属于旅游业"意味着合作以及策略，并不只是经济效益。他提出的"积极参与"反映了他想参与旅行社、航空公司和旅游运营商的想法。他关于旅游业的理论正好和第十一章中讨论的相吻合。

1982年，实际上所有住在曼哈顿酒店的宾客都是直接入住或自己预订房间，很少一部分的宾客是通过旅行社预订服务的。没有任何宾客是通过包价旅游预定房间的，因为曼哈顿并没有参与任何旅游运营商的计划。康奈尔看见了与旅游运营商和旅行社合作带来的好处。他认为"属于旅游业"要求人们付出努力，合作管理；不能因为旅游者是宾客的一部分以及旅游者能带来经济效益，就认为酒店属于旅游业。1982年曼哈顿是从事和旅游业相关的商业，但是不属于旅游业，只是处于旅游业边缘。

三个策略性目标

主要的商业策略就是通过参加旅游业获得额外经济利益。旅行社和旅游运营商可以为酒店和潜在的旅游者之间搭建一个桥梁。而这些潜在旅游者转化为旅游者时便对酒店的入住率和收入有影响。

第二个目标是为了提高生意淡季时的入住率。曼哈顿酒店的入住率不稳定。最低时在20%以下,而其他时候可以达到70%以上。入住率随季节变化而变化。康奈尔认为通过从旅行社和旅游运营商获得一些预订客户,可以为酒店在淡季时提高入住率。

第三个目标是为了提前得到信息。如果独立管理的话,曼哈顿酒店的管理者不能预知接下来的几个小时或几天内将有多少间客房被使用。有时下午5点的时候入住率为30%,之后整个晚上都保持这个水平;还有时候,很多客人会在夜晚和晚上突然到来要求住房。

这种宾客突然到来造成的管理问题涉及到资源配置。如果酒店经理知道入住率将保持在40%左右的话,他们可以以此决定服务人员数。但是如果入住率突然上升到70%,他们就需要临时增设人员;如果到第二天早晨不能做到增设人员的话,服务质量就会下降。另一方面,虽然员工准备好工作但入住率很低,造成无用功,则相对收入来说酒店的营业费用就会过高。越多的顾客通过旅行社和旅游运营商预订客房,酒店管理者越能更好地预测入住率水平。

曼哈顿酒店的策略转移

1982年曼哈顿酒店在图12.1中处于第二象限,即和旅游业的关系可有可无,虽然有旅游者顾客,但其并不积极参与旅游业。1983年公司在表中的位置移到了第一象限,此时酒店已经参与了旅游业。

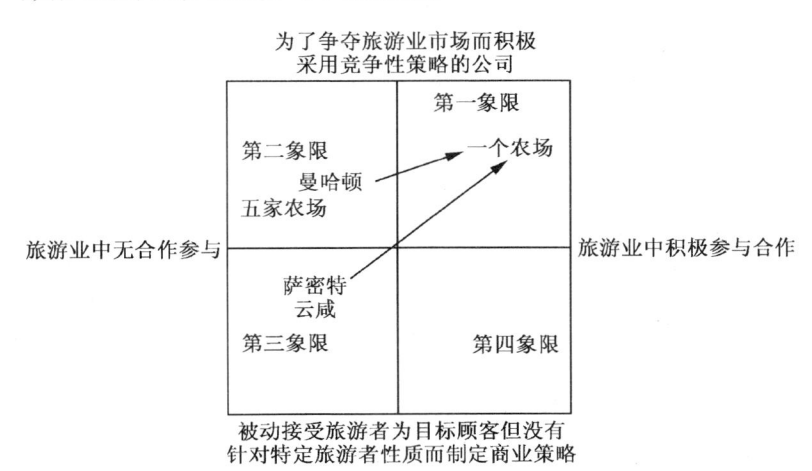

图12.1 部分产业化:根据商业策略和产业合作,某些直接为旅游者提供商品和服务的组织

康奈尔与旅行社(通过澳大利亚旅行社联盟)、入境旅游运营商(通过入境旅游运营商协会,目前更名为澳大利亚旅游出口协会)、一些航空公司(快达公司和新西兰航空公司)和新南威尔士旅游局(现在更名为新南威尔士旅游)建立了广泛联系。结果,曼哈顿酒店的平均入住率提高了,并且有更多的宾客是通过旅行社

预订的。有一些旅游者是独立的散客,有的旅游者则是通过旅行社预订了运送与住宿的包价服务的。

旅游宣传小册中详细介绍了曼哈顿酒店和悉尼的其他酒店,并且附上这些酒店的建筑图和一些具体信息。入住率的变化不再那么明显,而且酒店管理者在旅游者到来之前具有更好的预测能力。

这种策略上转移是否成功?

这次策略上的转移固然起到一定作用,但是并没有证据表明这些转移是成功的。我们仍然对酒店的入住率、营业收入和利润变化趋势缺乏了解。要知道这些趋势,我们需要知道酒店的财务记录,但是研究结果中没有相关的财务记录。

值得注意的是参与旅游业是需要成本的。在这里主要的成本就是每间房间减少的收入。产生房间收入有两个原因:第一,旅行社从中抽取部分佣金,佣金比例约为10%;第二,一些大型旅游运营商预订房间时给他们的售价是平时价格的至少10%以上,有时高达40%。因此,通过积极参与旅游业带来的三个好处(更高的入住率、更少的需求浮动和提前获知的关于客房需求信息)和成本相互抵消,甚至有时好处没有成本部分多。

这些好处和成本都是酒店管理者在决定是否从旅游业边缘转移到旅游业中时应该考虑到的(反之亦然)。决定加入旅游业并和旅游组织保持联系的酒店管理者们在做决定时要权衡利弊,认为利大于弊才行动。

萨密特餐厅

1967年以来,Wynyard北部的乔治街道上的悉尼中心商业区的澳大利亚广场上的塔楼就一直是该市的地标。与附近其他的建筑相比,它的形状和高度(几年以来一直是该城市最高的楼)最为突出。50层楼大部分都用作办公楼;顶层是一个对外开放的观景台。萨密特餐厅位于顶层的下面一层,可以容纳400人吃饭。透过餐厅可以看见城市和港口的景色,穿过郊区可以远望西边的太平洋和东边的蓝山。餐厅边缘摆放了大部分的餐桌,而这些移动的边缘在转动的时候使得客人可以轮流从不同方位欣赏到不同景色。

1982年悉尼的中心塔楼被建以后,取代了前者而成为最高的建筑物。尽管如此,萨密特比在中心塔楼上看到的景色更好。在中心塔楼北部一公里的萨密特餐厅能够使人更为近距离地看到悉尼港口和歌剧院的景象。

萨密特餐厅自开业以来一直受到悉尼追求一流服务顾客的青睐,同时也受到初次来悉尼游玩的追求高层次服务的旅游者的喜爱。但是在1967~1987年20年间,餐厅采取的策略是保持处于旅游业边缘位置。餐厅在象限图上处于第三象限。餐厅没有专门针对旅游者的商业策略,也不积极参与旅游业。

萨密特的执行总裁奥利弗·肖尔(Oliver Shaul)在一次讨论悉尼的商业发展研讨会上,表明萨密特餐厅不属于旅游业。而关于这一点,新南威尔士旅游局有关人员持不同意见。他们认为萨密特很大程度上属于旅游业。肖尔并没有为他的观点提供详细的解释。关于这点我们在研究中试图为他找出不加入旅游业的原因。

旅游者人数多,但没有市场细分

肖尔知道他的宾馆在很大程度上依靠旅游者。他说这几年的问卷表明大约20%的客人是旅游者(这里的旅游者是广义上的,包括到悉尼旅游的国内和国外旅游者)。名义上旅游者是一个市场细分,但是名义上的市场细分并非真正的市场细分。这正如特定相类似的顾客并不因为其特征就构成一个市场细分。比如,我们从来不会将蓝色眼睛的顾客作为一个目标顾客(即市场细分)。市场细分只有存在针对这部分人群的特定商业策略时才真正地存在。而这种策略并不容易实践。

从1967年到1987年间,萨密特并没有专门针对旅游者的商业策略。餐厅的产品、服务、价格、分配和促销都不是专门针对旅游者的。餐厅的策略仅仅针对在悉尼的人口(不管是来悉尼旅游的还是悉尼的居民)中愿意享受且能够支付得起一流餐厅服务的人群。

这表明为什么贾发雷(1987)的为一些旅游业学习者所喜爱得ROP/TOP理论常会误导人。贾发雷的理论将产品分为两种,一种是以居民为取向的(ROP),另一种是以旅游者为取向的(TOP)。这种划分太死板也不现实,因为它忽视了商业策略的实际操作性质。相对较少的公司会将部分产品以居民为取向的,一般都是以广大民众(居民和外来者都被包括在内)为顾客对象。

肖尔决定不专门以旅游者为顾客对象有三个理由。所有这些理由可以归结为不经济,对餐厅而言并非最佳选择。第一个理由是来餐厅用餐的大部分客人是为工作而在一起吃饭的同事或老板与客户的关系。肖尔相信如果餐厅定位为旅游者型,就不能最好地吸引这部分顾客;甚至宣传该餐厅和旅游业之间的关系,也会破坏餐厅原来的形象,使得这部分客人对餐厅产生不好的印象。而且他还认为真正来悉尼旅游的旅游者在选择餐厅时,一定愿意去"当地人经常去的好餐厅。只要餐厅的公众形象好,就是最重要的"(pers. comm.)。

第三个理由在于,从20世纪60年代到90年代,旅游者高度趋同化。大部分的旅游者十分独立。相对较少的旅游者是通过旅行或跟团旅游的。大部分的独立和没有旅游线路的旅游者在悉尼旅游时,是自己决定游玩方式的。少部分的旅游者会使用酒店。很多旅游者选择住在悉尼的亲戚朋友家中。这就意味着在悉尼的旅游者并不十分容易被辨认出,而针对旅游者所作的广告也就不容易传达到旅游者。

名义上的顾客群(市场细分)要满足四个条件才能真正存在:可衡量性、可获得性、可发展性和可实施性(Kolter et. al, 1994:132—3)。这四个条件缺一不可。萨密特餐厅在1967年到1987年间,并不存在可以实施的旅游者市场。

萨密特的商业策略转移

萨密特1988年改变了它的商业策略。日本旅游者被作为一个特殊的顾客群而被看成一个市场细分。据工作人员说1989年到1990年间每天有50~200名日本旅游者来此用餐。这并不是偶然发生的,在这之后,肖尔迅速改变了商业策略,并积极参与旅游业。

促成肖尔改变策略有两个因素。澳大利亚政府1986年新推出的税法规定,政府不再对商人们用餐账单进行税收补助。因此很多商人用餐时所付费用增加了一半,这样到萨密特用餐的人更少了;餐厅管理者试图采用竞争性商业策略赢得更多市场。有些管理者开始寻找新的市场——旅游者。肖尔也属于这类寻找新市场的管理者,而且他做好了成功的准备。

20世纪80年代末期日本旅游者数目明显增加。1986~1987年间,来新南威尔士旅游的日本旅游者估计为151 900人;次年旅游者人数增加了78%,达到70 400(旅游研究局,1989:109)。实际上这些旅游者都到悉尼旅游,80%以上的旅游者是通过旅行社预订旅游服务的,大部分的旅游者是在日本通过旅游运营商而来此旅游的(Leiper, 1985)。这些新的情势提供了一种新的市场细分。肖尔和日本东京的几家出境旅游运营商联系,并且说服后者将萨密特餐厅包括在它们的宣传小册子中。而在日本的旅游者通过旅游运营商或旅行社购买了萨密特用餐券。

成千上万的澳大利亚企业家试图从80年代末期和90年代早期兴起的日本旅游者市场中获得利益或取得竞争优势地位。大部分企业都没有成功,而肖尔却成功做到了这点。接下来我们分析肖尔成功的原因。

产业化的准备

奥利弗·肖尔的餐厅职业生涯起始于1939年。到1949年,虽然他的餐厅没有参与旅游业,但肖尔个人却活跃于很多旅游协会。1949年他加入了澳大利亚国家旅游协会。1951年肖尔成为太平洋地区旅游协会的创立者之一(该协会后来更名为亚太旅游协会)并于1967年成为澳大利亚旅游委员会的创立者之一。

如果肖尔的目的是为了让萨密特餐厅不参与旅游业,这些耗时的工作可能只是浪费。但是实际上这些费力的工作却有它的商业效果,因为它使得肖尔和旅游业建立了广泛的联系,而这些联系在日后为他于20世纪80年代取得竞争优势起到了重要作用。

从20世纪60年代开始,肖尔开始经常出国考察,他或他的行政人员每年要去日本一次以便和日本的旅游运营商搞好关系,增进他们个人之间的交往,并更深层次地了解日本旅游运营商的操作程序。这些事实都证明肖尔认为旅游业和萨密特餐厅长期发展有关系。他的这种认识是正确的,因为几年后他的想法就初显成效。他和旅游协会的接触可以被认为是一种防御型的商业策略。这种防御型策略使得肖尔可以保护他的资本;使得他掌握旅游业的信息,和旅游业保持联系;使得他可以在传统市场(当地人)衰退时仍然可以利用新兴市场(旅游者)。他用这种策略保护了资金。对于肖尔最大的餐厅——萨密特,据他所言1989年在装修和翻新方面就耗资一百万美金。

与很多其他的企业不同,肖尔通过多年的准备工作和长时间的积累才能在竞争中取得优势地位。而其他的企业没有像肖尔那样努力,因而没有取得像肖尔那样的成功。

正如法雷尔(Farrell)在研究夏威夷旅游业中说的一样:"日本旅游者只喜欢符合他们胃口的旅游运营商,而诸多的市场竞争表明日本旅游者是很难掌握的顾客对象,只有少数人精通日本旅游者市场的艺术。"

收益被成本所抵消了吗?

萨密特餐厅参与旅游业对于餐厅究竟是利还是弊?考虑到传统顾客市场的衰退,也许这是最好的选择。这种策略使得萨密特餐厅吸引了一些新的顾客群。

抵消这些收益的是成本。萨密特与此同时还必须付出成本。一个成本是去日本旅行的费用及时间;另一个成本就是旅游者凭票券用餐时消费金额小于一般的传统顾客消费的金额;第三个成本在于旅游运营商和零售型旅行社还从中抽取佣金。

这些成本说明参与旅游业会降低旅游者每次用餐所挣得的利润。这改变了公司的经济状况。另外商业策略的改变也改变了肖尔原来试图保护的传统形象。这点我们可以从一本名为《对生活的小叮咛》(*Life's Little Instruction Book*)的书中关于"别选择到改变主张和形象的餐厅就餐"之文字的描写看出。

1987年以后的商业策略的改变在象限图上可以看成是转移到第一象限。这种商业策略的转变使得肖尔的萨密特餐厅于激烈的竞争中胜出别的企业而存活下来。1994年奥利弗·肖尔在计划退休的时候将萨密特餐厅以几百万美元的价格出售给了阿科有限公司。

云咸酒庄

Winery 创建于 19 世纪初,在 1970 年被麦圭根(McGuigan)家族购买作为一个新公司的基地。这个新公司是云咸酒庄有限责任公司(Wyndham Estate Wine Ltd,简称云咸公司或云咸)。为了扩建,1977 年该公司的大部分股票被出手给 Quadrax Pty 有限公司。Quandrax Pty 有限公司是斯坦·哈姆尼(Stan Hamley)所有的投资公司,随后他成为云咸公司的董事长。

云咸公司的执行总裁是布赖恩·麦圭根(Brian McGuigan)。他除了负责造酒之外还负责公司的管理和营销。云咸以价廉物美的酒而驰名。麦圭根除了对制酒充满热情富于知识外,还努力进行对外宣传。

酒庄是对外开放的。人们可以走进去观看、谈论、购买这里的酒。大部分的顾客是旅游者。不仔细观察的人可能认为酒庄属于旅游业,是当地旅游业的一个组成部分。(这些观察反映了人们对于旅游业的片面认识,第七章中有相关介绍。)

仔细观察酒庄的管理以及通过和云咸执行总裁的讨论我们得出了不同的结论。整个 20 世纪 80 年代,云咸并没有参与旅游业,而且麦圭根也不认为云咸从事和旅游业相关的行业。

云咸作为一个旅游者吸引物

云咸地处猎人谷(Hunter Valley),附近的布莱克斯顿(Branxton)拥有广大的葡萄园和 60 家酒厂。20 世纪 60 年代以来,该区正渐渐成为围绕酒文化的旅游目的地。大部分旅游者乘着自己的小汽车或者乘坐长途汽车从悉尼来此游玩。越来越多的旅游者选择在汽车旅店、酒吧间、度假村等地住宿。

与该区的其他酒厂相比,云咸的制酒间和酒窖是在古老的、独具风格的大楼里面,这样便成为旅游者吸引物。制酒厂前面有一片大的停车场,可以停靠几十辆汽车。员工分别在品尝室、销售间和小客馆里为客人服务。

云咸和当地旅游业协会

云咸与猎人谷旅游协会(Hunter Valley Tourism Association,简称 HVTA)之间也有关系。与当地其他旅游协会一样,HVTA 也需要会员提供资金以及志愿者活动才能操作。对于 HVTA 而言,会员越多越好。

HVTA 总部在纽卡斯尔,但是在很多地方有分会。几家制酒公司,包括云咸,从20世纪80年代开始就是HVTA成员,但是他们大部分都不积极。这些公司的管理者缺席很多例会,也很少捐款或提供志愿活动。

HVTA认识到云咸独特的葡萄酒宣传方法,因此希望云咸积极投入旅游业宣传中。但是麦圭根认为云咸公司属于造酒业而不属于旅游业。因此他并没有为HVTA提供什么帮助。

麦圭根关于云咸的商业策略

麦圭根认识到旅游业的价值以及旅游业对当地包括他自己公司云咸的正面影响。但是他宣称其公司不属于旅游业,是为自己不参与旅游业(不捐款和志愿活动)辩护。他认为企业家应该自主决定将自己公司定位于什么行业(Drucker,1955)。皮特斯和沃特曼(Peters & Waterman,1991)把这种思想称为"坚持己见"。

这种想法的原因是企业家只能完全掌握和一个领域相关的知识、技能和人际关系。如果一个公司试图活跃于不同的领域,公司至少会在一个领域内失败。这种理论对于小公司(比如云咸)尤其如此,因为这些小公司资源有限,无法提供足够的管理时间在多个领域内发展。麦圭根在被采访时谈到他参加酒业协会的例会等其他公开活动占用他很多空余时间,使得他根本没有时间来考虑关于旅游业的一些问题。

一年中大部分时间都有成百上千的旅游者慕名前往云咸,而其他通过出售酒或食物从旅游者挣得收入。云咸公司表面上看似乎属于旅游业,但是麦圭根认为旅游者将不会成为他们的顾客对象,也不会成为一个目标市场。云咸主要的市场是在悉尼、墨尔本和伦敦之类的城市。在这些城市有很多爱酒者居住,因而成为云咸主要的宣传目标地。在这种情形下,用于宣传旅游业的任何时间和金钱都可以当作机会成本。

葡萄园酒窖的定价策略

定价策略的作用很明显。很多旅游者期待在葡萄园酒窖的价格比在城市商店里的更便宜。他们意识到城市商店里酒的价格包括了运输费用和分销商的利润。考察澳大利亚和新西兰地区的几家制酒区,可以得出两种类型的定价系统,其中只有一种定价会在酒窖里折价出售给顾客。

大部分的酒是以"酒窖价格出售",这种价格比在城市商店里的一瓶酒的价格要低。第二种定价系统(云咸属于这类)可以被称为"固定价格渠道",全城同类酒的价格是一致的。这两种类型定价系统也是判断制酒厂是属于制酒业还是属于旅游业的一个方法。采用"酒窖价格出售"定价方法的组织属于旅游业,而采用"固定价格渠道"定价的组织属于制酒业。为什么这样呢?接下来我们解释这点。

如果酒厂急需收入,特别是现金收入,那么一个有用的方法就是以低价将酒卖给旅游者,给旅游者一种印象认为他们购买的是接近生产成本价格的产品。低价是鼓励旅游者购买的一种措施,而且低价会让旅游者相信他们买到了物美价廉的商品。旅游者会转告朋友熟人谈及他们以更低的价格买到了城市的商店里面出售的同样的酒。以低价出售酒的一般是没有能力在城市开店卖酒的人或组织。

但是还有一些酒厂(包括云咸)完全有能力在城市里开店卖酒,所以他们不需要打折贱卖他们的酒。更为重要的是,如果像云咸之类的制酒商都选择在他们的果园将成酒打折贱卖的话,他们会吸引众多旅游者前往大量购买那里的酒。买酒者甚至会买上足够几个月喝的酒。这样他们就不需要经常往商店里跑(商店其实是分销诸如云咸之类的制酒商产品的零售商)。随后,商店的这种品牌的酒销路会变坏。这样对于制酒业将会带来灾难性后果。由于商店里销路不好,商店就不愿意再进这种牌子的酒。并非所有的消费者都愿意长途前往制酒的果园去大量购买低价酒。由于这些消费者在商店里面不能看到这种牌子的酒,因而会选择其他牌子的酒。

像云咸之类的制酒商必须利用他们和批发商以及零售商之间的关系,稳定销售渠道,因为他们的酒都是通过这些批发商和零售商而进行销售的。他们还必须维持好与批发商以及零售商之间的关系,最关键的一点就是不能削低零售商的售酒价格。

云咸关于旅游者的政策

麦圭根认为来云咸小区旅游的旅游者可以为他们的酒做宣传。这种宣传带来的好处大于将酒卖给这些旅游者所带来的收入。如果旅游者需要买酒,他们同样可以购买,但是不会给他们太大的折扣。旅游者的来访是受路标的指引,而非联系旅游运营商或客源地的广告驱使。

麦圭根相信旅游者来到此地能够学习到关于制酒的知识,并且会在将来找寻诸如云咸和其他品牌的酒。因此这些擦身而过的旅游者可能成为他们未来的顾客。这正是旅游业对于云咸的好处。

恒福山与云咸的策略对比

恒福山(Hungerford Hill)也是一家制酒商,和云咸毗邻,却有着和云咸完全不同的商业策略。20世纪80年代的恒福开发了反映农村风光和酒文化的一个主题公园和零售中心。1983年恒福拥有几十家零售店、三家餐厅、儿童娱乐场地、一家制酒厂和一个地窖。到恒福游玩的旅游者比同区内其他制酒商的总旅游者人数都要多。恒福一个主要的收入来源很明显是来自商店、餐厅和地窖内的旅游者消费。恒福管理者更关心的是主题公园而非制酒业。

恒福的成败与旅游者人数以及他们的消费行为密切相关,所以恒福的商业策略以旅游者为目标。恒福雇用了熟知零售消费、娱乐和旅游业行情的人管理公司。而零售消费、娱乐以及旅游业都是互为关联并且只是共享的领域。这样恒福山酒庄在象限图上可以被放在第一象限。

云咸的策略定位

云咸整个的商业策略定位在象限图上都处于第三象限。云咸处于旅游业边缘，也并不调动资源到旅游业中。麦圭根仔细考虑了自己公司的商业策略，他并不认为应该改变策略。

运作检验

猎人谷旅游协会（HVTA）对于麦圭根不参与旅游业这一策略的批判最主要的观点是认为麦圭根不参与旅游业其实是错失了赢得利润的机会；他们认为如果麦圭根更关心旅游业的话，更多的旅游者将会光顾他的酒制品，为云咸带来更多的经济收益。

这种批判观点有多少正确的成分？离开背景谈论也许在理论上是合理的。一种测试这种观点正确度的方法就是观察云咸公司的运转。如果公司不能正常运转，销售业绩不佳的话，批判麦圭根只关心制酒业而忽视旅游业之策略的错误也许是有根据的。

公司记录表明云咸酒庄有限公司作为一家制酒商取得了很大的商业性成功，并且作为澳大利亚制酒业的一个组成部分也是十分成功的。澳大利亚金融报中有报道给出了能够说明公司成功的数据。比如，1985~1988年四年间，云咸的收入以每年35％的速度增长（AFR，1988年2月）。

1987年之后两年内股票市场跌落，很少公司能够盈利。在1100个关于澳大利亚证券交易的公司中，云咸排名第17位。云咸公司的发展主要靠出口。从1982年开始云咸向加拿大1个国家出口，而到1986年有17个出口国（Forde，1986）。到1989年，一半以上的酒被出口（Knight，1989）。云咸为澳大利亚制酒业作出最重要贡献，是制酒商中为国家创汇最多者之一。如果麦圭根参与旅游业并调配资源到旅游业中，他不可能取得今天在制酒业取得的成就。有足够的证据表明他不参与旅游业对于他的公司、制酒业和澳大利亚公司是最好的选择。

认为云咸加入旅游业会取得更大的成功的观点就像是认为凯茜·弗里曼（Cathy Freeman）和伊恩·索皮（Ian Thorpe）要是改打橄榄球会更成功一样。这种观点是乌托邦的理想，与现实脱离。

后　记

1989年，云咸的主要股东科杰克斯（Quadrax）在他拥有大部分股权的另一家公司——布吉特出租汽车公司（Budget Rent-A-Car）破产时，遭受了巨大的损失。

为了弥补他个人的经济损失,科杰克斯把他在云咸的股份卖出。麦圭根试图从科杰克斯购买他的股份,但是被南部澳大利亚一家制酒商 J. C. Gramp Ltd 有限公司击败。所以麦圭根离开了云咸公司,不久创立了一个新的品牌——麦圭根兄弟(McGuigan Brothers)。后来两家公司合并,被命名为奥兰多—云咸(Orlando-Wyndham)公司。

20世纪90年代开始,猎人谷的酒业和旅游业互相带动发展起来。麦圭根兄弟采用了一种完全不同、多方向的和以前不同的商业策略。麦圭根作为一个完全不同的公司,在新的环境下不得不改变他们的商业策略,在宣传酒业的同时也进行一定程度旅游宣传。

曼那瓦图的农庄旅游业

我们接下来讨论六家从事农庄旅游业的组织。农庄旅游业在欧洲有较长的历史,并于20世纪80年代开始兴起于新西兰和澳大利亚。当时有很多农民无法获得足够的农业收入,因而转而投入旅游业。弗雷特(Frater,1983)、海恩斯和戴维斯(Haines & Davis,1987)以及菲利浦·皮尔斯(Philip Pearce,1990)对这方面都有所研究。

下面讨论的案例是我和切恩—布坎南(Cheyne-Buchanan,1992)调查使用的。第一份问卷调查了农场是否以及如何参与旅游业。这份问卷切恩—布坎南的文章没有报道。所有六个案例都属于旅游业,但是只有一个案例是积极参与旅游业,并有针对旅游者顾客的商业策略。

曼那瓦图地区

新西兰的曼那瓦图(Manawatu)地区适合发展农庄旅游业。该地有宜人的农村风光并且方便新西兰国家北部和国际旅游者来此旅游。该地区的城市是 Palmerston North,有人口七万。

一份名为曼那瓦图旅游营销计划的报告被提交到市政府,该计划清单(1989)列出了20家农庄旅游业组织(农场)。该地还有3家农庄旅游业组织列在 New Zealand Bed and Breakfast Book(1989)里面。这23家农业旅游组织中,1990年只有6家公开营业。这6家农业旅游组织(农场)分别名为:Morris、Fryer、Charlton-Jones、Barnett、Fraser 和 Collecut。

5家农场为旅游者提供2个房间,还有1家农场为旅游者提供3个房间。因此当地农场为旅游者提供的总房间数有限,仅为13间。1990年时房间住宿价格从单间 60 美元每晚并且不负责三餐到每晚双人间 118 美元并且负责三餐。当这 6 家农场被问及开放农场为旅游者提供住宿的原因时,其中 4 家农场回答说是为了"结交朋友",而另外 2 家农场说"商业活动"和"充分利用农场价值"是他们开放农场的主要原因。不管如何,所有 6 家农场都一致同意经济方面的回报是他们开放农场的一个因素。

这 6 家农场的旅游者来源非常广泛。5 家农场的旅游者来自旅行社预定服务,占 6 家农场总旅游者的 55%。13% 的旅游者来自 Palmerston North 市政府的信息咨询办公室。10% 的佣金要付给信息咨询办公室。

有的旅游者是经人推荐,大部分人是根据导游手册提供的信息而来到农庄的。其中有 3 家农庄被列进农庄旅游手册,5 家被列进其他的导游手册。

哪种商业?哪种产业?

6 家农庄都属于旅游业,更确切地说都属于农庄旅游业。平均而言,这 6 家农庄只是处于旅游业边缘。因此,可以说它们在象限图上位于第二象限。

6 家农庄中有 1 家农庄与其他不同。它在象限图上可以被放在第一象限中。这家农庄是惟一的将"商业活动"作为目标的。这家农庄从旅行社以及宣传手册和导游手册中吸收顾客。这家农庄是惟一积极参与旅游业并定期参加会议的农庄。

其他 6 家农庄忽视旅游业存在,也不是任何旅游协会的会员。惟有这家农庄及时将它与其他 5 家农庄之间的联络进行报道。

与其他 5 家农庄相比,这家农庄在更大程度上属于旅游业。这家农庄可以说具有最多的顾客,是最成功的一个案例。这些说明参与旅游业之商业策略有时对于组织的管理经营十分有用。

总　结

本章的案例分析提出了一些观点。本章所举案例并非独一无二,这点正如弗思(2002)在 20 世纪 90 年代末期进行的研究所表明的一样。成千上万的组织为旅游者提供服务和商品,从旅游者消费中获利,却不属于旅游业。不参与旅游业对有些组织有好处,对某些组织有时却有坏处。这些案例说明是否和旅游者打交道与该组织是否属于旅游业没有关系,而且与旅游者打交道也不是组织属于旅游业的因素。

管理者采取不同商业策略带来不同结果。有证据显示,餐厅、酒店和制酒商在特定时候和特定情形下会采取对他们最有利的商业策略。

这些案例还告诉我们要试图说服旅游者市场周边所有企业的管理者去加入或者不参与旅游业或者要不要瞄准旅游者的想法都是毫无用处、毫无根据的。普遍化代表了这方面的糟糕理论。

问题讨论

1. 曼哈顿宾馆在"让自己的宾馆积极投入旅游业"之外还有其他三个目标，它们分别是什么？
2. 曼哈顿为了实现这些目标采取了哪些策略？
3. 萨密特餐厅在过去的 20 年内都拥有很多旅游者顾客，但是经理却认为萨密特餐厅不属于旅游业，他为什么如此认为？
4. 是什么环境变化使得萨密特餐厅经理转型使得餐厅积极加入旅游业，并从事和旅游业相关的活动？
5. 利用机会成本的概念解释云咸酒庄 20 世纪 70~80 年代采取的不和旅游业发生联系的商业策略。
6. 从现在看来，当时云咸酒庄经理所作的不让其参与旅游业之决策是否明智？
7. 通过本章中的三个例子我们如何理解关于旅游业的宣传口号——旅游业是每个人的事情？

推荐读物

Firth, Tracey 2002, *Business strategies and tourism: an investigation to identify factors which influence marginal firms to move into or remain on the fringes of tourism industries*, unpublished PhD thesis, Southern Cross University.

第十三章 旅游吸引物:一种科学的分析

导 言

如果景点缺乏吸引力,就不会有旅游者前去旅游;如果一个地方没有吸引力,旅游者顶多在那里停留片刻,只是将它作为一个中转地;所以旅游指南经常腾出大部分地方来介绍名胜和有特色之处。这三点表明:名胜之地是旅游者行为的焦点。

相应地,旅游名胜应该是所有一般旅游业学习中的主要论题。但相矛盾的是,大多数关于旅游业的一般性课本很少谈到吸引物(attraction)。是作者骗人的吗?在一篇关于此问题的很有价值的文章中,皮尔斯(Pearce,1991:47)谈到"旅游吸引物可能是重要的"。

旅游吸引物是什么?它如何发挥其功能呢?哪一种关于旅游吸引物的理论能对在旅游业中的管理者有用?这些都是此章的广义主题。每个人都能列举旅游吸引物,其中一些是世界闻名的,另一些则在一国或一个地区闻名,如吴哥寺(Angkor Wat)、迪斯尼(Disneyland)、埃菲尔铁塔(The Eiffel Tower)、库塔海滩(Kuta Beach)、卡卡杜国家公园(Kakadu National Park)、悉尼歌剧院(Sydney Opera House)、大香蕉主题公园(The Big Banana)、拜伦湾的鲸鱼(Whales at Byron Bay)、贝勒蒂斯罗杯高尔夫球赛(Bledisloe Cup matches)。目前尚不被广泛理解的是:什么原因明显地促使旅游者被这些美景、地区、事物和事件所吸引。这一问题是本章的中心议题。

关于旅游吸引物的研究

早期有价值的关于旅游吸引物的研究包括里奇和津恩斯(Ritchie,Zinns,1978)与费拉里奥(Ferrario,1979)的研究,其代表的研究风格是按自然美景、气候、著名位置及文化等属性划分。

这种划分对于描述吸引物的不同特色很有帮助,但它们却不能解释太多东西。我们需要另外一些方法,因为"旅游业研究者和理论家们已经完全认识到把吸引物的本质既作为一种环境现象来看也作为一种思想、想法来对待"(Lew,1987:554)。另外,关于此主题的讨论时常是不科学的,我们可以根据另外一位评论者(Stear,1981:91)的所述看到:

> 大多数关于旅游吸引物的文献都是描述性的、特定案例叙述性的,而不是对一般或特定案例起解释、说明性的。呈现科学解释姿态的这种目

的论的说明的优势困扰着这一问题。

正如以下所表示的斯蒂尔(Stear)批评适用于此主题上的许多文章。许多作者在其定义和描述中使用狂野的暗喻(feral metaphors),从而混淆了吸引物发挥作用的方式。诸如"attraction"、"draw"、"magnetism"、"pull factor"、"gravitational influence"这些词语都暗含着其本身就有力量来影响旅游者的行为,以及吸引力来源于一种内在的魅力。

以上是一种错误的暗示。作为受欢迎的旅游吸引物而被人们广泛熟知的地方、建筑、事物和事件(如库塔海滩、迪斯尼、格瑞斯之地、帝国大厦、鲸鱼、熊猫等)不能以任何方式影响旅游者的行为。所谓的"旅游吸引物"不会像文字上所表示的那样而起作用。

关于此主题的一般性误导言论包括"旅游吸引物是一切可以吸引旅游者的东西"(Lundberg,1985:33);"吸引物可以是地理吸引物或事件吸引物……两者都能运用吸引力来影响暂居者们"(Burkart & Medlik,1974:44);"吸引物在定义上是具有魅力的。如果它没有吸引旅游者的力量的话,它就不是吸引物了"(Gunn,1972:37),"有时自然和历史的特色有其内在的吸引力"(Gunn,1979:71),还有更明显的,"我相信旅游地点一定有其与生俱来的特点以及吸引旅游者的特有性质"(Schmidt,1989:447)。从字面上来理解,这些陈述是毫无意义的。像这样的表述意味着并强化了一种老套思想,即把旅游者看作是不能以人类的方式来行为的机械事物。

那么研究者们和专家如何来处理这些问题呢?一种解决方法是在第一次报道,一些引用词语(如 attraction、magnetism)时加入大胆的含义来表示不追求字面的意思。另外一种方法就是在讨论报告中提醒人们"魅力不是与生俱来的品质"(Pigram,1983:193)。在这里,彼格兰(Pigram)强调在旅游业中一些比喻说法不能从字面意思上去理解,因为"比喻本身就是以某物的名字来构成另一物的意思"(Aristotle, *Poetics*,1920)。

在自然世界中,诸如"attraction、gravity、pulling power、magnetism"有其字面的含义。地球的确通过万有引力吸引着下落的物体,而且磁铁也通过磁力吸住铁。这种过程涉及这些有引力的东西的内在属性。而使用这些与人类行为相关的暗喻性的表达则是一种语言的自然过程。"旅游吸引物"(tourist attractions)如同自然世界的引力、如同地球的重力、如同实实在在的磁力。在17世纪以前,隐喻是不重要的,因为学者们都认为所有的运动(如行星、物体、动物、人)都是由相似的过程引起的。在17世纪,运动起源的知识出现了,"牛顿的运动定理更清楚地表明了自然行为是与动物行为截然不同的"(Jaynes,1973:178)。许多写到旅游吸引物的人都似乎丧失了这些差异,因为其定义的方式以及对它们如何发挥功能的脆弱解释都很容易导致形而上学的结论。

理解旅游吸引物的所需要的另一种方式是一个可以回避这些问题的模型。

旅游者在澳大利亚考夫斯港（Coffs Harbour）之上的景观眺望台上

麦格卡尼尔（MacCannell，1976）提出了一种模型，其与以前的完全不同，并且可以达到这一目的。

旅游吸引物系统

关于吸引物的讨论开始于一种与以上所述完全不同的定义（MacCannell 1976：41）：

我把旅游吸引物（tourist attraction）定义为旅游者在游览时和景观以及标识信息之间的关系，并且为该景观提供信息。

麦格卡尼尔回避了所有的提议，即关于风景有内在的力量可以促使旅游者们瞄准其旅行日志或转向其的注意力，并且介绍了一些信息来作为每种吸引物的基础成分。他的定义是理解吸引物为何物及其如何起作用的基础。

这一定义在作为一般模型而有用之前需要做一些微小的改良，正如其所提到的美景，常见但不是普遍存在的。许多盲人也喜欢旅游，并且许多旅游者们游玩的地方并不是由其美景而受到关注，而是被人们热衷的其他一些吸引之处所吸引。

冈恩（Gunn，1972）认识到吸引物不仅仅在于景色，所以在他改进的一般模型中回避了"风景"这一概念成分。相应地，他使用了"核心吸引物"来表示这一中心成分。通过在麦格卡尼尔的一般模型中使用"核心吸引物"来代替"风景"以及增补了许多东西，一个适合于旅游业系统方法研究的关于旅游吸引物的一般性模型得以提出：

旅游吸引物系统包含了三种成分：旅游者或人类成分、核心吸引物或中心成分以及标识信息或提供信息的成分。当这三种成分相联系时，旅游吸引物便开始存在。旅游吸引物系统是一种开放系统，与环境相互作用。它们是每个整体旅游系统中的子系统。

在接下来的讨论中，这三种成分——旅游者、核心吸引物与标识信息——将轮流被讨论。主题会与第三章所谈到的系统方法相结合。系统理论的原理便是等级制度：每一个系统都有其子系统和母系统。由于没有吸引物的旅游业是不可想象的，所以出现了一个关键原则。每一个整体旅游系统都至少要包含一个吸引物子系统。每一次旅行都至少要求有一个吸引物，包括一位旅游者、一个核心吸引物以及旅游者掌握的关于核心吸引物的信息。

旅游者

旅游者是离开家而在旅行中寻找满意休闲经历的人。这意味着一种寻找个体能亲自体验的吸引物的核心成分的经历。两种关于心理学的理论能结合起来解释旅游吸引物是如何工作的。在第五章曾讨论过这两种理论的，它们是满意理论，即揭示了积极性中（一系列的需求）的满意；过程理论，即解释了需求的出现与采取行动来达到需求之间的步骤结果。

旅游者心理学的满意理论揭示了旅游者被许多需求所促动着。这其中的需求可能包括休息、放松、新鲜、教育、阳光、回归、自尊或声望。这每一种需求都表明了想体验特别经历或活动的动机和意图。人们旅游的动机不可能只有一个；相应地，其一般是由一系列的重叠需求而构成，特别是由于旅游者对特殊景点的兴趣。

旅游者心理学的过程理论揭示了有需求的旅游者与能满足其需求的地点之间的联系。关于核心吸引物成分信息的标识信息在这一过程中充当了必要的角色，其把旅游者连接到吸引物系统当中。这一过程不会自动圆满，因为旅游者的需求不总是能被满足。换言之，吸引物系统可能发挥作用也可能很难发挥作用。

旅游者在旅游吸引物中的角色在经过本章内容后会变得更清晰，因为在下面的环节中将具体介绍其他成分，并附加许多例子来作以说明。

核心吸引物

作为所有旅游吸引物的中心成分——核心吸引物（nucleus），其可能是某人旅游或打算旅游的地方的任何特色之处。一些核心吸引物是相当受欢迎的，每年都有数以万计的旅游者来体验，如圣彼得堡艾米塔吉博物馆（St Petersburg's Hermitage Museum）、澳洲大堡礁（Australia's Great Barrier Reef）、新西兰的埃伯塔斯曼国家公园(New Zealand's Abel Tasman National Park)、希腊的一些在特尔斐(Delphi)和艾庇道罗斯(Epidaurus)的历史遗迹、爪哇岛的婆罗浮屠塔(The Borobodur monument in Java)、斐济的珊瑚海岸(The Coral Coast in Fiji)、奥地利的萨尔茨堡音乐节(The Salzburg festival in Austria)。

从旅游业专家的认识来说,名气并不是旅游吸引物的必要部分,因为,如果我们限制对表面想法的思考,将阻碍我们的理解,便不可能形成专业性。一个旅游吸引物是一个核心吸引物加上标识信息及单个旅游者的综合体。旅游者关注的一种独一无二的核心吸引物可能是其旅行中要见的朋友或亲戚。

划分核心吸引物的方法

可以通过几种方式来划分核心吸引物成分。其中一种方法与卢(Lew,1987)的认知观点相似,它是根据旅游者的经历来区分核心吸引物的。某地方所有的潜在核心吸引物都能根据旅游者相关需要而划分。

例如,对于很多旅游者来说,有着地中海式气候的地方,其满足他们的核心吸引物是能以多种形式进行户外娱乐。安静祥和的地方满足了休息的需要。当地居民的友好和热情则满足了旅游者们社交的需求。我们很容易就能想到代表以上三种地方的例子。

尽管区分核心吸引物的方法表面上有用,但由于需求并不是十分独特,所以这种方法自身有局限性。与之相关的其实并不是需求而是当人们想要满足需求而激发起来的特别意图。例如,三个想放松的人可能都决定去旅游,但想要不同的经历、体验:第一个想到海边的沙滩上看书,第二个决定徒步穿越从塔斯马尼亚的克莱多山(Tasmania's Cradle Mountain)到圣克莱尔湖国家公园(Lake St Clair National Park)的 100 公里地段,第三个却想加入一个旅游团去马丘比丘(Machu Picchu)和的的喀喀湖(Lake Titicaca)看看。

需要(needs)和想要(wants)的区别帮助解释了为什么对于旅游者市场和旅游吸引物之间的研究趋向于表述性的或个案分析性的——斯蒂尔(1981:4)标注的两种属性。某人的需要(need)可能被表述为不同的想要(want)或要求(demand),这在上面的三个例子中已给出。相反,一种想要(want)可能反映许多不同的需要(needs)。你和我可能都想要(want)到太平洋去航行游玩,去看看新喀里多尼亚岛(New Caledonia)、瓦努阿图(Vanuatu)和斐济(Fiji)。在共同的想要(want)之下,你可能需要(need)一个假期来好好休息,而我却可能需要(need)娱乐。这些多样性与旅游者的行为相关(Mill Morrison,1985:4),一般也与休闲行为相关(Kelly,1982:1—2)。

另外一种区分核心吸引物的方法是在环境范畴下的。自然环境包括地形、植物群和动物群。地形涉及到一些地区或地点的具体特色,地形的特色往往是旅游吸引物的核心吸引物。例如大雪山（the Snowy Mountains）的最高峰考斯丘什科峰（Mount Kosciuszko）、罗托鲁瓦（Rotorua）的间歇泉、意大利北部的科摩湖、尼亚加拉瀑布、东南亚最高峰京纳巴鲁峰（Mount Kinabalu）、蓝山国家公园的大峡谷（the Gross Valley in the Blue Mountains National Park）。

植物群是指植物、树和花。有奇花异草的地方特别受旅游者的欢迎。精美的公园和花园不可避免地增加了城市的好感度。世界上最大的城市花园和公园，如纽约中心公园、马德里的丽池（Retiro）、伦敦的海德公园和肯新顿（Kensington）花园以及茂物（Bogor）、墨尔本和其他城市的植物园都是实例。

拥有罕见或著名的标本能使一些花园变得受欢迎。在1994年，一颗存活了千年之久的巨树在活乐美（Wollemi）国家公园的一块小领域内被发现。从其种子里长出了一颗名叫活乐美松树（Wollemi Pine）的新树，并放在悉尼的博塔尼歇（Botanical）花园中（在一个铁笼中生长着，这是以防贼来"偷树"），并且由于它的存在引来了一大批的旅游者。

建筑环境包括了都市风景、特色楼房、纪念碑、考古地址。社会文化环境则包括一般大众和名人豪杰，语言和方言，地区特色食物、饮料、艺术、工艺品，社会习俗和历史事物。

技术环境包括在产业中或舞台表演中的科学设备。科技博物馆十分受欢迎，最著名的有慕尼黑的德意志（Deutsches）博物馆和位于美国华盛顿的史密森尼学院（Smithsonian Institution）。工厂也同样在此范畴中。啤酒旅行特别受欢迎，至于其中原因，目前还没有学术性的研究能解释。

列举出吸引物的核心吸引物成分对于分析任何地点的潜力十分有用，其可作为旅游当局关于市场准备或发展计划的一个步骤。不同于单一的划分方法，对于核心吸引物的多重方法可能会对其角色和潜力做出一个更深层次的评价。

核心吸引物的空间分布

吸引物的核心成分位于整体旅游系统的各个部分，但却以不同的方式发挥着功能。它们最主要的聚集处和功能都在于旅游目的地上。并且在许多旅游线路中，吸引物也如在旅游目的地一样发挥着作用。

一个微小的不同表现在旅游开始和结束的旅行者发起地上。作为个体，我们都看到了自己家乡的特色，这也是旅游者所关注的，即吸引物的核心部分，但是，我们不能在家乡中成为旅游者。我们能在那里扮演一种类似旅游者的角色，例如观光或做其他事情来娱乐，而这些可能正是旅游吸引物。

在旅游目的地或旅游线路中，不同类型的核心吸引物有不同的空间形式。对于一个地区来说，某些类型能一般性地描述出来，其意思是它们能通过贯穿指定的地方来被发现。穿越意大利以后，人们可以发现意大利文化的表现，例如语言以及当地菜肴和酒水。游玩了有旅游者集散地之称的托斯卡纳区后，人们可以了解托斯卡纳的食品和当地的美酒，如基安蒂红葡萄酒（Chianti）。

悉尼岩石区的酒馆。
其招牌显示了此地区成为受欢迎的旅游者
景点之后出现的第一家宾馆的资料

其他种类的核心吸引物具有更狭小的空间分布,其局限于某一地区、城市、乡镇、管辖区、乡村、地点、建筑、房间。每一种分布都是理解旅游者行为的暗示。冈恩(1972)得出了一围绕核心吸引物的地区之设计与管理的理论。他引进了保护带(inviolate belts)和毗邻区(contiguous zone)这些术语。

核心吸引物的环境:保护带

保护带是指核心吸引物的紧邻地区。它们有许多功能。旅游者接近和进入一个核心吸引物通常都要经过其保护带,在那里他们经历了"心理治疗的熏陶",因为他们的"精神或对吸引物的预期与其接受和赞同有很大的关系"(Gunn,1972:40—1)。关于保护带的例子可以来看大教堂、教堂和艺术画廊。其入口通道和大堂的艺术就可看做是保护带,它熏陶着前来的旅游者。观光者们可能在大街上高谈阔论,可当他们走过入口通道到达大堂中时,谈话声音会降低,并且通常谈话会结束。

保护带的另一功能是保护。一项易碎或很有价值的核心吸引物,如独特的艺术品,可以被一个有管理的空间所保护。在展览馆中展示的著名且价值斐然的工艺品通常都有特别的保护。在阿姆斯特丹,伦布兰特最有名的油画之一"The

Night Watch"，有其装有特殊安全设备的空间。在巴黎的罗浮宫，达·芬奇的著名肖像画"蒙娜丽莎"与其他图画及艺术品一样摆在一条长长的走廊里，但它与外界由一块透明屏障隔开。这些装置是作为第二层保护带，所以，在其中的特殊油画至少有三层保护带：画廊前面的庭院、画廊建筑内以及特别的空间或屏障。所有这些都在提醒参观者，这是特别的东西。

在考斯丘什科（Kosciuszko）国家公园里，雪山荒芜之地（The Snowy Mountains Wilderness Area）坐落在夏洛特山口这一最高地点之上。这些都在告诉旅游者，它们是这里的特别景点并受到特别保护。这一结果使观光者感受到了游玩荒芜之地（Wilderness Area）是一次特别的经历。

核心吸引物的环境：封闭区

封闭区（zone of closure）（Gunn, 1972）或称毗邻区是指沿保护带以外的区域。一些游玩设施和服务应该是在这一地带上。如果它们闯进了保护带，则旅游者的体验质量将打折扣。在世界各地，这一问题反映了旅游者的利益与旅游业利益的冲突。

当这些设施、服务与吸引物尽量靠近的时候，至少短期内，商业机构可以通过出售纪念品、食物、饮料和停车位等谋求很高的利润。对于前去巴黎圣母院的旅游者来说，如果一家商店位于其马路对面，那么该商店的生意一定比位于1公里外的好得多。

冈恩指出，具有设施或服务的封闭区是旅游吸引物中不可或缺的一部分，但其不能侵入到保护带中。世界各地数不清的商人都在扭曲这一问题，为的是谋求高利。由于市场力量（例如商人的意图和策略），旅游吸引物的核心吸引物被商业利益驱使的多种方式所破坏，旅游者的体验感受也被降低了。商店、出售摊和广告等与特别地点靠得足够近，这代表着商业的败坏，是大众的悲剧（Hardin, 1974/1969）。

当前世界一些国家对此的解决方法是：政府干预。其代表了当地企业和旅游者的共同利益，并使其优先于个体商业组织的利益。研究调研之后，便能决定管辖区域和计划：保护带和封闭区属于哪块以及如何来管理它们。

婆罗浮屠塔（Borobodur）是爪哇中心的一个巨大的佛教遗址，建于1 000年前。在20世纪70年代，此寺庙之下有几百个摊点出售一些食物、饮料或纪念品。在这些摊位的另一方是一个停车场和一个厕所。整个地方肮脏、拥挤和杂乱。联合国教科文组织（UNESCO）计划并实施了一项彻底的复原婆罗浮屠塔的项目，以制止由于千年来雨水渗漏所带来的倒塌危险。这一复原项目包括了清除所有的小摊点之类的便利点。工程完工后，这些所有的便利点都移到离婆罗浮屠塔400米以外的地方。现在，旅游者跨过大门，就进入一个空旷、祥和的保护带。同时，封闭区提供良好的服务和便利设施。

第一个这样重新安排的著名案例是《圣经》中提到的。耶稣认为寺庙是宗教之地而不是商业场所；所以在没有任何官方允许之下，他把在寺庙外新开业的商人赶出了宗教圣地。

在一些地方，问题可能不在于商业的侵入，而在于缺乏适当的服务。菲利普·皮尔斯(Philip Pearce,1991)引述了关于世界最著名的名胜之一——尼亚加拉瀑布——的研究。尽管每年有1 100万旅游者前去观光，其被称为"世界最伟大的5分钟体验"，但尼亚加拉瀑布在那个时候不能称为是完全成功的景点，因为其缺少封闭区。一项在1987年做的调查研究表明，三分之一的观光者对于缺乏足够的信息、标识、交通及停车设施的景点不满。皮尔斯也同样指出了缺乏封闭区这一问题。

吸引物集合与等级

可能旅游者离家外出旅行是一次单一的经历，但通常情况下是每一个旅游者在其每次旅行中都会涉及到多个核心吸引物。吸引物集合是这种结合的有效表述。在一次混合中，不同的核心吸引物比其他非核心的更重要。这便要有等级性的表述来划分核心吸引物，如与单一旅游者相关的主要的/次要的/第三位的吸引物或用旅游者流量(一段时期内到达一国的人流)和存量(在某一特殊时期暂时观光某地的人数)来表述旅游者的数目。

主要的吸引物可以影响旅游者去有核心吸引物之地的决定。这要求旅游者所掌握的信息与人的需求、动机和是否去那地方的决定相互作用。次要的吸引物是指人们未去某地之前所了解到该地的特色之处，但其对人们的旅游日志没有影响。第三位的吸引物是旅游者先前不知道而通过游玩所发现的。

通过这些等级划分来分析任何地方(场所、区域、城市、城镇、地域、国家)的吸引物可能帮助我们描述和解释个体以及集体旅游者的行为。这也对一系列的营销、计划和其他管理事宜十分有用。

位于澳大利亚中心的乌卢鲁(Uluru)国家公园便是这种划分的一例。对于大多数旅游者来说，这公园主要的吸引物是乌卢鲁，也被称为Ayers岩石。人们观看、攀爬这些岩石，并拍照留念。次要的核心吸引物可能包括当地习俗表演，这些是大多数来此公园的旅游者所期待的。第三位的吸引物是旅游者先前不知道，但来到此公园后发现的一些有趣或快乐之处。

标识信息

标识信息是旅游者对于一个吸引物的核心吸引物所掌握的任何一条信息(口头的、书面的、图画的)。麦格卡尼尔(1976)对此术语进行了开拓性的使用，其强调了标识信息不是调查信息的媒介；其不是路标，但是标出的告示，也不是旅游指南而是其包含的信息。标识信息包含了旅游者对于核心吸引物所接收到的信息。

麦格卡尼尔讨论了两种标识信息,他把这两种记为"非核心区的"(off-sight)(坐落在观光目标以外的地方)和"核心区的"(on-sight)。涉及若干形式的标识信息、位置和功能的更具体的分析得到了发展。这些分析将在以下内容中给出,并进行更全面地解释。

标识信息的媒介和位置

旅游者到哪里能收到标识信息?标识信息所得到的信息是通过什么媒介传播的?对于每个人来说,其首要和最主要的方式是在其家乡外认识到潜在的吸引物。

我们通过多种媒介获得零散的信息,如通过电视、电台、报纸、书和交谈等。如果打算去旅行,我们可能会去旅行社了解一些意欲前去游玩之地的更多信息。其他的标识信息会在旅行途中获得,在旅游目的地游玩时会得到更多。一些可能会在游玩该地之前就得到(通过宾馆中的宣传单或小册子得知),一些则在当地获得。

这些不同种类的标记对于讨论其角色很有用。"非核心区标识信息"(detached marker)是指在核心吸引物之外所得到的信息。其能被分为"客源地标识信息"(generating marker),即在旅游之前的客源地区域就获得的信息;以及"途中标识信息"(transit marker),即出发以后所获得的。"核心区标识信息"(contiguous marker)是指位于核心吸引物地带的信息。

关于核心区标识信息的例子包括如在由拉弗尔斯(Raffles)于200年前所建立的茂物(Bogor Botanical)花园中,及导游所传递的信息;或者如在澳大利亚的国家艺术画廊中一油画之下的饰板上所获得的信息。

标识信息的作用

每个吸引物系统都至少包括了一个起作用的标识信息。标识信息是一种起连接作用的成分——连接着旅游者与核心吸引物,以及旅游者与风景、事物、菜肴、地区、国家、事件。许多吸引物系统都包含了重叠功能的多重标识信息。如果某吸引物有过多的标识信息或者标识信息相冲突或某些地方缺乏标识信息,则这一吸引物都是有缺陷的。

在下面我们回顾的吸引物中标识信息成分所起的一连串单独作用之后,这些原理将会更加清晰。

某些标识信息激发动机

在成为旅游者而形成对旅行积极期待之前人们需要有关于其旅行将会怎样的信息。从这一点出发则至少需要一个客源地标识信息在人们产生旅游动机之前形成主要的核心吸引物。

某些标识信息帮助旅游者决定去何方

旅游者至少需要一个涉及到地方特色的核心吸引物的非核心区标识信息以

澳大利亚 Dorrigo 国家公园的核心区标识信息

决定前去哪里。这标识信息可能出现在旅游之前或在路途中。在第六章所谈到的"纯旅游"(pure tourism)中标识信息则不需要这种功能。

某些标识信息被用来计划旅游

一系列非核心区标识信息对于多重目的地旅游的旅行日志的安排来说是必需的。旅行指南、旅行社等便起着这种作用。

某些标识信息帮助旅游者决定每天做什么

标识信息经常帮助旅游者决定每天的活动。在度假中，人们会看到或听到一些高尔夫球培训或潜水的广告，便产生动机去参加。许多胜地中都会发布每天的天气报告，以便帮助旅游者决定每天的活动。还有在滑雪胜地关于雪的质量报告和海滩上的关于冲浪的报告。

在旅游团中，这种媒介通常是团里的领导，其描述此旅行中将要出现的吸引物。这些增加了期待和动机，并带来更大的欢乐。

某些标识信息帮助旅游者寻找吸引物的核心吸引物

某些来自媒介的信息，如地图、路牌和对旅游者指明方向的当地居民，都有帮助旅游者找到其所要到达之地的作用。

某些标识信息告诉旅游者其已到达目的地

通向主题公园、宾馆或城镇入口处的路标是发挥这一功能的典型媒介。大多数标识信息都对此有所命名[如欢迎来到怀俄明州的道尔中心(Dull Center)]，其使这核心吸引物的信息区别于其他类似信息。

某些标识信息帮助旅游者形成印象

某些核心吸引物的名字包含了积极的意义，这会影响旅游者对于某地的态度和印象。这些会引起动机或提高满意度,这也是为什么一些组织在推销、宣传某地或某事时经常杜撰一些适合某些目标市场的名字,来增加效果。

一个早期例子便是蒙特卡洛(Monte Carlo),其是在19世纪60年代的一次旅游宣传运动中发明的。发明者路易斯·布朗(Louis Blanc)认为正式的名字摩纳哥(Monaco)对于激发旅游者来说没什么价值,他便设计了一个新的名字来迎合王侯阶层。

"冲浪者的天堂"是澳大利亚黄金海岸不断提高旅游人次的一个因素。"冲浪者"和"天堂"两词创造了积极的含义和协同效果。

某些标识信息帮助旅游者回忆过去的经历

某些标识信息帮助人们回忆旅游的经历。照片便是起此作用的最普通的媒介。照相技术的一个主要优点便是一位旅游者在此目的上发明的。

明信片则是另一种受欢迎的媒介。在19世纪当许多英国人游玩巴黎时,其英文含义是"纪念品"。他们邂逅了街上卖明信片和其他物品的摊贩,这些小贩也出售 pour souvenir Paris(是为了纪念巴黎)物品。

某些标识信息具有旅游业的含义

信息对于表明任何旅游经历的含义时是必要的。道格拉斯·皮尔斯(Douglas Pearce,1999)分析了在巴黎的三种旅游吸引物,特别关注了标识信息所传达的含义。麦格卡尼尔(1976)从观光层面具体地讨论了这一点,并采用了几个国家的相关例子。他表明标识信息能为旅游者解释他们所旅游的景点。

他所解决的理论问题是旅游者偶遇毫无信息的景色(或地点或事件)这种一般事例。例如,假想你在外国,假设是在撒马尔罕,这时你看到了一座独特的建筑。它没有标识,也没有在你的旅行指南上介绍,而且也没有当地人可询问。你对其毫无概念。如果标识信息这一成分缺失,它还能被认为是旅游吸引物吗?

这一案例所发生的是功能的改变。这一座你毫无概念的独特建筑不能成为核心吸引物。但是很明显,如果一名旅游者被其吸引,即使只有几秒钟,其一定还是某种"旅游吸引物"。这发生了什么。这一奇怪的建筑变成了信息,因为它告诉了你(或观光者)一些关于撒马尔罕的东西。这种失败的核心吸引物成为了一种标识信息,并且其他东西——城市或地区——成为了核心吸引物。这便是旅游者的一次共同经历。

某些东西正是由于标识信息传达的含义而使旅游者对其感兴趣的,并不是由于此东西自身独特或引人注目。麦格卡尼尔给出了欧洲和美国的相关例子。与我相关的一个例子:一次我去澳大利亚中部(Central Australia)游玩后到达斯蒂尔(Lloyd Stear),留意到一个在托德河上的小水潭。尽管这个水潭与其他的没什么两样,但许多路过的旅游者都停下来看它并拍照。产生这种情况的原因是信息,即在一块饰板上的信息,它告诉旅游者此小水潭是爱丽丝泉水(Alice Springs)的源头。

弗斯特(E. M. Forster)在对埃及一座著名城市的旅游指南上如此介绍(1922/1982：xx)：

亚历山大城的"景色"自身并不令人感兴趣，但人们被此城的悠久历史所深深吸引，这便是我尝试既介绍历史又做向导双重安排的原因。

至少要有一种成分来表明吸引物的含义这一原则适用于所有的吸引物类型，而不仅仅是观光。仅仅在过去100年里，游泳成为了一项在旅游者中很受欢迎的娱乐活动。这种趋势为何会出现？这并不是因为游泳本身对人们来说就是一项娱乐活动。如果是那样的话，欧洲人也不会等到19世纪才来享受，巴厘岛也不会等到20世纪70年代才成为海上乐园。

如其他娱乐一样，游泳也是一种文化活动，其形成是一种要求培养态度信息的缓慢过程，而这是快乐的。信息对于此过程是必须的。没有标识信息，许多娱乐活动都毫无意义。

吸引物系统模型

图13.1展示了一个典型的吸引物模型，揭示了吸引物补充的主要构成部分及其关系。这一过程从预备旅行阶段开始，即当某人收到反映其需要并产生动机决定旅行(客源地标识信息)的信息(非核心区标识信息)时，并把人定位为一个特定角色(旅游者)。

旅游者受其自身的动机所驱使，并朝向标识信息所介绍的对象出发。到达这一对象所在地(核心吸引物)后，旅游者的经历可能是满意的也可能是不满意的。这种经历、体验的质量的形成由他们对核心吸引物的直观看法与核心吸引物的毗邻环境(保护带)所决定，还由他们的兴趣和知识与接收到的一连串关于核心吸引物的标识信息所决定。观光者可能使用便利设施或在封闭区体验购物，这些都会影响到经历的质量。

图13.1表明了这种连接是如何发生的、旅游吸引物是如何构建的以及它是如何发挥功能的。这没有目的论。没有"重力影响"、没有"磁力"、没有"拉动因素"。取而代之的是，过去和现在的事件决定了这种行为。旅游者是由其自身的动机所拉动的，这种动机是由一个关于核心吸引物的标识信息所激起的。

旅游吸引物是三种要素的一个系统安排：具有旅游需求的人、核心吸引物(他们游玩地点的任何特色之处)以及至少一个标识信息(关于核心吸引物的信息)。

客源地标识信息是人们在动身去核心吸引物所在地之前所接收到的信息，途中标识信息是在旅游途中接收到的信息，毗邻区标识信息是在核心吸引物中接收到的。此图描述了"吸引物"如何真正工作：旅游者是受至少一种指向核心吸引物的标识信息激起的动机所驱使，从而去旅游(这种比喻是恰当的，因为该比喻内容

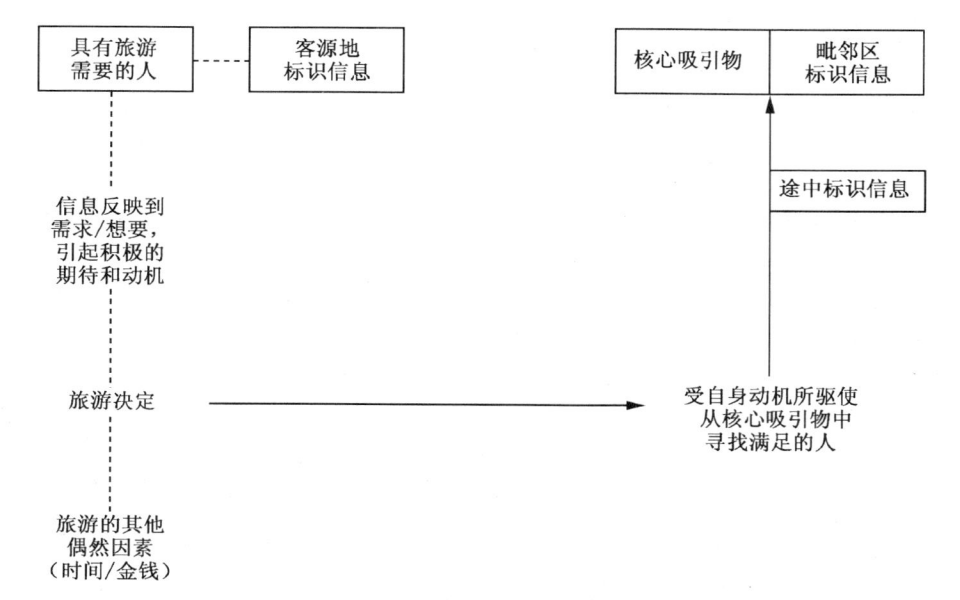

```
具有旅游         客源地                      核心吸引物    毗邻区
需要的人         标识信息                                  标识信息
                                                    ↑
                                                途中标识信息

信息反映到
需求/想要,
引起积极的
期待和动机

旅游决定  ──────────────────────→    受自身动机所驱使
                                   从核心吸引物中
                                   寻找满足的人

旅游的其他
偶然因素
(时间/金钱)
```

图 13.1　旅游吸引物的系统

和实际十分吻合)。

吸引物系统的演进

麦格卡尼尔(1976)提出吸引物发展的各阶段是可以被辨认的。他通过谈及宗教旅游点而阐明了这种过程的可辨认性,并表明其他非宗教的景点也存在此过程。一些研究者把这一理论运用到不同的案例中,得出了一种更深层次的理解,这种理解很有学术价值并对计划者和管理者也很有用。一个著名的例子便是西顿(Seaton,1999)关于滑铁卢战场(其从 1815 年便成为受欢迎的旅游吸引物)的研究。

取名阶段

第一阶段是取名。取了名之后就会有许多旅游者开始关注它们。在旅游业的史前阶段,这一过程发生在第一次旅行去与死者进行交流的朝圣者之间(Jaynes,1982)。为了保护这些被埋葬的圣者遗体以及在其之上建筑,这些建筑和地点被以圣者的名字所命名,而这正是神化景色的第一阶段——取名(MacCannell,1976:44)。如今数以千计的教堂都以埋葬在其中的圣人的名字所命名。罗马的圣彼得(St Peter's)大教堂便可能是最有名的一例。

一般情况下,名字是不会由于地址与圣人的任何重要联系被取定的。目前所知玛丽(Mary)没有埋葬在悉尼的圣玛丽亚大教堂(St Mary's Cathedral)中。这种用来为某一场所或建筑笼罩神圣气氛的人工发明被数以万计的教堂和更多的商业场所采用。

许多第一次参观、游玩考斯丘什科(Kosciuszko)国家公园的旅游者会问到哪一座是澳洲大陆最高的山峰——考斯丘什科峰(Mt Kosciuszko)。在指出了其所在地之后，没有旅游者会问别的。这名字便在这种情况中起关键作用。

如果某场所、事物或事件没有名字，它便还没有作为旅游吸引物的核心吸引物而开始演进，它便只是一处场所、地址。爬一些在喜马拉雅山脉(Himalayas)上的有名字的山峰(如 Everest、Dhaulagiri、Annapurna)会获得地位的象征，而爬一些不是很高却没有名字的山虽能得到锻炼但人们却不会得到地位的感觉，因为这些山没有名字。在几年前悉尼的一次聚会上的谈话便表明了这一点："我在喜马拉雅爬了山"，他说道。"哪一座？"她问道。"它没有名字"，他回复到。她便觉得他的爬山之旅没什么特别意义，而他，领会了她的意思，便不再提起这一话题。

当某地变得受欢迎后，名字便是不可避免的了。30年前，在悉尼的达令赫斯特(Darlinghurst)，有一家营业的餐馆没有名字。它便以"无名餐馆"而被外界知晓。对出租车司机说这个，他们都能带你去。到20世纪90年代，在悉尼有若干餐厅都以同样的策略来经营，但大肆宣传，因此在洛克翰姆敦(Leichhardt)的诺顿街，现立有一大块牌子，上面写着"无名餐馆"。它一出现，此地方便不再依靠于附近的日常老顾主了，而成为来自悉尼其他地方的旅游者和徒步旅行者的光顾之处。

在某些情况下，旅游吸引物的名字是错误或至少是非本质的。这问题具有学术性，并且会传递一些额外的信息给旅游者。比利时的滑铁卢是一个著名的景点，由于其是拿破仑被击败的地点而闻名，自从1815年以来，每年都有大批旅游者前去该地游玩。然而，那场战争是发生在圣金山(Mont St Jean)这一地方，"其是法国人对此战役的称呼，并且如果拿破仑赢得那场战役的话，这一称呼将会被世人所普遍接受"(Seaton,1999:140-1)。滑铁卢是位于此战场几公里外的一家小旅馆的名字，是获胜的英国军队在战争前夜住宿的地方。这深刻地反映了历史是由胜者所写的这一原理。

框造和提升阶段

这是第二阶段，一般在取名之后出现。框造是设计一幅画、一个国家公园或是节日，它都有两种结果。这要把一些边脚沿被框造的东西周围放置，而这一动作并不说明它很有价值，而是刺激观光者(旅游者)把注意力集中在边框之内的东西。以某种方式提升某事，无论是实际上还是虚拟上都可以提高人们的关注度。

与现代旅游业其他方面一样，吸引物的框造和提升在早期的宗教实践中便有其起源。随着朝圣者数量的增加，这些死者遗址被放在基座上展示。这使更多的观光者来此参观，但也暗指它是重要的、值得关注的。同时也暗示放在越高处、越与天空接近的圣者遗体,其越是重要(这同样可反映在组织的管理层图表当中,在图中,首席执行官一般在最高层而普通工人在低层)。

在非宗教吸引物中也同样有框造和提升阶段,例如美术品、工艺品。在卢浮宫的每一件展示的油画都被裱框,这表明它们很有价值。框造任何一幅画都是提升其地位的方法。在多数情况下,地位的主要给予者是画家,由其负责自己的绘画的框造。

供奉阶段

供奉是第三阶段。在麦格卡尼尔的宗教地址的分析中,宗教地址是不断发展、演进的吸引物。例如,随着朝圣者数量的增加、膨胀,朝圣建筑本身便获得了前所未有的名声,这与在其中的圣者遗体地位的高贵交相辉映,但还是有不同之处。因此,圣凯瑟(St Cassian)大教堂的出名是由于其是教堂,而不是由于其是凯瑟(Cassian)(一位教师的庇护者,其被忘恩负义的学生所杀)的埋葬地。

每年数以万计的旅游者前去参观的格瑞斯之地(Gracelands),被认为是一块圣地。圣地并不是由于其固有的性质而被认为是圣地的,而是由于该地与某一个被高度尊崇的人、事物或思想紧密联系。

伟大的艺术画廊就是圣地。每天都有数以千计的旅游者流入世界上最著名的画廊,如马德里的普拉多(Prado)、巴黎的卢浮宫、圣彼得堡的修道院、佛罗伦萨的乌菲兹(Uffizi)。他们都怀着敬仰的心情来到此地。圣地是解释保护带理论一方面的另一种方式。

复制阶段

最后是复制阶段,在这一阶段中,核心吸引物的复制品(仿造模型或图画)造出来了。在实际中,旅游吸引物的仿制品和明信片做出来。在罗马的圣彼得(St Peter)教堂和梵蒂冈附近的旅游者管辖区域,旅游者购买画有这些教堂建筑和教皇继承人的明信片。

在其他非宗教地方,旅游者在迪斯尼可以买米奇(Mickey)老鼠的明信片,在卢浮宫可以买蒙娜丽莎的明信片。事实上,这些仿制品代表了吸引物系统的演进,与实际吸引物一同共享了共同的主题(迪斯尼,流行的文化;艺术,高级的文化;王族,名人的肖像)。

实际上,第三阶段(供奉阶段)的发展是从初期核心吸引物的保护带和封闭区中出现新的核心吸引物,所以现在是两个吸引物系统或者被称为核心吸引物的分子结构。

结果,新的核心吸引物获得了其自身的保护带。我们可以从许多有名的例子中看出。前院、风景优美的场地和著名建筑的装饰精美的入口都是例子。纪念品摊点和快餐店不允许在白金汉宫、圣彼得大教堂或卢浮宫的前面空地中营业。这

自从此块标牌上所描述的建筑不复存在之后，
此块标牌便成为了吸引物系统的核心吸引物成分

些空地起着保护带的作用。

在1954年开设了一个主题公园后，迪斯尼立即进入了第三阶段。这一公园被认为是一个吸引物，在几百万人心中有很重要的地位，并获得了很高的地位。

吸引物的非正常演进

人为地推进旅游吸引物的演进可能在商业利益上有好处，但其存在问题。例如，不可能会大量出售那些还没有出名的、新的吸引物的复制品和明信片，因为其真实地点都没有什么价值，更不用说其复制品了。在缺乏对文化内涵或不可预见的事件的预期下，会导致商业问题。

吸引物系统的氛围

先前给出的分析方法帮助解释了许多地方和事件的表面氛围的吸引力。仅仅说某地有特定氛围（新德里是异国情调的，罗马是浪漫的，山端（Hill End）是有历史性的）可能对于宣传和推广该地有帮助，但不能解释这些特别氛围所形成的原因或方式，并且不能解释如何以适当的政策来管理、发展、推动或支撑它。

要解释这些，其方法便是区分核心吸引物、标识信息及旅游者种类的特性。在整合体中，为了营造旅游吸引物的氛围，一些核心吸引物与一些标识信息都是必需的，而且还要至少加上一位旅游者。

导游正在"The House of Dionyos"处给旅游团讲解其拼花图样；此地是塞浦路斯(Cyprus)的帕福斯(Paphos)附近有 1 700 年之久的罗马别墅遗迹

例如，山端(Hill End)通常被旅游者以其代表澳大利亚殖民地的历史而认为是有历史意义的。观光者可以参观这一古镇的残物，以前这里曾有 50 个宾馆与商店，而如今减至 1 个宾馆和 1 个商店。通过多种的标识信息，观光者得知了这一古镇的历史。这些整合物(多重核心吸引物、许多标识信息)在旅游者思想中创造了历史氛围的感觉。

旅游区和节日

某些核心吸引物对特定的旅游者(一个或多个)具有特别意义，以至它们能在空间和时间上独立存在。极受欢迎的景色(泰姬陵、大峡谷)或大事件(奥林匹克运动会、墨尔本杯赛事)便是例子。

然而，对于大多数旅游业来说，结集的核心吸引物比单独特色之处更重要。结集是以超出共生、共同工作为基础的。它涉及协同作用(即 1+1=3 原理)，其整合体比各部分之和更重要。其在一些空间类别中能出现房间、楼房、场所、区域、城镇或城市、地区、国家、大洲。在此关于房间的例子是发生在马德里，当时，17 世纪的西班牙人 El Greco 在大街上的一间房间中创作出了 20 幅肖像画。这种聚类效应使得这间房间成为许多旅游者的关注点。在此过程中，其中每件肖像画都是同样重要的。

"旅游区"(tourist precinct)是一个很有用的概念，其表述的是在城镇或城市中的一小块区域，在那里，由于吸引物的聚类和协同效应，旅游者聚集在一起。这一术语是从使用于城市规划的术语——"区域"(precinct)中演变而来，并被用于对澳大利亚一城镇的旅游业研究当中(Leiper，1981b)。关于旅游区的例子很多，几乎遍及任何城市,尤其是在大量观光者游玩的大都市。例如,悉尼就有几处:环形码头(Circular Quay)和悉尼歌剧院(Opera House)是最有名的,其他包括华人街区中心(Dixon Street)、维多利亚五大夏(the Queen Victoria Building)以及在岩石区(The Rocks)(最古老的部分)中的许多区域。

新西兰,岩石区附近温泉处路标上的核心区标识信息

新西兰,岩石区附近的温泉

　　罗马的纳沃那广场(Piazza Navona)是该市的旅游区之一。在此广场的许多旅游者对这一广场中心的美化物——四河喷泉(Four Rivers)的贝尔尼尼(Bernini)喷泉不太关心。同样,加德满都(Kathmandu)的德巴(Durbar)广场是该市最受欢迎的旅游区,然而这广场成为旅游区却不是因为其中有名的活女神(Living Goddess),而是因为其他因素。

旅游者被这些地方吸引,在那里享受休闲时光。这些旅游区以其多重的特点,在协同作用下给予该地特征或氛围,使得旅游者能享有快乐经历。这些特征包括了以此地为乐的其他旅游者和当地居民。这些特征单个可能不足以影响到旅游者的旅行日志,但以结合起来的协同作用便能起到该作用,使得该地具有吸引力。购物商城、艺术画廊、动物园和主题公园都作为旅游区而发挥作用。

迪斯尼这一典型的主题公园是一块娱乐和旅游区。麦克·里尔(Michael Real,1977)研究了这一地点及其观光者。迪斯尼包含了许多可以被认为是小型主题公园的场所。迪斯尼的热门部分是由于其协同作用,即主题经历的整合构成了结集性。未来世界(Tomorrowland)、冒险之地(Adventureland)、奇幻天地(Fantasyland)等都位于一块区域内,巨大但充分地结合着,以使旅游者一天之内可以游览数个场所。

所有的核心吸引物都具有空间尺度,有些也有时间尺度,如当一个大事件被关注时。一个典型的节日包含了许多事件,大的或小的,其都被安排到一短时期内,形成结集性的。每一个小事件都不能影响到旅游者,但其结合起来以统一的主题,便构成了一个吸引物的核心吸引物。

奥林匹克运动会提供了一个有趣的例子。很少人会愿意观看仅仅只有20秒的短跑,更少的人会去看同步进行的游泳比赛,但当几百个小项目在两个星期中结合起来时,这所产生的大事件便注定受到很多人的密切关注。

数以千计的小镇和城市中举行的文化节日与旅游吸引物一样,以相同的协合方式发挥着作用。一个有名的事例是每年七月在潘普洛纳(Pamplona)的嘉年华(Fiesta),其以"奔牛节"而闻名,但实际上,它是由许多不同的小事件所构成的集合体。它受到外国旅游者的欢迎在很大程度上要归因于海明威的著作,这本著作首次是以小说(1926)的形式而闻名的,而后在其夏季游玩西班牙所出版的论文集中出现。他是这样描述嘉年华的:"潘普洛纳,被旅游者们和其他人所堵塞着……一星期中,我们夜晚平均只睡三个小时"(Hemingway,1985:97)。

总　结

此章陈述了关于吸引物的讨论。融合了来自两位作者——冈恩和麦格卡尼尔——的理论,这为发展关于旅游吸引物更令人理解的理论提供了基础。

旅游者是吸引物的元素部分,其不仅仅是一些分离的景色、事件或经历的消费者或使用者。如果没有旅游者游玩过伦敦塔(Tower of London)或中国的万里长城,则这些东西都不能成为旅游吸引物。标识信息也是元素成分,而不仅仅是支撑吸引物的推广或后勤工具。

旅游吸引物不在字面意义上发挥作用。取代这些不科学的方法的是三因素模型,其得到了吸引物是什么及其如何发挥功能这一决定论者的解释。

此章没有讨论的一个话题是真实性。那些用假历史和歪曲的文化来描述非真实经历的吸引物,一直都存在问题吗?旅游是否代表着不真实的经历呢?其是否也像"旅游者"等词一样带有贬低的含意?这一主题受到了许多研究者的关注,包括麦格卡尼尔(1976)、科恩(1979)、菲利普·皮尔斯(1991)、王(2000)和哈里伍德和汉纳(2001)的著作。

另外一个在本章没有探讨的问题是经营旅游吸引物的组织的角色问题。第十一章和第十四章有两个关于此主题的案例。近年来,旅游业的吸引物部门得到了发展,其出现了新形式并向大规模企业发展。一直接涉及吸引物的行业协会是新南威尔士旅游吸引物协会(Tourist Attractions Association of New South Wales):"其起初是作为吸引物企业交流与讨论的简单论坛,而后发展壮大,成为了旅游业的吸引物部门的领袖"(TAANSW,1993)。

在本章的开头,我们提到吸引物是旅游业学术文献中相对忽视的话题。为什么会是这样?从某种程度上说,其解释是:大多数吸引物的主要成分元素并不是旅游业的组成部分。大多数吸引物处在旅游业的非产业化部分。像景色、海滩、当地文化和习俗的展示都可以说明这一情况。同样,大多数标识信息都来自旅游业之外的因素。这些包括电视的非广告内容和一般大众媒体,最常见的是在每天交谈中从个人那里获悉的关于吸引物的信息。

同时,大多数关于旅游业经营、操作的学术文献都涉及旅游业的组织,即与宾馆、航空公司、旅行公司、主题公园、娱乐场所相关。某些独特的吸引物(主题公园、娱乐场)在以上已列出,但是这些仅代表了吸引物领域的少数部分。本章讨论的理论对管理者、计划者与政策制定者所面临的一系列问题与机会都有所帮助。

问题讨论

1. 为什么从字面上理解"旅游吸引物"这一表述会误导人?
2. 在每个旅游吸引物的例子中有哪三种成分要素?
3. 根据冈恩对旅游吸引物的理论,保护带的角色是什么?
4. 描述具有有效保护带的旅游吸引物。
5. 描述其保护带无效的旅游吸引物。
6. 根据冈恩对旅游吸引物的理论,什么是封闭区?
7. 区分第一、第二和第三吸引物的意义是什么?
8. 假如有一名管理者,他负责对一个大型旅游者目的地(例如城市、地区或国家)进行营销规划设计,那么他会如何使用吸引物等级理论呢?

9. 在整体旅游系统的地理位置中,哪一块是吸引物的标识信息成分的所在?

10. 至少列举或描述旅游吸引物标识信息成分的六种功能。

11. 如果一个旅游者在一座陌生的城市中看到一栋很显眼的建筑,但他对这建筑没有什么信息和了解,则此时包含了人、标识信息与核心吸引物的吸引物理论将如何做以解释?

12. 根据麦格卡尼尔的理论,旅游吸引物演进的阶段有哪些?

13. 吸引物演进理论存在的实际意义是什么?

14. 旅游区是什么?请根据旅游吸引物理论对其解释。

推荐读物

Gunn, C. 1988, *Vacationscape: Designing Tourist Regions* (2nd edn), New York: Van Nostrand Reinhold.

Henderson, J. 1997, Singapore's wartime tourist attractions, *Journal of Tourism Studies*, 8(2): 39—49.

Lew, A. 1987, A framework of tourist attraction research, *Annals of Tourism Research*, 14: 533—75.

Lew, A. 2000, Attractions, *The Encyclopedia of Tourism*, J. Jafari, (ed.), London: Routledge.

MacCannell, Dean 1976, *The Tourist: A New Theory of the Leisure Class*, New York: Schoken.

Pearce, Douglas 1999, Tourism in Paris: studies at the microscale, *Annals of Tourism Research*, 26: 77—97.

Pearce, Phillip 1991, Analysing tourist attractions, *Journal of Tourism Studies*, 2(1): 46—55.

Seaton, A. 1999, War and thanatourism: Waterloo 1815~1914, *Annals of Tourism Research*, 26: 130—58.

第十四章 管理一个成功的旅游吸引物：内卡艺术博物馆

导　言

　　许多旅游者在参观了内卡(Neka)艺术博物馆后都可能会认同：此博物馆在某些方面做得很成功。通过展示各种著名的绘画原本，此博物馆给旅游者带来了有趣且受启发的文化体验。许多观光者都认为这一博物馆是巴厘岛上最好且最受欢迎的艺术博物馆，并且在旅游指南的介绍上，内卡是不能漏掉的。

　　从上得出，内卡是本章一个合适的案例，本章的目的是列举许多前几章摆出的理论，这些理论与管理(第八章)、旅游业的部分产业化(第十一章)和旅游吸引物(第十三章)有关。特别地，本章的目的就是展示这些理论合在一个真实案例中会怎样。这一案例也剖析了内卡成功的原因，同时也试着找出其运作与管理中的一些不足之处。在这一剖析研究之上，是为了感受绘画的艺术价值。

　　这一研究得益于内卡艺术博物馆的建立者、总经理苏特加·内卡(Suteja Neka)以及运营经理梅德·帕纳萨(Made Parnatha)的乐意合作，尤其是在2002年1月的三个星期中，他们接受了我的一些采访。这一项目的完成也得益于对此地的观察、与到内卡博物馆的旅游者的交谈以及与在巴厘岛上旅游者的交谈。我在1981~1999年间四次去内卡的宝贵经历也为此项目提供了足够的背景。

　　以下首先是对内卡的总览，进而引出一些关于博物馆与旅游业的关联讨论。第三个主题是对内卡博物馆这一旅游吸引物的分析。第四个主题是关于观光者的趋势与类型，第五个是关于组织与管理，第六个主题是辨明了内卡比巴厘岛上其他博物馆在旅游者中更受欢迎的原因。最后一环中，提出了一个关于内卡当前战略管理方式的长期发展能力的问题。

　　本章将分析1997~2002年连续60个月中去内卡的旅游者的数量，从中引出了一个有趣的问题。在这段时间中，有三次灾难性的事件引起巴厘岛旅游人数的急剧下降。在内卡的数据资料中可以找到此情形和下降的期间以及在何种程度上它影响到了长期的趋势。在2002年10月库塔(Kuta)的萨丽俱乐部(Sari Club)爆炸事件发生后，又一次立即造成了去巴厘岛旅游人数的巨减。1997~2002年间的历史趋势中能得出预测更长一些时期情况的线索吗？

内卡艺术博物馆

　　1966年，一个年轻的教师，即巴厘岛最有名的木刻家的儿子，开始把卖画作为兼职。同年，此岛第一个大型胜地巴厘沙滩旅馆(Bali Beach Hotel)开业，1969

年,一座国际机场建成了(Kam,2001a:115):

(看)外国旅游者把巴厘岛的画带回家,苏特加·内卡(Suteja Neka)认识到有必要去留住巴厘岛的艺术……并且开始收集高质量的画来鼓励市场和给予美术家机会。他的选择是基于哪一张画有特点,画出了巴厘岛的特色……他回避那些复制其他艺术家的作品。

1975年,苏特加·内卡到欧洲参观了博物馆,他认识到巴厘岛也需要一个博物馆来留藏代表了其艺术遗产的高质量的作品,并在其发源地展出。1976年他创建了一个博物馆,它位于距乌布(Ubud)中心西北方向2公里处。在开业当时,只收集了45幅画。年复一年,通过获得和受捐赠的形式,收集数量逐渐增多,博物馆在此地的建筑也多了几处。到2002年,此博物馆共有312件绘画被展出,并有48件绘画由于没有足够的空间展出而入库储藏。博物馆的占地面积将近1公顷(9 150平方米)。在此地开放的空间包括花园、草坪、小道、通道和停车场。

其展出了8种风格的绘画,其中包括5种由巴厘岛画家完成的作品。它们是古典玩偶风格(classical puppet style)、乌布风格(Ubud style)、巴图安风格(Batuan style)、青年艺术家风格(Young Artists style)和当代巴厘人绘画(Contemporary Balinese Painting)。这种类型又包括了若干美术类型。一种类型名为当代印尼艺术(Contemporary Indonesian Art),它们是印度尼西亚其他岛屿上的美术家完成的作品;其他的如"外国艺术家"(Artists from Abroad)是在巴厘岛的外国人的作品。其包括有荷兰的、瑞士的、马来西亚的、日本的、澳大利亚的和美国的美术家完成的作品。阿瑞斯密特阁楼(Arie Smit Pavilion)便是由荷兰—印度尼西亚人(即居住在巴厘岛上很多年的荷兰人)所画的画。其他的还有叫 I Gusti Nyoman Lempad 的画家所作的一些风格独特的画,此人可谓是巴厘岛最有名的美术家,他死于1978年,享年116岁。

博物馆与旅游业

博物馆的定义是"为收集、贮藏、展示、解释文化和自然现象的社会事业机构"(Graburn 2000a:400)。相应地,它们的任务是服务人类,特别是为其所在地的国家或地区的社会服务。由于很多原因,许多博物馆受不同旅游者们的欢迎。

在旅游业中关于博物馆的研究包括 Jansen-Verbeke 和 Rekom(1996)、Harrison(1997)、Tufts 和 Milne(1999)、Swarbrooke(1999)、Munsters(2001)和 Richards(2001)的著作,在许多旅游业的广义研究中(如关于地理或历史主题),都讨论或简要提到过博物馆。

在18世纪,欧洲大旅行的参与者们在豪贵的私人家中和大教堂中观赏过艺术,但在那个时代,博物馆对于民众是不开放的。自19世纪,特别是自20

世纪中叶以来,许多大众性画廊和博物馆开放了,但其地理格局还没有统一起来。

"整个欧洲都发生着十足的博物馆爆炸、膨胀"(Richards,2001:62),但在亚洲,博物馆还不是普遍存在的。亚洲的多数主要国家,特别是国家首都都有一些博物馆,但它们看上去在旅游业中并不重要。在《东南亚旅游》(*Tourism in South East Asia*)(Hitchcock et al.,1993)一书中没有提到博物馆,并且在皮卡德(Picard,1996)的书中,对巴厘岛文化旅游的 200 页的描述里只有 3 行提到了博物馆。

事实上,巴厘岛是亚洲模式的一个例外,因为除了上百个艺术画廊外,还有20 个博物馆在此岛上。在巴厘岛,"艺术画廊"就是出售艺术品的地方,而"艺术博物馆"则意味着文化遗产的集合。这种习俗不同于欧洲的传统,在那里,"画廊"是一般性的术语。

内卡艺术博物馆的入口

为什么旅游者要参观博物馆?

理查兹(Richards,2001)指出了通过旅游而体验文化的机会,并把博物馆描述为"体验工厂"。在博物馆中,旅游者可以很容易地获得一国或地区文化或自然现象的权威印象。博物馆对于满足旅游者动机之下的两种需求是很有效的。这两种需求是:了解观光之地的需求,特别是当地文化;以及真实体验的需求(MacCannell,1976;Wang,2000)。一个博物馆的名望与其作为真实性的决裁者这一角色有密切联系。

王(Wang,2000)开始讨论旅游中的真实性问题是首先通过博物馆和艺术画廊而谈及此问题的。这是不对的。在本书讨论过，朝圣者们在对观看艺术感兴趣之前的许多世纪就关注宗教遗迹的真实性了。然而，王在指出博物馆的真实性角色和其与旅游业相关上是正确的。在博物馆里，艺术看起来充满价值，其通常在几个方面被认为是真实的：风格的原创、在其画派中的质量、由指定的美术家所画。

博物馆适合一系列旅游者。在此系列的一端是满足于表面印象的旅游者类型。在内卡，可以看到许多这种类型的旅游者。他们在展览厅里转悠，很少会在一件展出物品前呆上几秒，也很少会在一间房间里呆上5分钟以上。此类型的旅游者仔细但简要地看下任何物品，然而，一些人则只看一部分其选择的绘画，其他的则一扫而过。此类型的另一端是这种旅游者类型，即他们花时间来研究绘画，常常看旅游指南，并与同伴或导游讨论作品，或者时常返回再观看某幅特别的绘画作品。像世界上其他艺术博物馆一样，在内卡，可以看到代表着这两种极端类型的旅游者。

关于在某些博物馆选择并展出文化的特别方面来形成公众感觉的这种方式上，存在一些争论。例如，关于澳大利亚自然博物馆（The National Museum of Australia）就存在很多争论："为何不经营一个博物馆"（How hot to run a museum）（Windshuttle，2001）和摩根（Morgan，2002）对其的一次回应以及接下来的一些反驳。这些主题都超出了目前研究的范围，而目前看来，关于内卡却没有任何争论。

内卡的使命

内卡的使命或"高级目标"（Waterman et al.，1980）是在其发源地上保藏巴厘岛的艺术遗产，其为的是人类的利益，特别是为了巴厘岛人的利益。然而，在它的表面角色上以及其商业活动中，内卡艺术博物馆是一个旅游吸引物。这便是其是如何获利来执行其使命的。

在内卡的旅游者

旅游者到达其大厅后便受到欢迎，并直接在登记中填写姓名和国籍，以及被要求付入场费，目前（2002年）费用是10 000卢比（大约1美元）。此入场费不是必须的，所以，不想付费的人也受到礼貌的对待并准许入场。很少的旅游者不付费，一些旅游者则会付出比名义上的票价更多的数目。入场的人会得到一纸传单，上面描述了馆里不同的艺术。旅游者也能付费得到一位导游的服务。

旅游者们一般在此地呆上一两个小时。在离开之前，多数旅游者会在出售书籍、艺术海报和明信片的大厅中浏览一遍，并进入小餐馆，他们至少会在阳台上眺望一下壮丽的山谷。

苏特加·内卡（Suteja. Neka）和他的妻子 Ni Gusti Made Srimin

内卡的角色在旅游业边缘的旅游吸引物系统中的表现

　　正如第十三章中所提的，一个旅游吸引物系统包括一个核心吸引物、一位旅游者和一个标识信息。在许多事例中，有多重重叠的标识信息与多重重叠的核心吸引物一起构成了具有不同需求和特点的旅游者的经历的基础。受旅游者欢迎的博物馆便是这种重叠多样性的显著事例，以下将讨论之。

　　第十一章告诉我们旅游不是一种产业，不全是产业化的行为，但把其作为半产业化旅游者行为来看，则能得到最佳的理解。从广义上说，旅游者使用一系列的资源，其中一些是由旅游业所提供的（构成了其行为的产业化部分），并且一些是从其他资源得来的（非产业化部分）。内卡艺术博物馆是表明这种理论实际方面的合适案例。内卡处于旅游商业中，但并不像旅游业中的商业组织那样经营操作。它不与其他旅游商业组织进行经营或战略合作，而这一点是一种产业的必要条件。到目前为止，内卡关于这一点的策略是基于这样一个事实，即它不需要与旅游运营商、宾馆或其他类似组织保持密切的工作联系。

　　两个主题——旅游吸引物系统和部分产业化——贯穿于以下的讨论中。

内卡的吸引物的核心成分

　　涉及到艺术博物馆的吸引物系统有多重核心吸引物成分。这些包括：博物馆作为旅游者去游玩的一种概念上的可能性，作为可能的景点地址而被参观的一种特殊博物馆，每一个博物馆的物理体现——地点、建筑、屋内布景、所展示的物件和协助的工作人员。

所展示的整个绘画收集代表了多数旅游者参观博物馆的一个核心吸引物成分。内卡的八种设计精美的收集很适合那种在参观完后可能觉得他们对巴厘岛的绘画有一个全面了解的旅游者。

由于内卡的收集包括了高质量的原创，也由于展示的方式，旅游者可能会欣赏这些绘画与巴厘岛上许多商业画廊或商店出售的其他绘画所显著不同之处。另外，此博物馆绘画的非出售性，增加了其画的价值感，这些都超越了价格和外面的商业世界。与之形成鲜明对比的是在巴厘岛上出售的许多绘画，它们明显是没什么价值的，如果旅游者能看出来，则可以比标出低得多的价格买到这些绘画。

绘画的不同种类对于某些人来说是独特的核心吸引物，这些人是多次来参观一种特别类型的画，例如到内卡来看乌布（Ubud）风格的收集品。其他的核心吸引物的级别包括在某些房间展出的由特别美术家所作的画，如莱帕德（Lempad）的画。另外一种级别的核心吸引物包括特殊物品，例如在内卡中的由阿齐子（Aziz）创作的"相互吸引（Mutual Attraction）"这幅画。

在现实意义上，所有这些核心吸引物都是内卡作为在一个旅游商业组织的表现。如果这些收集在与旅游业无关的情况下来作为保存文化遗产的行为，则能使用一种不同且更低廉的方法。

在基于艺术博物馆的旅游吸引物系统中，也有不在博物馆中及其他旅游商业组织中发生的核心吸引物。这些包括了旅游者，其经常成为其他旅游者注意的焦点。这通过两条途径发生。旅游者经常会看看其他旅游者，并明显对他们的外表和行为感兴趣。当观光者看画感到烦闷的时候，并转移注意力到其他旅游者身上时，这种情况可能会发生。第二种途径发生在当参观博物馆的陌生旅游者进行交谈时。这种谈话通常是以交换其对一个特殊绘画或画家的观点开始的。如其他地方一样，在博物馆里，其他旅游者也构成了旅游者的经历、体验，而这成为了吸引物一种类型的中心成分。

内卡的吸引物的旅游者成分

吸引物中的第二种成分是寻找体验的旅游者。在内卡，其是多种多样的：不同的国籍、不同的兴趣水平、不同的品位、不同的艺术知识以及在那里度过的不同时间。

一些人来到内卡是因为旅游运营商把内卡安排在他们的旅行日志上。这些旅游者代表了高度产业化的旅游业。他们包括随团旅游的人，以及许多由私人导游陪同而单独或以家庭团体来旅游的人。许多在巴厘岛的旅游者都雇用自己的导游,其不仅为几天的一系列旅行而雇佣,为单独一天的旅行也同样会雇佣。

其他旅游者则代表了相对非产业化的旅游业,其在很大程度上独立于旅游业。其可以被区分为在博物馆或其他旅游吸引物中独立于旅行团之外的人。来内卡参观的散客使用一系列的交通工具。他们从乌布步行出发或使用自行车、摩托车、租来的汽车或使用公共小巴士。

内卡的吸引物的标识信息成分

旅游者可从内卡自身的公众信息处了解内卡。更多的旅游者可能从旅游指南中了解到内卡。在巴厘岛,正如其他地方一样,对文化吸引物感兴趣的旅游者会买旅游指南来获取信息。

在《巴厘岛旅行包》(*Travelpack Bali*)中,内卡被描述成一个"不能错过的"地方(Sheehan,2000:51),而在《印度尼西亚》(*Lonely Planet Indonesia*)中说到内卡是"了解巴厘岛的绘画的最佳场所"(Turner,2000:438)。在其他旅游指南中也有类似的认可。这些点滴信息可以作为客源地标识信息而发挥作用,来激发人们前来观光的决定。

对于一个偶然看到的人来说,在旅游指南中的信息可被认为是通过内卡的总经理与作者及指南的出版商之间关系而宣传内卡的证据。这一点代表了对旅游业的参与。事实上,苏特加·内卡(Suteja Neka)和其管理者没有在旅游指南中宣传博物馆的角色。指南的作者一般是独立的,其为的是能展示自身的观点并使其指南在旅游者中得到信用。在我的访问过程中,苏特加·内卡渴望知道在我带着的旅游指南中是否或如何描述了其博物馆。

在旅游者中共享的口头信息(口中说出来的信息),尤其是来自非产业化的资源,在旅游吸引物系统中是一种普通的标识信息。例如,在1981年,我从一位在库塔的与其他人交谈的女性口中了解到了内卡。来自这一女性的信息成为了发生地标识信息,它激起了我去内卡的决定。在乌布的第二天,我从街上一队人处问及去内卡的方向。一个人指向一辆小型巴士说此趟旅程要5分钟。在我已经上路的时候,这一信息便成为了途中标识信息。库塔的女士和在街上的那位男士可能都不是在产业的背景中的行为,都不是在工作,不会想到去促进内卡的旅游业,而他们仅仅是出于礼貌而传递信息。在产业化的背景下则要求他们要常规地、勤奋地、有目的地传递信息。

在旅游者们观光于博物馆的期间,其所要求的片点信息是核心区标识信息,即当旅游者们在吸引物系统的中心成分——核心吸引物——的时候所发生的。

在内卡的核心区标识信息包括来自以下方面的信息:入口和在建筑中的标识、传单、回答问题的工作人员以及在每幅画下的饰板中的信息介绍。在内卡,每幅画下的饰板中的介绍都用英语和日语标出。所有这些核心区标识信息都反映了内卡的战略：它处于旅游商业当中。在博物馆的另外一种核心区标识信息是其他观光者对画所做的评论，这种形式则处于博物馆的商业战略之外，它不是被设计、计划或管理的。

在第十三章我们谈到了标识信息的一些功能。有些是激发旅游者游玩某地的动机。其他功能包括帮助旅游者计划其旅游日志、得知其已经到达该地及形成对某地的感觉等。其最重要的作用是某些标识信息能使旅游者在其旅游的核心之处得到有意义的感觉。

与若干旅游者（日本人、美国人、澳大利亚人和挪威人）讨论其在内卡的经历还不能具体地得到其游玩之后所感到的意义，也不能得到是哪种标识信息在此过程最重要。当然，大多数人都说在内卡的经历很愉快。大多数人带着旅游指南，而到内卡参观的人则仔细查看指南和绘画下面的饰板介绍。这种反映了重叠核心吸引物与标识信息成分的分析，帮助我们解释了：对许多旅游者来说，参观像内卡之类的博物馆是一种丰富的文化体验。那里有许多文化主题和物体以及许多信息资源。一些标识信息与核心吸引物处于博物馆的管理范围之内，并反映了其旅游战略，而一些则在范围之外。

观光者趋势与类型

所有的观光者都被要求在内卡艺术博物馆的进门大厅中登记其姓名和国家，所以这些登记者在数字上还是相对准确的。表14.1表示了每年的巨大波动。表14.2表示了到目前为止，去内卡参观最多的是日本人。这可能反映了日本人对此文化很感兴趣，也可能源于在巴厘岛日本人的旅游是高度产业化的。中国台湾的观光者的人数增幅巨大。在这4年中，印度尼西亚人构成了3%～4%的观光者。

大多数日本人都在由旅行公司的设计和管理的模式下到这里来旅游。内卡离 Nusa Dua 大约两小时的车程，而 Nusa Dua 则是多数日本人所在的宾馆区域。为了这么多的旅游者，内卡是全天开放的。

在1998年和2001年中，到内卡的旅游者巨减可能反映着这时期在巴厘岛整个旅游者数量的锐减。因为没有反映旅游者去参观博物馆兴趣减少的暗示，或者有离开内卡去其他博物馆的趋势。游玩巴厘岛的总旅游者量并不清楚，因为许多是直飞过来的，也有许多是经过雅加达飞过来的。因此，参观内卡旅游者的国籍的准确比例估计还不能做出来。1998年和2001年到巴厘岛总旅游者量的减少可以归因为一些导致旅游者避开印度尼西亚的事件。

图14.1展示了顶峰的月份（每年8月）和巨幅跌落的月份，主要是在1998年的5～7月和2001年的10～11月间。自1997年，印度尼西亚的旅游业受到了亚

洲金融危机和其他问题的影响(Leiper & Hing,1998)。1998年5月在雅加达发生的暴乱严重破坏了印尼和平、安全的形象,几百人被杀,此事件也导致了苏哈托(Soeharto)独裁政权的垮台。

表14.1　　　　　　　　内卡艺术博物馆1997～2001年的年客流量

年　份	数　目	增　减
1997	80 248	
1998	63 989	－16 259(－20%)
1999	81 234	＋17 245(＋27%)
2000	99 974	＋18 740(＋23%)
2001	85 917	－14 057(－14%)

资料来源:内卡入口处桌上的旅游者的登记簿。

表14.2　　　　　　1997～2001年参观内卡艺术博物馆的旅游者国籍分布

国　籍	1997年	1998年	1999年	2000年
日本	64%	59%	56%	71%
德国	6%	7%	9%	4%
美国	6%	7%	7%	6%
澳大利亚	4%	5%	5%	3%
中国台湾	1%	3%	4%	10%
其他	19%	19%	19%	6%
总计	100%	100%	100%	100%

资料来源:对"旅游者登记簿"的分析。

1999年9月和10月,在雅加达发生的大规模的游行加强了这种不安全的形象,在那里,上万人在国会外面示威、抗议,反对一安全议案的通过。如果此安全议案立法,则军队将再次把人民权力抹杀。同时,在这几个月中,印度尼西亚对东帝汶的统治也宣告结束,导致暴乱的爆发。这些暴乱在国际范围内加深了印尼不再是一个安全的旅游目的地的印象。

2001年9月,伊斯兰恐怖分子制造了美国"9·11"事件,使印尼这种负面印象再次被加深。作为拥有世界上伊斯兰人民最多的国家,印尼被认为是一个十分危险的地方。"9·11"事件以后世界广泛流传的坐飞机的高危险性也导致旅游业的大衰退。有趣的是,在每次大幅下降之后,随着旅游者人数的回升,线条又会很快回升(见图14.1)。从最低点(例如1998年6月),观光者人数又在8月爬回了顶峰。2001年的低点(11月以后)没有1998年雅加达暴乱后的低。表14.2表明日本旅游者的增长是回复旅游业和长期增长的主要因素,中国台湾也是此方面的一个重要因素。

当然，图14.1表明了过去巴厘岛的旅游业是有弹性的，其在先前悲剧事件之后都会回复到长期趋势线水平上。2002年10月在萨丽俱乐部发生的爆炸事件对未来去巴厘岛的旅游者产生了比以往任何事件都严重的影响。1998年5月的暴乱中有许多人被杀，但这场灾难发生在雅加达邻岛——爪哇岛上，并且暴乱没有涉及到许多攻击外国人的情形，而是攻击某些居民和当地商店。

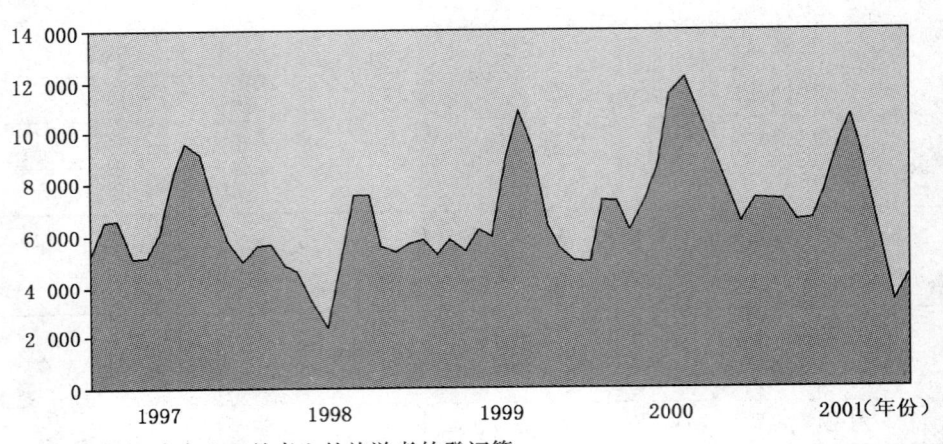

资料来源：内卡入口处桌上的旅游者的登记簿。

图14.1 参观内卡艺术博物馆月客流量变化趋势

组织和管理

这里直接涉及到两个重叠的组织。1982年苏特加·内卡组建了艺术投入基金会（Yayasan Dharma Seni，简称YDS），即一个博物馆咨询机构。YDS的成员包括苏特加·内卡和一些投身巴厘岛文化遗产的同级别的艺术专家。YDS的角色与博物馆的"高级目标、商业形成的基础思想……其主要价值"（Waterman et al. ,1980:25）有关。它对收集和主要遗产政策提供建议。

这重要组织雇用了25人，其管理和运作博物馆反映了明兹伯格的企业家结构。其中有3个中层管理者和相对较少的技术和行政人员。这结构的核心是其战略顶点，即苏特加·内卡；主要的协调机制都直接由他监管。

在主楼的一间大型开放办公室中展示了一张组织图表，在这主楼里有董事长和其3位助理的办公桌。它展示了传统的等级制度：顶点处是董事长，其下面则是3位直接向他报告的人。这些管理职位被称为"主任助理"、"经理助理"、"财务助理"。再低一层则包括21个职位——行政和安全人员、园丁、清洁员。没有营销经理。宣传活动由苏特加·内卡负责，其看起来与大众媒体有联系。

基于在采访期间对苏特加及其员工的观察,关于内卡的管理评估得到以下观点:它在7S(Waterman et al.,1991)框架的7个方面都相当的不错。这7个方面是:构架(structure)、战略(strategy)、人员(stoff)、风格(style)、技能(skills)、系统(systems)和高级目标(superordinate goals)。

一个旅游商业战略……

内卡的商业战略并不来自于计划,是随模式和洞察而出现的(Mintzberg,1991d)。在其与旅游业的关系中,其战略表现出了部分产业化的另一个方面,这些将在以下给以解释。

内卡处于旅游商业当中。这一博物馆基本上都是为旅游者而设计展出艺术品的,并且其设计和经营的方面都与迎合旅游者的独特需求而联系着。

在内卡艺术博物馆的旅游者

……但与旅游业没有很深的联系

然而,内卡却没有在很大程度上参与到旅游业中去。它没有与其他旅游企业进行协调安排,如战略上的、经营上的或商业上的,而如果进行了,则才是产业化参与的必要条件(第十一章中已讨论)。把旅游者带到内卡的旅游运营商与内卡没有任何协商。旅游运营商之所以把旅游者带到内卡是因为此博物馆很受欢迎,但没有任何商业安排或协商而促使旅游运营商这样做,这主要是因为对内卡来说，到目前为止没有这样安排的需要。

内卡并不是位于"博物馆产业区域"当中，其位于离其最近的博物馆有1公里，并且没有来自产业区域的协同利益。在许多大城市的博物馆（如巴黎、伦敦和雅加达），其在地理上都是聚集的。

此外，在当前的研究之前，已经几年都没按照国籍而仔细分析旅游者记录了。被问及的每个人都说日本人是这里的主要旅游者，但谁都不知道确切的百分比。随着总体趋势增长，已没有必要去花时间和金钱来与旅游运营商建立和维持关系，也没必要雇用这种分析旅游者记录信息来促进这种关系的人员了。因此，参与到旅游商业中来，但不在很大程度上涉及产业化看上去是一种合适的政策。所以不必要通过战略上的商业管理来竞争，因为它还有其他优势。

对内卡受欢迎的解释

从我对内卡艺术博物馆的观察和访问以及从我对巴厘岛其他博物馆的类似调查（程度上低些）来看，对解释内卡为何如此受欢迎得到了几点理由。为何它能作为旅游吸引物而成功呢？其整个艺术收藏可能是巴厘岛上最好的，而这是十分重要的因素。这些收藏使得内卡对于旅游者来说比其他地方（特别是数不清的商业画廊和商店）更具优势。收集是巨大的、多种风格的、高质量的，并以美感的、提供资讯的和无商业性的形式展出。

年历也是一个因素。建于1976年，内卡有充足的时间来成为广为人知的好去处。其毗邻于乌布的西北部，而近几年一些高档的名胜、餐厅、小商店和画廊都在乌布开业了。而内卡所处的位置正处于乌布的边上，也变得炙手可热了，而这或者是有眼光的结果。在内卡内毗邻于出口的大型停车场为许多车辆提供了空间，而这对于那些不想走路而乘大巴来的旅游者甚是方便。

这些显著性使得内卡入选到巴厘岛的旅游指南中，而这当然提高了其名声。许多在巴厘岛的旅游者都会使用旅游指南获得信息，并决定去哪里，而这一点是毋庸置疑的。

近几年来，日本旅游者在巴厘岛的巨大数目是维持内卡观光人数的一个主要潜在因素。这是因为多数在巴厘岛的日本人都是高度产业化的消费者。他们的活动，尤其是参观艺术博物馆是由旅游运营商等决定的。这也明显是因为在巴厘岛的大多数日本旅游者都对文化展示感兴趣。

由于所有这些，内卡就比巴厘岛的其他博物馆更具优势，并如上所说，它没有在大的战略或策略的层面上竞争。

普瑞·路克珊（Puri Lukisan）是一个更老的博物馆，其于1956年开业，比内卡还早20年，但它没有停车设施，所有车辆都必须在乌布的繁忙街道上寻找停车位，然后旅游者还必须沿一条小道穿越一个陡峭的沟壑，所有这些都限制了潜在

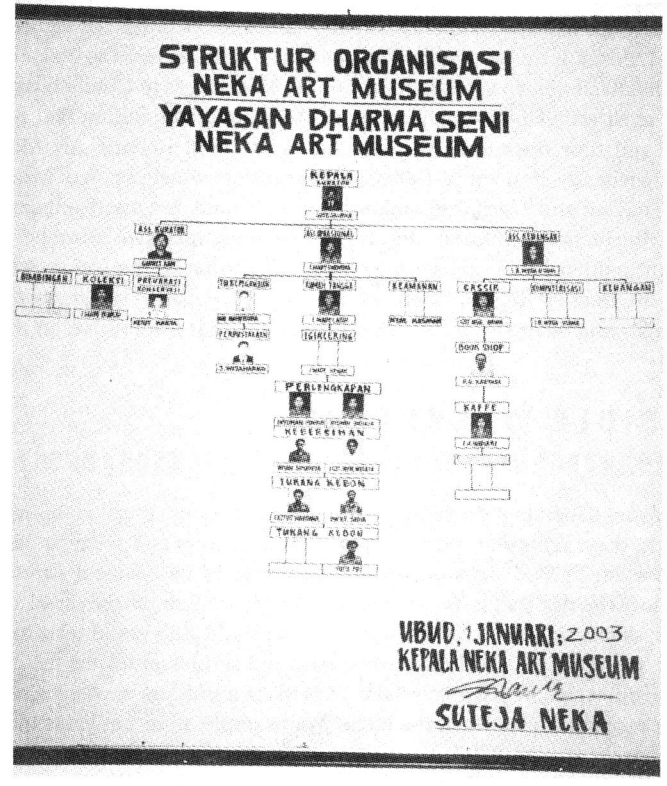

内卡艺术博物馆中，挂在管理办公室墙上的组织结构图

观光者的数量。阿贡拉伊（Agung Rai）和茹大那（Rudana）博物馆是近年才建成的，在20世纪90年代中期，所以还不怎么为人所知。此外，它们位于离乌布以南2公里外的布利阿丹（Peliatan）和塔格斯（Teges），也有其缺点，因为它们远离时尚区域和文化地址。这两个博物馆都有华丽的绘画，但没有一个的收集比得上内卡的。历史悠久的巴厘岛博物馆，这一当地第四大公共机构位于帕萨巴厘萨（Denpasar），那里交通拥挤，所以没有什么旅游者去那里。

一个可能的弱点？

内卡在其商业生存上很依赖日本旅游者（从表14.2可看出，日本旅游者占了一半以上，其重要性更有上涨之势）。所以涉及到其在商业战略上的弱点有两个。第一，由于各种原因，一旦日本—巴厘岛旅游系统衰退，则在巴厘岛的日本旅游者数量会减少，这会导致去内卡观光人数的大幅下降，并导致其严重的经济生存问题。第二个可能的弱点是：不知道什么原因，相对较少的非日本籍旅游者会参观内卡。例

第十四章　管理一个成功的旅游吸引物：内卡艺术博物馆

如,近年来,到巴厘岛游玩的澳大利亚人与日本人相当,但到内卡的日本人与澳大利亚人的比例是12∶1。这种情况也发生在美国人和其他国籍的人身上。

为什么会这样?内卡的管理层没有进行研究以回答此问题,也没有制定巩固消费者基础的战略。

总结:大致的竞争管理

以上辨明了内卡作为旅游吸引物而受欢迎的一些原因。还阐述了一系列因素,没有这些因素则此博物馆就不能成为一个成功的博物馆、旅游吸引物或商业机构。这些因素是管理者和全体员工,尤其是董事长和发起人——苏特加·内卡。

在最初组织成立之时,苏特加·内卡的个人贡献对于现在的成功至关重要。在一些年中也有过困难,在这些年间,博物馆入不敷出,其运作资金由苏特加·内卡的其他商业活动,如由 Neka Art Gallery(在乌布的一次商业风险投资)补助。因此,像欧洲和美国的大博物馆一样,内卡博物馆也曾由慈善的帮助而维持渡过难关。更重要的是,苏特加·内卡的个人贡献、热情和领导力都是显而易见的。在芬克尔斯坦和汉布里克(Finkelstein & Hambrick,1996)的研究中显示,某些组织的成功在很大程度上是如何并为何依赖最高管理者的。内卡艺术博物馆的发展历史正好佐证了这一原理。

问题讨论

1. 旅游者参观博物馆的一些原因是什么?
2. 存在于一个公共机构,如内卡艺术博物馆的旅游吸引物的不同类型的核心吸引物成分是什么?
3. 在一些机构,如内卡中观察到的旅游吸引物的标识信息成分有哪些类型?
4. 内卡艺术博物馆处于旅游商业中,但又没有在很大程度上参与旅游业,这如何解释?
5. 促使更多的在巴厘岛上的旅游者去内卡的因素是什么?
6. 对于内卡艺术博物馆的旅游分析揭示出了其一个可能的商业弱点。该弱点是什么?如何去弥补、修复它?

推荐读物

Neka, S. & Kam, G. 2000, *The Development of Painting in Bali: Selections from the Neka Art Museum* (2nd edn), Ubud: Yayasan Dharma Seni.

第十五章　旅游业中失败的企业

导 言

　　成功的企业都相同,失败的企业则有各自失败的方式。这一对失败特征的表达改编于托尔斯泰(Tolstoy)的《安娜·卡列尼娜》的开场白,在那里,它被应用于描写人类活动失败的方面。而这适用于对本章历史案例的发现。

　　探讨失败的旅游企业的目的在于表明失败的一些方面以及辨明和讨论其原因。目的在于通过研究失败、试着理解商业组织如何与为什么会失败以展示管理者能更好地发挥避免失败的能力。

　　在不久前的2000年,英国政府花费20亿美元设计、建造和完善了被称为千禧年中世界最受欢迎的旅游吸引物——伦敦的千禧圆顶馆(The Millennium Dome)(Comptroller & Auditor General, 2000)。预计那年将有1 200万名旅游者前去观光,而实际平均每天只有33 000人次观光,这一项目是一次失败,一次沉重的失败。在一些天中有几千人次的记录,然而整体则在预测之下:在某些天中,人次还不到200(Walter, 2000)。圆顶馆失败的原因是多重的,其表现在——作为一个旅游吸引物、旅游图标、公共投资和商业企业上。一些人觉得其蛮有意思,而其他许多人则觉得其索然无味和不切题,从其开放的第2天,便缺少各种方面高度受欢迎的成功保证,这包括各种娱乐和文化——由先前旅游者所做的口头保证。圆顶馆很可能是旅游业历史上最惨重的失败。许多报纸文章都探讨了圆顶馆,毫无疑问,关于此主题的细节研究也数不胜数。其失败的确切原因需要仔细的分析。

　　本章中讨论的三个案例也引起了媒体对其自己支持者的广泛关注;尽管有个关于主题公园的案例与其相似,但没有与圆顶馆完全相同的案例。这个主题公园也建于资本投资的基础上,并且由著名的商业咨询公司提供可行性研究,但是这一可行性研究发生了重大错误。计划不是成功的保证。

　　在商业世界中以及关于商业的学术著作中,失败方面的主题并不是人们关注的焦点。实际上,一般都回避这一主题。尽管大家都知道旅游业比其他商业部门更容易失败,但还是很少有关于失败方面的旅游业学术文章(McGibbon & Leiper, 2001)。在摆出三个案例之前,我们来解释关于旅游业和商业中缺乏关注失败的原因。

许多人都避免考虑失败

　　各种活动失败的情景、谈论或思考都似乎使许多人感到不安。这可能是因为他们潜意识地害怕失败是易传染的,如果他们过度关注失败,其自身可能也会失败。另一个原因在于对失败的情景、谈论或思考会使我们联想到自身的缺点、大家都不是完美的事实,以及我们都曾在做某些事情上失败过。由于这些提醒,我们人类则倾向于回避对失败的关注。而当我们对此关注时,一般都会表现出滑稽特征。小丑在马戏团中的摔跤、撞到水桶或梯子都引来哄堂大笑。

在旅游和接待业中最著名的企业失败案例可能是由电视连续剧伊丽莎白塔所描述的情景,其中主角是热心真诚但却没什么能力的经营者巴斯尔(Basil),以及热心真诚但同样没有能力的侍者曼纽尔(Manuel)。连续剧中的宾馆——伊丽莎白塔,以及巴斯尔和曼纽尔两人成为了任何胜地宾馆和其员工都不应该成为的喜剧象征。这一连续剧以其作者琼·克利斯(John Cleese)和康尼尔·布思(Connie Booth)于20世纪70年代在英国拓闱(Torquay)的鹰谷酒店(Gleneagles)的经历为基础。其经营者唐纳德·辛克莱(Donald Sinclair)极不满意自己被刻画成巴斯尔这一角色,但也只好假设这样。

与关注失败形成鲜明对比的是,许多人热衷于各领域的成功故事。个人在体育、娱乐、文化活动、政治或商业中取得的显著成功会迅速为大家所知。如果某人的成功超越了其本地区,则其将成为名人,那么其将因为名字著名而不管以前成功的原因了。

解释成功角色为何受欢迎涉及以上所提到的失败不受欢迎的原因。阅读一则成功的故事可使许多人感觉良好,这部分是由于一种成功可以"擦掉"的神秘感觉,也是因为成功能提醒最没有成就的人也有某些成功的潜力。在许多情况下,这是令人舒服的,所以,一个终日懒散在家看电视的人,看到田径运动员获得世界冠军时也会感觉良好,因为这一情景使其认为他也可能(只是可能)会在某一天离开沙发,丢掉匹萨,在当地体育俱乐部获得成功。

为什么专家要研究失败

在许多学术研究和专业实践的领域中,面对成功和失败的态度与之前截然相反,这每天都存在着。许多研究者和专家对失败的研究具有极大的兴趣。他们小心地研究失败,并且对成功则不是那么感兴趣。许多例子可以帮助解释其原因。

我们来考察一种学术研究和专业实践紧密联系的人类活动领域:医学。医学研究者和实践者很少关注健康的人类,但对有病的、不舒服的和畸形的人却格外关注。当一个人自然死亡,这种死因不会成为关注的话题:他们死于年纪大、不可避免的退化。但是,当一个人还没老时就死亡或得了重病,他们将成为尸体解剖或病理学的病例。基于病理学和尸体解剖基础上的病例研究对于近几个世纪特别是20世纪发生的医学知识大爆炸做出了主要的贡献(Poter,1999)。

为什么医学研究者们研究死亡和疾病?是为了发现原因,以使从业者能一步步地在未来防止或减少其发生。现在关于治愈人们疾病的医学实践，其目标在于保持健康和延长生命，而这些都来自于对失败的研究。

考虑一下民间工程。在过去的100年中，很少有桥梁坍塌；然而在19世纪中，当铁路建造时，便有许多桥梁坍塌了。许多工程师开始研究个中原因。他们的研究引起了桥梁和其他大型建筑物的设计和建造的改变。彼得罗斯基(Petroski,1992a,1992b,1994)是这方面主要的历史学家：在大学的课程中，关于民间工程的结构失败是一个重要的主题。

来考察一下战役、战争和相关的军事事件。在战争的研究中，中心主题是调查为何战争会失败(Adkin,1996；David,1997；Durschmied,1999)。戴维(David)的研究集中在过去2 500年间的30场战役上，得出了失败的5种广义原因。在军官被教育和训练的军事学术领域中，结构、框架的失败是一个重要的主题。

再来考察空间探索。1986年，美国"挑战者"号航空飞船升空不久便发生爆炸，导致7名宇航员丧生。官方调查发现这其中的原因只是由于一名研究者十分独立，能客观思考并准备揭露这真实诱因，而其他委员会成员却想隐藏真象(Feynman,1999)。

最后考察陆地探索。格兰·麦克拉伦(Glen McLaren,1996)关于早期欧洲对澳大利亚的探索历史表明，在欧洲人移民的前50年中，即1788~1838年，多数探险者不只是犯许多错误，导致错误的远征，还不从其自身失败的经历和其他人失败的经历中吸取教训。在19世纪40年代，鲁丁格·莱克哈德(Ludwig Leichhardt)对此领域产生了不同的态度。莱克哈德研究过去的失败探险并学会改变。后来，他取得了许多成功的探险经历(最后，他就失败了一次：他迷路了，并死于某处，尸骨无存)，其来自失败的成功方法，成为下一代探险者的方法，而这下一代探险者们成功开创了澳大利亚的版图。

我们还可以引出其他来自人类努力的不同领域的事例，但这点已经做了。在专业工作中，对失败诱因的理解显得很重要，而这对关于人类机体或铁路桥梁都是一样的。

对商业病理学的兴趣缺乏

关注失败的焦点在于学习怎样度过困难并最终取得成功，但关于这一点的学习在商业、管理和旅游业中的学术界没有多少跟随者。在文献中只能找到少量的研究(如Argenti,1976；Peacock,1984；Boer,1992；English et al.,1996)。相反，几乎所有的关注都在成功事迹上。

弗雷德·海姆尔(Fred Hilmer)是新南威士大学管理研究所前任主席，现任澳大利亚最大的媒体公司之一Fairfax的首席执行官。海姆尔在其一本关于商业和管理的书中这样写道："我关注过成功的事例，是因为我肯定我们能从成功中学到比从失败中更多的东西"(Hilmer,1985:xi)。某人想知道为什么他如此地肯定这种与许多领域中认识到的相矛盾的观点。他对其观点找不到任何支持的材料或证据,但仍继续地谈到"思想状态形成一个人感觉、交流表达和行为的方式"(1985:2)。

海姆尔对研究成功的观点在其圈子里是很平常的。这种观点在报纸的商业板块及管理学课本中都被认为是普通的主题。其一般呈现的形式是把失败归结为差劲的管理(没有真正解释差劲的管理怎样导致失败的),或者在课本中表明很好的管理是如何能克服那些会导致失败的危险情况的。

为什么会出现这些普通形式?可能是它们反映了管理圈子中的一些意识形态(一系列模糊真理的理念)。许多专业知识领域都在很大程度上依赖于对失败的研究,但在商业、管理和旅游业中,这一主题却是不正常的。

面向学术读者——学生、研究者、老师的著作应该试着展现一些在其领域不平常的思想或从其他领域吸取的思想,本章将作此尝试。

三个案例：一般观察

在若干背景下,这里选取了三个案例。每一个都是关于直接涉及到旅游者的商业组织,但每一个都代表了旅游业的不同部门及不同的失败类型。一个是关于大型胜地宾馆的一个失败的管理方案,另一个则是关于一家航空公司的商业失败并遭清算,第三个是关于一个主题公园的投资失败并最终以其资本成本的一小部分比例而贱价出售的案例。

丽拉宫泛太平洋胜地(Le Lagon Pan Pacific Resort)便是一例,其涉及到一个方案,这一方案是位于瓦努阿图(Vanuatu)的一个大型胜地的日本总经理于1994年设计的,其主要是为了提高和保持服务标准。然而,它失败了。安捷航空公司(Ansett Airlines)也是一例,其涉及到2001年澳洲最大的航空公司之一的失败和倒闭,并导致巨大的国民损失。大香蕉(Big Banana)是一个成功的路边吸引物,其于1989年发展成一个主题公园,但在6月内便失败了,并导致3 000万美元的损失。第一个案例的失败原因对许多读者来说是明显的。第二个和第三个案例的失败原因则比较复杂,对外行的读者来说不是很明显。此外,在安捷的案例中,讨论后辨明的原因可能会与一些读者预想的观点相抵触。

丽拉宫胜地

坐落在瓦努阿图且靠近维拉港(Port Vila)的丽拉宫,30年来都是太平洋西南群岛的著名胜地之一。在1993～1995年间,即本案例研究的时代,它由日本人拥有和管理。此案例涉及一不寻常的员工战略,此战略是由总经理塔卡希瑞欧·伊欧(Takahiro Iio)所设计的,其引进了一种通过极大地转变其员工角色而改变丽拉宫经营方式的方案。

从表面上看,丽拉宫拥有108间房,而其被转变为以8个小宾馆的形式来经营,这是按其所有8个胜地设施区间来划分的,例如从前台、游泳池和餐厅等。这8个单元由不同的员工团队来经营,并处于总经理或部门经理的监管之外。

引进的方案可以描述成"没有管理者的管理"。此方案是三种规定性理论的结合体:(1)把大组织拆分为小团队可以提高生产力和质量;(2)授权给员工,给予他们对某事下决定的权力,也会提高生产力和质量;(3)提高服务质量并要求创新。在可见的证据下,这种方案失败惨重。

丽拉宫的商业、市场和产业

在此研究时期,大多数宾馆都能被评定为三星级,然而丽拉宫的公共区域,如胜地的广场、池塘和高尔夫球场都能评上五星级。其硬件设施很漂亮:种有棕榈科植物的热带花园、三个酒吧、一个大型游泳池、一个私人海滩、一条购物拱廊(见图15.1)。

旅游者的活动就包括了这些热带地区大多数宾馆都提供的活动。有五种水上运动设施,例如双体船和手册上所说的"滑浪"(但那没有浪)、一个高尔夫球场、网球场与自行车。典型的旅游者在消极的放松上花费了其绝大多数时间——在水池旁、其房间里或在沙滩上躺着,或在常被认为是太平洋群岛上最惬意的小镇——维拉港上看风景。

所有的度假胜地,其过程是娱乐性的旅游业,其产品则是在旅行接近尾声的旅游者们,他们都是需要休息、放松和娱乐的,而丽拉宫的主要市场则离一些大型客源地(如布里斯班、悉尼、奥克兰和墨尔本)很近。很少有从欧洲或美国来的旅游者去丽拉宫参观。度假中的澳大利亚人和新西兰人是丽拉宫70%以上收入的来源。日本人、新喀里多尼亚人和其他附近国家的居民在休假时也到丽拉宫游玩,他们组成了另外15%左右的旅游者。剩下的15%则由来自遥远国家的假日旅游者、来自世界各地的商业旅游者和会议代表等构成。在此研究期间,在丽拉宫召开的大多数会议都是瓦努阿图政府和公共人事服务的会议。

超过90%的旅游者过夜情况都是在服务下产生的,所以丽拉宫高度依赖于澳洲的出境旅游批发商公司。其主要赞助商是澳大利亚的康乃克逊度假公司(Connection Holidays)和斯盈格韦公司(Swingaway),奥克兰和日本航空公司(JAL)的阿斯派克(Aspac)和帕斯珀特(Passport),以及东京的近畿(Kintetsu)。

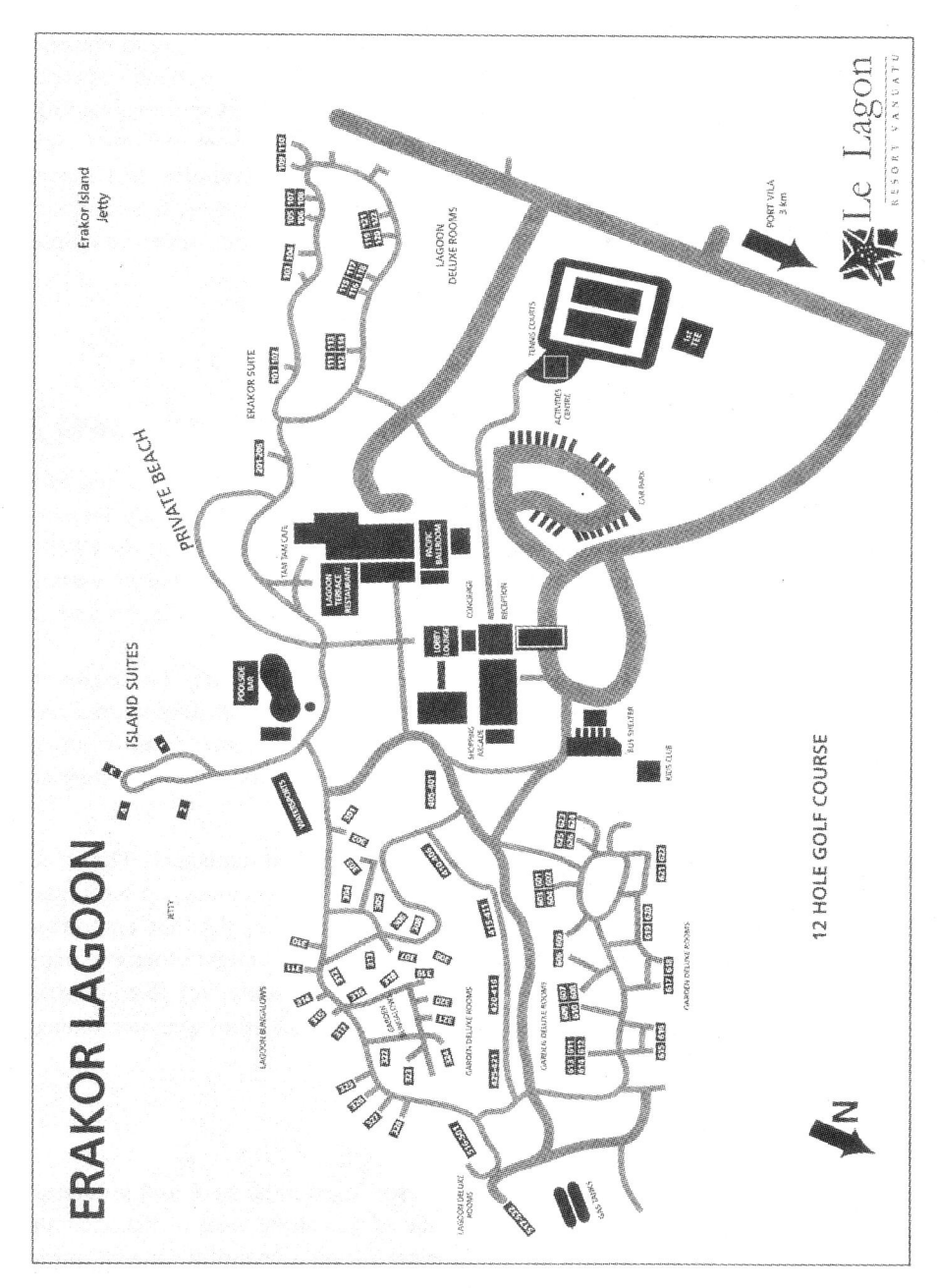

资料来源：经瓦努阿图的丽拉宫胜地的准许而印出。

图 15.1　丽拉宫泛太平洋度假胜地的景点图

总之，从澳洲有 12 家出境旅游批发商公司赞助丽拉宫，还有 4 家来自新西兰和 12 家来自日本。

典型地，到丽拉宫的包价旅游包括往返机票、7个夜晚的住宿和从维拉港的机场到丽拉宫的航运。1994年，流行品牌斯盈格韦公司(Swingaway)的每人消费价格(注：其中住宿是两人共用房)为1 028美元(到布里斯班)、1 118美元(到悉尼)和1 239美元(到墨尔本)。

1994年以前的组织结构

从20世纪60年代到90年代早期，丽拉宫的组织结构是典型的胜地宾馆结构。总体员工达170人，其中25人是管理者。管理者们的职位存在等级的划分，在顶点处是一名总经理和一名助理。其他高级管理者包括一位食物和饮料经理、客房经理、前台经理、首席会计师、首席工程师、客服经理和高级领班。其他18位管理者们处于监管级别上。145名非管理人员被安排在基础团体上，如女仆、清洁工、园丁、场所员工、水池服务员、厨师、厨子、侍者、吧台服务员、接待和文员。其结构可以画成一张图表。第九章的Novotel Opal Cove案例便是一例。

为新方案而进行的员工培训开始于1993年的11月。1994年初便开始执行。这一方案被称做PHAD，是"Perfect Hospitality from Arrival to Departure"（从到达至离开的完美款待）的首字母缩写。到10月份，60%的员工都参与进来，之后这一比例很快便达到100%。

PHAD 和 7S 框架

PHAD是一次丽拉宫的人事组织的多维变化。尽管没有有意识地基于一种特别的理论，PHAD的问题还是与沃特曼(Waterman et al.，1980，1991)(其以7S框架理论而闻名)提出的理论背景相违背。PHAD影响了丽拉宫的战略、结构、人员、风格、技能、系统和高级目标。7S框架是一个理论系统，提出有效的组织转变要求组织的7个部分的变化。仅涉及到其中一些成分可能会导致无效。

相信人性化服务的高标准能使一家宾馆在战略上比其他宾馆有优势，伊欧(Iio)先生便把PHAD的主要目标定为"从到达到离开的完美款待"。丽拉宫的竞争对手是瓦努阿图、巴厘岛、斐济、新喀里多尼亚、夏威夷和大多数澳大利亚东海岸的沿岸流行之地。为了提升服务标准，PHAD便是这么一个方案：赋予丽拉宫的145名操作人员责任、权力、自由、动机和支持其自身工作的团队。

在1994年10月的一次采访中，塔卡希瑞欧·伊欧(Takahiro Iio)说道："我正赋予所有的员工对于服务顾客的权力。这是关键。他们不必再向我或其他人请示"(pers. comm.)。在这一新政策之下，如果一位顾客对服务不满意，直接与之打交道的员工可能会以退款的方式解决此问题，而通常这种情况可以用其他的方式解决。

结构变化以四种方式进行。丽拉宫的108个住宿单元被划分为8个群,每个群包括13个相邻单位。每一部分被由12个工人一组的团队负责。工人们佩戴徽章以表示其是PHAD的成员并有其部门的颜色。

丽拉宫的监管和中层管理位置被逐渐地取消。在1993年,其有25位管理者,而到1994年末便只有10位了。

8个群的员工会花一些时间在其自身负责的部分,然后其他时间则花在共同的设施上,如前台、餐厅、吧台、水上运动等。每一队都被授权去安排这些事项。

PHAD之下的安置员工意味着每一队的成员都涉及到所有在丽拉宫对顾客的服务。伊欧先生打算两年内,当这一系统完全执行的时候,便不进行劳动力的划分。员工将不再分为女仆、清洁工、侍者等。员工将是PHAD的团队成员,对所有的职责都参与。

根据沃特曼(1991:312),风格是可管理的。在一家胜地宾馆中,顾客所观察到的风格部分是由员工行为和外表所形成的。在传统的胜地中,员工有特别的功能:女仆、搬运工、管理者。丽拉宫则致力于另一种独特风格。所有的员工都负责大体工作,而非具体角色。PHAD方案中,其要求每个员工都是复合型的,能胜任并愿意做许多不同方面的工作。为了达到这一点,教育和培训必不可少,并且会比传统的、狭义的技能培训花费更多地时间和精力。

7S框架中的系统是程序、正式和非正式的,其每分钟、每月都对整个经营起着作用。伊欧的政策是使系统尽可能简单。他说自己讨厌正式的MISs(管理信息系统)。他把其说成是"管理噩梦"。他说改变的方法在于允许员工在无阻碍的情况下继续工作。他们创造出其自己的程序。如果一小队需要开会,他们自己安排。如果他们决定改变方法,他们可以自行改变。

当顾客到来后,紧随欢迎之后的,便是向他们略述PHAD的规则。当时在场的小队成员便做自我介绍并说明此队将对顾客的所有服务负责。在两天内,一位顾客将会遇见所有12支团队成员。

高级目标是"围绕达成(特殊)交易的基本思想"(Waterman et al.,1993:313)。根据塔卡希瑞欧·伊欧对PHDA的描述,可以确定这便是丽拉宫的高级目标。当然,在东京的胜地,所有者可能有不同的目标,泛太平洋宾馆(Pan Pacific Hotels)可能也有不同的目标,但是这些是从胜地管理中分离出来的协调和营销事宜。

PHAD的起源

学习到伊欧先生的发明,任何人都可能把PDHA归因于其日本背景和(或)其管理研究。PHAD代表了三种思想的结合运用:小团队、授权、服务质量。这些思想都被许多学术和专业文章所广泛讨论(Reich,1987;Berry et al.,1990,1992;Carr,1992;Lovelock & Wright,1999;Lockwood,2000)。

每一种思想都被运用在许多不同行业成功的组织中。凯悦饭店和胜地(Hyatt Hotels and Resorts)在十年前便有一项授权的行动(Brymer,1991)。在澳洲,巴兰坦(Ballantyne,1994)发现许多大型宾馆和胜地都会在一定程度上授权于员工。服务质量对于接待和旅游业的管理者来说是一主要事宜(McCabe & Weeks,1999)。

伊欧先生说他没有从文献中寻找PHAD的任何思想,也没有复制日本的任何相关东西。他是在美国发现这一思想的。他到美国旅游,住在一个家庭开的带有住宿加(次日)早餐(B&Bs)的宾馆,得到了热心的和高质量的服务,并认识到每个人都能胜任并愿意做任何工作。当被任命为丽拉宫的总经理后,他认为把某些小规模的B&Bs的原理运用到大型胜地的机会来了。他说他能引进这一方案不仅仅是因为他是总经理,还是拥有该胜地的公司的董事长。

本田效应

在总体上,日本的管理以其聪明的战略、源自日本文化传统的大胆假设而闻名。享有这种声名的著名成功故事之一便是本田在国际汽车市场上份额的迅速扩大,这使得欧洲和美国的一些汽车制造商倒闭、关门。

在一次英国政府为应对日本竞争而委任的研究中,波士顿咨询集团(Boston Consulting Group)报告本田的成功是基于日本文化的战略策划的另一个事例(BCC,1975;引自Pascal,1984/1991)。哈佛大学的研究也得出了同样的结论(Purkayastha,1981)。帕斯卡尔(Pascal)则存在疑惑。他于十来年前访问了负责本田进入美国市场的6位日本高管。他发现他们并没有什么战略策划,没有管理的规划方法,其在进军美国市场中也犯了许多错误。而成功来自于若干次失败、努力工作、创新思维、实验和一点小运气。

PHAD便是帕斯卡尔所说的"本田效应"的一例。它是处于观测者之外的虚幻效应,是反映日本文化的一种创新,并对于外国人来说不是很容易就可以理解的。一些欧洲管理者们都认为PHAD方案是日本式管理的一例,从来都没有假设它是从美国拷贝来的。

PHAD的成功证据?

伊欧先生说此方案很成功。作为支持他的观点,他进行了一个月的顾客调查,并得出一名为"PHAD评级"(PHAD Ratings)的总结。他说,这些比其他亚太地区的宾馆都高。评级以顾客的口头或书面评论的形式而在一份新闻刊物(*Tok Tok Journal*)上登出。此中包含了大约40名顾客的评论摘要。一些摘要(名字已除去)如下:

人们非常友好和热心。我都不想回家了……Nelson,NZ

游玩了许多国家,发现瓦努阿图是最好的。我们留下了深刻的印象

并感到十分满意……Koshiga City,日本

多么开心的氛围啊。呆在这里能有多好就有多好……Waverley, NSW,澳大利亚

没有什么烦恼和困难。去过许多宾馆,这里的员工是最好的……Elanora Heights,NSW,澳大利亚

1994年末,相反的证据出现了,其表明PHAD方案并不像总经理所说的那样成功,取而代之的可能是失败。在瓦努阿图其他两个胜地的两个中层管理人员严厉地抵触PHAD,认为其是一个"诡计、花招"(a gimmick)。两人都使用了这同一表达[没有一个使用双关语,"奇想"(a fad)]。两人都说到这种方案会使丽拉宫的员工产生严重的问题并会导致服务标准的滑坡。

在研究文献中,对授权给员工是否符合真理的猜忌流传于20世纪90年代早期。《培训与发展》(*Training and Development*)杂志的编辑感到有必要了解读者的看法,便以"Is empowerment a sham"为题名做了一个调查(1992,Vol.47:1)。

然而,任何改变安排的新方法都是富有争议的。这些反对主要来自两个方面。第一,如果要求员工改变其工作方式,特别当对新工作方式的风格、规模等并不熟悉时,他们会感到不舒服。第二,监管人员也会由于一些原因对新引进来的管理理论感到不适。对泰勒(Taylor)在理论的著名创新的研究和100年前的实践都清楚地表明了(Merkle,1980:27,32):

员工和管理者都对泰勒系统不满……在此系统发展的每一步上,泰勒都遇到了痛苦的反对之声……尽管泰勒把管理抵制者当作是小心眼的老资本家,但事实是泰勒主义(Taylorism)是从老的管理模式中演进的,正如它当然是从劳动者中产生的一样。

第二种怀疑PHAD价值的证据来自于1994年从维拉港到布里斯班航班上一次偶然的交谈。10位曾在丽拉宫呆过的旅游者被问及他们的意见。8位是呈批评的态度。没有一个的批评是针对员工的态度。然而,这所有8位都针对其他类似的事情。这些反映在员工表现的相关方面,例如,房间不是很干净、地方自然的破败、不满意洗烫板,等等。

对照官方高评级的调查,这些负面评价怎么可能是真实的呢?一种可能是呈批评态度的旅游者是极端样本,代表了1%的呈负面评价的群体。这是很不可能的。第二种可能是在胜地填问卷时,顾客们隐藏了负面的评论,但在他们回家途中与其他旅游者交谈时便表达此真实感受,正如以上10人谈话情况一样。第三种可能是伊欧先生的调查存在缺陷,其没有找到有代表性的顾客样本,所以不能准确地表明到丽拉宫的顾客的总体观点。采用以已选定的调查问卷不可能得出有代表性的结论(Emory&Cooper,1991:243)。

PHAD 中变化的暗义

PHAD 是具有风险性的。它是从授权这一规范性理论分离出来的。布里默(Brymer,1991)在对美国宾馆的授权讨论中强调,在授权方案下,中层管理人员的作用也很重要。确实,布里默把在授权活动中的中层管理者称为"成功的钥匙"(1991:60)。卡尔(Carr,1992)也强调中层管理者的新角色。在授权活动中,其作为监管者的角色消失了,但他们采用领导、教师、教练和顾问的角色。丽拉宫的风险在于中层管理者们没有采用这种方式,他们被鼓励辞职并取消这些职位。

在 1993 年,丽拉宫一半以上的中层管理者,即 25 人中的 15 人,于 1994 年底离开,并不再有人替代他们。还有更多的员工有即将离职的迹象。所有这些中层管理人员都是来自英国、澳大利亚、新西兰的移民,其认为自身与本土员工没有一点相同。

伊欧先生说他决定打破这些壁垒。其中一例便是他决定消除额外补贴,即废除免费在丽拉宫就餐的政策,而这过去是被所有的管理者所接受的。他认为餐厅是为顾客服务的,不是为员工服务的,管理者们可以在员工餐室里免费就餐。他说这帮助建立团队。伊欧先生说他本人便在员工餐室就餐。他说这项政策使得一些中层管理人员不高兴,致使他们辞职。

成功或者像 PHAD 方案的失败都要在经营一段时间后才能准确地看出,正如"要花数月甚至数年来锻造出成功的自我管理的团队"(Carr,1992:46)。要考察其真实的生存能力,就必须对此方案的几个方面进行客观的研究。针对这 10 位旅游者的特别访谈并不能成为可靠的数据资料。

在瓦努阿图欢度圣诞,但不是在丽拉宫

在 1994 年圣诞节前夕,有传言说日本人正在谈判出售丽拉宫。越来越多的员工开始消极怠工。在圣诞期间这一高峰期,没有人在厨房或餐厅准备晚宴,极少的员工在房间和操场就职。愤怒的顾客代表便在胜地管理中心游行。

1995 年 1 月,维拉港的媒体宣布此胜地被出售,日本人被挤出去了。买家包括了 Ni-Vanuatu 商业领导协会和一个当地的信托机构。南太平洋酒店公司(Southern Pacific Hotel Corporation)接管了此管理,并提出要把此胜地的管理水平提升到其皇家公园(Park Royal)品牌的标准。

总　　结

撇开这些留言,PHAD 是一次失败。失败在其糟糕的策划和管理上。使用

团队管理并维持高标准服务的授权方案可以成功,但如果他们使用丽拉宫所设计的方法将可能失败。主要错在除去了中层管理,使 145 名员工自我照应。

此事件也可作为质疑组织评价其活动绩效的例子。PHAD 评级和其所得出的正面统计可能对于总经理和其助手来说是欣慰的,但它们明显是基于一项带有偏见的调查的。任何具有研究方法的人都应该怀疑其可靠性。

在 1995 年初,悉尼南太平洋酒店公司的一位管理成员询问丽拉宫新的领导班子,其是否继续采用 PHAD 方案。回复是简洁的:此方案被终止了。新的所有者没有恢复此方案的意思。从而,中级管理阶层得以恢复,参照大型胜地的一般实践模式。

安捷航空:可避免的失败

66 年后,澳大利亚国内两家最大的航空公司之一于 2001 年 9 月停业。这其中发生了什么、为什么会发生、在未来如何防止类似的倒闭事件,这些都是本案例的讨论主题。

航空公司终止经营,导致有票的乘客坐不了飞机,会员乘客丧失了其积分,公司员工丢了工作,公司被封查和进行清算,其资产被出售给债权人[其损失了对安捷(Ansett)的大部分贷款],并且所有者们丧失了其投资。公司倒闭的第二层影响是影响到了许多其他人、商业和旅游区,这种负面影响可能是巨大的。

许多大众媒体都指责安捷的管理失败。毫无疑问,总经理糟糕的管理和协调是原因,但潜在的失败原因却另有其由。这是一个竞争过烈的市场,其使得澳大利亚政府采取了一些有意图的政策。在此条件下经营,世界级的管理团队都不能把这两个主要的航空公司从严重的问题中解救出来。

安捷的倒闭和立刻的反应

在 2000 年末到 2001 年中,关于安捷航空公司的问题流言在澳洲商业界传开了。在 9 月的第一个星期,严重的金融问题被揭示出来(Gilchrist&Niesche,2001)。9 月 12 日,安捷开始为一个独立行政官处理 30 亿澳元的债务,在此过程中,其每周损失 800 万澳元,在随后的时间中,所有的经营停止(Creedy et al.,2001)。在同一周,即 9 月 11 日,恐怖分子劫持的飞机摧毁了世贸中心大楼和华盛顿五角大楼的一部分。安捷的问题与这些事件并没有关联。

综观历史,没有明确原因的一些恐吓事件经常引起对于出事原因的调查,或者,如果没有一个人知道原因,则大家很快便会找一个替罪羊来承担。这便是美国此事件发生后的反应,在接下来的数周内出现的信号支持第一种猜忌。在安捷倒闭之后,媒体、成千的安捷失业工人和澳大利亚政府人员立刻形成了不同种类的猜疑。错误是由新西兰航空(Air New Zealand)的总经理和高管所犯下的,这一公司自1999年便是安捷的母公司。正如其他倒闭的公司一样,问题出现在财政危机上,但这只是其他非金融问题的表面映射而已。

安捷航空的简史

从20世纪50年代到90年代以来,在政府所谓的双航空公司(two-airline)政策下,安捷航空与TAA各自分享着国内航班的双寡头利益。TAA是一家于1948年由联邦政府成立的公共航空公司。安捷和ATT也经营着许多偏远城市和城镇的航线。在此政策下,安捷和TAA分别享有大约50%的国内航班市场。

悉尼大学一位经济学教授格罗顿·米尔斯(Gordon Mills)在类似的市场(Mills,2001:5)上总结了这一情况(见表15.1):

航空公司利用其自身的市场力量摆脱了市场的管制。它们轻而易举地为堪帕斯(Compass)Ⅰ和Ⅱ(一家新航空公司在其两次进入市场中,只维持了数月)送行。十年来,消费者在适度竞争的发达国家中支付了最高额的机票费……这两家航空公司在其获得极高的垄断价格的能力中(极少有新进行业者能排在其前面),得到了错误的安全感。所以它们没有足够的动机去降低员工人数和其他夸张的成本。对于安捷来说,其支出简直就是灾难。

1978年,美国国内航空公司的管制被部分放开,引发价格的集中性竞争和许多新进行业者的出现。在澳大利亚,也经常发生采用1978年的老美国模式的现象。在20世纪80年代安捷撤换领导班子后,其与Rupert Murdoch's News Corporation and TNT各自占有50%的股份而成为合作者。后者(TNT)是澳大利亚另一个跨国集团,主席是皮特·埃伯利斯(Peter Abeles)。

埃伯利斯成功地说服了朋友鲍姆·霍克(Bob Hawke),即澳大利亚总理,取消了国内航空行业的管制,并声称更多的竞争会使每人都受益,并认为安捷会是最大的受益者。仅仅在于朋友的建议,总理是不会这么做的,因此成立了一个咨询委员会,即Independent Review of Economic Regulation of Domestic Aviation (IRERDA),负责一项提供背景信息的巨大的调查项目,这涉及到在52个机场的对乘客的2 000次采访和几十次对航空旅游业高管的采访。

这一工程为IRERDA提供了一具体的报告(AGB McNair/Leiper,1986),其说道,撇开其他情况来说,航空公司被广泛认为是提供服务的,但较低的费用会导致航空旅游的需求增长。IRERDA决定最好的策略便是增加航空公司,并认为这样会增加竞争和带来较低的航费。政府持相同意见。而在这为IRERDA的报告中却没建议此策略。

表 15.1　　　　　　　14 年来澳大利亚国内航班的历史记录

年份	航次(m)	增减	情况、事件
1988	17	8%	安捷和快达公司活跃;市场增长
1989	13	−25%	早期增长,然后飞行员罢工
1990	15	20%	罢工结束,堪帕斯进入此行业
1991	20	26%	增长,堪帕斯倒闭
1992	21	5%	缓慢增长,堪帕斯Ⅱ进入,倒闭
1993	22	7%	增长
1994	25	12%	增长
1995	27	7%	增长
1996	28	5%	增长
1997	28	1%	缓慢增长;广泛打折
1998	28	—	停滞的
1999	29	3%	小幅增长
2000	31	7%	多增长了些,维珍布鲁(Virgin)和因帕斯(Impulse)进入
2001	32	1%	因帕斯倒闭,市场缓慢,安捷倒闭;9月11日后市场动荡

安捷占有大约一半的市场,而自从快达公司接管 TAA 以来便占有另一半。1996 年,安捷的所有者再一次改变。TNT 出售其 50% 的股份给 Air NZ 获得 3.25 亿澳元。2000 年,新闻公司(News Corporation)也出售了其 50% 的股份给 Air NZ 公司,并获得 1.5 亿澳元,并投资于安捷 10.55 亿澳元(Westfield,2001)。

在政府的鼓励新进入者而促进竞争的政策下,因帕斯航空公司和维珍布鲁航空公司开始经营以悉尼为中心的澳大利亚的最繁忙的航线。由于耗费过多资金难于获取利润,因帕斯只持续了数月便倒闭了。

2001 年,安捷的子公司包括了围绕澳大利亚的一些乡村和省市地区航线活动。其子公司包括了海兹顿(Hazelton)、肯德尔(Kendell)、埃罗佩里肯(Aeropelican)和斯盖韦斯特(Skywest)。另一子公司是由 750 员工组成的 104 个旅游连锁机构——曲沃兰特(Traveland)(Petty& Towers,2001)。安捷集团拥有 147 架飞机,其中大部分都是小型飞机,还包括 30 多架大型飞机,例如 20 架空中巴士(Airbuses)(A320-200)和 11 架波音(Boeings)(747s,767s 和 737s),用于城市之间和国际运输(Goodsir& Doherty,2001)。

几乎所有的大型飞机都被出租,加上经营的阶段性支出,都没能给安捷的资产带来任何价值。安捷也拥有机场终端,特别是 2000 年在悉尼开业的大型终端,投入了1.6亿澳元的资本。

安捷倒闭的结果

机场报告显示出飞机起飞和降落的次数,比较9月12号的前后四天可以发现存在巨大的减少。这种次数在悉尼减少了32%,在墨尔本减少了35%,在布里斯班减少了30%(Megalogenis,2001)。那一天之后的一段时间里,持有安捷机票的50 000人由快达公司负责承运,其从国外调集飞机来解决安捷造成的瘫痪。随着"9·11"事件之后的航空业大衰退,其意味着飞国际航班的飞机正空闲得很。

就职于安捷及其子公司大约16 000名员工都处于失业当中。由于没有预料到安捷的倒闭,且由于他们面临的不仅仅是丢失工作和收入,还丢失了法定的休假福利和长期服务报酬(对于一些人来说,这里有数万美金),所以,这些人都受到伤害并气愤不已。在9月当中,他们分别于悉尼、墨尔本、布里斯班及阿德莱德机场成立了抗议联盟。

安捷员工失业情形被安捷是否能恢复经营的不确定性所延长。官方行政人员与其他航空公司和外部投资者谈判,目的在于租借空中巴士的飞机来为当前暗淡的航线服务,尤其是悉尼—墨尔本和悉尼—布里斯班的航线。

谈判没有成功,但到9月29日,行政长官冒险使用了安捷一小部分飞机重新服务于悉尼—墨尔本航线。大约有1 000名员工被重新雇用,但其看上去能恢复成基本经营模式的可能性极小(Boyle & Field,2001)。在数月内,这一恢复措施失败,安捷航空公司也停业了。

由于安捷集团在澳大利亚国内拥有几乎一般的市场,以及其对某些城镇的航班处于垄断地位,这一事件对于国家来说是严重且广泛的。由于安捷对某些航线占有垄断权,所以离大都市或首都远的一些城镇便没有了航班服务(Megalogenis,2001)。

安捷还是许多运动团队的发起人,帮助维持了许多全国性竞技运动,例如在足球、篮球、网球、游泳和板球方面。在没有安捷以及快达公司的航班处在高负荷运作支撑之下,一些不能从电视网络中获益的体育竞技则开始存在问题了。类似地,许多戏剧表演、舞蹈和艺术公司被迫取消了游程。

到澳大利亚这一大国各分散地区旅游所花费的较多的时间和金钱成本一直都在某种程度上阻止了该国的旅游业发展。在主要的旅游者目的地区域是悉尼和墨尔本的同时,一些国内航班载运到的偏远地区对于国家旅游系统也是重要的。

而且,许多围绕国家的零散城镇对于国家旅游经济来说不是很重要,但其自身经济却高度依赖本地的旅游业。安捷的终结对于澳大利亚的旅游业来说是一个严重的问题,尤其是碰上"9·11"事件所带来的普遍恐惧心理而导致国际远程旅游业的极大衰退。在9月底,澳大利亚旅游业报道说有20%～30%的由海外机构预定的下季度的订单被取消(Sandilands,2001c)。

星空联盟公司(Star Alliance)是此复合问题中的一个因素,因为其是发挥安捷在境内旅游业重要角色的一个关键战略的主要成分。联盟是一家拥有14个航空公司的协调网络,是目前全球最大的航空网络(快达公司是一个分支网络,即One World 的一个成员)。只要乘客选择联盟或 One World,便能得到折扣并"获得和使用"其会员积分,因此,许多旅游者被介绍到澳大利亚来,从而在国内进行航空旅游。2000年,大约32%的国际旅游者或150万人在星空联盟之下流入澳洲,并且在国内其一部分人选择了安捷(Ansett)(Standilands,2001c)。所以,没有了安捷,那流入的一部分人对澳大利亚的旅游业的影响也消失了。

安捷失败的另一影响是关于机场终端的零售商。悉尼在此方面的影响最大,当终端被关闭、门被锁时,几十个零售商被关在外面,不能进入其营业场所。

责备某人……责备管理

安捷倒闭的另一结果是寻找某人来责备、责怪。媒体的大部分报道以及澳大利亚政府的官员们都责备新西兰航空(Air New Zealand)的管理(Bartholomeusz,2001;Koutsoukis,2001a;Koutsoukis et al.,2001;Lecky,2001;McCrann,2001a;Sexton&Crichton,2001;Westfield,2001)。样本证据支持安捷在这些年中许多方面表现糟糕的观点。

作为国内航线的龙头,安捷应该相对容易管理些,因为其可以避免许多令国际航空经理痛苦的复杂性问题(Doganis,1987)。在一定程度上的竞争和强有力的政府管制的庇护下,安捷的管理者和总经理都对于20世纪60年代以来的情况松懈和忽视了。

在20世纪60～70年代任主席的雷哲·安捷(Reg Ansett),其最大的错误可能在于计划大多数处于同一年龄段的高管要一起退休。没有培养一群接替他们的年轻管理者。这导致一个管理低下的区间,从而不可避免地导致糟糕管理表现的间隔,继而使得TNT-News公司合伙人能以低下的价格购买此航空公司(和其子公司)。

子公司真是物超所值。政府担保了安捷的债务,并提供低息贷款。有传言说,TNT-News公司合伙人购买安捷的主要目的在于获得此特权,并利用此低成本的资金扩展其商业活动。

2001年9月间,许多媒体的评论员都指出了自20世纪80年代以来安捷的糟糕管理。皮特·埃伯利斯进行了一项糟糕的资本支出决定,其愚蠢地集合了包括不同模式和品牌的飞机航队。这一举措花费巨大且其在配置航队上缺乏弹性,这种情况随着飞机的年老愈加糟糕。

安捷在人员上也十分冗迷,存在许多多余的劳动力,这导致规模不经济和许多其他问题。还存在一个为人广泛知晓的事实,即自从20世纪90年代早期以来,安捷便资本不足,需要巨大的新投资来升级其"年老"的飞行航队。

在新西兰航空之下,安捷的管理被认为是存在严重缺陷;读者可以查看考叟基斯(Koutsoukis et al., 2001)和列奇(Lecky, 2001)文章的标题。新西兰航空对于安捷的首个及主要错误在于其董事会在购买安捷时花费过多。在花去购买此公司本身所值之费后,其还付给 News Corporation 额外资金,这可能是出于获得此公司另外50%股份的强烈愿望。一旦这样做,新西兰航空经理便会认为安捷欠了新西兰航空的。新西兰航空便控制安捷的金融和其他资产,把现金管理和其他类似的功能集中在新西兰总部(Long, 2001)。这促使新西兰航空的管理者认为安捷在澳大利亚仅仅是其一个分支机构,如果发生了问题,它肯定是要为总部牺牲的。而这正是所发生的。

新西兰航空本身存在深度问题,在其股价大幅跌落后,其股份两次在股票市场上被除名。2001年9月有预言说新西兰航空可能会被新西兰政府所接管,这使得其能继续经营下去(Griggs, 2001; Todd & Crichton, 2001)。

当许多人批评其管理不善的时候,一些被人们所忽视的方面是导致安捷失败的主要因素。安捷在其历史的许多时间中都管理不善,这引出了问题,为什么其于2001年破产了?在新西兰航空之下的管理标准就如此低下吗?还是这么多年糟糕管理的积累效应最终导致其崩溃呢?

根据年报的一些信息得知,在其他时间中,安捷似乎受益于有效的管理。2001年在新西兰航空之下的安捷的首席执行官是格瑞·图米(Gary Toomey),其以前曾在快达公司成功担任3年的协调经理。难道他的管理方法和表现在这两家航空公司不同吗?另外值得注意的是,20世纪90年代后期安捷的首席执行官是罗德·埃丁顿(Rod Eddington),其似乎是一名成功的管理者,现任不列颠航空公司(British Airways)的 CEO 并且也是快达公司的一名董事成员。

也有证据表明可以责备澳大利亚政府,其没有处理安捷和新西兰航空所面临的问题,琼·霍华德(John Howard)总理和其部长知道这些问题(Koutsoukis, 2001b)。把责备都扔给新西兰航空可能是霍华德转移公众注意其在安捷故事中的角色的手段。

拥有新西兰航空25%股份的新加坡航空公司(Singapore Airlines)想投入一笔新的资金以修复安捷和新西兰航空的问题,但这一想法最终被澳大利亚总理否决,尽管其高级官员建议其不要这么做。

因此,一个合理的结论是糟糕的管理和在2001年间霍华德执政下的慌乱导致了安捷的倒闭。然而,导致其出现的必要条件,是一个更深层次的问题。

提倡恢复竞争

当责备于管理的时候，琼·霍华德总理和其他许多评论者都提到澳大利亚必须恢复"竞争性的航空产业"。在报纸中的一些报道员便在其中，政客和商业领导等支持他们的观点（Koutsoukis，2001a；Kohler，2001；Sandilands，2001c）。对恢复竞争的强烈要求似乎说明竞争带来的回报比失去航空服务带来的结果更重要，通过"恢复国内航空业竞争的基本问题"（引自 Sandilands，2001c）。

这种运动看起来是误导人的及有害的，强调航空的竞争是引发更深层次问题的导火索。过度竞争是安捷倒闭的潜在解释，以下的分析将会加以说明。

竞争的虚幻性和真实性

如果说竞争是各行各业的最终优点，那么在澳大利亚消费者、竞争委员会的专家政治论者和澳大利亚政府人员应该公开地庆祝快达公司的胜利和安捷的倒闭。然而这并没有发生。

当然，有一定常识的人都知道最有价值的并不是竞争的市场，而是一个有效的行业、产业，其能有提供足够和合适的服务。

要求竞争的背后隐藏了什么？为什么有权势的人总是喜欢处处充满竞争？这可能与强大的力量有关，这些在市场上处于领头地位、在运动场或议会中处于高地位的人或企业，他们有竞争优势，所以，如果竞争持续的话，其将非常高兴能继续"得分"。

在澳大利亚，这也可能反映了许多职业中（政治、学术、媒体等）不如意的野心家们想模仿美国一些流行东西的意愿。盲目的模仿者的行为是一种避免真实想法的方式，在这种情况下，他们搞混了许多美国市场上与澳大利亚不同的东西，包括航空服务。美国的众多人口、人口的广阔地理分布，以及大城市的位置分散等原因使得其航空业与澳大利亚的有很大差异。

无论如何，到 20 世纪 90 年代，任何客观的旁观者都能看到美国放开管制这一政策没有持续多久。自 1978 年此政策实施以来，许多航空公司都成立了，而且航费也降低了。到 20 世纪 80 年代末，大部分行业新进者都消失了，许多航线的航费又达到了管制之前的水平。

在澳大利亚，安捷倒闭之后要求国内航空服务恢复竞争时经常使用"水平运动场"（level playing field）模型。如第十一章所述，这是一种误导性的意识形态，其是不以事实为基础但可以抹淡政治目的的信念系统。第十一章的关于非过度竞争的合作行为的讨论能使一个行业发挥功能。

过度竞争不适合澳大利亚的国内航空业，因为正如安捷所示，一家主要公司的倒闭导致许多国家问题。初级经济学告诉我们，没有竞争的市场，则价格（也包括航费）会上涨。管理学则表明了另一种选择：通过外部管制，费用能被保持在较低水平上。

安捷的倒闭是由澳大利亚竞争的航空业市场导致的。小规模的打折型航空公司被允许经营航空干线中的业务，这侵蚀了两大主要航空公司的收入，所以其中一家便一定会失败。在这种背景下，由于安捷的管理和运气都弱于快达公司，从而其便成为失败者。

即使这两家主要航空公司的管理都是世界级的，在这种背景下，其中还是有一家会最终失败。这是因为这两家公司在利润巨大的航空干线上（悉尼—墨尔本、悉尼—布里斯班）的边际收入被低价竞争者所吞食。

本书认为的安捷倒闭的主要因素是过度竞争这一观点并不是独一无二的：赛耶斯（Sykes，2001）和米尔斯（Mills，2001）提出了许多相同的看法。快达公司的CEO也这么认为，即使其是暗示性的表态。杰弗·狄克逊（Geoff Dixon）在电视新闻中就此问题受访时说道，"我不认为一山容得了二虎"（Channel 7，29 September）。

安捷倒闭的警示

联邦政府警告说，安捷正处在危难之中，如果它倒闭将引发巨大问题。在航空业的人都知道安捷正努力维持生计。快达公司的可靠资料告诉我，快达公司前总经理詹姆斯·斯琼（James strong）曾多次向政府传达这种警告。琼·霍华德总理则说其政府一直收到相反意思的信息。在拒绝政府应该帮助安捷从其致命的财务危机中恢复过来的建议时，琼·霍华德如此说（Howard，引自 Koutsoukis，2001a：13）：

> 私人公司部门不能"鱼和熊掌兼得"。私人部门有个体自由，并有权利去做使市场更加光荣的事情，但当事情变得糟糕时，它们又转而向政府部门求救。

快达公司向政府警示着这些问题，说到自由市场对于航空业来说不是最重要的，这会造成灾难，所以总理的陈述是无诚意的。他清楚地知道其他产业的企业领导要求自由市场，但不是每位领导都把此信息发到堪培拉，而霍华德也从来没有说这些要求来自航空业领导中，这由考叟基斯所报道的关于航空业的陈述是表里不一的。

琼·霍华德编造此问题的尝试也表明其处于思想蒙蔽当中。他的政策是提倡竞争，而当这贯穿于全部行业时，做起来会更简单。然而，其决定在某些产业中，政府政策应该鼓励、促进竞争，而在其他产业中，政策的导向却是另一种情况，这便要求处理广泛而复杂的利益关系。但是作为一位政治家，他不必做处理这些复杂问题的工作,而只要简单地像念经一样重复着"竞争对于任何人都是有好处的"就可以高枕无忧了。

航空公司的外国所有者

一个复杂的因素是澳大利亚政府允许安捷被出售给一家外国公司,即新西兰航空。这意味着关于安捷商业表现的具体趋势信息数据将不在澳大利亚而在新西兰,从而澳大利亚的观察者不能在短期中密切注意安捷的状况。这还意味着关于安捷的高层决议将在新西兰做出,因为新西兰航空是其母公司。到 2001 年,两者都经营困难的时候,总经理显然将牺牲在澳大利亚的子公司的利益来维护其母公司的利益。

在国外,当一家主要航空公司被外国投资者拥有和控制的时候,也发生过类似的问题。例如,1994 年在柬埔寨,其国家航空公司 Royal Air Cambodge(柬埔寨皇家航空,简称 RAC)被出售给马来西亚航空系统(MAS),由于这家重要航空公司受控于外国,便引发了严重问题(Leiper,1998)。

总　结

新西兰航空糟糕的管理和 2001 年澳大利亚政府对处理航空问题的拖延,导致安捷的失败。导致这一失败的潜在因素是自 1999 年来安捷所面临的过度竞争的状况。

安捷倒闭的结果表明,在澳大利亚,偏远城市和其他分散地区之间的航空服务对于公众来说是十分重要的。这些服务对于社区、商业、国家体育、旅行团和国家及地区旅游业来说都是十分重要的,如果任由"市场力量"这只"看不见的手"来操控,则会面临风险。它们应该在政府的一些管制下,以看得见的形式来管理。另外,如果它们在外国所有者控制之下则风险十分巨大。正如快达公司一样,根据法律,其也要成为澳大利亚的控股公司,所以任何在本国市场上占巨大份额的航空公司都应该服从同样的法律。

根据一则新闻报道(Creedy,2002),2001 年 9 月,在安捷倒闭的一年之后,大约 16 000 名前员工仍然被欠 4 亿美元的应收权益,平均每人 25 000 美元,还有 3 000 人继续处于失业中。其所得红利的多少依赖于公司资产规模的大小。其前 CEO 格瑞·图米也处于失业当中,但当其于 2001 年辞职时获得了 350 万美元的"解聘金"(Creedy & Bryden-Brown,2002)。

BIG BANANA：1989年的一次惨痛失败

30年前,"大东西们"开始沿澳大利亚的高速公路而出现。一开始出现在昆士兰州的南布尔(Nambour),当时是一个大菠萝。"大东西"沿州省干道代表了州省的主题:大菠萝、大鲑鱼、大公羊、大母牛、大牡蛎、大对虾、大公牛。本讨论将聚焦于20世纪60年代到90年代大香蕉(Big Banana)的财富波动和多变的商业策略。

大香蕉的起源

1963年,科学家约翰·兰迪(John Landi)在澳大利亚主要香蕉种植区域考夫斯港(Coffs Harbour)开始研究香蕉。在其种植园中,他建起了一路边小货店来赚钱。受夏威夷(Hawaii)的大菠萝的启发,兰迪建议考夫斯港香蕉培养(Coffs Harbour Banana Grower)联盟出一半的经费在其商店旁边建立一个大香蕉模型的宣传物。这一想法引发了许多故事。1965年,大香蕉建成,花费了1 200英镑。它是富有争议的。考夫斯港的许多人都不喜欢它,更有甚者认为其对于本地区的利益有损。

此地区向未来的旅游者、移民者而大力宣传,称其为"太平洋的美丽地带"(Pacific Beautizone)。根据考夫斯港的人民领袖的鉴赏力,一个巨大的人工香蕉并不是美丽之物。在路上看见它的人可能会想像这像昆士兰州,除此之外,它还有没有提到的含义,而这在1965年使得可尊重的人民感到不安。

在1972年,此争论被基本解决。悉尼的一家受尊敬的连锁商店决定使用香蕉作为其夏季推销展示的主题,这一决定促使考夫斯港反思。如果格瑞斯(Grace)兄弟假想香蕉可以促进其在悉尼的销售的话,那么考夫斯港也能认为一个大型的水果模型是促进考夫斯港旅游业的理想标识图案。名为香蕉海岸(Banana Coast)和香蕉共和国(Banana Republic)的促销活动很快便被设计出来,大香蕉也获得了高级别的区域地位。

作为受欢迎的途中休整点的大香蕉

在20世纪70年代和80年代早期的大香蕉可以被认为是包括了若干要素的成功的商业系统。位于其旁边的15米长的假香蕉便是其中心要素。停下来的旅游者近距离地看它,摸它,从它身边走过,并摆出一个又一个的姿势与之合影。在沿途的商店,他们购买饮料、纪念品、袋装零食、明信片、蜂蜜和香蕉。一个停车场用来停放小车和旅游巴士。

大型标识图案告诉每一个人,这的确是大香蕉。其中一个重要的附属品是宽敞的公共厕所,其欢迎行程了许久的旅行者前去解脱。从经济上说,其商业只在于商店的销售。其他所有东西都是免费的。

大香蕉不只是一个路边吸引物,它是一项高利润的商业。许多旅游者沿高速公路旅行时会发现它,把其作为全部经历的附带品,在大香蕉做简要的停留以满足一系列的需要。实际上,心理满足的合集代表了成功商业战略的核心。要周转的旅游者也在此地停留,因为它方便大家休息、购买汽油、使用厕所和购买零食。它已成为太平洋高速公路上闻名的途中休整点。

1989年的发展:大香蕉主题公园

1988年,大香蕉出售给了一家大型的园艺公司,此公司在种植和销售蔬菜和水果方面十分成功。新所有者的想法是围绕园艺展示而建一个主题公园,提供一些交通工具、食物或商品等。其中一位经理鲍勃·约翰逊(Bob Johnson)是实施此提议的主要负责人。围绕主题公园,其创立了一家名为园艺世界(Horticultural World Pty Ltd)的子公司,并单独任命了一位经理。经母公司批准,此经理雇用了两位顾问。同时,还使Total Project Control Pty Ltd参与进来负责促进其发展,以及让有充足经验的管理咨询公司郝沃斯和郝沃斯服务公司(Horwath and Horwath Services Pty Ltd)负责对此新项目进行可行性研究,从而确保此巨额投资能得到可观的回报。

1988年的发展建议战略可以分为两层。最高层是关于协调战略,安局斯(Andrew,1980/1991)、安索夫(Ansoff,1965)及其他一些人都对此做了描述。在香蕉地,经理们预想了发展潜力,从战略上来扩展此园艺公司。这一策略是加尔布雷思(Galbraith,1983/1991)所认明的四种多样性的一种。通过种植和出售蔬菜和水果来获利,以及打开亚洲这一巨大的市场,可以通过使园艺作为旅游业的主题公园来执行、实现。第二层的战略是一项商业策略,它涉及特别典型的消费者的市场。鲁米特(Rumelt,1980/1991)和其他人就这一层次的战略探讨了一些理论。如果每月有数千名旅行者来到此地游览和消费,平均在每个商店消费5美元,那么为什么不在香蕉地的山后再创建旅游吸引物并提供服务呢?这些新胜地一定会吸引旅游者在此花费更多,并会吸引更多的人前来观光,而不只是来上洗手间或买可乐。

大香蕉将会发展成一个独特的主题公园,如小型的迪斯尼或布里斯班博览会,但会以一种符合考夫斯港地方风情的形式展现出来。

当时,澳大利亚旅游业正处于繁荣阶段,这刺激了对大香蕉的乐观态度。每年到澳洲游玩的人次增速迅速。1988年,布里斯班博览会的记录是百万人次。

其销售经理成为大香蕉的销售经理。另一鼓舞人心的信号是许多日本投资者意欲投资此地,而其澳大利亚代理机构也乐意描述当地充满朝气的近期未来。

主题公园的可行性报告

由郝沃斯和郝沃斯服务公司所研究的可行性报道于1988年7月提交到经理处。此报告得出了乐观的结论:在未来的五年,此主题公园将在一些目标市场上获得很高的渗透率。这些市场是:沿高速公路经过的临时旅客,在考夫斯港的国内(也就是澳大利亚人)旅游者,附近的当天结束旅游线路的旅游者,在考夫斯港的国际旅游者以及考夫斯港(Coffs Harbour)的当地居民(见表15.2)。

表 15.2　　　　　　　大香蕉主题公园的市场细分预测

细分部分	观光次数	百分比(%)
考夫斯港的居民	9	1
地区居民	10	1
国内旅游者	499	45
国际旅游者	94	8
周转旅游者	496	45
总　计	1 108	100

最高的预测是关于国际观光者:此报告预计其中将有60%会到此主题公园游玩。最低的是考夫斯港的居民:第一年会有15%,而未来便会跌至10%。

这些渗透率使大香蕉对未来旅游者数量的增长形成乐观的态度,例如,在1990~1991年间有120 700名国际旅游者和429 600名国内旅游者到考夫斯港来观光。此报告预测,1993~1994年,到大香蕉的总体旅游者量会达到1 108 600。此报告还提出了经营的现金流的变化,1989~1990年,息税前总计为5 872 000美元,到1993~1994年度将达到7 375 000美元(Horwath & Horwath,1988:VIII-6)。在报告中,最大的收入来源是入场费,其假设在1989~1990年,可能有924 300位旅游者前来,按人头算,每人平均花费7.2美元,则共有6 655 000美元的收入。其次的收入来源于食物和饮料商店、零售商店和一农民市场,"每年最少有275 000美元的收入"(1988:VIII-3)。

在审查完可行性分析之后,金融部门便提供了所需资金,主题公园也沿香蕉后山从下而上修建。准确的花费数字不得而知:可靠的资料说投资了2 200万美元,其一半以上来自母公司,而剩下的将近一半来自澳大利亚的三家银行。其中最大的一笔银行投资(大约500万美元)来自西太平洋银行(Westpac)的一家子公司AGC。

最大的一笔开支是用于修建一条小铁路。它是用来运送旅游者上山下山的,其穿越一个种植园,沿途的湖面下还潜伏着一个怪物,当火车经过的时候,其便摇摆着其奇异的脑袋而喷吐水雾。这条铁路还分好几站。

在这些站口处,旅游者可以下来游玩,也可以再坐上火车享受后面的服务。在一站中,修建了一个用溶液培养的蔬菜农场。在另一站中,在一大型罐头状的小屋中,可以观看生态概念和超前科技的展示。在下一站中,有一条走廊,在上面可以观看壮观的海景,其屋内有 100 个餐桌、1 个吧台和 12 个开放的厨房以及欧洲和亚洲的烹饪食谱。

大香蕉的前前后后

一个大型的黄黑相间的标志宣布着"大香蕉主题公园"的诞生。第一个月的经营很成功,有数千的观光者前来游玩。但是,其数量增长突然间便失去了后劲,接着迅速下滑并持续减少。开业数月之后,到 1989 年末,其生意从表面上看是亏损的。母公司的经理认识到这一子公司的管理者犯了大错,所以,鲍勃·约翰逊(Bob Johnson)便成为其 CEO。

他迅速采取策略来处理危机,正如星巴克(Starbuck et al., 1991)所描述,并采取策略来扭转下降的趋势(Hofer 1991)。例如,他发现此子公司多雇用了四倍的员工,便大量削减了多余的人员以降低成本,并采用新的、低成本的促销策略来促进销售。两个月后,即 1990 年初,公园在较低成本下收入提升,收入比支出大,但还不足以偿还向银行贷款的利息。

在不能够在澳大利亚市场筹集低成本资金的情况下,约翰逊去了东京,并获得了一家主要银行的财政资助,以偿还澳大利亚银行的贷款,从而拯救了即将倒闭的主题公园。他说到,AGC 拒绝接受日元,并要求园艺世界进行清算,以便能归还 AGC 一小部分的投资。支票被返回到日本。

1990 年,即开业后一年,此主题公园便处于破产接管的状态了。在法律上,这些银行家便成为了收受者。1992 年此主题公园被出售给了竞价最高者,从而偿还债权人的一部分资金。

回复到最初战略

这一中标者是凯文·鲁比(Kevin Rubie),其参与了 3 年前投资此主题公园的项目,资金占 2 200 万美元的一小部分。他花了不到 200 万美元购买了其剩下的资产和商标名称,并说这是其生涯最佳的一笔买卖。在 1992 年后,此公园经营规模缩减,策略也改变了许多。

现在入场免费。山上的宾馆都停止营业,而火车也只在人多的时候开动。比开动火车花费小的两辆小型巴士负责旅游者上山观光(要收一些费用)。当然,旅游者也可免费步行观光。

现在,商业战略的核心便摆在路边商店的销售上。而其次的收入来自山顶上的旅游者。1992年后,由于相对较少的投资,即相对2 200万美元的100万美元,大香蕉现在只需少得多的旅游者来观光便能维持经营。

反观1989年的投资

1989年大香蕉发展的可行性在于五个主要方面:战略管理、投资、市场潜力、渗透率和现金流。如果任何一方存在困难或不能相匹配,则此提议就具有很大风险。某些管理和营销事宜,如员工安排和促销策略位于其次,不是很重要;如果它们出现问题,通常可以修复。

1988年大香蕉的发展提议在这五个方面的大部分上都存在缺陷。使问题恶化的因素是这一事实,即这一可行性报告被所有的投资者所接受,其可能是被报告的专家口吻所蒙蔽;具体数据和乐观的结论——来自咨询家的昂贵报告的三种一般特征。

以上所述的此主题公园的商业提议可能对于某些方面是合理的。然而,新商业战略的市场与所要求的资金没有什么关联性(在以下可看出)。另外,新商业战略的市场在很大程度上消灭了路旁商业(以下将会解释)的习性。这意味着要保持正现金流的可能性为零。此主题公园似乎从一开始便注定失败。其进而说明某些澳大利亚银行的高级官员缺乏判断可行性议案的能力。该提议还说明了企业家们如果富有向银行家和旅游推动者出售想法的技能,他们便能鼓吹其想法,造成假象。而这都没什么新鲜的,赛耶斯(Sykes,1994)的案例历史都有所表明。

金融、现金流和旅游者流量

主题公园2 200万美元背后的金融可行性值得分析。以下数据并非来源于和大香蕉相关的人,也非文档资料。它表明了一大概估计。

面对20世纪80年代末的2 200万美元的资金,公司至少每年需要300万美元的净收入,假定资本成本大概是12%(这可能稍多一些)。这就是说每天要8 219美元,还需要弥补营业费用并赚取利润。

旅游者平均在此主题公园上会花费多少呢?假定一般来说,平均30美元,即每人平均范围在10~50美元之间。花费项目包括入场费、交通、消费的食物和饮料、带走的食物和饮料、照相和纪念品。为分析起见,餐馆的厨房和吧台是公司经营主题公园的一部分;实际上,它们是出租的。

假定每天一般管理费用是3 000美元(这可能稍多一些)。结合这些假设,每天前200名旅游者将弥补这一般管理费(200×$15)。如果另外548名旅游者到来的话,则2 200万美元投资的每日成本也能得以弥补(548×$15=$8 219)。因此,每天平均需要748(200+548)名旅游者来维持经营。如果平均有749名或更多观光者前来,则便会获利。然而,平均每天749人的可能性十分小。这在以下的市场分析中给予解释。

对于路边胜地或主题公园的市场分析的关键问题并不在于总体市场的大小——所有可能前来观光的人数,而在于主要细分部分的市场大小和渗透率。许多方式可以细分市场。以人口统计变量,如年龄、性别、居住地点和职业等来划分的传统方法与此问题无关,如果管理者总是关注这些,则会被误导。

主要细分部分的市场分析

一适合此案例的方法需从识别三类人开始:(1)此地区的长期居民;(2)沿高速公路而经过大香蕉的旅游者;(3)在此地区休闲旅游的人。这些都将在以下讨论。

在一个主题公园地区的长期居民常常成为公园旅游者的重要部分。大香蕉短暂的商业兴隆不是旅游者所造成的,而是当地的长期居民所带来的。处于对新的和不寻常的公园的好奇,相当一部分当地居民前来观光。其中大多数不会再来看了。当地居民的重复游玩支撑了迪斯尼(Real,1977),而且对于梦想世界(Dreamworld)和其他主题公园都很重要。

为何极少的当地居民重复参观大香蕉并不是本次分析的凸点,因为即使许多人重复游玩的话,其由于人口少,所以很难形成大规模的需求。位于昆士兰州的黄金海岸的主题公园把当地居民聚集成了200万的当天结束旅程的旅客市场。迪斯尼则有3 000万。而大香蕉则不到10万。因此大香蕉相对来说更依赖于旅游者。

第二个细分部分包括了经过的旅游者,其乘自家车或旅游巴士经过考夫斯港,可能在此地停留一晚,但不会超过两晚。这些人正在休假中的旅游线路上,或前去访问老友或亲戚,但他们把此地作为一个中转地,而不是旅游目的地;这可在其行为上反映出来,并影响到本地区。这块市场细分部分可被称为"周转旅游者",在本案例中数量巨大。

贝克(Baker,1994)的研究指出,考夫斯港是在悉尼之后的第二大的旅游者中途停留地,但其没有估计数量。我们可以从其他资料来估计这些数据,比如《新南威尔士的旅游趋势》(*Tourism Trends in New South Wales*)(旅游研究局,1990)上所报道的关于1986~1989年间国内旅游监管者和国际观光者调查资料。另一份资料来源是1992年和1993年四份观光者调查,其报道在1993年11月份的《考夫斯港旅游协会新闻》(*Coffs Harbour Tourism Association Newsletter*)之上。这四份调查发现52%~61%的观光者至少在此地呆一晚,把此地当作一个途中停留地。

从这些资料中可以看出，在20世纪80年代末，作为周转旅游者（包括过夜者）而经过大香蕉的人数大概每年在1 500 000～2 000 000之间，或者是白天每小时300人。此估计包括了来自两个方向的数量，即北方和南方，并假设大多数旅行都是在白天进行。由于布里斯班博览会和其他两百周年纪念活动的开幕，1988年是一个旅游旺年，可能多20%左右的人数。到1989年则降到普通水平。在1989年前，此周转性细分群体中的一小部分人会参观大香蕉。由于此细分群体的部分数量巨大，所以即使是一小部分仍然是十分巨大的数字。例如，5%的市场渗透率代表了每年87 500的旅游者。

无论1989年前有多少周转旅游者游玩过大香蕉，而在1989～1991年间到其旅游的人数还是少了很多。有许多原因造成了这种衰减。周转旅游者避免在途中某地停留超过1或2小时，而主题公园则要求人们在其中呆上一两个小时。周转旅游者为尽快到达目的地便倾向于做短时间停留。金钱是另一因素。1989年前，此主题公园的入场费明显阻碍了许多驾车族在此地的停留。

第三种市场细分是关于在本地区休闲观光的旅游者。在考夫斯港或其附近地区度假的许多人有游玩此主题公园的必要条件：有时间、有动机、会花钱买乐子。这一旅游者细分市场较周转旅游者细分群体小。在20世纪80年代末，其数量估计为每年300 000人。但在其中的关于此主题公园的渗透率比周转旅游者中的高很多。其中渗透率大概是10%。像这样的主题公园一般不会高于10%。

根据第十三章所讨论的旅游吸引物理论，大香蕉对于许多旅游者来说是次要而不是主要吸引物的核心吸引物。极少数的人会怀着参观大香蕉的特别目的而从遥远的家乡旅行到考夫斯港。

如上所述，由当地旅游协会于数月中所做的调查表明，旅游者中10%～16%的人说道他们"可能会被大香蕉所吸引"。假设10%的人去那里。这得出每年总共有30 000人游玩，即平均每天82名观光者。

现在可以集合以上所估计的三个细分的市场。表15.3比较了两种商业形式，即路边吸引物和主题公园就市场大小、渗透率（penetration rates）、观光者数量、收入和收支平衡数据的估计值。

作为路边吸引物的大香蕉的利润率和低风险便是证据，此时旅游者总数是119 300，比其收支平衡时高9%。相反，此表揭示出做成主题公园是非常错误的想法。由于入场费和其他开支，使得从每位旅游者身上获得的收入要较高，但旅游者数量却比路边吸引物少得多。丢失的市场份额来自巨大的周转旅游者的细分部分。

每年52 000位旅游者的数量，导致主题公园这一方案的盈利只有其收支平衡点的19%。要达到收支平衡点，其市场渗透率还要提高六倍。而这是不可能的。在旅游者细分部分，10%的渗透率已经达到了巅峰。另一个解决方法是使周转旅游者市场的渗透率达到14%，而这是绝对不可能的。

表 15.3　　　　　　　大香蕉主题公园：可行性分析

所估计的项目	路边吸引物	主题公园
当地居民	90 000	90 000
渗透率	2％	5％
市场潜力	1 800	4 500
周转旅游者	1 750 000	1 750 000
渗透率	5％	1％
市场潜力	87 500	17 500
旅游观光者	300 000	300 000
渗透率	10％	10％
市场潜力	30 000	30 000
A 旅游者总量	119 300	52 000
B 收支平衡时的旅游者量	110 000	273 000
所投资本	100 万美元	22 000 万美元
A/B 的百分比	109％	19％
收益率预测	可能盈利	肯定大幅亏损

总　结

从 1965 年战略的出现到 1988 年，以及 1992 年的"再回首"，大香蕉的主要市场在于过往的旅游者、临时周转的旅游者。在总体旅游系统中，成功的战略将大香蕉定位在旅游线路中。由于有大量的过往人数，所以较低的市场渗透率已经足够吸引众多旅游者了。在一个巨大市场上，其要求"撇脂"（market-skimming）战略。穷于获得足够消费者的概率是较低的。

1989~1991 年间，当大香蕉是主题公园时，其主要的市场是面向在此地停留较长时间的旅游者。这一战略使大香蕉定位为旅游目的地。这是一个小得多的市场，所以很难得到所要求的较高渗透率。在小型市场上，其要求"市场渗透"（market-clipping）战略。此时穷于吸引足够消费者的概率要比以前高得多，但处于风险中的资本数量也高得多。

2 200 万美元的损失由约翰逊和其他投资者以及三家提供资金的银行所共同承担。公共观点认为此主题公园倒闭后，当地商业和员工也损失了资金，大概是 800 万美元。因此，总损失大概为 3 000 万美元。

间接的损失包括与澳大利亚经济相关的任何人——工薪阶层、消费者、商人、投资者、缴税者、借款者。这是大型商业损失关系到公共利益的原因,也是我们应该研究失败的投资背后的决策的原因。经济不能避免一些投资的失败。然而,通过对过去失败的学习、研究,通过病理学知识的研究,则未来发生此类事件的概率将会减少。

所需的更多的研究

本章所讨论的三个案例不是为了代表旅游业中所有的失败案例。每一个案例有其自身特有的问题:每个都以不同的方式而失败。然而,可以发现许多以相同方式失败的案例。丽拉宫的 PHAD 方案有其许多类似者,即由创新的 CEO 们想出来的数不胜数的轻率的方案。它基于一个好想法(授权),但设计糟糕。大香蕉的失败主要在于过度乐观,由鼓吹自己是旅游业专家的咨询机构所做出的漏洞百出的可行性分析蒙蔽了所有的投资者,类似的情况出现在其他许多案例中。安捷的倒闭要归结于高层管理的糟糕决策,以及近几年澳大利亚政府在国内航空业中所推行的过度竞争背景。

这三个案例只是略微谈到了旅游业与失败相关的一系列问题。在这一主题上需要更多的研究,这便要使用不同的研究方法,并深入到不同的组织和企业中去。虽然过去在此主题上研究甚少,这种现象不仅仅在于旅游业,而是商业中的一般情况,但是现在越来越意识到其是重要的、有用和有趣的研究主题。现在,摆在迎接挑战的学生们和学术界人士面前是无数的机会。

问题讨论

1. 为什么人们回避思考失败而倾向于关注成功的故事?
2. 在商业管理和许多其他专业活动中,研究失败的优点在于什么?
3. 由丽拉宫总经理提出来的 PHAD 方案的缺陷是什么?
4. 2001 年,导致澳大利亚第二大航空公司安捷倒闭的原因是什么?
5. 关于新主题公园——大香蕉的可行性研究的主要错误在哪里?

推荐读物

Easdowne, Geoff & Wilson, Peter 2002, *Ansett: The Collapse*, Melbourne: Lothian.

Petroski, Henry 1992a, History and failure, *American Scientist*, Nov-Dec, pp 523—6.

Petroski, Herny 1992b, *The Evolution of Useful Things*, New York: Alfred Knopf.

第十六章　旅游管理中的问题

导 言

本章包括了与旅游管理相关的一系列讨论。实际上关于旅游者流量及许多地方出现的季节性波动被认为是有问题的。可持续性的旅游业越来越被认为是重要的问题。反馈被广泛认为是信息流的一个方面,其影响旅游业及其管理。增生变量在许多管理系统中是普通问题,但没有被旅游业研究者们所讨论。另一个被忽视的问题是一个简单的提问:是谁实际管理着旅游业?本书两个核心概念是整体旅游系统和部分产业化。在这一背景下,本章的五个部分将分析以上这些问题。

包括第三章所列出的一系列作者都在对旅游业的研究中依照整体系统模型。且第三章提到,这种方法对于思考许多问题都很有帮助。本章将进一步讨论这一方面。整体系统方法能拓展旅游业的景象,而其他方法则很难见到这一点。

本书前面提到且分析了部分产业化,在第十一、第十二、第十三章中给出了其名字。大体上说,此概念意为只有在旅游业中所直接使用的一部分资源是来自旅游业或行业及旅游业商业中一系列合作组织的,而剩下的则来自它处。部分产业化对旅游管理者来说是一个问题,因为其涉及对旅游业战略和经营限制的见识。在本章,可以看出此问题与影响旅游业的其他问题相关联。

季节性波动

根据旅行次数、旅游者人数和其他相关变量的大小(如花费、房间占用、员工、商业利润),旅游业随季节而波动。一年中旅游景地的繁忙时期便是旺季(high seasons),而闲暇时期便是淡季(low seasons),中段时期称为平季(shoulder seasons)。这些表述来自于对此类图形的形状观察。

实际上,季节性图形只是描述一段时间波动的一种形式;其他还包括每日性图形(描述旅游者流量动较大的一周中的几天)和小时性图形(描述某天中较活跃的时间段)。本讨论聚焦于季节性问题。

霍尔(Hall,1991:131)提出旅游业的季节属性是"旅游业发展最重要的障碍之一"。巴特(Bulter,2000:521)认同,其说道:"在世界的许多地方,季节性是旅游业最大的特点,并被认为是一主要问题"。皮特·马维克(Peat Marwick,1977)则在澳大利亚国内旅游业的背景下进一步提供了此方面的数据,还提出了缓解这一问题的建议。

极端的季节性波动会引发经济问题。在旅游旺季,有大量的旅游者要乘车、乘飞机、住宿和利用娱乐设施,以致他们不可能都得以满意。在旅游淡季,旅游人数又很少,以致许多资源都不能利用起来而荒废了。这种出现固定成本而又无收入的情况,代表在旅游业投资资本的闲置。

许多员工也受到季节性的影响。在旺季他们十分忙,而在淡季,他们如果能找到工作,那也是闲在那里。米尔和莫里森(Mill & Morrison,1985:231)提出,季节性波动是旅游业危机的基础,其表现在旺季时雇员更多,淡季时则削减人员。这样,旅游业很依赖临时工,所以服务质量便不好。

季节性波动还影响到旅游者。在旺季,价格定在最高,受欢迎的景点又挤满了人,这使得许多旅游者感到不愉快。在淡季,旅游者花费会少些,但如果没有其他旅游者做伴或营造欢乐的气氛的话,他们也会感到不满意。

整体旅游系统中的季节性波动

是什么造成了季节性波动?目的地的季节性特征如气候,常常是主要的原因。夏季是海滨胜地的高峰期,因为大多数旅游者都想去那里,而在冬季,最佳的地方是滑雪胜地。高峰期在一定程度上依赖于旅游者利用目的地的方式。

在喜马拉雅山,冬季是旅游者步行的旺季,因为天气干燥和清新,很适合步行。而这一时期不是攀爬的最佳时期,因为山峰可能会崩塌。旅游业中,最受季节性关注的地方之一便是麦加,在那里的穆斯林教月的一周内,主要的朝圣者每年都会在城市中洗礼(朝圣),这源于悠久的传统。

旺季偶尔也会转变。100多年来法国里维埃拉的旅游旺季都在冬季,而到20世纪20年代,其转变到了夏季。特纳和阿什(Turner & Ash,1975)解释了这发生的原因和方式,即随旅游者中文化和社会的改变而造成改变。这一改变引起了许多国家娱乐行为潮流的改变,到1929年后,致使晒黑成为一种时尚。

关于季节性波动的理论研究只关注旅游目的地,而忽视了旅游业系统的其他要素。全盘观点指出季节性变动可能是在客源地区域所造成的,在那里社会传统会使一大批人在某一时段去度假旅行。在澳大利亚人口中,度假旅行最旺的时间是一年中的12月26日到下一年的1月31日之间。接着,许多人会去当时适合旅游的地方。例如,自20世纪80年代到90年代之间,巴厘岛是澳大利亚人海外旅游的"旺地",其观光的"旺月"是一月,而巴厘岛最差的旅游月份是在那些经常出现多云和下雨的季节。

产业化中的季节性波动和变更

季节性波动趋势在高度产业化的旅游业中不是那么明显,而在旅游者独立于旅游业化之外的地方则要更加明显。澳大利亚和新西兰的国内旅游业相对不怎么依赖旅游业,其表现高度的季节性特征。相反,国际旅游业和这两个国家之外的旅游业则是高度产业化的,这主要是因为这两个国家都是岛国,旅游者要依靠航班和诸如旅行社等的相关组织来完成旅游。相关统计资料以月度图形的方式公开,而这证实了这一观点。解释如下。

在独立的旅游业的情况下,主要的关注群体或参与者是旅游者。他们主要使用非商业性的交通工具(私人汽车)和住宿地点(朋友和亲戚的私人住所),一般不在意这些旅游设施在一年的大部分时间中不使用所带来的后果。

在高度产业化的旅游业,主要的参与者是投资于宾馆、航空公司和主题公园的投资者和股东。作为所有者的代理,即这些组织的经理负责这些资源的"生产性",即要避免损失并赚取利润。从而,如果可行,这些经理要采取行动来避免资源的闲置或低生产性。资源占用越多的资本投资(如在大型酒店或航空公司中),则经理们越是要在其投资上寻找回报。经理们会指派销售人员去占领市场并增加收入。

管理季节性

关于季节性问题最一般的管理计策是:去接受不能完全克服季节性这一事实,但可缓和其极端性的波动。使用临时劳动力,即在旺季雇用,淡季解雇,这样能降低供给方的成本。同时,在同步性营销中使用需求管理,这是科特勒(Kolter et al.,1994)所使用的一种名词,其指为提高短期需求和供给的匹配而设计的协调战略。其目标在于促使旺季的需求转低一些。

航空公司和宾馆之间时常瞄准消费者、旅行社和旅游运营商而打促销战。对于消费者的促销手段往往是较低的价格——较便宜的费用。促使旅行社在淡季提高业绩的手段是付更高的佣金(季节性佣金)或给予表现最好的旅行咨询机构奖励。

在完全产业化旅游业之下的季节性

假定在完全产业化的条件下,如何管理季节性波动呢?这就要使用同步性营销手段,另外还要使用一些其他策略。一种可能性是调节天气。这种策略是使胜地在一个巨大的圆屋顶之下营造出一种景象,即在里面可以控制阳光和温度,从而使每天都有一种理想的天气条件。在这种条件下,天气将不再是影响旅游的一种环境因素,取而代之的是,其成为目的地管理系统的一个元素成分。在滑雪胜地,人造雪便是用来延长滑雪旺季的。

在客源地也要直接使用策略来消除或冲销造成季节性波动的因素。例如,每年超过50%的澳大利亚员工都集中在17%的年时间段上来旅游,即在12月和1

月中。大体上来说,这种情况是可以被调整的,从而来抚平波动。有许多方法可以对此进行管理。

一种便是轮班名单、花名册。其由全年都需要维持一定劳动力流入的工业组织所使用(如炼油厂、医院等)。在这种组织中,员工每年都在一定安排的时间内轮流外出,因此在整个时间段中都有固定的员工比例外出。

想像在一个完全产业化的经济中,在组织中,所有的员工都被协调起来去达到一整体目标,比如生产力最大化。如果允许一般的员工在同一时间外出会与这一目标相冲突,所以要引进在整个经济当中的轮班制度。在能最大化发挥员工生产力的同时,又能避免季节性波动影响到旅游业。

也许会有人对这一方法的可行性和可接受性感到困惑。实际上,由于许多原因,它遭到许多人的反对。反对这种安排方式的主要理由是它侵犯了人们最基本的权利——每个人何时或如何使用"自己的"或"自由的"时间。

认识到这种限制后,说客们想通过改变这种离开的方式来解决季节性问题,其不要求政府调整所有员工的离开。取而代之的是,他们建议沿边缘进行修正,即在此国家的各地区错开学校假期的时间段。在20世纪80年代间,此策略在澳大利亚的一些地方中展开。

反馈:旅游管理中的一个问题

每人都知道"给我一些关于现在正发生的反馈"是一种要求。此术语来源于60年前的一些系统理论家当中。最流行的是使用在一人给另一人信息的时候。其准确反映了在20世纪40年代中的原意(Bertalanffy,1972b;Smith,1982),即指系统输出的一部分,而此部分在后期将成为其输入之一。在人类组织中,第一个讨论反馈的人是诺波特·威纳(Norbert Wiener,1950),他是控制论的创造者。以下讨论的问题是围绕反馈的两类展开的,即自然类和管理类。

自然反馈和管理性反馈

在分析系统理论在管理中的运用时,斯达福特·比尔(Stafford Beer,1975:10)区分了在给定系统下自发出现的反馈和其他依赖要求而出现的信息。经理们常常提出要求,例如"给我促销的反馈"。比尔指出要求下的信息不是自然或纯粹的反馈,因为其在一系统中不作为自动过程而出现。如果它自动出现了,经理也没必要提问或要求。因此,他建议如果我们区分了自然反馈和管理性反馈的话,则会对理解所有的系统都有帮助。

许多作者在营销(例如 Kotler & Anderson,1987)和与旅游相关商业的营销

(Morrison,1989;Reid,1989)方面都讨论过反馈。这些作者似乎没有意识到比尔的观点。他们涉及到的是管理性反馈,例如其这样写道,"好的反馈意味着定期从销售代表处得到信息以评估其表现"(Kotler&Anderson,1987:612)。自然反馈自发地出现,且不会花费什么;管理性反馈则必须创造,所以会有成本。这便是两者差异的实际原因。

旅游业系统中的这两种反馈

在旅游业系统中,这两种反馈以许多不同的形式而出现。到目前为止,最普通的反馈是自然反馈,即在旅行或后来回家的途中,旅游者会主动向其他旅游者、朋友或熟人传递其旅行经历的信息。自然反馈包括在目的地区域中的旅游者间、处于不同旅游阶段的旅游者间,以及旅行结束后旅游者与其家乡居民之间交流的信息。

口头表示的赞同(或反对)是自然反馈,也是关于旅游业趋势的重要影响。诺兰(Nolan,1976)的获奖研究论文是第一篇表明在旅游业中口头信息是如何可信的文章。

管理性反馈也以不同的形式出现。在客源地区域,商业管理者要求和收集关于此地区市场趋势的信息。他们对于居民启程旅行的数量很感兴趣,根据此数量,进而追求旅行日志和旅行前期服务的数据。在旅游者目的地区域,商业经理,如宾馆、主题公园等要求并收集关于此地区观光者活动的信息。

在宏观层面上,旅游业中不同商业部门的经理都要求和收集穿越整体旅游系统地理范围的信息。宾馆经理掌握旅行社和境外旅游运营商的信息。同样,像澳大利亚旅游者委员会(Australian Tourist Commission)或泰国观光局(Thai Tourism Authority)之类的国家旅游组织是通过不同的调查收集信息来考察到澳大利亚或泰国游玩的不同国家民众的兴趣的。

反馈与部分产业化

自然反馈的出现不在于产业化的程度。它是旅游的一个自然过程。然而,当旅游业处于高度产业化的时候,旅游业的管理者所收集的自然反馈将相对简单和节俭。而在另一个极端,即处于高度独立的旅游业的条件下,旅游业中的管理者们却不会这样。为什么会这样?这暗示着什么?这些将在以下解释。涉及旅游业的部分产业化意味着变动程度。

当旅游者集中或大量地使用旅游业所提供的服务时,便出现了高度产业化的旅游业。在旅行之前,他们使用旅行社和出境的旅游运营商;他们使用航班或其他旅游业中的公共交通工具;他们使用宾馆或其他类似的住所;他们参观主题公园并参加有组织性的观光团。

相反，在独立的旅游业中，人们很少或不使用旅游业所提供的服务。他们自己计划旅游，使用自己的交通工具或不完全隶属于旅游业的公共交通工具，使用私人住所并避免涉及主题公园、导游团或类似的机构。

在高度产业化的旅游业之下，旅游业的经理们能轻易地从旅游者处收集意见和其他信息，这主要是由于两个事实的存在。第一，在这种情况下，旅游者便是消费者或顾客，所以供给方组织可以接近他们，并在其消费过程中获得信息。第二，在许多情况中，这些旅游消费者会向供给方提供姓名、住址之类的统计信息。在旅行结束后，商业组织将按照他们留下的信息与其联系。这使得其能以低成本的调查来收集事实和意见。

即使旅游者没有加入这次旅行，而当以前客户电询旅行社或预定另一次的旅游服务时，旅行社还经常非正式性地收集旅游后的信息。收集到的信息由旅行社传递到其总部（航空公司、宾馆等）。传递信息的方式有许多种，最普遍的是当总部的销售代表与旅行社接触的时候。这样，旅游业经理们便能接进整体旅游系统的自然反馈。成本是微小的，因为在销售代表日常工作期间的收集过程中，没有在调查和收集数据上产生直接花费。

假定在完全产业化的旅游业之中，所有返回的旅游者都会被例行调查，这些调查到的数据也会在旅游供应商之中广泛流传。相反，在独立的旅游业中，管理者为了收集旅游者的意见而接收反馈却没那么容易。这主要在于没有消费者——供应商之间的联系以及总部——代理机构的联系。

那么商业经理和旅游政府机构还有什么方法能获得旅游者的意见呢？他们可以接近自然反馈，但是要做到这一点，他们就要建立特别的数据收集系统，这要求花很多工夫和费用。要收集有效和可靠的信息，则需要科学地设计市场研究方案。这便涉及到各个市场的随机抽样，寻找最近去旅行的人并问及他们旅行之地的信息、旅行目的和所使用的设施。

进行这种调查的成本是巨大的，大多数旅游商业组织都承担不起这种预算。但建立在一种通过政府代理机构的合作基础上，在一个地区或国家范围内，这种研究可能会是经济的。在澳大利亚，这是国家观光者调查办（National Visitor Survey）的基础，其是政府设立的，它持续地对近期旅行模式进行研究而收集数据。

总　　结

反馈问题表明了高度产业化的系统能高效工作的一个方面。不同洲际之间或不同岛国之间（如澳大利亚或新西兰）的国际旅游系统便是这方面的例子。实际上，这两个国家的国内旅游业却表现相反，因为澳大利亚和新西兰的大多数国内旅游者都是独立的;从而,涉及旅游业的角色相对人数巨大的旅游者来说是渺小的。

激增变量和旅游管理

要解决好一个潜在问题——如何去处理变量(Beer,1959;Waelchli,1989),那么所有的管理理论和实践都可被理解。对于理解其原因来说,读比尔或威尔切里(Waelchli)的著作可能不是必要的。

从个体企业到跨国公司,所有有管理的组织都是在一个持续变化的条件下经营的,这是由永恒的变化着的环境所造成的。换言之,一位经理的工作永远都不会完成,因为环境一直变化,不断产生新的机会和问题。变量增生,所以管理活动也增生。

科学的解释可参照"必要差异定律"(Law of Requisite Variety)[也称"阿什比的定律"(Ashby's Law)],其起源于控制论在管理中的应用(Beer,1959,1975,1979;Schoderbeck et al.,1988;Leiper,1989c;Waelchli,1989)。比尔列示这一问题是通过提到没有经验的管理者经常想获得简单的控制系统,这此后被证实是无效的,因为它们缺少处理真实世界变量的复杂性(1959:44):

经常听到(从管理者们那里)乐观的要求,"给我一个简单的控制系统,一个不会出错的!"简单控制系统的问题是它们没有足够的变量去处理环境中的问题。它们连正确都不可能出现,更别说不会出错了。

要想有效果,则应在管理系统中要求足够多的变量。在旅游业中可以找到不计其数的这种原理案例。这里只谈一个方面。它与旅游地理有关。

世界旅游中激增的地理因素

对现代旅游的一个准确描述是它涉及到在世界范围内激增地理因素。随着时间的推移,越来越多的地方成为客源地、旅游线路和旅游者目的地。与过去比较,现在越来越多的地方与旅游挂钩起来。每个城市和乡镇都产生旅游者。每个城市和乡镇每年都会接待一定数量的旅游者,一般极少的乡村一年中没有旅游者。

几百万的旅游者从所有的地方交错旅游,这意味着许多地方成为旅游线路的周转地。总之,现代旅游业表现为世界各地的一种现象。为什么会这样呢?

增加旅游者的旅游日志的变量来源于三个事实:(1)现代旅游者在选择旅游地方的时候相对更自由;(2)较少但仍有相当数量的人选择去偏远地区旅游;(3)这意味着到以前很少有人去过的地方旅游。

由于许多原因,现在有比以往更多的独立旅游者,他们不使用旅游设施,而是运用自备的旅游方式,如走路、骑自行车或在每一地方使用公共交通工具,他们的旅行地点没什么限制。

高度产业化旅游中的较少变量

如果说旅游者旅游日志中变量激增的主要原因是独立性的旅游业,那么在相反的条件下,即在高度产业化的旅游中会发生什么情况呢?

如果所有的旅游都处于旅游业化中,那么将只有很少的变量。在那种情况下,将会有较少的旅游者目的地和旅游线路。供旅游者所选择的旅游目的地范围将大大减少。政策制定者将会决定哪里是旅游目的地,而不允许任何旅游者去别的地方。在完全产业化的旅游中,这些措施将会以行政、营销和法律的手段来执行。有两个原因致使在旅游业的利益中有如此的策略或措施。

第一个原因便是节约。如果让大批的旅游者分散着去许多不同的地方,则旅游业的经济利益将遭损。另一方面,如果同样多的人被限制去一小部分地点旅游,那么从经济的角度上来看,则会降低成本而增加利润。

另一个原因在于管理方面。较少的地区被游玩意味着管理较少的变量,这又说明管理的基本任务变得较简单、不复杂,从而管理者也更加可能达到其组织目标。

通过限制旅游者旅游地点的范围,从而减少目的地的数量是一种策略,这可以营造一种比在现实世界中无限制选择范围的情况更有效的整体旅游系统。没有其他的策略能产生同样的效果。这些策略包括:(1)提高交流;(2)在人力资源方面投入更多的关注;(3)抚平市场;(4)提高计划质量;(5)增强合作。这些看上去都可以成为解决激增变量这一问题的方法;但在实际中,他们不能减少变量。

这种引发更集中的旅游方法是假设上的高级策略。然而,它有两点缺陷。现代旅游业离完全产业化还远。同时,在现代社会的文化中,选择去哪里的自由是一种深入人心的价值观,不容动摇。

以下案例将集中于由激增旅游目的地所带来问题的国家,这种问题在澳大利亚和许多其他国家都很普遍,这不是重要的问题。举这些案例的主要目的是从管理角度上看激增变量的主要方面而不是为了解决它们。

作为旅游者目的地的中国香港、新加坡和澳大利亚

中国香港和新加坡是世界两大主要的旅游目的地,其近几年的记录显示每年都有超过500万的旅游者光顾。两地都被广泛认为是管理完善的旅游者目的地。但是,这是不是就应该把这两地作为其他国家管理者和政策制定者的一个旅游管理模型呢?可以论证:不行。

以下分析与激增变量有关,其将会揭示中国香港和新加坡有其作为旅游者目的地的优势,它们都较容易管理。从这一角度上说,它们作为目的地的成功是幸运大于良好管理。好运气是指在独立政府管辖之下的小范围地区。如果新加坡还是在政治上隶属于马来西亚,且是其中另一城市的话,则情况便会不同。

坐小汽车穿越中国香港和新加坡(加上乘船到的对岸)只需花一两个小时。因此,无论旅游者在这两地的任何地方住宿,他们都可以利用白天时间去此地的各个地方;从而不需要更换住宿地点来利于游玩目的地。联系第六章所述,中国香港和新加坡各自只包括一个旅游者目的地区域(TDRs),而大多数其他国家都包括几十、上百、上千个TDRs。这使得中国香港和新加坡作为TDRs相对其他国家来说更容易管理。考虑两个实际问题。

第一,在中国香港和新加坡,政府、国内旅游组织和其他主要旅游相关体都不必要监督几个TDRs的活动。在这种情况下,整个国家作为旅游者目的地的表现只反映了一个TDRs。

相反,在澳大利亚,有一项复杂且昂贵的系列调查,其为收集数据来监控82个旅游区的模式及趋势。此变量度(82个地区)意味着监控任务与相关的管理角色都十分复杂,而且随着旅游官方和计划者要求更具体的信息而变得越加复杂。此乃激增变量的一个例子。实际上,支配82个地区也只是保守的观点,旅游者目的地的数量取决于旅游者,由旅游者所创造。而在中国香港和新加坡,没有这种激增变量的问题发生,从而其管理更简单。

第二个问题与推广、宣传有关。当计划向公众宣传、推广中国香港和新加坡时,旅游相关团体不必要在一些TDRs之间进行决定。因为那里只有一个TDRs,没有其他选择,所以答案是多余的,因此,其便能集中管理态势决定推广TDRs的最佳方式。这种局面的优点是多方面的:经济的、政治的和管理的。

从政治角度来考虑此问题。在中国香港和新加坡,没有谁会起诉国家旅游总局和国家航空公司只偏心某些TDRs而不管其他TDRs的推广或经营策略。相反,在新西兰或澳大利亚及许多其他国家都包括很多TDRs,这种起诉时有发生。国家内的省级旅游相关利益群体抱怨其美妙的景点被国家旅游推广活动所忽视。

实际上,要想迅速地产生效果,一个大国要挑选其某些TDRs,进行特别推广、宣传。这意味着其他TDRs将被忽视,或至少不被突出。但是,当国内旅游业推广机构,如澳大利亚旅游者委员会、快达、新西兰旅游公司(Tourism New Zealand)和新西兰航空遵照这种理性且集约的策略时将会发生什么呢?

在国家范围内,许多当地居民都推选他们的家乡地区,都认为其家乡具有"独特的"旅游风味,并向国家旅游推广机构施加压力。

最好的结果是,面对偏见危机,国家旅游和航空组织的管理者花时间来判断、选择推广策略。最差便是把钱投到不重要的 TDRs 的推广上去了,造成浪费。而在中国香港和新加坡,这些问题都不存在。

总　结

激增变量是管理基本问题的一种解释。对于管理者来说,最好的解决方法是减少被管理的系统中的变量,以及抵御一些利益阶层要求增加变量的压力。管理者应该反对不必要的变量。以上为阐述理论所用到的地理方面只是激增变量影响旅游管理的一种方式。

可持续的旅游

可持续性在第十章有所提到,这里将进一步探讨。两个相关意见,即旅游业要求可持续的环境与旅游业的股东应该特别关注保护环境,在 20 世纪 80 年代以前是有争议的,至少在澳大利亚是这样。一位有影响的人,即爱德华·圣·琼(Edward St John)反对这些意见。爱德华·圣·琼是一位环境积极分子和前澳大利亚政府部长,其在每年召开的澳大利亚国家旅行协会(Australian National Travel Association)(其后更名为澳大利亚旅游业协会,此后再更名为澳大利亚旅游咨询会)的会议上表示反对意见。

圣·琼(1974)的论述有四方面的论点。他说,自然环境是旅游业的主要资源,指出由于贪婪的开采和过度的污染,澳大利亚的环境正遭到破坏,其还指出少数环境保护积极分子群体正以各种方式抗议破坏环境的行为,最后他还提到旅游业的领导在这一极大损害其利益的问题上没有采取任何行动。

圣·琼的论述没有得到多少与会人士的认同。他被认为是一个激进的捣蛋鬼。16 年后,澳大利亚处于领导地位的旅游业协会的官方策略改变了。其陈述认可了旅游业的可持续性发展并提出发展和经营的指导方针。这一政策的基本意思正是圣·琼所讲的(ATIA,1990):

> 经常都是毫无损坏且独特的自然资源吸引着旅游者。在大多数情况下,这些吸引的东西都是不可替代的。可以自我证明,旅游业的相关利益群体出于自身的利益也要采取行动来保护这些资源。然而可惜的是,这种自身利益的逻辑好像一直都没流行开来。

以下的讨论开始于旅游业可持续发展(SDT)观点的起源,并解释为何其现在成为流行观点。接着问到 SDT 和 ST(可持续的旅游)真正是关于什么?什么是可持续的以及什么是发展？什么是管理蕴含？最后留一个尾巴：将揭示出由圣·琼及其跟随者所提出的支持可持续发展旅游的一般观点的缺陷。这并不是反对可持续发展旅游，而是指需要一种不同的方法来执行这充分有效的策略。

可持续的旅游政策的起源

近几十年来，越来越多的监控特别环境的专家（气象学家、生物学家、社会研究者、化学家、动物学家等）都认识到这一问题，并要求政府的各阶层、所有的行业组织、人类都采取行动来扭转这一问题。

根据联合国于 1980 年所公开的《世界保存战略》(World Conservation Strategy)，及其后霍尔(1995:22)的文章，可持续性成为公众的关注点。关于"可持续的"(sustainable)引用最广的定义来自《我们共同的未来》(Our Common Future)，其是由布伦特兰(Brundtland)委员会为世界环境和发展委员会(World Commission on Environment and Development)所做的一篇报告。此报告这样定义可持续的活动："在不损害后代利益的情况下实现目前的目标"(WCED,1987,引自 de Kadt,1992:49)。

在 1987 年前，可持续发展的所有优点都被除环境学家或绿色和平主义者以外的人所忽视；5 年以后(1992 年)，德·卡的特(de Kadt)谈到"我们或多或少地成为绿色爱好者。近几年，环境生态学甚至可持续发展都进展性地成为公众关注与政治的中心"。

布伦特兰的定义以及 WCED 报告的政策都被政府、工业集团、学术界和其他各领域的人士（包括旅游业）所广泛接受。1992 年，在里约热内卢(Rio de Janeiro)，联合国召开了关于环境和发展的大会，参加会议的是来自 178 个国家的领导和代表。首脑会议中一致签署了商业和政府都要遵守的原则协议。

对旅游业和环境联系感兴趣的代表旅游业的机构和学术研究者留意了此原则（Allcock et al., 1994; Smith & Eadington, 1992; Bramwell & Lane, 1993; Wahab & Pigram, 1997; Wall, 2000; R. Buckley, 2002)。

环境真的遇到了严重问题吗？

许多环境问题都值得争论。例如，在 20 世纪 80 年代到 90 年代期间，保护地球生物圈的臭氧空洞变大，导致广泛的警惕，声称其原因是环境的破坏。然而，到 2002 年，此洞停止扩大，并似乎逐渐缩小；一些科学家说这只是一种自然的波动现象，就像长时期内地球气温的变动。

由洛姆博格(Lomborg,2001)所写的一篇重要著作提到，许多所谓的环境"问题"根本就不是问题，某些成问题的东西（例如地球变暖、转基因食品、营养不良并不是世界末日的问题,其能被管理、控制。

贯穿人类历史,某些人容易被所见的威胁所担忧,而一些人通过夸大威胁(尤其是年轻人和易轻信他人的人)吓唬其他人。这就给了大惊小怪者权力,这些大惊小怪者在早期通过宣扬一些毫无意义的宗教东西(例如永恒的地狱)来吓唬人们。而到20世纪80~90年代,这类人以环境担忧者的形式而出现。这些人引导许多人认为世界环境正滑向末日和深渊。这引发了不必要的悲哀和沮丧。

在许多环境中都存在问题,但其中许多都是可以管理的。本讨论的后半段将会展示旅游业和旅游业的含意。

为什么可持续发展旅游是一种流行的观点

要了解为什么可持续发展旅游和其普通形象,即生态旅游现在如此受欢迎,需要认识它们是如何影响广大群众的。

第一,最多人数的是这么一个群体,即他们通过上学、媒体和个人观察来学习一些案例等,从而开始关注环境趋势。这类人认为某些旅游"发展"其实是环境破坏。一个近期的例子是关于一个大型胜地建于昆士兰海岸的卡德维尔(Cardwell)旁。一场环境论战使得联邦政府于1995年4月下令停止其建造,其后又开工了,环境保护论者继续反对其修建,他们认为此胜地会破坏脆弱的环境。

第二,年轻人尤其偏好于可持续的环境。这反映在布朗(Brown,1995)的研究中,其发现学生们会在环保型住宿上比高标准住宿花费更多。

第三,其生活与旅游业直接相关的职工普遍接受这一观点,因为他们怕将来旅游者服务的需求减少从而导致其就业困难。在一次关于生态旅游的会议上,曼利(Manley,1992)在其题为"保护鹅及其黄金利益"的讲话中传达了此观点。

第四,除了保住工作外,可持续的旅游还是旅游业员工(包括经理们)赎罪之路。在产业中的许多人都对造成环境问题有一定的罪恶感。大量的公众和媒体也都这么认为,在一本澳大利亚杂志《公司评估》(*Corporate Review*)(vol. 5, no. 4, 1994)上有封信声称"旅游业是肮脏的并会变得更肮脏"。

第五,环境保护论者大力倡导此问题。

这些类别都反映了不同的解释,概括便是:常识、年轻人的理解、经济利益、理性的原因、积极的行动。

可持续发展旅游的观点使得许多人都感觉良好,因为它使消费和环境趋于和谐。许多人都感觉度假旅行很愉快,所以,实际上旅游是一种高消费的形式。然而,这里许多同样的人也都认为(同时许多人也将要这样认为)旅游行为会破坏环境。

这些相反的感觉时常被加强。从大众媒体和偶尔的交谈中,我们都感觉参与旅游很舒坦,同时也感到参与的负罪感。"在它被旅游破坏之前去巴厘岛[或拜伦湾(Byron Bay)等]游玩吧"这句话便表达了这种矛盾。在参观一受欢迎的地点时,消费者们会感觉他们是破坏者之一。

在那种背景下,可持续发展旅游这种观点便是"保护你的蛋糕并吃它"的一种机会。由于看上去消除了环境保护主义与消费主义之间的冲突,减少了消费者在旅游业中的负罪感,从而可持续发展旅游变得流行起来。同时,它也消除了绿色爱好者在参与旅游中的负罪感。这一观点有力地使得奢侈的消费者向节俭的绿色爱好者转变,而这也受到科学家、儿童和年轻人的支持。在一个大规模旅游及环境大威胁的时代,可持续发展旅游的观点随时代的呼唤而产生。

如果可持续的经济学是"保护你的蛋糕并也吃它"的一次机会,那么它很像澳大利亚70年代受儿童欢迎的一个故事,其名为《魔法布丁》(Magic Pudding),是由诺曼·林赛(Norman Lindsay)所著,其大概讲的是有一块布丁,无论它被切了多少片,也不管它被吃了多少,它总是原封不动。在欧洲文化当中,类似之意的便有福音故事,其讲述到耶稣用五块烤面包和两条鱼供给5 000人吃,然而当这所有的食物都吃完时,便出现了12篮满满的食物。另一则故事是关于生金蛋的鹅。这些类比故事,包括其他的,并不能延伸得太远,因为《魔法布丁》、《传奇面包》和《黄金鹅》都是童话,与每天的资源经济学和管理学没有关系。

所有的本土社会都有生态保护的智慧吗?

麦格雷戈(MacGregor,1993)声称可持续发展的观点并不是新有的,布伦德兰特(Brundtland)提倡的观点以及无数代当地人民的传统文化中所表明的都与这一观点类似。克努森和苏租奇(Knutson & Suzuki,1992)和其他作者都提倡相同观点。此暗含之意是可持续性能够从本土文化中得知,例如,加拿大因纽特人、新西兰的毛利人和澳大利亚的土著的文化。

然而,里德利(Ridley,1997)表示麦格雷戈、克努森和苏租奇或其他人所说的这一观点都是虚构的、无知的和误导人的。在本书中作为信仰的生态学(Ecology as religion)里,里德利绕世界所做的研究表明,实际上传统社会的当地人都是环境的破坏者。例如,拿毛利人来说,在其到达新西兰的几百年中,吃掉了所有12种鸟,使其绝种,接着进行人吃人、嗜食同类来满足他们的肉食欲望。

环境的可持续精神偏好归因于近些年的本土文化而不是遥远时期的文化;它看起来是近几年当环境问题出现后而产生的,但这并不意味着我们要自动接受其所有的产物。

"发展"的不同含义

"发展"对不同的人来说有不同的含义。一些人认为其为经济的增长,更多的收入、工作岗位；一些人认为是现代化：一个发展的社会的各方面，在其中每个人都获得了新价值；一些人则认为"发展"是分配的公正性，其给予穷人更多的分享利益，其进一步的含义是从生产的资本家模式转变的这么一种社会经济体制的发展。

可持续发展旅游（SDT）中的D（发展）不仅仅是指经济的增长或社会的公正，但是，当旅游者和旅游业发现并应用新规则时，它一定应该包含社会经济的转变。

可持续发展旅游的管理战略

要分清与可持续发展旅游相关的一系列管理战略（以下种类的排名不分先后）。

环境友好的实践

许多服务旅游者的商业机构都试着把其对环境的破坏降到最低。这些策略时常被称为"环境上的友好"（environmentally friendly），但"可接受的"（acceptable）便更准确。哈里斯和利珀（Harris & Leiper, 1995）所讨论的案例便可说明。水银速接公司（Quicksilver Connection）关于停泊处和浮桥、残渣处理及对化学清洁代理机构的挑选的策略便是这一方法的说明。

伊斯特（East, 1994）的研究发现一系列的环境友好的实践在澳大利亚宾馆中传播开来。有趣的是，她的研究中表明大型宾馆比小型宾馆更多地采用这些实践方法。第一眼看过去，这一现象与经常提到的环境原则"小就是美"相矛盾。伊斯特没有在实践中钻研这明显的理论矛盾。其后会对此有所揭示。

承载能力

在实际中，使旅游者的数量（流量或存数）保持在事先决定的承载能力之下是可持续发展旅游的一种策略。例如，20世纪90年代中期，在南澳大利亚的海豹湾（Seal Bay），其国家公园和野生动物服务（Wildlife Service）规定每年只承接150 000位旅游者来访，因为访问更多的话便会破坏海狮的可持续的生态系统（Harris&Leiper, 1995）。

澳大利亚旅游部门（Australian Department of Tourism）的一篇题为"国家生态战略"（National Ecotourism Strategy）的报告提到限制旅游者数量的一些策略（Allcock et al., 1994:47），但是在公正、公平的基础上反对最简单的方式（提高价格以抑制需求）。此报告似乎忽视了一篇题为"荒芜的经济学"（The Economics of Wilderness）的经典文章（Hardin, 1969/1974），其分析了控制观光者数量的不同方法。荒芜经济学在"生态旅游战略"中却没有提到哈丁（Hardin）的最佳方法。这一策略允许观光者步行于敏感的野生地带，如果人数增加到承载能力的极限时，步行的人便要排队上车前往目的地。

修复或改造区域和结构

旅游业发展策略可能涉及到处于破烂、贫穷条件之下的地区、结构的修复或改造。相关例子在第十章提到。

商业的核心策略

由哈里斯和利珀（Harris & Leiper, 1995）所讨论的关于世界圣所公司（Earth Sanctuaries Ltd）的案例是可持续发展旅游战略的一个特别的例子，因为此组织从创立开始时的目标便是维持特别的生态系统，为澳大利亚岌岌可危的动物群贡献自身力量。此策略是栖息地保护区策略（feral-proof habitats），其由出售独特的生态旅游经历来融资。旅游是其为达到更高目标的手段。

变形的商业战略

袋鼠岛（Kangaroo Island）上的海豹湾和菲利普岛（Philip Island）上的企鹅保护区（Penguin Reserve）代表了与世界圣所公司不同的一种发展战略。在这些案例中（Harris & Leiper, 1995），当企鹅和海豹都用于旅游业的环境资源的时候，与旅游相关的企业都以旅游业为核心商业而展开经营。在20世纪80年代，这两者的性质都发生了根本的转变，进而也转变了其战略。现在，其根本目标是维护生态系统——稀有动物的生活习性——旅游业是被用来服务于那一终极目标的。

小就是美丽吗？

由于环境问题声称有一种简单的解决方法便是"小就是美丽"，即小型组织都是"对环境友好的"，所以许多人都反对与大型组织相关的某些活动。然而，这一原则可能在某些背景下有益，但也可能造成环境的破坏。正如本章前面所讲，当运用在中国的钢铁制造上面，"小就是美丽"的政策导致了巨大的环境问题。伊斯特（1994）研究发现，目前澳大利亚的大型宾馆比小型宾馆更多地遵照环境友好的实践。然而，伊斯特的结论没有反对这一原则，因为大多数的大型宾馆都由一系列小型组织所具体分工构成，这主要是由于理论家们向其引进了"小就是美丽"的原理（Schumacher, 1974）。根据舒马赫（Schumacher）的断定，400名员工以内的宾馆属于小型，超过400名的为大型宾馆。

比如说，任何超过50名员工的宾馆都有足够的管理人员来有效地处理环境问题。而多于400人，则问题可能会增多。同时，只有10或20名员工的宾馆，其管理者可能就只有一两个，从而其不会有时间对于环境的各个方面都进行管理。这些经理们一般都忙于做其他的事情。

换言之，非常小的组织不能做出环境友好的实践，并且是对环境不友好的。

非常小的组织可能遭受规模不经济,这限制了它们经理管理环境问题的能力。巴特勒(Butler,1992)和怀特(Wight,1993)指出大规模的旅游业不总是会造成环境的破坏,而小规模旅游业可能是造成环境问题的原因。

定位战略

与"小就是美丽"理论相关的另一个理论是:最佳的战略是瞄准目标的市场。一些咨询师、学者和政策建议者提倡把它作为可持续的旅游业的总体方针。不幸的是,这个策略也时常被误用,可能是由于它的提倡者没有真正理解定位战略理论。不是所有的小型组织都能或应该采取定位战略。要使这一策略有效的话,其要求组织避免竞争或竞争的威胁,而这种条件对于小规模公司来说是不大可能的。

定位战略的主要目标是避免竞争。一个真正的定位可以避开竞争或竞争的威胁。因此,确定评论家、咨询师或学者混淆其含义的一个标志是他们认为定位战略使得商业企业更具竞争性。

此外,如果某产业中所有的小型企业都遵照定位战略的话,此产业将不复存在。产业的演进要求一部分的小型企业的经理忽视定位,而与大型组织竞争,分享其市场份额。

此问题的一个例子是布吉特出租汽车公司(Blackwell&Stear,1989;King&Hyde,1989)。如果布吉特还维持其原有的定位战略的话,澳大利亚汽车租赁行业就不会发展成现在这个样子。当鲍勃·安捷(Bob Ansett)于20世纪70年代从麦克伊瑞(McIlree)手中费力的取得布吉特的控制权后,他带领小型企业策划和挑战行业领袖艾威斯汽车租赁集团和赫兹公司(Hertz)。到1981年,布吉特成为了行业领袖,其组织结构、行业特色及市场都大有转变。这一案例表明,倡导行业定位战略的理论是导致行业非可持续的政策的原因。

基于资源的定价

麦格雷戈(1993)所列举的可持续发展旅游战略中包括了一种政策,其认为在旅游业中使用的所有资源都要反映到旅游者所支付的价格上。从历史上来看,旅游业没有遵照"使用者支付"策略。而有所谓的"免费"资源,如自然环境得到旅游者和旅游业的使用补偿。袋鼠岛的海豹湾是采用"使用者支付"政策的景点之一。澳洲大堡礁潜水公园(Great Barrier Reef Marine Park)则是另一个例子。

定期环境审核

在每个商业经营过程中,审核能阶段性地获得可持续发展旅游。他们包括一系列项目的评估,例如,循环程序、承载能力、风景审美、当地居民的生活方式和价值以及水质。斯特布勒(Stabler,1995)谈到了风景审美的方法。澳洲大堡礁潜水公园(Great Barrier Reef Marine Park)的官方正在使用这种战略,来监控旅游者对暗礁及其附近的影响。

教育、培训和宣传

在所有的可持续发展旅游战略中包括一种推荐教育和培训的方法。通过让旅游者亲身经历一些特别的问题,或以静态或动态的方式对其讲解,来帮助他们学习、了解环境问题。出于各种与可持续发展旅游相关的目的,可以采用各种不同的方法来培训员工。

还有一种是宣传策略,其不必有意地计划,但明兹伯格(Mintzberg,1991d)认为是紧急策略。在一些环境问题产生后,要有控制观念的一种道德判定,使社会观念转到热爱绿色和保护环境上来。

为可持续发展旅游和生态旅游业的可信赖的推广

麦格雷戈(1993)推崇旅游商业应该反映"环境的敏感性并宣传最小程度的环境和文化碰撞"(1993:788)。告诉旅游者特别服务的商标或牌子以及符合可持续原则的产品或地点都是十分有用的。随着这些商标和牌子的激增,便会产生困难状况,导致旅游者们不知道哪一个是可信的(Allcock et al.,1994;Buckley,2002)。

作为促销手段的生态旅游业

正如以上所说,一些商业组织或旅游机构利用生态商标作为促销的手段来吸引消费者。以上的分析表明了这些手段有如此高的感情吸引力的原因。而实际上,促销者可能与可持续发展旅游毫无关系,甚至造成环境破坏。杰拉迪(Geraghty,1994)的研究发现这种手段在澳大利亚被广泛运用。麦克切(McKercher,1991)年的题为"对旅游的非认知威胁:旅游能成为'可持续的'吗?"(The unrecognised threat to tourism:can tourism survive"Sustainability"?)的论文也提到这种以可持续发展旅游或生态旅游为商标的东西是破坏环境的。按照麦克切的意图,杰拉迪举了三个案例。

金费雪海湾胜地(Kingfisher Bay Resort)是著名的环境友好之地的代表。杰拉迪声称此胜地"极大地影响了弗雷泽岛(Fraser Island)的环境。它重新布置了自然景色并把其转变为不可修复的状态。我认为金费雪海湾胜地的宣传手册采用了生态旅游的潮流……它根本就不是生态旅游……它是一个自然风光的胜地"(Geraghty,1994:21)。这些批评可能都正确,但他们忽视了重要一点。金费雪海湾胜地特意把一些因素降到最低程度,而这些因素会造成环境的破坏。这便是金费雪海湾胜地成为可持续发展旅游模型的原因。如果金费雪海湾胜地实际上遵循自己的标准,则其对岛上生态系统的影响应该不会那么重要。

杰拉迪对"生态诱惑"的方案批评更甚。该方案内容包括可以自己驾车或开私人飞机到旅游目的地游玩。这种宣传在杰拉迪看来"根本没有考虑到环境而且也不符合任何生态旅游的标准"(1994:21)。

他的第三个案例是题为"Lismore was into eco-tourism before there was a word for it"的基于媒体的旅游宣传活动。他把这描述成"乱用生态旅游术语最纯粹的体现……只是宣传利斯莫尔或尼宾(Lismore/Nimbin)地区的一个广告,其使用生态旅游一词仅仅是为了吸引旅游者的注意"(1994:22)。

研 究

可持续发展旅游的主要需要是做更多的研究。目前研究包括了：莫斯卡多(Moscard,1995)的关于达到旅游者住宿的生态可持续的方法,索加(Sogar)和欧斯蒂克(Oostdyck,1995)的关于公园和森林的可持续的旅游管理的研究。杰克森(Jackson et al.,1995)对真实性的兴趣引出了一种保护脆弱的环境免遭大规模旅游的破坏的策略。马西森和沃尔(Mathieson & Wall,1982)及彼格兰(Pigram,1992)表明旅游业与环境影响之间的各种关系,这对于瞄准此方向的策略有帮助。较不正式的研究便是观察真实案例,这也是靠近可持续发展旅游的一种方式,而当成功的案例出现的时候,其便成为别人拷贝的模式。

较高的产业化：一种有用的可持续发展旅游情形

本章前面及本书的一些地方曾出现过这一观点,其讲到超过了旅游业的规模便会产生对旅游业的负面影响。它们的出现是由个体旅游者的活动所致。责备"产业"或期待"产业"去修复问题都是无效的。

无论高度产业化的旅游业有什么坏处,其有一个好处在于管理者能对一系列的环境问题负责并一般都能有所作为。在这种背景下,4WD(具有四轮驱动系统的私家车)在家呆着,度假者们则使用公共交通工具、商业住所和旅行团。通过直接的监督,大巴司机和导游进行管理来减少令人不快的环境破坏行为。

对可持续发展旅游传统争论的缺陷

经过密切的调查,1974年圣·琼所表述的关于可持续的旅游业的传统争论存在不足。可持续的旅游是由不可持续的旅游所触发的。传统的争论假设旅游者不会去一些景色遭到破坏或背景环境遭到严重污染的地方游玩。此假设存在三个问题。

第一,实证经验与其矛盾。如果假设成立的话,那么总体环境遭严重破坏与主要景点完全毁坏的地方将会减少其作为旅游者目的地的受欢迎程度。

30年以前,旅游者们都说曼谷(Bangkok)是一个环境很差的城市：噪音、臭味、被严重污染的空气、拥挤、令人吃惊的交通堵塞,其是一个旅游的糟糕地点。

据大家说,20世纪60年代以后,其环境变得更差了。然而,来此城市的旅游者人次似乎却增加了,不仅仅是把此地作为周转地,还把它作为观光之地。曼谷的历史反驳了低水准的环境破坏旅游业的论调。

1840年后,当欧洲人发现了罗托鲁瓦(Rotorua)的粉红和白色的梯田后,这些便成为新西兰最受欢迎的旅游吸引物。岩石与水气池塘的造型成为独一无二的风景,许多著作和油画对之无比赞叹。从海外来了一些旅游者观光,使其附近的宾馆、旅游运营商和交通公司都兴旺起来。然而,在1886年,梯田及其附近的宾馆都被巨大的火山爆发完全摧毁。什么都没留下。一小段时间的平静以后,旅游业又恢复了。新的宾馆被建造。现在那里有描述粉红和白色的梯田样子的标志和绘画,还指出了被摧毁的宾馆的遗址。罗托鲁瓦仍然是新西兰主要的旅游者目的地之一。其他一些特色之处取代了当时的梯田之景成为旅游者们所关注的对象。罗托鲁瓦的历史证明某地区核心景点遭摧毁便会破坏旅游业的论点是不正确的。

第二,在关于吸引旅游者的旅游目的地这一潜在理论方面有问题。这是一种肤浅且对人产生误导的观点(第六章和第十三章所强调的一点)。字面意义上的"吸引"或"拉力因素"只是旅游业的印象,没有科学的真实性。同样,声称例如"每一个地点……有其独特之处,它们构成了吸引旅游者的各个方面"(Oelrichs,1992:14)这样的言语都是没有科学根据的。文字上的东西从来就不会是真实的,但可能在一些地方对于一些旅游者来说是真实的。它不应该作为旅游业全景的总体原则。

总之,如前所述,旅游业因素不会在旅游者目的地或他们环境质量之中。研究发现主要因素是人们居住之地的推动元素。推动元素是离家出游的动机、由家乡或旁边的环境所引起的动机,这些动机基于一系列人类需求:短时间的离开日常环境的需要、自我评价的需要、恢复的需要、尊重的需要、社交的需要等等。如果这些需要通过旅游来满足的话,很明显,其他地方对于充当旅游者目的地的角色是必要的,但是那里的环境条件则不一定相关。

核心元素并不是对照环境质量模型而测量出来的目的地的环境状况,而是每个整体旅游系统的两头地点的相对环境状况,即客源地和旅游者目的地区域。如果认识到两地相对环境的差异,则住在有污染的城市的居民会选择到一个被污染的目的地去旅游。

例如,悉尼的许多人都生活在被严重污染的环境当中:他们的生活质量被空气污染和无休止的飞机噪音所影响。他们常去的一个度假之地是60公里以北的沿岸区域。30年以来,其地区的环境质量被流进湖泊或河流的污水所污染,以致以往是钓鱼和游泳胜地的这里如今成为休闲的无用之地。为什么这个地区还是悉尼人的一个受欢迎的旅游者目的地呢?部分原因是这里安静、祥和,没有飞机的噪音而充满清新的空气。

这一传统论点的第三个问题是它忽视了时滞和新一代旅游者。今天的旅游者与去年或 10 年前都不同。不是所有的旅游者都评价目的地变化的环境的。1995 年游玩曼谷的旅游者已不是曼谷空气变坏以前而游玩此地的旅游者了;在过去 50 年里游玩罗托鲁瓦的旅游者也不知道粉红和白色梯田没有被摧毁时罗托鲁瓦的情景。

同时,新一代旅游者形成了新一种休闲的方式,从而过去流行的方式现在已不流行了,并可能完全消失。1780 年前,没有人以游泳为乐,而在 1925 年前,极少的旅游者以晒太阳浴为时髦的行为(Turner & Ash,1975)。在 1839 年前,旅游者们都不拍照的,这一习惯开始于意大利的科摩湖畔(Lake Como)(Sontag,1979)。现在相对很少的旅游者还被洞穴、山洞所完全吸引,而在 150 年前,这些天然地点都曾是大规模旅游的场所。

这些情况都表明,当旅游的基础——离开家乡去娱乐和享受休闲——是永恒不变的主题,旅游的形式依赖于产生地区域的社会、文化和其他环境的影响以及基于对目的地区域相对环境和特征的观察,从而一代一代地发展、演进。

对可持续发展旅游的一个更好的论调

对可持续发展旅游做出更好的论调并不是出于可持续发展旅游帮助了旅游业,而是仅仅为了改善这一关于影响旅游业的错误理论。关于可持续发展旅游更好的论点是它维护了生物圈。

在其他活动中(如制造和采矿)的关于环境可持续的政策并不是合理的,因为它们有助于制造和采矿,所以认为可持续发展旅游帮助了旅游业这种观点值得怀疑。如上所示,对旅游业一特别案例的论点都是骗人的。可持续发展旅游的最佳理由是其维护了生命,保存了生物圈中复杂且脆弱的生态系统。旅游业得到收益应该视为此论点的副产品,而不是核心产物。一旦认识到了这点,旅游业协会应该签署总体环境政策,而不仅仅是帮助某些旅游业形式的政策。

理想的可持续发展旅游

从与向可持续性转变有关的旅游业自身的历史上来看,旅游业带有一种障碍,使得其不易完全向可持续性转变。从历史上来看,许多旅游都有一种皇帝制度的特征,而且这种帝制态度一直存在着。

来自富有、有权势阶层的旅游者继续到较穷、附属阶层的地方去游玩,不容易避开一个假设,即目的地应该有东西来"供应给旅游者"。这是一种皇帝的口吻、态度,暗示着旅游者是更高级别的,所以必须要提供些东西给他们。

钱柏林(Chamberlin,1993)的一本书《掠夺》(Loot)说道:对遗物的掠夺体现了这种态度的初始及之后的形式,其开始于18世纪,自西方欧洲而来的贵族旅游者抢夺了殖民地的文化手工艺品或者以这些旅游者的帝制系统(英国帝制、法国帝制等)镇压这些地区。一个著名的例子是开始于1801～1803年的从雅典转移埃尔金大理石雕(Lord Elgin)的故事。它分几次船运而被转移,花费巨大,最后于1816年以最好的价格卖给了英国博物馆。在20世纪80年代,希腊政府开始发起运动要求其归还这一石雕。

钱柏林和其他作者声称今天的普通旅游者仍然有同样的皇帝态度,他们觉得目的地有提供东西给旅游者的责任。这一同样的态度在旅游业中很明显。如果是这样,向完美的可持续发展旅游前进要受到阻碍了。

那么有没有其他的选择？山社(Sierra Club)的著名格言是这样表达完美的可持续发展旅游的:"只带走照片,只留下足迹"。这是理想的,但不会被广大旅游者所理解、接受,因为他们都采用皇帝般的旅游形式,要求各种旅游设施,也不仅仅留下足迹。以上所简述的一系列政策和策略提供了一种更全面的方法。

谁实际上管理旅游业？

谁管理旅游业？这一问题看起来是多余的,因为其他作者从来不会讨论它。例如,就目前所知,每年几刊而持续办了27年的杂志《旅游管理》(Tourism Management),从来都没提过这样的问题。

对忽视这一问题的解释是简单的。传统观点假设服务旅游者的组织(如交通代理机构、旅游运营商、主题公园、航空公司、宾馆、国家和地区旅游机构等)的雇员管理了整体旅游业。传统的学识假设旅游业被完全产业化,旅游者所使用的每一种资源都来自一个行业或一组行业中,而这些行业由负责日常管理的人所管理着。一旦旅游业被理解为是一种部分产业化过程或被看作是一种更复杂的全景的时候,一个不同且更现实的答案将浮现出来。

一次教育上的转换

把主题从旅游业暂时地转换到教育中来能澄清这种问题。谁管理教育？最快的答案便是:它由教育行业中的教师和管理者所管理。这些教育行业包括幼儿园、小学、中学及大学。但当问题改述到特别针对你时,你将何以作答:以前和现在分别是谁管理你的教育？在你的教育经历期间,谁计划、组织、协调和监督了教育过程或结果？

在做出最后的回答之前,请意识到你的教育经历不只是在教室或讲座中发生的东西;它们包括了你离开大学或班级以后,增加你知识或理解的所有教育经历。

你同意你的许多学识来自日常普通的经历吗？这些日常活动包括：与熟人和家人谈话、观察你周围的世界、看电视或电影、听广播、看报纸、工作、运动和玩游戏等等。换言之，你同意在教育行业之外仍有许多非正式的教育种类吗？现在回答这一问题：谁管理了（或正在管理）你的教育？可能你会这样回答：

> 我的教育部分由教育行业的教师和管理者所管理，部分由我自己管理，而在小时候由我父母管理。然而，我教育的一大部分都不是能用任何具有实际意义的词来管理——它不是被计划、监督、协调或控制的——它是一次一次地发生的。

在一篇关于现代教育和传统学校的著名批评文章当中，伊万·伊利什（Ivan Illich，1971）关注到人们普遍忽视的教育与学校教育之间的差异。这种差异可以由上一段问题的答案看出。教育是个体从任何源泉处学到知识的过程，而学校教育是一种制度化的、具有强制性课程且与教师相关的过程。这两种过程时常走在一起，但它们不是相同的。教育包含了学校教育，是一种更广的过程。

在"教育产业"或"教育系统"这些误导人的标题之下会得到什么呢？更准确地应该叫"学校教育产业"。在学校教育机构（高中、大专、大学）下的老师和管理者没有涉及到整个教育系统；他们仅限于学校部分、制度化的部分。教育像旅游业一样，是一种部分产业化的活动。

回到旅游业：谁实际上管理？

谁管理旅游业？准确的答案来自于第一次认识到旅游业像教育一样，这是一种部分产业化的过程。可以得知，在旅游业中的一部分是由其中的管理者所管理。那另外一部分是什么？即没有被产业化的旅游业，其由个体旅游者所管理，并且在某种程度上来说，它没有任何管理。

无论单个旅游者是如何聪明和勤奋，他都不能完全管理自身的旅游业。他们可能计划行程，决定去哪里、什么路线，计划做什么、住在哪里，如何从一地到另一地去。但是他们一般不能完成许多管理其旅游的其他因素，因为他们缺少不同地点的管理知识。

现代形式的旅游业并不能完全被旅游业的管理者所管理，不能由地区或国家总局有关部门的管理者管理，也不能完全由个体旅游者所管理或前面所有的集合所管理。当某人启程去旅行时，不可避免地会有一些未来经历不能被计划到或协调到以及控制到。关于这些条件将在本章最后谈到。

部分产业化的结果

第七章和第十一章中都摆出了关于部分产业化的理论的论点和论证。在本章的前段,产业化变动的程度以与管理问题有关(季节性、反馈、激增变量和可持续的旅游业)的形式给以表明出来。

从广义上来说,部分产业化的概念提供了一种对旅游业实际所发生的事情更为现实的理解,特别是在与管理问题相关的方面,这比认为旅游业是一种产业这种过度简化的概念要好。以下的讨论开始于谈到由此分析所引起的一系列问题,然后辨明了部分产业化的若干结果。

产业的两种概念及不同的运用

对于旅游业的认识过于简单的人,会从旅游业带来的经济效应出发,认为旅游业是一个巨大的产业,甚至还会相信"旅游业是世界上最大的产业"。另一个较复杂的概念是基于管理实践。它认识到了多重旅游业或其他一大批支持旅游业的资源。

这两个概念的实际含义是:第一,每一个都有其自己的应用;第二,它们不能被混淆。用于讨论旅游业的宏观经济效果时,第一个是合适的。当用于讨论关于旅游管理、战略和经营问题及其他一系列主题时,第二个概念是有关的。

"无领导者产业"的神话

许多评论者、研究者和政策制定者都试着使经济概念适应管理和政策问题。接着,讨论到多数为旅游者提供商品和服务的组织都以忽视旅游问题的方式来被管理,他们便以"旅游业是脆弱的"为借口。第十二章中云咸酒庄及1987年前的萨密特餐厅这两个案例阐明了此结论的基础;还可以找到几千个类似的例子。"旅游业是脆弱的"这种借口是一种误导人的思想,它是由于商业寿命与理论不匹配而引发的。

这发生了什么。想推动旅游业的人假设到由旅游者所使用的全部资源都属于叫"产业"的东西,并且这些资源的管理者应该积极地使其变得坚固一些。潜在的假设是脆弱的资源与管理者"交流"之后便具有"凝聚性"了(从而更具生产力)。旅游推动者认为一旦旅游者使用的资源的管理者被说服相信这些资源是处在产业当中的,那么他们就会改变其战略,并会多关注旅游业。

新西兰的一个相关的例子便是由南岛促进协会(South Island Promotion Association)的主席埃尔皮斯·肯尼迪(Elspeth Kennedy)所做的演讲。据报纸报道,她对"旅游业营销为何从属于旅游运营商而困惑不解"。她建议所有的服务旅游者的商业组织都要"联合起来"帮助针对旅游者的宣传、推广(The Dominion,1990年9月20日)。澳大利亚的相关例子便是1994年7月由亚太旅游协会(Pacific Asia Travel Association)的副主席伊恩·肯尼迪(Ian Kennedy)在伯里纳

(Ballina)的一次研讨会所做的评论。他把赚旅游者的钱而没有支持旅游业的推进的商业称为"寄生虫"。

与以上类似的评论数不胜数。尽管个人的意图是好的,但他们信念上的假设却是有缺陷的。与商业实践一致的一种更现实的方法便是接受旅游业是部分产业化的这一观点,同时也允许一些"擦边球"活动,例如萨密特餐厅(1988)改变战略等。

在经济学理论中,有一个概念叫无领导者产业(fragmented industry)(Porter,1980)。它与旅游推动者所给出的含义完全不同。出现这种情况可能是由于,在没有注意其合适含义的情况下,便从经济学中挑选这一表述来运用到旅游业上。

关于雇用的错误策略

由于旅游业是部分产业化的,所以其创造出来的真实岗位数量要比一般策略上所估计的少。这是因为这些估计都是以旅游业100%是产业化的假设为基础的。

由世界旅行和旅游协会(World Travel and Tourism Council,简称 WTTC)所做的一项报告(1993)在大众媒体中被广泛的流传,并由分发给全世界目标群体的杂志所反复提到。在数不清的报告宣称"旅游业是世界上最大的产业"的时候,这一报告却不谈这种"华丽的外衣"。根据美国快递公司(American Express)的首席执行官哈维·戈卢布(Harvey Golub)观点,这一产业"比一般产业多创造两倍的就业量"。哈维·戈卢布是 WTTC 的会员,他写道,研究表明"2.04亿人或世界员工的10%都直接或间接地处在交通和与旅游相关的岗位上",并到2005年,"另外1.44亿新岗位"将会被创造(Golub,1993:8)。

这是误导人的策略。真实的数值比这要小得多。原因如下。第一,这一数据是基于对旅游者的技术性定义上的,即如第二章所示,其包括了广泛的旅行者和观光者,比一般意义上的"旅游者"要广泛得多。第二便是一个更实质的原因。当某报告说旅游业雇用了许多人时,读者自然会推断这数据涉及到许多真实和潜在的工作。他们还会推断这些工作是在宾馆、航空公司、主题公园等。这两种推断都是错觉。

这种数据涉及到经济中所有工作的混合体。乘数效应意味着即使埋葬一位已故的宾馆员工的挖墓者都"间接地"被旅游者所支付。而且挖墓者买铲子的商店的店员也位列其中,其他更宏观意义上的人都仍处于戈卢布的范围当中。

由于旅游业是部分产业化的,所以该数据只涉及国家所有就业数量的一部分。而后者,即国家所有的就业量的一小块才涉及旅游业以及需要旅游业技能的工作。当所有这些都梳理清楚之后,WTTC 的这份报告便毫无价值了。关于此问题的一个更全面的解释请查另处(Leiper,1999a)。

前面环节的实际含义是,在工业化指数低的地方,其旅游业的就业机会会比官方声称的要低得多。例如,像对澳大利亚等国国内旅游的影响研究中,一般都会包括"旅游业是一个大产业,其创造了广阔而巨大的就业空间"之类的言语。而实际上,它涉及到了纵横许多产业的大规模的消费,而它们中的大多数产业都与旅游者没有战略上的联系,所以在全部岗位中,只有较少部分是与旅游相关的。

旅游业也新创造了许多就业岗位,但并不像官方统计公布的那么多。结果便是许多求职的人对媒体所公布的旅游业就业兴旺感到十分气愤。一个长远的结果便是为学生们在旅游业中寻求职业生涯而设计的几千种教育课程,可能远远超过劳动力市场的需求了。

地理分散

部分产业化允许旅游者的旅游日志在地理上比在完全产业化下的更广泛、分散。其解释和其管理含意在本章前面的关于激增变量环节已有所述。

谁管理了旅游业?

本章前面已谈到,部分产业化意味着旅游业在一定程度上由其中的员工所管理,剩下的由旅游者自身所管理。由于旅游者没有对其旅游中使用的资源的权威力量,所以他们不能管理一切事情。所以,旅游业不可避免的是一种部分被管理的过程。

在这种情况下,撇开被管理的系统来看,各式各样的环境成为了主要问题。旅游者对于某些环境很烦恼,并抱怨说"如果他们想有旅游者来此地游玩,就应该为这里做些事情",这意味着旅游业及其管理人员对于旅游的必要性。

发展的阻碍

就其发展方面来说,部分产业化的旅游业是被阻碍的,简而言之,是因为其活动的规模没有被同样规模的产业所支撑。部分产业化是旅游业协会工作的障碍。这些团体是由对旅游业感兴趣的人所发起的,这些人从经济影响的角度看旅游业,认为其是一发展潜力巨大的大规模产业。他们期望"产业"中所有的组成部分都加入其协会并参与其活动。然而,大多数这些成分都由主要兴趣不在旅游业上的人所管理,因此,他们还是处于局外,或站在边缘上。第十二章谈到的云咸酒庄便是这些商业中的一个代表。用一句传统的话来解释便是:照经济理论的方法来搞营销(这里指旅游业的推广)会失败。

真正失败的是简单的经济理论。经济理论认识到了生产四要素,即土地、资本、劳动力和企业。自此理论诞生的150年以来，重要的新的相关要素也提出来了，它们是组织和管理。

政府和社团参与的理由

政府和社会团体直接参与到旅游业中的主要潜在（并被广泛认识到）原因便是部分产业化。这使旅游业区别于完全产业化的过程，如钢铁制造、汽车制造和销售、银行业和保险业。欧·法伦（O'Fallon,1994）对旅游业的政府政策的研究包括了这方面的分析。

由于政府不会无理由地补贴一种产业，也由于真实原因被掩盖了，所以便有了借口。最近流行的借口便是：旅游业是"一种朝阳产业"，其像其他新产业一样，需要支持。实际上，至少从1882年起，当托马斯·库克有限公司在墨尔本开设办公点，澳大利亚便有了完备的旅游业。澳大利亚的旅游业比其电力产业、冶炼产业和汽车产业都要早数十年。

环境保护论者的目标

旅游的效应，无论好坏，部分是由旅游业所造成的，部分是由独立的旅游所造成的。充分赞扬或斥责旅游业都是不理性的。就旅游是部分产业化的这一角度来说，"产业"一词便是错误的目标（本章前面关于可持续发展的讨论环节中提到了这一点）。

不稳定性

部分产业化是旅游者流量不稳定的原因。在具有高度产业化的环境中，例如，日本居民的国际旅游，其每年到目的地景点游玩的人次数量便相对稳定。而另一方面，如果大多数旅游者都是独立的，例如在澳大利亚的国内旅游中，其每年去某个景点的人次数量会变动较大。

造成这种差异的原因是什么？这种情况类似于前面讨论的季节性波动。旅游业中的管理者，像在其他产业中一样，通过同步性营销或其他策略来抚平严重的波动。哪里有资本投资，哪里就有维持收入的动机。在另一个极端上，即独立的旅游业中，管理者在影响旅游者去哪里时扮演了相对较轻的角色。只有极少数的资本投资到与旅游者相关的旅游业特定项目上（例如，交通和住宿）。

否认部分产业化：谁获利？

旅游业的部分产业化条件的十种含义已被辨明和简要描述。这些含义反映了若干重要的问题,而这些问题会引起许多管理者、计划者、营销人员、环境保护论者和政策制定者的关注。

在一个重要的方面,否定或忽视部分产业化会使很多旅游业协会受益。通过假装声称旅游业能代表旅游者使用的所有资源,当他们寻求补贴或其他政府资助的时候,他们就会如愿以偿。即使大多数旅游者都独立于旅游业,旅游业协会仍然倾向于把流入当地或该国的旅游收益归功于旅游业。通过这种假说、这种否认,许多管辖区域的旅游业协会便能获得政府的资助性补贴。这意味着推动了依赖旅游业的旅游业。

可以看一下近些年来澳大利亚的一个相关案例。大量的国际入境旅游者中包括了国际留学生。由于他们的人数众多、访问时间长以及要支付巨大的包括生活支出在内的各种费用,他们对澳大利亚的经济发展做出了巨大的贡献。确实,他们比只使用宾馆等的短期旅游者对经济的贡献大得多(O'Dea,1997a,1997b)。

同时,在声称学生的支出对经济做出了巨大贡献的时候,受政府补助的各种旅游业组织却对在促进吸引国际留学生的方面贡献甚微(把这一角色全部留给了大学)。

总　结

部分产业化帮助解释了现代旅游业的许多特征。如果否定它,而假设到此过程是完全产业化,那么当"旅游业"不以假定的产业方式运作或表现时,便会产生混乱和挫折感。此概念与商业经理、政策制定者、计划者和当局管理者、咨询者、研究者、教育管理者和环境保护论者都有关系。

旅游管理:一个回顾

贯穿本书的一条信息便是:旅游业及其相关的资源、产业、市场和环境作用应该被看作是高度复杂的现象。一个主题是采用整体、系统的方法可以更好地理解复杂的事物。另一主题是与旅游业和管理相关的两块知识领域能被分开来研究,也能合起来给以理解。

经理们不得不关注的是他们组织的目标、政策、战略和经营,而且他们越来越关注到环境问题上来了。所有这些都是重要的,环境对未来每个人的幸福至关重要,从这个意义上来说,它已经超越了与旅游相关的影响。然而,所有这些关注的重点是旅游管理的核心,也是本书的主题,即围绕培养旅游的适当经历。像多数人类的其他活动一样,旅游业可以被管理;但是又像人类某些活动一样,不论管理者多么有知识它也只能被管理到这种程度。

这种限制可能对于专门管理旅游的人来说很成问题,但这不应该是沮丧的原因。幸运的是,旅游业中的极少管理者有与泰勒(F. W. Taylor)相似的个性。泰勒是科学管理学的创始人,他没有休闲时光,并剥夺了其他人的休闲时光,因为他要亲自观察计划、测算等,要控制包括娱乐在内的一切活动。本书在管理上的核心思想认为,旅游业是一种休闲行动的方式,因此不应该被管理得太紧。

现代旅游业偏向休闲意味着,对许多旅游者来说,他们的旅行都是娱乐的美好时光。人类的这种经历不应该被管得过死,这也是为了怕人们对此失去积极性、失去旅游内在的价值。旅游管理的独特艺术之一便是认识那条界线,本书中没有提到这一技能。这种情况是合理的,因为像旅游业这样的复杂课题的研究著作,没有一本书是能完全探讨其课题的所有内容的。

问题讨论

1. 季节性变动只是旅游业中的与时间相关的波动之一,其他的还有什么?
2. 请描述在TGRs和TDRs中因素是如何引发季节性波动的?
3. 为什么处在高度产业化的旅游业中的管理者想减少严重的季节性波动?
4. 处在高度产业化的旅游业中的管理者是如何减少严重的季节性波动的?
5. 解释为什么在高度产业化的旅游业中,以反馈来收集信息要简单而节约,但在低水平的产业化中,这样做却是复杂而昂贵的?
6. 请从管理和经济的原因解释,如果旅游系统的产业化程度提高,为什么旅游者目的地会变少?
7. 为什么SDT能成为受欢迎的观念?请至少列举三个原因。
8. 是什么研究发现使得里德利(Ridley)认为本地居民的文化没有包含环境的可持续性?
9. 至少列举并讨论六个支撑SDT的管理战略。
10. "小就是美丽"成为环境保护论者的标语。根据本书所讲的在商业组织工作的人数来看,怎样的小是小呢?
11. 如果某产业中所有商业的经理都采用定位战略,为什么这一产业将不会发展和演进呢?
12. 就你自身观点来看,生态旅游是否仅仅是一种促销手段?并解释为什么这样看。
13. SDT的传统论点有哪些缺陷?
14. 在部分产业化下,谁实际上管理旅游业?
15. 至少列举并描述旅游业部分产业化的六种结果。
16. 假如你是一国政府的部长,在和另一国政府部长交谈,当谈到对推进旅游业的组织的财政补助的数目时,部分产业化的理论将如何形成你的想法?

推荐读物

Aguayo, R. 1990, *Dr Deming: The American Who Taught the Japanese About Quality*, New York: Simon & Schuster.

Allcock, A. Jones, B., Jane, S. & Grant, J. 1994, *National Ecotourism Strategy*, Department of Tourism, Canberra: AGPS.

Beeton, Sue 1998, *Ecotourism: A Practical Guide for Rural Communities*, Melbourne: Landlink Press.

Bosselman, F. 1978, *In the Wake of the Tourist: Managing Special Places in Eight Countries*, Washington, DC: The Conservation Foundation.

Buckley, Ralf 2001, Sustainable tourism management, *Annals of Tourism Research*, 28: 523—5.

Buckley, Ralf 2002, Tourism ecolabels, *Annals of Tourism Research*, 29: 183—208.

Bulter, R. 1992, Alternative tourism: the thin edge of the wedge, pp 31—46 in Smith & Eadington (eds), op. cit.

Dredge, D. 1999, Destination, place, planning and design, *Annals of Tourism Research*, 26: 772—91.

Garrod, Brian & Fyall, Alan 2000, Managing heritage tourism, Annals of Tourism Research, 27: 682—708.

Hall, Colin Michael 2003, *Introduction to Tourism: Dimensions and Issues*, Sydney: Hospitality Press.

Harris, Robert & Leiper, Neil 1995, *Sustainable Tourism in Australia: A Casebook Perspective*, Sydney: Butterworth Heinemann.

Khan, M. 2003, Ecoserve: ecotourists' quality expectations, *Annals of Tourism Research*, 30: 109—24.

Lomborg, Bjorn 2001, *The Skeptical Environmentalist: Measuring the Real State of the World*, Cambridge: Cambridge University Press.

Moscardo, Gianna 1995, Developing a research agenda to assess the ecological sustainability of specialist tourist accommodation, pp 171—86 in Faulkner, Fagence, Davidson & Craig-Smith (eds), *Tourism Research and Education in Australia*, Proceedings of conference (God Coast, February 1994), Canberra: Bureau of Tourism Research.

Mowforth, M. & Munt, I. 1998, *Tourism and Sustainability: New Tourism in the Third World*, London: Routledge.

Smith, Valene & Eadington, William R. (eds) 1992, *Tourism Alternatives: Potentials and Problems in the Development of Tourism*, Philadelphia: University of Pennsylvania Press.

Swarbooke, J. 1999, *Sustainable Tourism Management*, New York: CABI.

Wahab, Salah & Pigram, John (eds) 1997, *Tourism Development and Growth: The Challenge of Sustainability*, London: Routledge.

Wall, G. 2000, Sustainable development, pp 567—8 in *The Encyclopedia of Tourism*. J. Jafari (ed.), London: Routledge.

Wight, P. 1993, Sustainable ecotourism: balancing economic, environmental and social goals within an ethical framework, *Journal of Tourism Studies*, 4(2): 54—66.

World Commission on Environment and Development 1987, *Our Common Future*, New York: Oxford University Press.

World Tourism Organisation 2000, *Sustainable Development of Tourism: A Compilation of Good Practices*, Madrid: WTO.

后　记

又是一年知秋月。

秋天，丰收的季节。

至此，由著名旅游学家——尼尔·利珀（Neil Leiper）——所著的《旅游管理》（第三版）的翻译工作基本上完成了，我们也终于可以松口气，回想过去一年多的翻译历程，点点滴滴，历历在目。

从2006年7月起，我们便着手这本《旅游管理》的翻译工作，选择这本书作为旅游学书目的翻译是由于此书作者尼尔·利珀在旅游管理学界享有盛誉，其渊博的知识体系和对旅游学的独特见解深深地吸引了我们。此书深入浅出，不仅介绍了旅游学的初步知识，还对旅游业管理做了进一步的专业分析，所以本书适合：大专、大学的旅游学专业的学生，参与旅游业管理工作的人群，政府相关管理人员以及对旅游及旅游业管理感兴趣的各类读者。

近几年，国际旅游和我国国内旅游发展迅速，旅游发展在给一国带来积极的经济效应的同时，也带来了一系列负面的影响，正确认识旅游业、高效地管理旅游业能对一国经济和社会产生深远的意义，这是我们翻译此书的主要目的，希望能给社会各界与旅游相关的人士带来一定的借鉴作用。同时，该书架构于旅游学专业框架的基础上，通过尼尔·利珀教授幽默的言语，从而避免了一般教科书的沉闷、严肃的风格，能够让读者在轻松、休闲的情况下学习到旅游管理的知识，可谓是一趟宝贵的"旅游"之旅，这也是我们选择此书翻译并介绍给中国读者的另一个原因。

此书翻译历时1年3个月，前前后后得到了许多人的帮助，在此，感谢所有对本书翻译工作做出贡献或提出建议的人，特别要感谢上海财经大学出版社的张惠俊、袁敏老师，有了他们的热心帮助，此书才能顺利出版。

由于时间紧迫，以及我们知识和经验有限，书中翻译难免存在缺点和不足，欢迎社会各界读者批评指正，我们一定抱着闻过则喜的态度对待。

最后，祝愿祖国的旅游事业蒸蒸日上，气吞山河。

译　者

2007年10月